TURING 图灵新知

不焦虑的几何

孩子怎么学 家长怎么教

贼叉 著
杜仁杰 绘

人民邮电出版社
北京

图书在版编目（CIP）数据

不焦虑的几何：孩子怎么学，家长怎么教 / 贼叉著；杜仁杰绘. -- 北京：人民邮电出版社，2021.9
（图灵新知）
ISBN 978-7-115-56799-4

Ⅰ. ①不… Ⅱ. ①贼… ②杜… Ⅲ. ①几何课 – 中小学 – 教学参考资料 Ⅳ. ①G634.633

中国版本图书馆CIP数据核字(2021)第130508号

内 容 提 要

本书讲述了小学高年级和初中阶段平面几何的学习方法，用经典例题剖析了解题思路和知识难点，并探讨了如何理解与应用平面几何定理和基本概念，以及如何绘制草图、如何寻找适合自己的解题思路、如何通过平面几何的学习培养逻辑思维能力等问题。作者希望家长能帮助孩子找到适合自己的学习方法，养成良好的学习习惯。本书为小学高年级和初中阶段学生的家长提升家庭辅助教育水平，为学生打好平面几何学习的基础、实现自学和自练，并根据自身条件有效提高成绩，提供了切实可行的方法和思路。本书适合小学高年级、初中阶段的学生及其家长和数学教师阅读。

◆ 著　　　　贼　叉
　绘　　　　杜仁杰
　责任编辑　戴　童
　责任印制　周昇亮
◆ 人民邮电出版社出版发行　　北京市丰台区成寿寺路11号
　邮编　100164　　电子邮件　315@ptpress.com.cn
　网址　https://www.ptpress.com.cn
　固安县铭成印刷有限公司印刷
◆ 开本：720×960　1/16
　印张：28　　　　　　　　2021年9月第1版
　字数：429千字　　　　　　2025年7月河北第18次印刷

定价：99.80元

读者服务热线：(010)84084456-6009　印装质量热线：(010)81055316
反盗版热线：(010)81055315

目 录

第一篇

数学学习手札

小学篇

初中篇

第一篇

数学学习手札

01
平面几何已死，平面几何万岁

几何学是一门古老的学科，其对应的英语单词为 geometry。这个词最早源于古希腊语，本意是“丈量土地”。当然，今天的几何学和古希腊的几何学相比有着翻天覆地的变化，但对于中学生来说，仍然要从最简单的点、线、面开始学起。

对于很多中学生而言，平面几何的证明题是非常令人痛苦的：拿尺子或量角器一量，结论明明是对的，但证明过程却难以下笔。代数题好歹能胡诌两句，但平面几何的大题如果不会做，连胡编乱造几句话都很困难，只能把题目抄一遍了事。

其实平面几何在当下的中学数学教育体系里是一个“尴尬”的存在：如果要“玩”竞赛，那么平面几何必须学得非常深；如果只是为了应付升学考试，那么平面几何的学习就会轻松许多，甚至最令人头疼的加辅助线法，都只要十个字就能解决（见第 17 章）。

原本，平面几何的学习对高中立体几何的学习还有些影响，但现在由于向量法的普及，面对高考中的立体几何题目，很少有人会继续用纯几何的方法平移线段，然后构造三角形去计算各种角度。因此，平面几何对于高中数学学习的影响也日渐式微。

不过，由于我们的中小学教育中没有开设逻辑学课程，窃以为，平面几何其实多少起到了替代逻辑学的作用。

在正式讲平面几何之前，我们还要先了解这样一个问题：平面几何到底是一门什么样的课程？

杨振宁先生曾经赋诗一首，细数历史上最伟大的五位几何学家：欧高黎嘉陈。除去第一位，其余四位的研究范畴都是现代几何学，唯独第一位“老欧”是玩古典几何学的。“欧家”家世悠久，人才辈出，有写书法的欧阳询、写作文的欧阳修，还有这位几何学之集大成者及创始人——欧几里得。这当然是在开玩笑。

欧几里得的传世之作《几何原本》揭示了平面几何研究的核心内容：位置关系和数量关系。他用五条公设和若干公理就构造了庞大的几何体系——这是一项惊人的成就。假如达·芬奇堪比一个穿越回文艺复兴时代的现代人，那么相比之下，欧几里得在几何学上的高瞻远瞩也不遑多让。直到现在,《几何原本》仍代表着古希腊智慧的巅峰。

很多读者来问我：贼老师，怎么才能学好平面几何？

老读者都知道，我是“天赋论”的拥趸。在我看来，很多学生因为天赋所限“学不好”平面几何，换谁教都不行。我当教师这么多年，最反感的一句话就是“没有教不好的学生，只有不会教的老师”。这句话，教师用来自省可以，但是家长用来要求教师教好自己家孩子，大多数情况下就是个笑话。

然而，对每个孩子来说，所谓“学好”的标准是不一样的。自行车赛手能骑到 80 千米 / 时，那就堪称顶级选手了；但法拉利开到 80 千米 / 时的时候，人家司机还没开始“轰油门儿”呢。所以，家长首先要对自己的孩子有充分的了解，明白孩子能力的“天花板”在哪里。当你真正了解自己的孩子后，也许会觉得孩子的平面几何学得还是不错的。

平面几何是数学的一个分支，如果你想要学好它，也要遵从数学学习的一般规律。最根本的原则就是：要提高对数学的认识。什么叫对数学的认识呢？比如说，等你学了解析几何以后，你如果能够意识到，其实平面几何作为数学的一个分支来说已经“死”了，没有任何新的东西了，这就是一种认识到位的标志。所有的定理、命题，你都可以通过计算“暴力破解”；如果再加上三角和复数的工具，理论上，平面几何就没有任何研究的必要性了。那些“活着”的数学分支，应该会有很多新问题能推动这一分支的发展。

既然平面几何已经是一个“死亡分支”了，为什么我们还要学它呢？

首先当然是出于实用性。“几何”最早在古希腊语里的意思就是“丈量土地”，所以这是一门标准的应用数学，而且是一个非常实用的工具。这就像一把锤子，可锤子除了敲东西，还能搞出什么革命性的创意吗？很难。然而这不妨碍锤子是一种很有用的工具。

其次，我们大多缺乏系统的逻辑学教育，而平面几何是逻辑学最好的替代品。家长自己在学习平面几何的时候应该深有体会：解题时，从上一步到下一步，必须要在逻辑上成立才能走过去；不然，对于任何平面几何的证明题，只要把题目抄一遍就完了——反正这些条件肯定能推出最后的结论。通过反复的训练，我们就能借助学习平面几何完成基本的逻辑训练。

那么，初学者该怎么把平面几何学好，而老师又怎么才能把这门课教好呢？

我们知道，现实生活中的物体可以从点、线、面、体几个维度进行刻画。在初中平面几何的学习过程中，我们主要研究与点和线这两个维度相关的问题。

作为学生来说，如果学完了平面几何却总结不出这门课是研究图形的位置关系和数量关系的话，那就算是白学了。这两个关系也可以作为家长测试数学老师能力的“试金石”——只要你胆子足够大。当然，这是从宏观层面来说。如果从具体内容的角度来说，三角形无疑是整个初中平面几何的重中之重。

你想想，三角形是最简单的直线型封闭图形。然而，四边形或圆的相关知识点，哪一个不是和三角形息息相关？什么是四边形？那不就是两个三角形拼起来的图形吗？圆的知识点，考到最后也是考直线段的图形，因为初中生几乎不具备处理曲线问题的能力啊！

我在这里先写这么一篇文章，是因为在以往的教学过程中，很多孩子学完了平面几何也不知道自己到底在学什么，到底什么是学习的重点。而作为家长，就算你已经把平面几何的证明方法丢到爪哇国去了，但你仍然可以给孩子一些非常有用的建议——无论是在大方向上，还是针对具体内容。

所以，这就算是平面几何学习的总纲吧。就像我在讲初中代数的时候，总会特别强调因式分解一样，在学习平面几何时，如果你把三角形给弄明白了，那么平面几何一般来说就没问题了。后面，我也会用较多篇幅来讲三角形的相关内容。

从平面几何证明的方法来看，大致分为纯几何法和计算法。苏联原有的教育体系偏重用纯几何的做法，即利用几何中的各种变换技巧，加一堆的辅助线；而欧美的教育风格喜欢算、算、算，用很少的辅助线来解决问题。当前，我国初中阶段的平面几何教学走的还是前一种路线，几乎不涉及运用解析法或三角法。只有到了高中，专门走数学竞赛路线的学生才有机会接触到这些通过计算来证明平面几何的方法。

在题目相对比较简单的时候，纯几何法占优势；在题目比较难的时候，相对来说，计算法会占优势。当然，两者之间的界限并不是特别明显，在大多数情况下，还是根据个人的偏好来决定。

所以，我在写这些教学文章的时候，尽量采用我认为最自然的思路——注意，是最自然的思路，而不是最简洁的思路。毕竟，我掌握的技巧肯定比一般的学生和家长要多一些。有些定理和方法会完全“超纲”，但使用起来非常简便，假如遇到这种情形，我就尽量避免使用“高超”技巧，而是采用初学者的思维方式进行思考。由于每个人的思维模式不一样，因而在整理思路的时候，每个人对所谓“最自然的思路”的理解也不太一样。这并不是什么原则性问题，关键是要帮助孩子建立起属于自己的一套自然的思路——不要你觉得自然，要他觉得自然，才是真自然。

因此，我为本书选择例子的时候遵循了一个基本原则：是否有自然的思路。有些平面几何的难题需要用到的解题技巧过强，甚至完全没有逻辑可言，证明的时候全靠想象力，这种题目一般不予收录——能做好这种难度题目的孩子已经不需要看我的这些文章了。而在我所举的例子中，有些题目确实有难度，但是，只要你有耐心，基本上不需要靠太大的想象力来解决。也就是说，只要你的基本功扎实，完全可以通过题设中的条件，一点点把方法给“抠”出来。

经常有很多读者给我留言，说自己有更好的解法。讲真的，我挺感动的。毕竟，在这个浮躁的年代，居然还有人愿意去做点数学题，这是很难得的事情。只是有些解法在我看来也许不够“自然”，技巧性过强，与我的教学理念有些冲突，所以我在这里没有选用那些方法。

从我内心来说，我很希望把解析几何的办法教给大家，因为那样一来，大家用来应付中考是绰绰有余了。然而，这属于被“封禁”的技能，所以我也只能采用纯几何法来进行推导。

不是每个人都要去当数学家，这既无可能，也无必要。过度“炫技”，除了打击孩子的信心、破坏学习兴趣以外，没有任何的用处。越是平平无奇的解法反而越能打消孩子对学习平面几何的恐惧。证明的过程长一点，其实不可怕。但是，如果证明过程非常精彩又很简短，以至于让孩子发出了“这怎么想得到”的惊叹，那么这种方法在教学上反而多半是不太好的办法。应该说，我列举的平面几何基本训练例题，大多数孩子完全可以做好。总体而言，人的智力水平分布是成橄榄型的：所谓“极聪明”和“极笨”的人都是少数，如果把所有人的智商值取平均值，那么在正负一个标准差范围内，就包含了接近 70% 的孩子。所以说，大部分孩子可以做好平面几何的基本训练，这是有数据作为支撑的。

当然，具体到细节上，那就千变万化了。哪有什么教辅图书或教学方法能适用于所有人呢？假如真的有，那么“因材施教”岂不成了一句空话？所以，一个人能教会所有学生是不符合实际情况的。我只能给学习的学生或辅导孩子的家长提供一种思路，同时把一些关键之处给大家罗列出来，让家长能很好地判断孩子到底有没有真的掌握这些知识点。

平面几何的核心问题在于两种关系：数量关系和位置关系。一切的问题都是围绕着这两种关系展开的，所有辅助线的添加方法也都是由这两种关系决定的。孩子的题目刷得再多，假如不明白自己到底在干什么，那么他的能力提高得会很慢；反之，有了这个指导思想，孩子上手就会很快。

所以，如果家长想要“下场”亲自辅导孩子，一定要站得高一点，才能够帮助孩子取得实质性的进步。如果你要判断老师的教学能力，那种只会让孩子做题，然后一个接一个讲题目的老师，恐怕水平有限。我的目的不仅是帮助家长提升对数学学习的认识水平，也是帮助大家甄别孩子碰到的数学老师的教学水平。

02
草图不草

很多孩子在学习平面几何一段时间以后，就会养成一种非常糟糕的习惯——作图随意。

事实上，在刚开始接触平面几何的时候，几乎所有的数学老师都会要求学生在作图时必须使用直尺和圆规。不过，在学了一段时间之后，有的老师就慢慢放松了要求。有的学生会一直很认真地对待作图，有的学生一看老师不再强调这一点了，就开始放飞自我。

一直认真对待作图的学生，其实……不值得特殊表扬。因为，你要把图画得很精确，需要花费的时间太多，往往得不偿失。除非是在参加中国数学奥林匹克竞赛（CMO）中或其他数学竞赛时，三道题能考四个半小时，那你尽可以慢慢作图；否则在一般情况下，比如在参加中考和高考时，哪有那么多时间让你精确作图。

至于作图随意的学生，就应该好好批评了。在学习平面几何的过程中，作图准确对于做题是大有好处的——特别是那种结论开放的题目，这种题不会明确告诉你需要证明什么结论，而是要你自己去探索结论。比如说，讨论两条线段之间的位置关系或者数量关系，如果你作图准确的话，说不定直接就能看出结果来。如此一来，开放式问题就变成证明题，必将大大缩短思考的时间。

贼老师，这也不行，那也不对，什么才是正确的作图方式呢？

在一开始学习平面几何的时候，我们当然还是要借助圆规、直尺和量角器，慢慢作图，力求准确；过了一段时间以后，就要开始练习徒手画图。当然，数学老师对于作图的要求肯定和美术老师是不一样的，我们要求的是：比例、相对位置关系、特殊角作得大致准确即可。具体来说，需要掌握基本的徒手画图技巧，比如画一条线段是另一条线段的一半，画 30°、45° 和 60° 角，画两条平行线或两条相互垂直的直线，等等。我们并不要求学生画的线有多直，但是，这些关系要体现得基本准确。换句话说，徒手画图练的是眼力，而不是画功。

我经常说的一句话叫“草图不草”。你线画得不太直没关系，但是 30° 的角被你画成 60° 角，这图还能用吗？你还能从中看出什么关系吗？

一般来说，越是在大型的考试中，题目中的图就给得越正确，甚至会有备用图供你使用。但是，自己画得多了，看得也会更准确一些，在草稿纸上需要花费的时间也就越少。接下来我们看一道有意思的题目，来说明作图的重要性。

求证：直角 = 钝角。（是的，你没看错，我接下来就证明给你看这个“荒谬的结论”。）

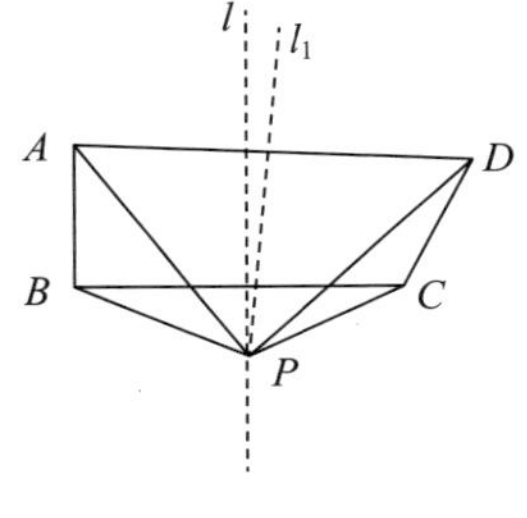

图 2.1

证明：如图 2.1，作四边形 $ABCD$，其中 $\angle ABC=90°$，$\angle DCB$ 为钝角，$AB=CD$，且 AD 和 BC 不平行。这个总是可以做到的。分别作 AD 和 BC 的中垂线 l 和 l_1，由于 AD 和 BC 不平行，所以两条中垂线一定相交，不妨设交于 P 点，于是 $PB=PC$，$PD=PA$，

$CD=AB$，所以$\triangle DCP$和$\triangle ABP$全等，于是$\angle DCP=\angle ABP$。而P是BC中垂线上的点，所以$\angle PCB=\angle PBC$，于是$\angle ABC=\angle DCB$，直角 = 钝角。

完美。

问题出在哪里？就是作图的问题。事实上，上面那张图你是作不出来的。如果你作图准确，你得到的将永远是图 2.2：

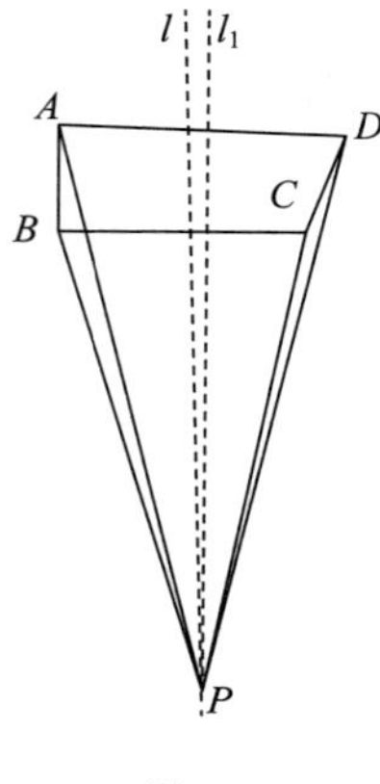

图 2.2

所以，如果想把平面几何学好，学会画草图是一项基本技能哟！同时，你必须要注意几何画图的基本要求。再次强调，数学老师不是美术老师，我们不管你画得直不直，只管你能否基本准确地反映题意。

03 什么是正确，什么是合理?

有一次，我给孩子们讲平面几何和一次函数的结合。我觉得，这刚好是一个不错的机会，来讲一讲“正确”和“合理”的关系，于是就展开了一下。

有很多人会觉得，这有什么好讲的？这不是一回事吗？其实不然，这里面大有文章。不谈任何数学问题，就单单以日常生活经验来说，你觉得“正确”与“合理”之间是一种什么样的关系？

还是举个例子吧，比如有人问我：“贼老师，我家孩子到底有没有数学天赋？”

“正确”的回答是：“没有。”（我本人的回答。）

“合理”的回答是：“其实您家孩子是聪明的，就是有点粗心。”（这是想挣你钱的人的回答。）

一般而言，在生活中正确的方式不一定合理，而合理的方式也不一定正确；不过，在数学的情况中需要略加改动：正确的方法不一定合理，而合理的方法一定正确。

当时，我在谈到这个关系时，用了下面这几张图（图 3.1 至图 3.4）。

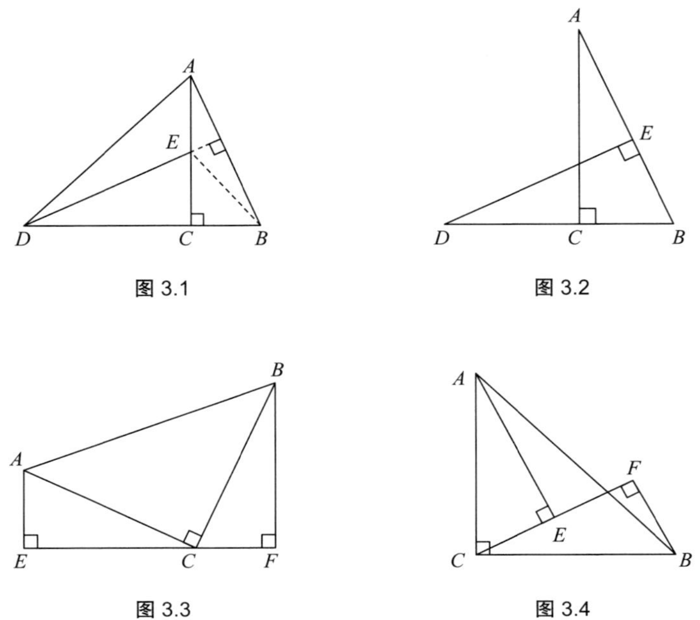

图 3.1　图 3.2　图 3.3　图 3.4

我们知道，直角坐标系中最重要的点一定是坐标原点，而一次函数对应的几何图形是直线。所以，三角形，特别是直角三角形，它们和一次函数之间的联系几乎是天然的。那么很自然，如果给出了平面几何图形，我们会想要借助一次函数来研究平面几何。在这个过程里，碰到的第一个问题就是如何选取坐标原点。你觉得图 3.1、图 3.2、图 3.3 和图 3.4 中，分别可以用哪个点当作坐标原点呢？

学生们开始七嘴八舌地讨论起来，最后，他们的答案基本集中在选择图 3.1 中的 C，图 3.2 中的 C 或 E，图 3.3 中的 E、C 或 F，图 3.4 中的 C、E 或 F。

给正在阅读本书的你一分钟时间，自己想一想再往下看。你觉得学生们的答案对吗？然后再仔细想一想：这四张图上，哪些点可以当坐标原点？

答案在意料之外，又在情理之中。事实上，平面上的每个点都可以当坐标原点，难道不是吗？

也就是说，学生们挑出来的点，以及这四张图中的每条线段上的每个点，甚至空白地方的点都可以作为坐标原点。区别在于，你选取的那些点作为坐标原点，计算起来是否方便？这就是我说的，数学中的合理与正确的问题。

当然，上述例子中的正确性和合理性还是一目了然的。我们可以换个儿来看一下。

图 3.1 中标注的 5 个点都可以选为坐标原点。CD 和 CE 的长度一般是给出的，所以不管谁作为原点，其余几个点的坐标都很容易写出来。当然，选取 C 点作为坐标原点，DB 和 AC 分别为 x 轴和 y 轴，这最符合我们的视觉习惯，因此这是最合理的办法。其他 4 个点也都是合理点。但除了这 5 个点以外的点是正确但不合理的选择。

图 3.2 和图 3.1 类似，5 个点也都是合理的选择，但 C 是最符合视觉习惯的坐标原点。但是，无论挑哪个点当坐标原点，C 或 E 的坐标总有一个计算起来比较麻烦。

图 3.3 具有一定迷惑性。C 处有个天然的直角，选它为原点看起来也是合理的。但只要细想一下，如果挑了 C 作为坐标原点，那么除了 A 和 B 以外，其他点的坐标都要通过计算才能得到，因此这一选择不是特别合理。

图 3.4 中最适合当坐标原点的点应该是 E 和 F，虽然坐标系建好了以后，坐标轴看上去是斜的，但无论哪个点的坐标都很容易被写出来。

事实上，在初中学习阶段，一次函数和三角形的结合是非常初步的。但是，“正确”与“合理”的意识一定要建立起来。到了高中学习立体几何的时候，现在比较流行使用向量的办法进行证明和计算，届时就会大量涉及如何合理地建立坐标系的问题。你会发现，有的坐标系建立了以后，从视觉上来看很不舒服，但计算起各个坐标时，那叫一个“真香”。

除了选取坐标系原点的问题以外，你可以尝试着把所有做过的数学题的“正确”与“合理”问题都考虑一下。这道题是做对了，但有没有更合理的做法？如果想不到，那就参考一下老师提供的解答。如果老师提供的答案和你的答案一致，那么大概率你已经找到了合理的方法；如果老师提供的答案明显优于你的答案，那么这时候，你就要考虑如何让自己走上这条更合理的道路。

当然，这种训练针对的是学有余力的孩子，如果孩子连“做对题”都感到非常吃力，那么可以暂时不做这种要求。这是锦上添花，不是雪中送炭。

04 平时的好成绩不过是“虚假繁荣”？

为什么孩子平时作业做得挺好，但一到考试就“抓瞎”？为什么孩子每次单元测验分数都很高，一到大考就“歇菜”？难道孩子偷偷抄了别人的作业？还是在平日的测验里作了弊，而到了大考没法作弊，成绩就下降了？

来，来，来，家长朋友，先把你举起的巴掌放下——事情并不如你想的那样不堪，收起你的愤怒吧！据我观察，像长期抄作业和考试作弊这种劣迹，大多数中、小学生是没有的。

那么问题到底出在哪里呢？其实，每当孩子进行单元测验时，该单元的标题无形中给了孩子们一个极大的提示！比如，本书中有一篇关于平面几何的文章，名为《截长补短》。如果你在看到这一标题后，还不知道该怎么在对应的练习中找到加辅助线的思路，那我真的无话可说了。再比如，面对“手拉手”模型专题的课后作业，如果孩子上课认真听讲了的话，那么他肯定上来就知道寻找旋转后形成的全等；而假如图上没有直接显示出全等，那必然就要想办法去构造全等。在代数学习中，你看到“韦达定理的应用”这节标题，起码应该知道把一元二次方程的两个根的和与两个根的积用系数表示出来吧？

讲道理，数学书上每个章节的课后练习中，以及每次单元测验的卷子上差不多都有“隐形药水”写着：“本题的解题思路请参考本章标题。”所以，但

成绩的“虚假繁荣”

凡有点“小聪明”的孩子都能充分把握这个重要的解题信息，迅速搞定题目。

日常的数学作业都是配套练习，是讲完课之后的“趁热打铁”，其解题思路非常狭窄。单元测验也有着一样的问题，几乎不用涉及本章节以外的方法就可以搞定，所以，这就会导致你平时看见的成绩上的“虚假繁荣”。

但是，“小聪明”终究不是长久之计，我们需要的还是“大智慧”，是苦功夫。到了期中考试或期末考试的时候，各种知识点的题目混在一起，而综合题更把许多知识点杂糅在一道题目里——提示荡然无存了。有的孩子就像已经习惯了依靠拐棍走路的人突然被撤去了拐棍一般，除了跌倒还是跌倒。

对于那些平时不依靠章节标题的提示，靠着实打实地掌握基本概念去解题的孩子来说，这正是大显身手的时候。他们往往有一套属于自己的做题逻辑，能够快速地将题设条件中的文字转化成数学表达式，在碰到困难的时候也会转弯。这种能力并不是突然形成的，而是在长期的训练下形成的。

所以，我在讲课的时候，比较喜欢在完全不知道题目背景和出处的情况下来解析题目。我经常对学生说，只有在没有任何提示信息的条件下去解题，才是最有实战意义的训练。遗憾的是，每次只有少数孩子能听得进去。

作为家长，如果孩子的成绩出现了以上所说的“虚假繁荣”现象，建议你不定期地把之前所学章节中的题目打乱，然后扔给孩子做。你甚至可以把上学期的题目扔给孩子做。有分辨能力的家长甚至可以直接挑一些难度较大、但涉及知识点又不超过孩子当前所学内容的综合题，当作给孩子的测试。题目不用多，三五道就够，孩子是不是真的掌握了所学内容，一目了然。

不要再被漂亮的作业和小测验的好成绩骗了，越是综合型的大考，才越是“试金石”！

05 复习还是预习?

有一次，我给孩子们做了一个“进门测试”，内容是关于多项式除法的。孩子们一拿到题目就开始刷、刷、刷地算起来。题目其实很简单，就是一个一元高次多项式除以一个一次式，然后求余式。我当时教了他们一个系数分离的方法，可以简化计算。然后，我看着他们一个个算得不亦乐乎，自己却哭笑不得。

事实上，我还专门给他们画过重点：如果是除以一次式的情况，只要把一次式的零点代入到高次式中，就可以得到余式了。然而，娃娃们把我教的东西还给我的速度简直比博尔特的跑步速度还快：他们普遍都机械地使用了系数分离法来做带余除法，把我教的零点代入法忘得一干二净。虽然采用系数分离法与普通的除法相比，已经节约了将近一半的时间，但显然，这还不是最优的办法。关键是，这都是我讲过的内容。

这其实暴露出一个问题：孩子们不重视复习。

在初中数学学习阶段，预习工作有时候倒真的可以不必做，因为内容实在少得可怜，没什么必要提前预习太多内容。但复习这件事，还是很有必要去做的。

从现实角度来说，大家都希望在考试中尽量拿到高分。而真正能拿高分的孩子往往就是靠解决难题拉开了与其他人之间的差距。

难题难在哪里？它们往往需要你把很多知识点串联起来才能解决，所以你必须对那些知识点非常熟悉。连基本知识点都没记住，还妄想能综合运用？

理论上，数学确实不太需要“记忆”——我们经常可以看到数学家说，他们之所以选择研究数学，就是因为这不需要太多记忆。但作为学生来说，还是十分需要记住一些基本内容的。特别是，你要注意考试时间的限制！因此，熟练程度从某种意义上来说非常重要。所以，我们需要解决这样一个问题：怎样才能有效地记忆？

根据记忆曲线理论，最佳的复习节奏是当天复习一遍，然后隔一天复习第二次，此后隔三天再复习一次。这么做，基本上就不怎么会忘记所记内容了。可是，如果上完课后不复习，大部分孩子只要一周时间，就会压根不记得自己当时学了些啥。像这样的学习就是无效学习，纯属浪费时间。

在学校里上课，尤其在低年级，老师往往会把一个知识点翻来覆去地讲，还会练习很多次，所以你有时感觉学校里的内容即便不复习，影响似乎也不是太大。但是，如果家长当年曾经上过培训班，可能还记得那里讲课的节奏要快得多，而且每次课之间的时间间隔又拉得很长，如果不做好复习工作，是很难跟得上进度的。

事实上，对于大多数学生来说，能把规定作业中的题目做对就已经觉得阿弥陀佛了，根本都没有复盘的习惯，也不会去思考这道题会不会有更好的解法，更不会在平时做作业的过程中给自己掐好时间。所以，对于很多孩子来说，数学成绩只能在中游水平游荡，想往上突破，很难。这一群体的普遍特点是：上课能听懂；平时作业基本都会做，只是用的方法不够漂亮；一到考试，分数就“不漂亮”。这就是典型的不复习或不会复习的学生的情况。“不会复习”在初中阶段还不算太要命，但到了高中，由此导致的差距一下子就能拉开很多。

当然，我讲这些东西并不指望所有学生都能做到，毕竟不是谁都能学好数学的，也不是每位家长和学生都有这样的执行力。饶是如此，我还是想说：如果实在不想预习……就算了；但如果不复习，吃亏的真的是你自己。

06
数学学习中的“套路”

这是一个追求“套路”的时代，数学学习也躲不过“套路”。很多人都问过我:“贼老师，你怎么看待数学学习中的套路?”那我就来谈谈这个问题吧。

事实上，过去有很多培训机构都是以讲套路闻名的，比如所谓的“燕尾模型”、初中平面几何中的“手拉手”模型，等等，这都是各路培训机构的老师津津乐道的套路。必须承认，套路是一定存在的，而且套路用得好，确实可以大幅度提高解题的效率。以高考和各级升学考试为例，数学考试中一定存在套路题，不可能全是新题型，因此，如果熟悉套路的话，考生可以减少很多思考时间，给后面的大量计算争取宝贵的时间。所以，在现行的考试时间和方式不发生大幅度调整的前提下，套路还是有一定意义的。

长久以来，我的一个观点就是如果考试时间翻倍，那么大多数学生的成绩可以显著提高。也就是说，假如考试对于熟练度不做要求，仅要求学生们把基本概念吃透，而且还能有时间慢慢计算，很多学生其实能把题目做得不错。然而不幸的是，考试时间是有限的，想在短短两个小时内完成考试，熟练度就变得非常重要了。你的数学思想再深邃，计算不出来结果，那也是要吃大亏的。

然而，有些老师和家长简直把套路当成灵丹妙药，认为其能包治百病，真好用啊！特别是，某些培训机构在讲完套路以后，会马上让孩子做配套的练习题，结果，家长发现教学效果真是“棒棒哒”。然而，不知道家长们考虑过没有，这些配套练习本身就是精挑细选出来配合套路的，所以，孩子们做起来当然觉得神清气爽啊。可是，在正式考试的时候，出题老师可不会惯着你。你不是喜欢套路吗？行，我就反套路。这些年高考甚至某些地区的中考数学题中的最后几道大题越来越无法用套路来解，考生必须依靠对基本概念的准确把握和深刻理解，才能解答出来。这也是再正常不过的操作：假如人人都掌握了套路，要么就会有新套路被创造出来，要么考试题就无法让你用套路，否则哪来的区分度？

有的数学题是“形同意不同”，也有的是“意同形不同”。孩子如果只是机械地去学套路，而没有掌握套路的使用环境，那跟没学套路的区别也不是太大。你在课堂上觉得套路效果好，那是因为老师明确告诉你“这里可以用套路”。但很多时候，你需要自己判断该用什么套路。假如你没有这个能力，套路学了也是白学。所以，套路很对性情急躁的家长的胃口，但真能有多大的用处，取决于孩子能否合理使用套路——这恐怕比套路本身更难把握。

也有人是彻底鄙视套路的，这类人也分两种情况。首先是压根不懂套路的人，觉得数学学得再好也没什么用。既然数学都没用了，那么套路就更没用了。当然这一类家长现在越来越少，几乎可以忽略不计。还有一类人自己数学学得不错，并且掌握了一定的数学思想。他们在学生时代就勤于思考，打下了扎实的基本功，因此看不起套路，这也很正常。

当然，数学真的好的人，从内心深处肯定看不上套路，因为这就是个熟练度的问题，不涉及数学思想。但是不要忘记，咱孩子是要参加考试的，如果完全不要套路，也许吃亏的就是自己。二三十年前的升学考试中的数学题的计算量和今天相比确实要小很多，所以，当年给大家的思考时间是宽裕的。

还有一个问题不知道大家想到过没有：如果孩子自己能摸索出套路，其实也是他数学水平良好的一种体现吧？这和别人教给他套路，完全是两个层次的事情。所以不必一味地把套路视作洪水猛兽。

综上所述，对于立志要以数学研究为职业的学生来说，在走上专业研究的道路之后，你就会发现套路真没什么用。但对于大多数只想取得好成绩的学生来说，要学一点套路，但更要学怎么合理使用套路。

07
要不要学珠心算?

什么是珠心算?说白了，就是脑海中有一副算盘，把打算盘的过程从在实际中拨珠，变成在脑海中拨珠。其实，我挺喜欢打算盘的。作为中国人创造的古老而实用的计算工具，算盘到今天仍然是很多老会计师“轧账”的首选。《最强大脑》节目显然又帮着珠心算“火”了一把。在节目中，速算、速记比赛往往能吸引大众的眼球——因为大家都能看明白这是咋回事。随着一个个比计算器算得还快的选手的精彩表演，珠心算在人们心中的地位一下子蹿上来了。很自然，珠心算培训班的生意也随着节目的火爆而好了起来。可是，珠心算真的有用吗?

我们首先要明白一点，能上电视节目表演珠心算的人，都是珠心算领域的佼佼者，并不是说，随便抓个人就能学成那个样子，这也是需要天赋的。这好比大家都学数学，但你只是“学过数学”，而高斯就能开创一个数学分支。你让孩子去学珠心算，大概率会无功而返。当然，孩子倒不至于学了和没学一样，但比起你想象中的效果，恐怕是天差地别。

其次，就算孩子有这方面的天赋，要知道，打基本功是很苦的。打算盘对我来说是业余爱好，没事干的时候就打个“百子”，那也就是消遣。要我打到去电视节目上表演珠心算的地步，或让我练就双手拨珠，我肯定是吃不消的。毕竟，我是一个思想速度远快过手速的人。所以，如果想成为高手，那就需要耗费大量时间和精力练习基本功。

再次，孩子特意接受珠心算培训，出来以后又怎么样？据我所知，某经济学院曾经专门招收过珠心算的人才，至于其他机构，好像没听说过有这方面专门需求。珠心算就是加、减、乘、除，有什么是计算器代替不了的呢？并没有。就算遇到停电或设备故障的情况，大不了还不能用笔算吗？

所以，珠心算虽然看起来很“炫”，但这个技能并没有想象中那么重要。事实上，“珠心算算得快”与“计算能力强”完全是两个概念。当然，数的计算是抽象计算的基础，假如数的计算都不过关，那么抽象计算一定是不行的。但是，在日常学习中，数的计算并不需要珠心算那样的速度。在珠心算的过程中，计算能力只是一方面，而瞬间存储功能，也就是你的记忆力，发挥的作用可能更大一些。把珠心算的能力等同于计算能力是大错特错的。

至今我还记得当年读研究生的时候，有位美国研究生来访问，聊到计算能力的时候，旁边有位好事者出了两道题：一道是两位数乘两位数，一道是计算某曲面的同调群。第一题我完胜美国学生，第二题他赢了。结论就是：我的计算能力不如他。

简单的运算真的没什么太大用，算得再好也不过如此。计算能力不等于数学能力，而珠心算也不等于计算能力。谁“算得快”谁就是“数学天才”，这种想法在数学专业人士眼里就是个天大的笑话。因此，如果你要孩子玩命地学珠心算，我建议你还是放弃吧，因为想要达到顶尖水平同样需要天赋，而且学成以后出路极窄；如果你只是让孩子消遣、娱乐一下，那么请随意。

不说了，我去打一把算盘了。

08

你的抱怨正在毁掉孩子

抱怨一：要是家长都会教了，还要老师干什么？

在理论上，这个问题值 100 分。

我一直说，教育是一件专业性非常强的事情；我也一直说，专业的事情就要专业的人来做。所以，教育这件事让老师来管，在理论上一点儿毛病都没有。家长就应该当“甩手掌柜”——只要你家里有矿，能请得起足够多的好老师就行——在现实生活中，这真的不过是理想状态罢了。一位老师面对几十位学生，他的精力很难平均分配。

我就碰到过很多好老师，对我这个“学渣”关怀备至！

运气真好啊……教育资源很难做到平均分配，老师的精力也很难平均分配。实际情况摆在那里，你真敢自己什么都不管，都扔给老师？救人是医生的职责，这没错。那为什么还要倡导大家自学心肺复苏和海姆立克急救法这些东西？等医生来不是更好吗？

贼老师，掌握这些急救法的普通人毕竟是少数啊！

你以为能掌握科学教育方法的家长是大多数吗？但是，你要是能学会一点儿技巧，关键时刻真能“救命”啊！

很多家长觉得，自己当学生的时候成绩就一般，怎么可能把娃教好？我原来有个同事自己不会游泳，教出来的学生一个个游得飞快；篮球教练菲尔·杰克逊自己当球员时寂寂无名，当了教练后名动天下，人送雅号“禅师”……不是每位教练都曾是世界冠军，当教练后还被谦称为“不懂球的胖子”。学得一般但教得很好，这种人比比皆是。反而那些自己特别厉害的人往往很难当好老师，因为他们自己当学生的时候压根不知道什么叫“困难”，尤其在讲基本的知识点时，总抱着“你怎么这都不会？”“我就是教叉烧，也比教你们好！”的心情。而且，特别“牛”的人一般都有点“牛脾气”——人家那是眼高手高，普通学生找到这种老师只能被活活拖累。

像日本数学大师小平邦彦这种自己水平高、脾气又好的“神仙”，是可遇不可求的。他邻居家的小姑娘有数学题不会做，就去找他帮忙，他都极为耐心地给人家解答，直到讲明白为止。你得有那个福气，才能摊上这种邻居吧？顺便说一句，这位邻居家的小姑娘最后也成了一位超级猛的学者，精通五国语言，中文熟练到你压根分不清是在和中国人还是和日本人交流——我能知道得这么清楚，是因为她是我的朋友。

家长觉得自己没学好，就一定教不好，这种观念真是大错特错。而且，很多家长都错误地认为教育就是传授文化知识，这其实也太片面了。

家长群的热闹程度为什么会随着孩子们年级的增长成单调递减？那是因为后面的课程难度越来越大了。小学的数学教育，谁不能叨叨几句？初中和高中数学，有几个家长能扛得动？我不排除有极少数家长有这个能力，能一路把孩子的学业管下去。但孩子也不止学数学这一科啊！物理呢？化学呢？语文呢？英语呢？您都能给办了？

那么，家长应该教孩子什么呢？

对于这些科学文化知识，家长尽力而为就好。能辅导到哪里就算哪里，自己能琢磨多少就算多少，不要刻意强求。但在小学阶段，家庭教育最重要的还是塑造孩子品格、培养学习习惯。

大家都知道，能激发孩子学习的“内驱力”是最好的，但该怎么激发呢？为啥别人家的娃看到难题就像打了鸡血一样，四处求教，拼命翻书，到了咱家娃，只会抱怨一句“好难哟”，就没有然后了？为什么别人家的娃的作业工工整整，咱家娃的作业就跟旧抹布一样？

天赋这个东西确实要靠老天赋予，但习惯这件事更多靠后天培养。在孩子上幼儿园和小学的时候，你就帮他把这些优良习惯养成了，以后能省很多事。这难道不属于家庭教育的范畴吗？你说，自己要不要学一点教育知识呢？再说，你如何在这纷杂的教育市场中找到适合自己孩子的“高手名师”呢？还不是需要一些基本的教育知识和方法？

所以，我只是希望帮助大家纠正一些关于数学教育的错误观念，再告诉大家一些简单的判别数学老师水平高低的方法。如果你学有余力，也可以尝试着帮孩子做一些学校教育的有益补充，这难道不好吗？如果你看完了这篇文章，仍然坚持“教育都是老师的事儿，家长就应该撒手不管”这种观点，那我也无话可说——亏你真能甩得了手。

当然，不少家长仍会不以为然。我在现实生活中总能碰到这种家长，他们总能找出各种“客观理由”——还真不是强词夺理，确实有一定道理的那种，然后就是各种抱怨：“老师应该这样”“学校应该那样”。虽然他们说的都是对的，但解决不了任何问题。

在这个世界上，很多事情应该“这样”“那样”，然而现实总是和理论大相径庭。比如，我有个朋友所在公司的领导特别照顾自己的老乡，老乡都是“第一等人”，总能占上各种好处，吃相很难看。而且领导的用人方式也很“奇葩”，一次人事变动能让整个公司一片哗然：“这种人也能提拔上去？”很难让人相信，如今还有人能干出这种事儿来，但你一点儿办法都没有，所有程序都是合理合法的，让你挑不出错来。你说用人要看实绩、看德行，可人家就是看乡谊、看“拍马屁”的功夫，就是搞一言堂，你能咋办？要么忍，要么走。

在教育问题上，很多家长也是想不明白这个道理。

教师的职责在理论上是教书育人——除了“教”，也应该有“育”。可就是有老师不称职，你能怎么办？我们看到的各种先进教师的事迹，那都是教师群体中的杰出代表和道德楷模，但你不能拿这一标准来要求所有教师。客观上说，“教师”对大部分人来说只是一份工作，只有对少部分人来说是事业。你不能指望所有教师都达到先进典型的水准。他们也有生活，也是凡人，也会“势利眼”，也有小心思，甚至会钩心斗角。绝大多数老师都在平凡的岗位上直到退休，送走一届又一届的学生。你在对老师指手画脚、提各种要求的时候，不妨反过来想想自己的工作状态是啥样：你有没有充分履行好自己的职责？有没有全身心投入到工作中去？有没有抛家弃子地忘我工作？所以，这是很简单的一件事：道理归道理，现实归现实。如果你一直生活在道理中，觉得老师就应该“这样”“那样”，这种抱怨只会对孩子的教育起负面作用。

就算你费尽心力把孩子送进好学校，也不一定能进师资最好的班；就算进了师资最好的班，班主任也不一定对你家孩子另眼相看；就算班主任看上咱家娃，那其他老师呢？娃不止学班主任教的这一科吧。能够得到所有老师青睐的学生毕竟是少数。就连我这种从小学到中学都是数学老师的“宠儿”的学生，也是美术老师想“好好教训一顿”的对象呢！所以，总有老师解决不了的问题，那怎么办？事实上，除了少数特殊情况，大部分老师是不会被轻易换掉的。而转班或转学也不是动动嘴皮子就能轻易实现的事。老师不可能去适应全班每一个学生。如果抱怨能够让学校的老师全身心地教育好你家孩子，那你尽管抱怨吧。但现实情况大多是，道理都是你对，可孩子毁了。

抱怨二：孩子学习老让我陪着，我都快成“家教”了！

大家可能见过一张照片：在某地菜市场的一张卤水案板下，一位小姑娘正在聚精会神地上网课。这张照片感动了很多人，也包括我。但是，我被感动的“点”也许和某些人不一样。不少人觉得孩子的学习条件这么“差”，竟然还能如此坚持学习，真感人。有人甚至

嚷嚷着要给人家捐款，给她一个更好的学习环境——依我看，说这话的人，都不太懂生活。

后来，孩子的母亲在一段采访里讲的一句话很触动我："孩子才七岁，比较小，所以的确要大人监督，这就是我们把她带在身边的原因。"

找个人带孩子也许并不是什么太难的事情，但别人能照顾孩子的衣食起居，却无法监督孩子的学业；父母虽然未必有能力辅导孩子的学业，但是把孩子带在身边，本身就是一种监督。

作为一名数学老师，我接到过无数的家长求助，问我该怎么提高孩子的数学成绩。我第一句话就是："你有时间陪孩子吗？"

可能很多人觉得我数学学得还不错是因为有点天赋，但我自己最了解自己。我的智力水平其实很一般，而且对现在的我来说，学数学更多是一种惯性，也是谋生的手段。我的数学水平能高过大多数人，全依赖于母亲在我儿时的陪伴与管教。

别看我整天对孩子的教育"夸夸其谈"，其实这大多源于对母亲的教育方式的回忆。小时候，只要我做作业，她必然放下一切活动开始监督；我只要有不会做的题目，她就开始动脑筋，自己做不出来就去找人问，直到我弄明白为止。这个过程差不多持续到我上初二。自那以后，我开始比较自觉、自立地学习，她才算有了点自己的时间。那时候母亲一边监督我的学业，一边还要自己坚持自学考试，最后成功"上岸"。她哪里还需要来呵斥我"为什么不学习"啊？我看着她有样学样就好了。所以我一直认为，言传不如身教。

也有很多家长觉得，重视孩子的教育就是花钱，各种培训班可劲儿地造，琴棋书画、斧钺钩叉一个不落，要什么资料就"买买买"，甚至压根不考虑价钱，反正为了孩子不惜一切代价，挣的那点儿钱全扔孩子身上了——这就是重视了？当然也不能说人家不重视，但这种“重视”实在是太低级了。

在孩子的成长阶段，特别是低年级阶段，家长的陪伴是无可替代的，陪伴本身就是一种态度。孩子对于金钱的概念很模糊，你花了多少钱，他可能没有清晰的概念。至于这些钱是父母用了多大代价换来的，他更加没有直观的体会，但是父母陪着孩子，他们是有感觉的。

孩子做功课的时候，你就在旁边静静地看书，这就是一种无形的力量，比起你声嘶力竭地怒斥，不知道要有用多少。现代生活节奏本来就快，家长们大多很忙。没有事业，怎么给家庭提供一份保障？因此这也成了最好的不陪孩子的理由。

当然，也有少数孩子根本不需要陪伴，能自觉地投入学习，我就问一句：有多少家长能有这样的福气呢？大部分的孩子可能在读高中之前都没有良好的自制力和执行力，需要家长的监督和身体力行。孩子怎么养成良好的学习习惯？难道靠嘴上教育就行吗？你不给孩子做榜样，他去学谁呢？

而从“躲”在卤水案子下上网课的小姑娘的身上，我看到了她的家庭对她的教育是真的重视的——无论这是因为她的父母有理论指导，还是源自他们的朴素认知，反正，这种重视的方式是对的。相反，我有很多朋友在国内知名高校工作，他们谈到孩子的教育也是头大，孩子成绩一直不理想，读小学时数学就经常不及格。朋友每每谈及这些苦恼，我都旁敲侧击地说：“你多陪陪娃。”但总换来一句“我太忙了”。这是基因问题吗？显然不应该是，就是父母太忙，实在没空管。

不少孩子的读书环境肯定比在菜市场案板下这方寸之间要好得多，可惜，他们没人真心陪伴。父母的文化水平有高低，但采用的教育方式和对教育的认知都可以是正确的：孩子在这个年纪，家长就应该尽量监督和陪伴；

孩子目光所及范围之内有你，对孩子就是一种无形的力量。

花钱是最廉价的培养孩子的方式，花时间陪伴才是最贵的。家长希望以后孩子的读书情况如何，甚至希望孩子成为一个什么样的人，其实全在大家的一念之间。

抱怨三：我经常去其他家长那里“取经”，咋都不管用？

数学是可以学的，但教育方法有时候真的学不来。

比如某位知名钢琴演奏家，他父亲当年逼他学琴的方式已经不能用严厉来形容了，只能说是苛刻。这位钢琴演奏家在 7 岁的时候，每天练琴时间就超过 6 小时。除了无休无止地练琴之外，他父亲还监督他学习英语。孩子每天的生活就是面对墙壁和出不去的门窗，刻苦地练琴和学习。我相信，没有一位教育家会赞同这种做法。如果把这当作教育案例，所有教育家大概都会断定：这孩子恐怕要疯了。这种教育方式怕是能把孩子逼到崩溃吧？你会这样逼自己的孩子吗？你觉得这样的教育方式有借鉴意义吗？

反过来看看“宠”。我见过宠坏的孩子，我也见过宠不坏的孩子。这里所谓的“宠”就是溺爱，你要去问教育家，十个人会有十个跟你说：“溺爱可不好！”但真的有被溺爱长大的孩子，人家照样成才，“母慈子孝”的事实打败了“慈母多败儿”的古训。你说，气不气人？为啥咱家娃就是恃宠而骄、给三分颜色就要开染坊的主儿？

教育规律在本质上是统计规律，即在一个群体中大多数人呈现出的特点。但是，对个体而言，所谓的规律真的意义不大。有的家长就抱着“教育理论”一条条地啃，结果发现没什么能用上的东西。这一点儿都不奇怪。每个人生下来没有固定模式，教育孩子同样没有标准答案。只能是在长期的实践中不断地摸索出一套适合自己孩子的教育方式，别无他法。有的孩子要多鼓励才能成才，有的要三天两头揍一顿才舒坦，有的要刚柔并济、恩威并用——一千个读者就有一千个哈姆雷特，这句话用在这里，我看也很合适。

你天天看着别人家孩子眼馋，跑去其他家长那里取经，一般来说会碰到这几种情况。

一是“两面派”。“哎呀，我从来不管我家娃的，他 / 她天天就知道玩！想让他 / 她多看两页书、多做两道题，比要他 / 她的命还难受。”结果呢，人家扭头就开始变身“千手观音”，疯狂查资料、买书、找各种习题练习。

二是“谎话精”。偏告诉你一条错路，而人家自己却不是这么做的。你模仿去吧！孩子们都是竞争对手，我凭什么帮你？

三是“牛到家”。人家娃就是天资聪慧，人家有很好的教育资源，人家有钱……来，你模仿一个让大家瞅一瞅。

四是“掏心掏肺”。人家真想帮你，知无不言，而且所有招数都挺实用的。结果你取经回来，你家娃死活就是不配合，把你当场气死。

这个回答真是标准的数学家的解答。没错，解是存在的，但怎么找到解？——那是物理学家的问题。对呀，怎么才能让孩子“把书看好，把题做会”呢？不知道。

没人能回答你。能回答这个问题的人，可能只有你自己。为什么说是“可能”呢？因为很多家长等到孩子中学毕业的时候，也回答不了这个问题。教育孩子是世界上最难的事情之一，也是最容易的事情之一——辩证得很咧。再也别去干“取经”这种傻事了，你几乎不会得到任何有效的建议。认真读懂自己的孩子，给孩子量身定制一套教育方案，这才是王道。

抱怨四：老是刷题，孩子都“刷”傻了！

刷题还是不刷题，这是一个问题。

大家可能听说过孙斌勇院士，他无疑是浙大数学系最闪亮的明星之一。我永远记得前系主任陈叔平老师在新生开学典礼上对我们讲过的话：“如果孙斌勇 3 年能成为一个优秀的数学家，那么某某人 8 年也可以，至于你们……”陈老师顿了顿说，“那就一切随缘吧！”

我们系有一门研究生课程叫作随机过程——“随机过程随机过”，说的就是这门课。就算是开卷考试，也是研究生们的噩梦。你随便翻书，能找到答案算我输。有位同学实在受不了折磨，居然想尽办法提前几天搞到了考试题目，拿来给正在读本科的孙斌勇做。孙师兄虽然没有学过这门课，但是他通过自学，做了两三天，终于把卷子做完了。这位研究生师兄气得拍桌子骂人："孙斌勇要做三天才能做完的卷子，拿来考我们?!"所以在浙大数学系，孙斌勇就是传奇。

然后有一天，我看到一篇文章讲孙斌勇介绍数学该怎么学：他不赞成刷题，也不建议做过难的题。看到这里我就笑出来了。确实，陶哲轩说过：做数学，智商不重要。施一公也讲过：做科学家，智商无所谓。他们说的是实话，因为智商是准入门槛，假如这个门槛都过不去的话，还做什么科学研究？因此，智商根本不是应该讨论的选项。这就好比，你要指导别人做蛋炒饭，不会强调要准备好米饭和鸡蛋，但肯定要求他注意油要几分热、什么时候出锅。

我们回头来看孙斌勇所谓的"不要刷题"。为什么要刷题？其实我一直反对盲目刷题，但对于一些内容，不刷题根本不行啊！因式分解、多项式运算，你不刷题真的行吗？考试在某种意义上也是熟练度的比拼，基本计算能力不过关，你就想考好？而计算大多需要通过大量刷题来提升熟练度，这是没办法的事情。至于其他内容，也许思考比刷题重要。只要把基本概念想明白了，计算又过关，那么刷不刷题，也就无所谓了。很多人其实压根儿不明白刷题的意义所在，甚至想着平时多刷题，考试时说不定能碰上一两个"熟脸题"……开什么玩笑，你当出题老师是"吃干饭"的吗？

还有一种说法就是"不要做过难的题"。孙斌勇自己在中学时代经常做数学奥林匹克竞赛题目，他本人入选了中国数学奥林匹克竞赛国家集训队（全国前三十名）。你再想想，人家说的"过难的题"那都是什么题？所以啊，我们这些"凡人"还是要脚踏实地。像这种"天外飞仙"的学习方法，有时真的要不得。你要听了孙斌勇的方法去学数学，到时候恐怕哭都来不及。他的学习方法只适用于与他的智商在一个水平的人。判断这类智商水平的标准很简单：你的名字在学校和老师间口口相传，老师会做的题你都会做，老师不会的题你也会做，甚至老师会向你请教数学问题。如果你能做到这一步，那你也可以不用刷题，也不用做“过难”的题了。

学习方法是因人而异的。对于大部分人来说，有能力刷刷题，做一些稍微超出自己能力范围的题目，绝对是有好处的事情。至于那些超级厉害的人，人家是让你膜拜的，不是让你模仿的——特别是人家的特殊学习方法，你可千万谨慎模仿啊！

天之道，损有余而补不足。《道德经》里的这句话实在是人生的基本道理。太多家长就是抱怨有余，而行动不足。如果家长能把抱怨的精力省下来，真正放在教育孩子上，那么效果会好很多。大家自己掂量吧，到底是去做有理而无意义的抱怨，还是埋头解决问题，自己学一点儿教育相关的知识和方法。请做出你的选择。

09
“激娃”路漫漫之误区重重

“你看看人家！”

不知道有多少“老父亲”“老母亲”冲娃吼过这句话？

随着时间的推移，当下大众的受教育程度越来越高，越来越多的人意识到教育的重要性，也越来越重视下一代的教育问题。虽然“读书无用论”仍有不小的市场，不过其市场份额却在不断缩减。我认为“激娃”[①]在本质上是一件挺“正能量”的事情，谁不希望自己的孩子出人头地呢？相对于其他的成功方式来说，读书可能是一条相对快捷、各种成本较低、成功率较大的路。没读什么书最终却功成名就的，能有几人？

在我国，虽然达到大学文化程度（含大专）以上的人数仅占总人口数的约 15.5%，但在孩子年龄为 3~6 岁的家长中，这一人数比例远远高于这个数字。根据 2002 年至 2008 年高考本科录取率的统计，孩子年龄为 3~6 岁的家长中至少有超过 15% 的人具有本科以上学历，而这群家长的“激娃”意愿显然是最强烈的。

意愿有了，知识储备也有了，那还缺什么呢？

---

① 网络上大多称“鸡娃”，意思是家长给孩子“打鸡血”。这种说法有些不尊重孩子，我们不如换为“激励”的“激”。

盲目攀比要不得

朋友圈里总有一些“神童”，他们在上学前就把小学数学学完了，到了小学毕业时，连高中数学都学完了。很多家长看了心里都开始“发毛”：怎么冒出那么多的“神童”？于是，当看着别人家孩子“数、理、化、天、地、生”无所不能的时候，多少人咬着牙恨恨地说：“我怎么就生了这么一个‘熊孩子’？”

大可不必这么想。这些“神童”大致分两类：一类是真学完了，一类是家长在吹牛。真学完的这类人也能分为两类：一类学得囫囵吞枣，一类是真的学会了。

你只要稍微动动脑筋想一想就能明白，真能超前五六年学完全部高中数学内容，并系统地掌握这些知识的孩子，其比例是很低的。如果你觉得这种娃很多，那说明你的朋友圈绝对“上档次”。不过，每个家长的朋友圈或多或少总能看见这样的“神童”。这就奇怪了。

学习这件事，怕不比较，也怕瞎比较。读书不能太“佛系”，如果没有一定的好胜心，那么孩子恐怕也会缺乏进步的动力，这也不是什么好事。但你要是瞎攀比，说什么：“别人家孩子能做到的，咱家娃也能做到！”这就是胡扯了。比如，陶哲轩在 8 岁时就学会了微积分……这看起来也不是什么太过分的事情。但他在 22 岁时就博士毕业，在 24 岁时就当上正教授，30 岁出头就获得了菲尔兹奖，这就远远不是一般人能达到的高度了。

事实上，“激娃”路上最大的拦路虎是家长在心态上的失衡。大多数家长难以发现，或者发现了也不愿意面对的实事就是：自家娃是一个普通人。

本来嘛，绝大多数人都是普通人，你凭什么要求自家娃是天才呢？但是，压力往往来自于周边，当你看着张三家的娃熟练地玩起四则运算，李四家的娃把圆周率背到第 100 位，王五家的娃把魔方拧得咔咔响，再看看自家那块“料”，气就不打一处来。

有必要吗？首先，别人家的精彩有可能是“虚假繁荣”。几乎所有人都有虚荣心，无非程度不同而已。有些家长虚荣心强，甚至到了喜欢弄虚作假的地步就很不好了。他们就希望通过种种“神迹”来营造自己家孩子很厉害的假象，最容易的造假方法之一就是背圆周率小数点后 100 位。我就碰到过一次，当孩子背到第 30 几位后出了错，被我当场纠正，表演戛然而止……当然，很多孩子确实优秀，但在这个世界上，有人比你优秀不是很正常的事情吗？为什么要耿耿于怀呢？

天下没有两个完全一样的人，哪怕是双胞胎，其能力也可能有差异。个体和个体之间真的是千差万别，永远不要觉得别人家孩子能做到的，我家孩子也能做到。我一位朋友的孩子在 3 岁左右的时候对数字规律的掌握和计算能力至少达到了小学三年级优秀学生的水平。这位朋友自己在读书的时候就进入了中国信息学奥林匹克竞赛国家集训队（排在全国前十五名），后来保送到清华大学计算机系。够厉害了吧？但最关键的是，他对孩子的教育付出的心血比一般父母还要多。当然，也有家长可能自身没这么高的智商和知识水平，但人家有足够的经济实力聘请顶尖教师，量身定制地教孩子，也算个办法。

每个孩子的成长路线不尽相同，怎么实现目标最终是各有其道。但“激娃”有几个误区，第一个就是上面说的这种盲目攀比。在家长和孩子的能力范围内奋斗，是“激娃”的第一要务。家长要了解孩子的天花板在哪里，不要强迫孩子去做超出自身能力太多的事情，在自己能力范围内做到最好，这才是“激娃”的正确“姿势”。更何况，孩子都会有闪光点。有些家长总让孩子和数学最好的人比数学，和外语最好的人比外语，以此类推……最后看下来，就觉得自家孩子啥也不成！你这不是给自己找别扭吗？数学比不过人家，那英语呢？英语也比不过，那语文呢？啥都比不过，那就做个正直善良的好人，也挺好啊！

要不要提前学数学？

第二个误区就是忽视孩子的认知规律。很多家长习惯把自己的认知能力强加到孩子身上，觉得这么简单的东西怎么就学不会呢？完全记不得自己当年初学时的痛苦。对于大多数孩子来说，在什么年级学什么内容是最好的安排，适当超前如果孩子能接受也问题不大，但是把一些过于超前的内容丢给孩子，这就违背了教育和认知的规律。比如，从具体问题向抽象规律过渡，对低龄的孩子来说尤其困难——这么小的孩子能有多少抽象思维能力？

如果孩子真的能提前把数学知识掌握得很好，那确实是好事；如果让孩子提前学只是为了满足家长的虚荣心，孩子怕是以后要吃亏。在我看来，孩

子要想提前学数学，倒不是不可以，不过得满足以下两个条件。

一、有天赋。没天赋，你再怎么教都教不会孩子。毕竟孩子年纪越小，提前学的难度就越大。因为在孩子小的时候，就算差上一两岁，其认知能力也会差很多。不要刻意地去逼迫孩子。我始终认为，学习兴趣的培养，在孩子越小的时候越重要。等到孩子长大了，自然就会知道有些事情即使自己再不喜欢，也得去做。然而，“小屁孩”可没这个觉悟！你要是毁了他们对数学的兴趣，那以后真的很难扭转过来。所以，一定要做和孩子心智相匹配的训练。如果想超前，还是要看其天赋能否支撑得住。

二、有好老师。数学有规律，教育有规律，孩子的心智发展也有规律。但是规律只有统计学意义。不同的孩子的特点完全不一样。好老师会根据孩子的自身情况做出调整——或快或慢，或详或略。而且，不同的老师对“基本功”的认识也完全不一样。如果想实施超常规的教育方式，老师的水平非常重要。想为孩子“量身定制”请老师，真的就……随缘吧。事实上，这不是光靠钱就能解决的事情。如果找不到合适的老师，那么家长只有靠自己了。所以，家长自身的水平高低，在很大程度上也决定了孩子到底适不适合提前学。

如果以上两个条件都满足，而且孩子也有兴趣，那么提前学一学也无妨，否则，家长还是应该根据自家娃的实际情况安排学习进度，不要只是为了满足父母的虚荣心，就让孩子冲那么快！

对孩子在不同阶段的认知能力有一个深刻而清醒的认识，是家长保持良好心态的先决条件。“以己度人”，在教育孩子这件事上未必是什么好词儿。

知识还是习惯

“激娃”的第三个误区就是重学科知识，轻学习习惯。如果你对“激娃”的认知仅停留在“灌输知识”这个层面，那真是太遗憾了。事实上，在孩子3~6岁这个阶段，传授学科知识固然要紧，但培养学习兴趣和学习习惯才是首要任务。很多老话都是有深刻道理的，比如三岁看到老。人很多的行为习惯是在很小的时候就养成了，如果在3~6岁给孩子养成了良好的学习习惯，从被动学习变为主动学习，远比让孩子提前学小学四年级数学内容的意义要大。学习习惯的培养越早越好。

学习本身就是要吃苦的，我们作为凡人（注意，是凡人），几乎很难在没有外界驱动的情况下自发地学习，贪图安逸是多数人的选择。很多人会奋发有为，是因为知道自己还没有贪图安逸的资本。带有目的地读书，并不是什么羞耻的事，因此，自制力在学习中占有非常重要的地位。

当然，你与其天天唠叨孩子：“不好好读书以后就没出息！”真的还不如引导孩子，让他们觉得攀登知识的高峰是一件愉快的事情。如果两个孩子成绩差不多，一个靠外驱动力，一个靠内驱动力，那么相比之下，在很大程度上，内驱力强的孩子在未来的发展空间会更大一些。所以，在孩子越小的时候，越要重视培养其良好的学习习惯，这比传授具体的知识更重要。

以上都是针对大多数孩子的“套路”。我相信总有家长不死心，就想知道自家的孩子是不是“小天才”，那么我推荐各位一个判别自家娃是否天才的简单办法：10岁以前，看孩子能否在比自己年长5岁以上的群体中跻身前千分之一。为什么这么苛刻？进入前20%已经很优秀了吧？天才的标准要是低了，那还叫什么天才？低年龄段的学习内容比较少，通过高强度的重复训练，哪怕是普通孩子也完全有可能比年长1~2岁的孩子学得好。但是，

“大 5 岁”这个心智差距就比较大了，如果孩子的数学水平确实能达到我说的这个标准，那么可以说，孩子的智力水平高于普通人的概率很大。相反，如果做不到的话，请接受孩子大概率是一个凡人的现实。

大家不要总觉得自家孩子是天才，更不要瞧着其他孩子好像都是天才。在低幼年龄段的孩子，除非真是特别聪明、特别突出的孩子，在大多数情况下是看不准谁更聪明的。学习是一场马拉松，到了初中、高中才发力的人比比皆是！早慧儿童或许会一直脱颖而出，但那些提前耗尽精力的“假早慧”儿童，甚至到了初中就会陨落，这类人也是一抓一把。当然，规律本身是统计意义下的规律，对个体来说，规律并不一定百分之百适用。但是大概率是对的，一般来说，贸然违背规律不会有什么好结果。

不要觉得“按部就班”是什么丢人的事，或是坏事。在什么年龄做什么事情。在孩子承受能力范围之内，根据情况适当超前。如果把孩子的学习兴趣彻底给折磨没了，后悔都来不及。我理解的超前教育有一个前提：孩子必须已经把基础知识掌握得很扎实了再前进，而不是一路盲目小跑向前冲。

10

“激娃”路漫漫之标准模式?

总有家长问我有没有所谓“激娃”的标准模式，那我就来讲一讲吧。以下是我精心研究出来的“分阶段激娃目标”：

- 1岁之前还是随便玩吧，不要上太大的任务量，只要掌握6000个基本的英文词汇就可以了；
- 2岁有一千首唐诗打底；四则运算过关，能够熟练地解决比较难的应用题；英语基本达到母语水平；
- 3岁能用俄语和法语等第二外语熟读文艺作品；掌握一般函数的性质，如单调性、奇偶性、周期性等，能独立地发现费马原理；

- 4 岁熟练掌握微积分、电磁学，能独立推导洛伦兹变换；
- 6 岁能很好地掌握黎曼几何，并对广义相对论有较深入的认识；
- 8 岁……什么？陶哲轩到了 8 岁才学会微积分？对不起，那太晚了，不适合我们“激娃”的家长。

只要您按照这个进度教育孩子，我相信，无论是诺贝尔奖还是菲尔兹奖，您家孩子想拿啥奖就拿啥奖，想拿几回就拿几回。标准有了，至于能不能做到，那就是您的事情了。什么？一条都办不到？那么请问，您追求的所谓“标准”，意义何在？

“激娃”在“激”什么？

一直以来，我都强调教育要顺其自然，必须在家长自己和孩子的能力范围内开展。如果仅是家长有强烈的意愿，娃却没有意愿和天分，而且家长也找不到合适的师资力量作为保障，那这事儿也就再想想吧。其实，那些想知道所谓“激娃标准程序”，或者想靠别人给出自家孩子的学习计划表的家长，要么是自己很懒，要么是水平有限……我们看到的每一位出色的孩子背后的家长，他们从不会让别人给自己的孩子制定计划，人家都是亲自操刀，坚决执行，顶多参考一下别人的意见。而且，能够经年累月地对自己和孩子“高标准、严要求”的人其实是少数。如果你想把孩子往外推，那么，你有没有能力鉴别老师的水平？你有没有足够的财力支持孩子长年累月地找名师补课？孩子还能不能留出足够的时间来锻炼身体和游戏？

教育本身是一件长期活动，一定要做好打持久战的准备。在此期间，家长的心态非常重要，但正确的教育观念更重要：娃不一定都能“激”出来，要根据娃的特点，量力而行。每一个人的人生都没有标准答案，你凭什么给孩子的教育路线套上一个标准答案呢？所以，这件事哪有什么标准？一个孩子一个样，每个孩子的兴趣、脾气和智商都不一样。你当这是流水线生产工业产品，原材料扔进去，出来就都是人才？笑话。

所谓“激娃”到底在激什么？说到底，是要刺激出孩子自主学习的能力和兴趣。有能力给孩子进行全科辅导的家长几乎不存在。哪怕家长是教育工作者，也只能给孩子讲自己本学科以及相近学科的内容，隔得远了，也吃不消。但是，孩子如果养成了良好的学习习惯并具备了自主学习的能力，那么，家长不懂的科目，孩子也会自己钻研，也能很好地抓重点、抓难点。因此，向孩子传授知识点，远没有培养孩子的学习能力和兴趣显得更重要。

如果说，所谓“激娃”的根本目的是让孩子成才，那么应该尽量发挥孩子的长处，另外，别让短处变成“死穴”就行了。家长一定要充分了解孩子：他/她的兴趣是什么？特长又是什么？然而，很多家长能把兴趣和特长都给搞混了。

要知道，在很多时候，学习是一件挺痛苦的事情。的确有人能在学习中产生快感，但也有人就是不喜欢学习。所以，家长要长时间地跟踪、观察，然后利用孩子的兴趣进行引导，包括正面激励，比如“你学好了，就让你做一会儿感兴趣的事”；负面激励也可以采用，比如“你学不好，就惩罚你不让玩感兴趣的东西”，等等。

孩子“吃软不吃硬”或者“吃硬不吃软”，怎么办？间歇性地“软硬通吃”或者持久性地“软硬都不吃”，又该怎么办？谁能给你标准答案？没有人。奖励和惩戒的手段在什么时候该用，在什么时候不该用，在什么情况下用了效果好，在什么情况用了有反效果……作为家长如果连这点数都没有，还怎么教孩子？

同样，每个孩子对不同学科的敏感时间也不一样。有人从 3 岁起就开始数学启蒙了，有人要等到 8 岁，有人甚至到了 10 岁才会开窍——当然，大多数人恐怕一辈子也没整明白“数学那些事儿”——其实其他学科也是一样的。所以，假如你在孩子压根儿没上道的时候就强逼他完成那些大大超过其能力范围的事情，那孩子怎么可能不产生逆反心理？一旦孩子开始逆反，那真是哭都来不及，这时你再想扭转孩子的兴趣或反感，就比较难了。

如果有人声称有通用的方法，比如卖给你一个 9.9 元的“标准激娃教程”，那基本上都是骗子。要是真有这种通用的公式，岂不是家家户户的孩子都能成天才了？真正的通则是：一，承认大多数孩子是普通孩子；二，制定一个自家孩子专属的学习计划。放弃幻想，认真研究敌情、我情，具体问题具体分析，做好打持久战的准备，方为上策。

别再想着让别人给你一套标准答案了，饭要自己一口口地吃，娃要自己一步步地教。

最容易做到的事

为了给大家鼓鼓劲，我不妨告诉你们“激娃”路上最容易做到的事，绝对没有任何难处！那就是：放弃！

放弃虽可耻，但真的好啊！

我在读大学一年级的时候，有机会辅修法律的双学位。我当时也不知道怎么了，毫不犹豫地就报了名。但我实在是低估了课程的难度。当我拿着厚厚的民法和刑法的教材的时候，脑海中有一个声音在回荡：“放弃吧！”我回答说：“好的！”没错，也许和你设想的“鼓舞人心”的故事完全不一样，我放弃了，没有一丝犹豫。我比报名时更加毫不犹豫地找到了负责招生的老师，申请退课。学校给我退回了大部分学费。实话实说，光是数学作业就已经让我疲于奔命了，为什么还要自找苦吃呢？

还有一次是读硕士的时候考精算师。那时候，人们都说精算师是“黄金行业”，而且，能考精算师的前提就是数学要好。我的数学成绩还可以，而且当时的空余时间还比较多，于是我又毫不犹豫地报名了！精算师考试要分两轮，涉及十几门科目。我在完成第一轮考试的时候，开始决定读博士。那还有什么可说的？我又一次——放弃了。

贼老师，你就这么一次次放弃，还能不能行了？你就没有干成过一件事吗？

好在，我把博士咬着牙给读下来了。回想过去这几十年，我似乎就坚持做了这一件事，这算是我如今安身立命的唯一资本了。

同样，很多人在“激娃”过程中会碰到很多想放弃的时刻，不得不说，放弃的那一刻真的是非常痛快！当孩子数数数成 24678 的时候，当孩子说出“九九八十七”的时候，当孩子抱怨“三五十五太难背”的时候，我相信，这都是大家想放弃的时刻。

一个人一辈子做一件好事不难，难的是一辈子做好事。很多家长教育孩子的动力都是“随机”爆发的，“三天打鱼、两天晒网”就算最佳状态了。

往往是今天心情好，那就刺激孩子一下，明天自己忙起来，就把这件事抛到脑后勺，等到后天又会想：“算了，算了，我还是多挣点钱吧！孩子能不能把书读好，还得看老天爷能不能赏饭吃。”

你要彻底放弃了，其实还算不错，所有的压力转瞬即逝。但为什么有那么多家长会持续痛苦？因为对他们而言，“激娃”就是杨修口中的鸡肋：“食之无味，弃之可惜。”想彻底放弃又不甘心，想持续“激娃”又没耐心，真是首鼠两端，左右为难。

所以，如果你不能持之以恒、细水长流地“激娃”，那还不如干脆放弃。而且，你确实有很好的理由：“专业的人干专业的事，我又不是专业的老师，教不好很正常，还是把孩子交给靠谱的老师吧。”

我那两次放弃，每次都是因为学业过重，这确实是客观事实……但如果我再坚持一下，真的就那么难坚持吗？我看也未必。只要你去找，借口永远都有。同样，每当我说：“孩子读书，家长要尽量陪伴，哪怕自己不会这些知识，也要学会陪伴。”这时候，总有家长会找出一堆理由说：“做不到。”谁还没个困难呢？反正孩子是你的，又不是我的，你爱陪不陪。

放弃吧，放弃吧，这是最容易做到的事情。除此以外，再无“容易”二字。

第二篇

小学篇

本篇中我们将着重讨论小学阶段关于三角形、特殊四边形、一般多边形以及圆的面积相关问题。

小学阶段的几何主要学习其最初的功能——平面图形面积的计算。通过这种方式可以让孩子们对平面几何图形有基本的认识，同时对于一些常见的几何变换有一定的了解，积累丰富的感性认识，为初中进一步学习平面几何打下基础。

一些初学者乃至部分家长最容易陷入“技巧”和“套路”的误区。大家千万不要过度沉浸在面积变换的各种技巧里，而是要让孩子尽量认识到这些技巧背后的几何学规律；更不要把一些“套路”“模型”奉为圭臬，而是要学会分析问题和解决问题的根本方法。

11
从面积公式谈起

几何一词在英语中写作“geometry”，追溯词源，就是丈量土地的意思。所以，几何学在诞生之初就和面积的计算息息相关。

我们知道，计算面积的最好办法就是微积分，有了这个神器，妈妈再也不用担心我算面积的事情了。但是对于小学生来说，微积分超纲了。何况，微积分必须以承认矩形的面积等于长乘以宽为基础。事实上，在处理边界不是直线段的图形面积的时候，古希腊人展示了高超的计算技巧。阿基米德曾经计算出抛物线所围成的弓形的面积，在不用微积分的情况下，得到这样的结果是令人惊叹的。

阿基米德的做法是把弓形剖分成无数个小三角形，分别计算出这些三角形的面积并求和，然后取极限，从而得到了弓形的面积图 11.1。从微积分的观点来看，这是再正常不过的操作，但是在阿基米德所处的那个时代，这真的是疯狂的操作。

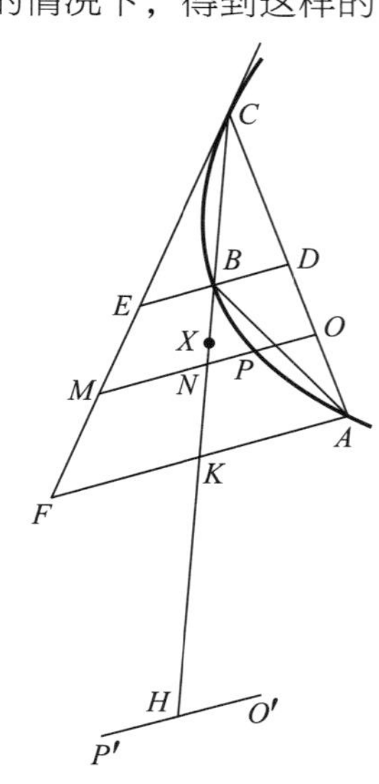

图 11.1

所以，哪怕是这么不起眼的计算面积，其中包含的数学也可以让人有穿梭时空的感觉。

无论是代数还是几何，数学的学习规律是一致的——从易到难。小学几何的重心在于对图形的认知，以及面积的计算；到了初中就变成了对命题的证明。这部分的写作目的正是让大家了解如何从计算向证明过渡。

如果按照图形的复杂程度排序，从低到高依次是三角形、四边形和圆。但是，学习面积的逻辑顺序却是反着来的：先矩形、再平行四边形，然后才是三角形。

那种方方正正的图形就是矩形咯……面对小学生，你这样糊弄糊弄或许就可以了。但是如果要严格讲，我们得说：有一个角是直角的平行四边形或四个角都是直角的四边形就叫矩形。那什么是正方形？邻边相等的矩形才是正方形。

等等，贼老师，什么是矩形？

但是，所有面积公式的基础其实源于边长为 1 的正方形的面积公式。边长为整数的矩形其实可以被视为由切割成若干个小正方形拼起来的，因此面积公式为：

$$S=ab$$

其中，a 和 b 分别是矩形的长和宽。我们借助实数完备性理论可以证明，当 a 和 b 为任意实数时，$S=ab$ 都成立。当然，这个推导过程对中、小学生来说实在是太难了，严格化和公理化的事情并不是中、小学生需要考虑的问题。尤其是作为小学来说，培养几何直观更加重要一些。

如果你学过高等数学，并了解定积分的推导过程，就应该知道“曲边梯形”的面积是用矩形来近似的。所以，矩形的面积是几乎所有图形面积的基础——包括三角形。

事实上，对于“矩形的面积等于长乘以宽”，我们有一种非常朴素的方式去理解它，类似于提出这种问题：把一堆苹果摆成长方形，横排 5 个，竖排 3 个，一共有多少个苹果？

既然是根本，那我们就来看看怎么通过矩形的面积来推导其他直线图形的面积公式。圆面积公式当然也可以通过矩形面积推导，但是这部分内容超过了本书的讨论范畴，这里就不展开讨论了。

相信大家小时候都做过这么一个实验：用 4 根木条钉成一个矩形的框，然后稍稍用力，这个矩形就开始变形，这时候得到的新图形就是平行四边形。那么，怎么从矩形的面积得到平行四边形的面积呢？

很显然，继续采用长乘以宽的方法是不对的。最朴素的想法：把这个木框彻底压扁，四条边变成一条边，此时面积为 0；而在这个变化过程中，这个平行四边形的面积是以肉眼可见的速度在变小。所以平行四边形的面积肯定不是长乘以宽。

于是继续化归。我们此时手里有的工具就是矩形的面积公式，怎么把一个平行四边形变成一个矩形呢？最朴素的操作：我们把一个图形剪开，然后重新拼接，图形面积是不会改变的。既然不能通过挤压的办法来把平行四边形变成矩形（面积会改变），那么就试试裁剪？

孩子在小学阶段没学过所谓“全等”的概念，但这不妨碍我们用这个概念来理解一些事情。比如，我们可以对平行四边形做图 11.2 这样的变换。

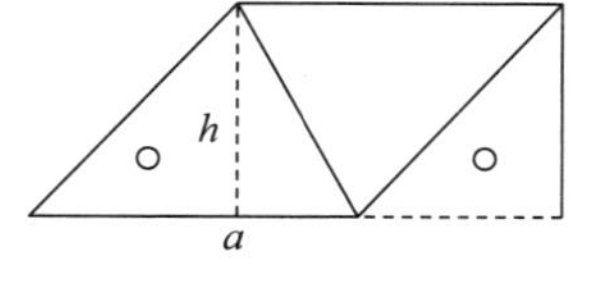

图 11.2

看，平行四边形是不是就变成了一个矩形了？

我们把切下来的直角三角形完美地拼到了另一头——对于任何一个学习过平面几何的人来说，这样的做法显然很不严格，因为我们都没证明两个直角三角形是全等图形，并且拼到右侧以后是严丝合缝的。但是对小学的孩子来说，这个直观解释就够了。

我们发现，经过这样的操作之后，长方形的长仍然是 a，宽就是原来平行四边形的高 h，这样就得到了平行四边形的面积 $S=ah$。

同样，我们忽视了平行四边形的定义（两组对边分别平行的四边形），只是把两个相对的顶点连起来，就得到了平行四边形的一条对角线。由初中的平面几何知识可知，一条对角线把平行四边形分成了两个全等的三角形。简单地讲，所谓全等就是“一模一样”，所以很容易得到三角形的面积是底乘以高的一半，即 $S=\dfrac{ah}{2}$（图 11.3）。

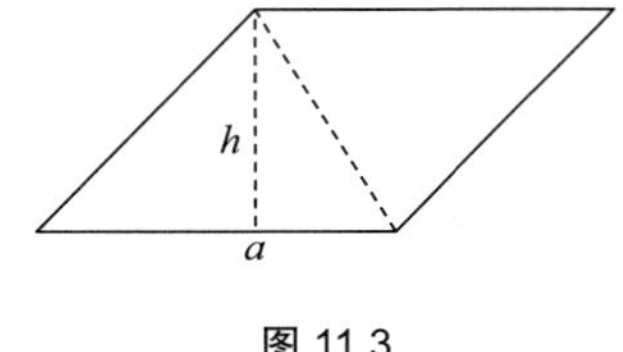

图 11.3

从这个推导我们可以看出，化归的思想简直无处不在。我们有的只是平行四边形的面积公式，通过拆分将其变成两个全等三角形后，来计算三角形的面积——这里我们其实还回避了一个小问题：怎么拆分才是合理的？由于把不相邻的顶点相连，直接就能得到两个小三角形，因此这个问题看起来就不那么重要了。

有了三角形面积公式，理论上就可以解决更一般的 n 边形的情况。我们只要固定住某一顶点，然后将之与其他非邻边所在的顶点连线，可以得到 $(n-3)$ 条不同的对角线，于是一个 n 边形可以被分解成 $(n-2)$ 个小三角形，而面积就等于这 $(n-2)$ 个小三角形面积的和（图 11.4）。

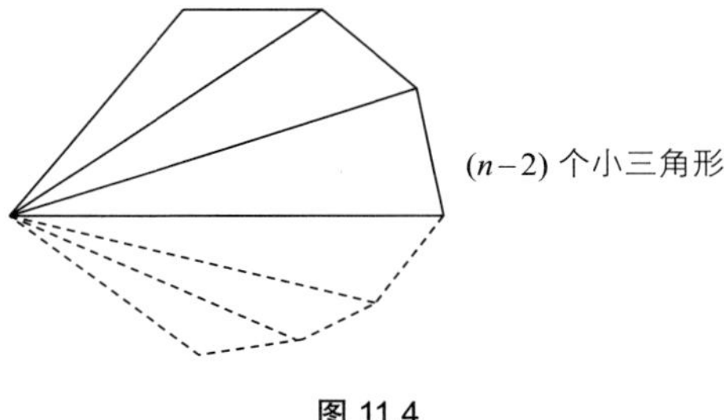

图 11.4

学习过平面几何的人应该知道，添加辅助线是解决平面几何问题时最让人头疼的一件事，这就涉及了合理性的问题。加辅助线有“灵魂三问”：“要不要加？”“加在哪里？”“加得对不对？”早在小学几何图形面积的求解问题里，就有最初步的相关训练了。

我们还可以进一步地进行一些训练，比如让孩子把平行四边形沿着对角线剪开，然后以某一边为对角线拼成一些新的平行四边形。在这个过程中，我们很容易发现，图形的样子虽然发生了变化，但其面积大小并没有改变。我们甚至还可以做如下操作：把平行四边形“拦腰截断”，然后再拼起来，面积依然不会发生改变（图 11.5）。

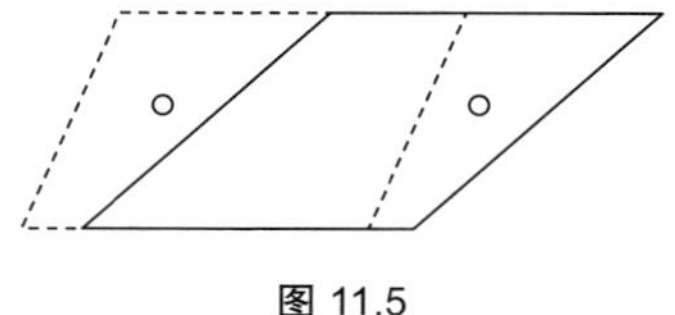

图 11.5

总像玩七巧板一样，有意思吗？

有啊，要知道，计算面积最重要的方法不就是所谓的“割补法”吗？从这样不严格的、直观的训练做起，孩子接受起来会容易得多！

正如前面讲的，面积学习的逻辑顺序应该是从矩形到平行四边形，再到三角形。不过，我个人更倾向于按照图形的复杂度进行排序，所以我将按照三角形、四边形和圆的顺序进行讲解，这样可以和初中的平面几何学习形成对应。好，我们开始吧！

12 三角形面积

为什么这么多人害怕数学？因为很多人没有掌握数学学习的方法——当然，有人等到自己的学生生涯结束的时候，也没有学会怎么学数学。这一点儿都不奇怪，不然，为什么几乎所有升学考试都是靠数学来拉开分数呢？但我还是想做这样的尝试，让各位学生和家长能明白怎么去学数学，或者在辅导孩子的道路上别跑偏。

在小学阶段的几何题中，求阴影部分面积是核心问题。然而，不知有多少求阴影部分面积的问题让做题人的心里蒙上了一层阴影。究其原因，还是因为他们没有抓住问题的本质。

第 1 节　等积变换

根据上一节的推导，我们知道三角形面积公式是

$$S=\frac{1}{2}ah$$

其中 a 是底边，h 是 a 这条边上的高。

这么个面积公式有什么好讲的呢？还真有。各位家长回忆一下自己的数学学习生涯，经常会碰见一个词叫“对应”。什么叫对应？就是必须一个搭

配一个，不能乱配——罗密欧配了祝英台那就不是对应了。

事实上，对应这个概念是非常重要的。三角形面积公式中的 a 和 h 必须是要对应的，也就是说，你以哪条边作底，就必须在这条底上作高，这才是我们要的 a 和 h，并不是任意一边和任意一条高的乘积的一半都是三角形面积。

可千万别小看这个基本概念。因为这似乎是孩子数学学习生涯中第一次碰到所谓“对应”的概念，而且也是第一次碰到用字母来代替数字进行一般的运算。追根溯源，这才是抽象运算的雏形，如果在这个时候不加以引导，只扔给孩子这些公式的话，那孩子除了死记硬背还能干什么呢？

这个时候的训练方法也很简单。我们可以画若干个三角形，然后把高作出来，让孩子判断哪些是对应的底和高，或者高和哪条底对应，这对于今后的数学学习是有很大好处的。我们总是觉得孩子只会背公式，抱怨他们死记硬背，但产生问题的源头在哪里，却无从知晓。其实，很多数学思维都是从小学就开始启蒙了。从源头上影响总是相对比较容易的，等走到下游的时候再去影响，那花费的力气就要大得多了。

区区一个 $S=\frac{1}{2}ah$ 很不起眼吧？但其内涵还是挺丰富的，又有对应，又有抽象运算。所以，简单东西的背后并不简单——比如，你能想到三角形面积可以逼近抛物线围成的弓形面积吗？

大家回忆一下当初讲行程问题时涉及的时间、速度、路程三要素，一定要有两个确定要素才能求第三个，这就是核心。同样地，在三角形的面积题中，核心就在于底和高。因此，我们在做题的时候，总要想办法把这两个要素确定下来。

当然，我们仅仅从三角形面积公式的表达上就可以看出，如果底和高的数值不变，那么三角形面积自然不变。所以，固定住三角形一条底边，然后过底边所对的那个顶点作底边的平行线，则平行线上任意一点和这条底边构成的新三角形面积和原来的三角形面积相等。如果我们减去公共的阴影部分，那么可以得到这副“眼镜”的两个镜片面积相等的结论（图 12.1）。

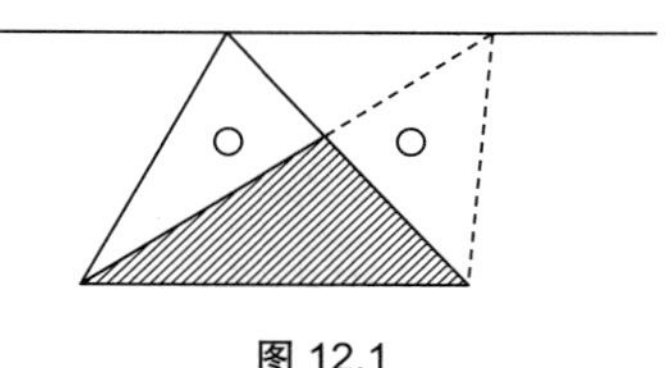

图 12.1

这是非常常用的方法，名为“等积变换”。很多学生在谈到平面几何问题中加辅助线这一步时，甚至达到了“畏辅如畏虎”的地步，就是因为他们根本没有理解好这个基本方法。

等积变换的另一种形式就是底（高）扩大到原来的 n 倍，高（底）缩小到原来的 n 分之一，三角形面积保持不变。而这里利用的就是一个数和其倒数的乘积为 1 这么简单的一个原理。我们来看一些简单的例子。

例 1 **如图 12.2，已知三条直线 a，b，c 相互平行，$BD=FH$，$\triangle ABD$ 的面积是 $\triangle GFH$ 的面积的 2 倍，$\triangle BCD$ 的面积为 4，求四边形 $EFGH$ 的面积。**

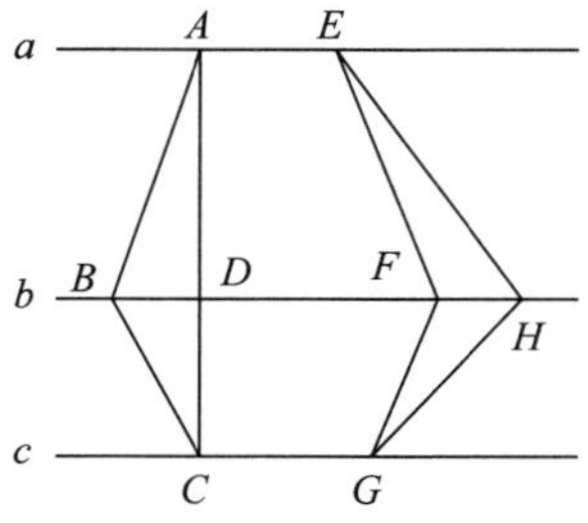

图 12.2

平行线起什么作用？

事实上，假如从初中平面几何的角度看，这是很容易理解的：平行线就是等高的代名词。当然，这个结论最好就是由家长诱导孩子一步步自己推出来，如果真的推不出，也要让孩子自己尝试多次失败以后再告诉他结论，不要直接就把结论给孩子，否则往往印象不深刻。

我们注意到，$\triangle ABD$ 的面积是 $\triangle GFH$ 的面积的 2 倍，但这两个三角形面积的具体数值并没有给出，而$\triangle BCD$的面积是知道的。题目最后要求的是一个具体图形的面积，也不是比值，这说明了什么？对，$\triangle EFH$和$\triangle GFH$的面积是可以求出来的。

因为我们现在看到的四边形不适用任何一款可以直接套入的公式，所以一定是要化归了。但是，无论是平行四边形还是长方形、正方形，这个四边形看起来都不像，因此，比较合理的方法就是拆成两个三角形。

既然要求总面积，那么比较自然的想法就是这两个小三角形的面积都能求出来。但现在这两个具体数值都没有，那么突破口只能在有数值的$\triangle BCD$上了。

$\triangle BCD$的面积是4，我们注意到它和$\triangle GFH$都是夹在b和c这两条平行线之间的，且$BD=FH$，所以两个三角形等底等高，面积相等，于是$\triangle GFH$的面积也是4，而$\triangle ABD$的面积就是8。我们又发现$\triangle ABD$和$\triangle EFH$也是夹在两条平行线之间的等底三角形，所以它们自然也就等高，因此面积也相等了。由此得到，四边形$EFGH$的面积为12。

题目很简单，但是请仔细体会等高和平行线之间的联系，以及公式中每个字母的含义，这个很重要。

例2 **给定三角形，用两种不同的方法把三角形分成面积比为3∶4∶5的3块。**

最简单也是最容易想到的方法，就是直接把三角形的一条边分成12等分，然后分别取3份、4份和5份，并与该边对应的顶点相连，得到的3个三角形就是我们要求的3块（图12.3）。

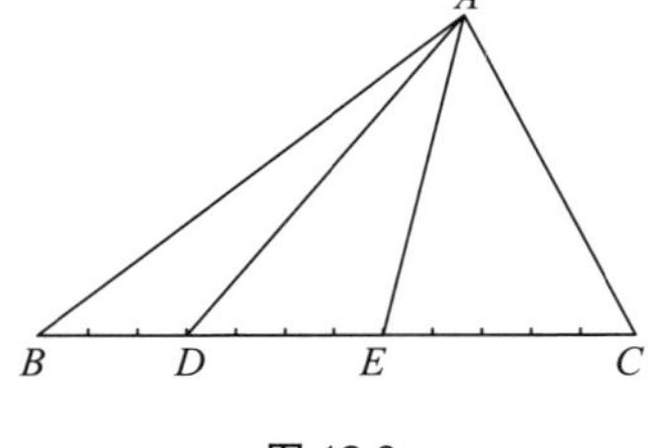

图 12.3

第二种方法该怎么办？首先，还是选定一条边，先把它的 $\frac{3}{12}$ 取出来（图 12.4 中取 E 点），这总是容易做到的。剩下的部分，再分成 4 : 5 即可。于是，我们可以另外找一条边 9 等分，然后取一段为 $\frac{4}{9}$、一段为 $\frac{5}{9}$ 即可（图 12.4 中取 D 点）。

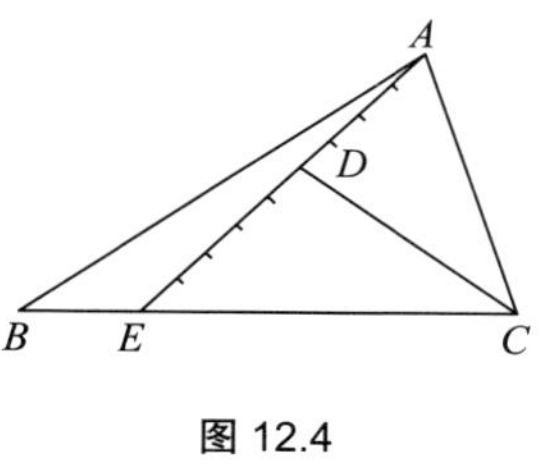

图 12.4

题目不难，但是很有意思。第一种办法分出来的 3 个三角形看起来是最有规律性的，而第二种方法的结果相对来说就难看一些。但是，出题人往往就喜欢按照第二种套路来：明明可以画得很规整，就是要给你搞得歪七扭八的，所以，学会从看着“别扭”的图里找关系，是一项重要的基本技能。

例 3 **已知四边形 $ABCD$ 两条对角线相交于 O，**

求证：$S_{\triangle ABO}S_{\triangle CDO}=S_{\triangle ADO}S_{\triangle CBO}$

这是一个非常常用的结论，怎么证明？小学的几何题中确实很少出现证明题，但并非孩子们不能证明，而是很多时候被人为地忽略了。与之前所有的解决思路一致：我们得考虑一下，自己手上有什么工具？

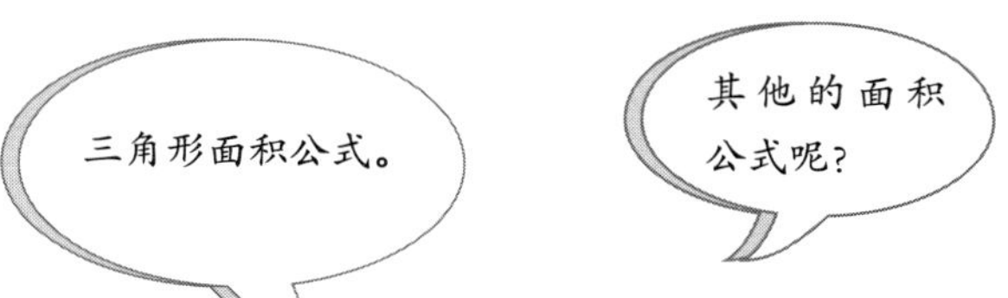

显然用不上啊。而且从最后的结论来看，只涉及三角形的面积，不涉及任何特殊的四边形的面积，所以从三角形面积公式出发是最合理的。

当然，如果从中学生的角度来看，利用 $S=\frac{1}{2}ab\sin C$，我们马上可以证明出这个结论。但是对小学生来说，这个该如何做呢？

既然只有三角形面积公式作为工具，那我们不妨试试看。因为四边形是任意的，而且 4 个三角形无论哪一个都没有什么特殊的地方，所以我们就随便挑一个，不妨就从 $S_{\triangle ABO}$ 看起。

如何表示 $S_{\triangle ABO}$？我们可以选取 AB、BO 和 OA 三条边中的任意一条为底，那么选哪条比较合适呢？

一定不会是 AB。为什么？因为 AB 和其他几个三角形没有任何交集！

我们注意到，题目要你证明的结论其实是两组“对顶”的三角形面积乘积相等。而从等式的两端随意地各取一个三角形出来，我们发现它们总是有公共边的，因此，你在证明的时候挑个 AB——不是公共的部分——从感觉上来说就不对了。虽然说“跟着感觉走”并不会一直是靠谱的，但有感觉总比没有感觉好；感觉错了可以调整，但没感觉多半就是“干瞪眼”。你愿意挑哪个？

那么，挑选 AO 还是 BO 为底呢？因为任意一条都是 $\triangle ABO$ 和相邻两个三角形的公共边，因此我们不妨随便挑一条看看。

如果以 BO 为底，那我们作 BO 边上的高 AH，很容易发现 AH 也是 $\triangle AOD$ 的边 OD 所对应的高；同理，我们以 OD 为底，作 $\triangle CDO$ 的高 CG，则 CG 也是 $\triangle BOC$ 边 OB 对应的高（图 12.5）。

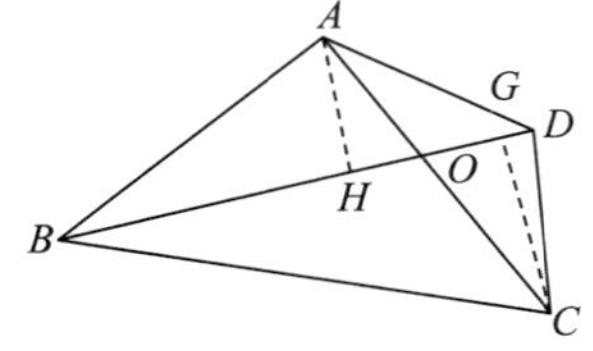

图 12.5

我们把 4 个三角形的面积表示出来，得到：

$$S_{\triangle ABO}=\frac{1}{2}BO\times AH$$

$$S_{\triangle ADO}=\frac{1}{2}DO\times AH$$

$$S_{\triangle BOC}=\frac{1}{2}BO\times CG$$

$$S_{\triangle CDO}=\frac{1}{2}DO\times CG$$

于是

$$S_{\triangle ABO}S_{\triangle CDO}=\frac{1}{4}BO\times AH\times DO\times CG=S_{\triangle ADO}S_{\triangle BOC}$$

在这个例子中，对于初学者而言有两个难点。首先是三角形的高竟然跑到三角形外部去了。家长在指导的时候，可以先分别画出锐角三角形、直角三角形和钝角三角形，然后让孩子依次把三条高都找出来。我依稀还记得，自己当年在直角三角形中发现直角边就是高的时候那兴奋的样子——孩子的快乐就是那么简单。如果娃找不到高，这时候家长可以做一些指点，帮助孩子找到，最简单的办法就是提醒一句：“谁说高一定在三角形内部？”

另一个难点就是“找联系”：如何找到一个中间量，把等式两边的式子给代换出来？那么肯定要找共同点，这是我们为什么弃用四条边的依据。像这种地方，应该启发孩子先想办法把面积表示出来，然后再看怎么表达合理，这样的指导效果会比较好。

有人会问了：“小学几何问题几乎都是计算题，你为什么讲证明啊？”

其实，数学里也分定性分析和定量分析。而定量分析一定是以定性分析为基础，定性分析一定是以基本概念为基础。长久以来，许多家长，甚至有一部分老师认为，学好数学的关键就在于刷题——刷多多的题，成绩自然就好了。这个认识不能说完全错误，但大部分是不对的，数学主要是靠理解。

我们要做一定量的习题，一部分是为了帮助自己理解概念，更多是为了提升计算的熟练程度。但想把数学学好，一定要勤于思考，换而言之，就是定性分析要做得好，这才是从根本上学好了数学。

小学阶段的证明题非常少——可以说几乎没有，但这并不意味着我们可以忽视这方面的训练。所以如果你碰到了罕见的证明题，那就更要好好研究，想想怎么让孩子把整个过程说得毫无破绽。当然，作为小学数学中的面积问题，最主要的还是定量计算，我们再来看一个例子。

例 4 **如图 12.6，把△ABC 的边 AB 延长 2 倍到 D，另一边 AC 延长 $\frac{3}{2}$ 倍到 E，得到一个较大的△ADE，则△ADE 的面积是△ABC 面积的多少倍?**

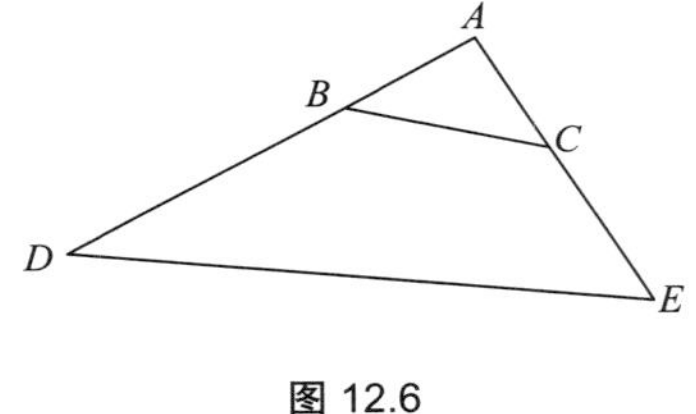

图 12.6

如何计算这两个三角形面积的比值?

从三角形的面积公式可知，三角形的面积和底和高有关，所以理论上说起来，若求两个三角形的面积比值，只需知道对应的底之间和对应的高之间的比值即可。

很显然，我们可以把 AB 和 AD 对应起来，AC 和 AE 对应起来，但是对应的高怎么办? AB 对应的高应该是从 C 往 AB 所作的垂线段的长度，而 AD 对应的高应该是 E 往 AD 作的垂线段的长度。如何计算这两条线段的长度的比值?

当然，如果我们学过利用三角函数来表示三角形的面积，那这个问题就迎刃而解了。但是小学生没有学过这部分内容，这个技能暂时不能用。这时候应该怎么办?

事实上，如果 AB 和 AD 上的高之比求不出来，那么 AC 和 AE 上的高之比显然也是求不出来的，因此，想直接通过面积的两个要素的比值来解决问题，这条路是行不通的。这时候要转弯了——怎么转？

求三角形面积比的最容易的情况是怎么样的？同底不等高，或者等高不同底。但在这张图里，我们似乎无法直接找到上述两种情况之一，于是有一个很自然的想法：我们是不是应该找一块“跳板”？而寻找的原则就是上述两种情况。那究竟是同底不等高，还是等高不同底呢？同底不等高，需要的是高之间的比值，但现在连一条垂线都没有，所以直观上等高不同底可能更合适一些。

那万一这条路走不通怎么办？就再换到同底不等高呗！做题可不就是来回倒腾，然后在倒腾的过程中慢慢总结出规律，形成自己的做题逻辑吗？

对于$\triangle ABC$来说，和它等高的三角形有谁呢？这里有一个比较简单的判别方法：我们可以过三角形任意一个顶点作这个点对应边的平行线（比如过 A 就作 BC 的平行线）。然而不难发现，过 A 作 BC 的平行线后，甚至都找不到点能构成三角形。

于是我们再过 B 点作 AC 的平行线，连接 BE，这时发现$\triangle BCE$就是和$\triangle ABC$等高不同底的三角形，而 $CE:AC=3:2$，所以$\triangle BCE$的面积和$\triangle ABC$的面积比是 $3:2$。

然后呢？我们过点 E 作 AD 的平行线，又发现$\triangle ABE$的面积和$\triangle BDE$的面积比是 $1:2$。题目是不是就做完了？最后得到$\triangle ADE$的面积是$\triangle ABC$面积的 $\frac{15}{2}$ 倍。图形和计算细节留给你自己动手完成。

在整个过程中，不要怕孩子犯错，关键在于引导孩子怎么利用基本定义来找到中间“跳板”。显然，连接 BE 是本题的“题眼”所在（多问一句：连

接 CD 是否也可以呢？）——没错，这就是加辅助线技巧的雏形。我们之后会进一步讨论。本题可以进一步拓展，而这种模仿练习是非常有意义的：

若$\frac{AB}{BD}=\frac{a}{b}$，$\frac{AC}{CE}=\frac{c}{d}$，求$S_{\triangle ABC}$与$S_{\triangle ADE}$的比。

第 2 节　等边三角形

事实上，对中学生而言，等边三角形是非常强的条件。但考虑到等边三角形中存在着大量的与 $\sqrt{3}$ 有关的值，小学生看见等边三角形反而是一件头疼的事情。在小学阶段，等边三角形处理起来要比等腰直角三角形或正方形的难度大一些。

然而，等腰直角三角形里也有含 $\sqrt{2}$ 的值出现，为什么看起来却不那么令人头疼呢？因为 2 个或 4 个等腰直角三角形拼起来就是正方形，所以，可以通过拼接方式来避开根号。而等边三角形顶多能让你拼出个正六边形。而且，这一操作不但需要再拼上 5 个等边三角形，而且拼完以后还是藏着 $\sqrt{3}$，并没有达到避开根号的目的。

所以对于小学生来说，碰上等边三角形可不是什么令人愉快的体验，但我们并不是完全拿这类题目没有办法。我们先来看一个例子。

例 1 如图 12.7，等边$\triangle ABC$ 中有一点 P，过 P 点向三边作垂线，垂足分别为 D、E 和 F，分别连接 P 和等边三角形的 3 个顶点。已知等边$\triangle ABC$ 面积为 100，$\triangle PAD$ 和$\triangle PBE$ 的面积都是 15，求$\triangle PCF$ 的面积。

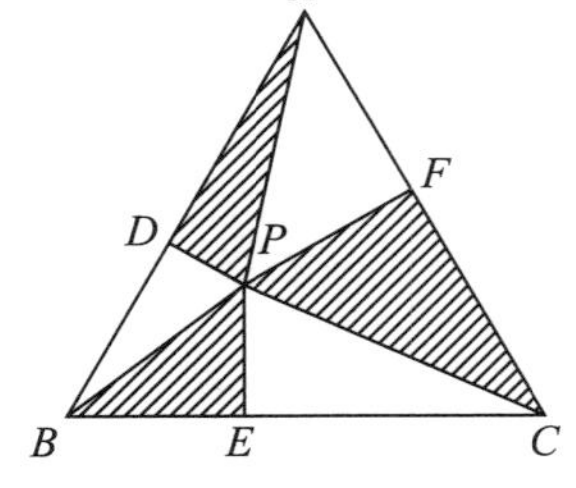

图 12.7

这道题就算是初中生想暴力破解，也是比较麻烦的，因为已知的三角形面积值中不含 $\sqrt{3}$，所以边长应该是一个四次方根——想通过求边长再计算面积的想法，可以到此为止了。

我们还是直接从题目入手看看。这里首先插播一个等边三角形中的重要结论：等边三角形中任意一点到三边的距离之和是定值。在本题中，即 $PD+PE+PF$ 恰好等于等边$\triangle ABC$ 的高。这个证明不难，可以利用$\triangle APB$、$\triangle APC$ 和$\triangle BPC$ 的面积之和等于$\triangle ABC$ 的面积这个条件，证明细节留给各位读者。

事实上，这个结论和本题没什么太大关系，但我就是想介绍一下。当然，如果你在知道了该结论以后，有了定值的概念，那么你就能从图上观察出$\triangle PAD$、$\triangle PBE$ 和$\triangle PCF$ 都是普通的直角三角形，因此它们的面积之和很可能是定值！那么这个定值是多少呢？$\triangle ABC$ 面积的一半是比较合理的猜测，因此我们不妨大胆猜测 $S_{\triangle PCF}=100\div2-15-15=20$。

如果本题是考试中的一道填空题，那就到此为止了。当然，等试卷发下来以后，你还是要把题目给弄明白。像这种蒙对的题目，必须要与错题同等对待，不能就这么放过去了。因此，家长在检查孩子的考卷时，对于选择题和填空题的最后一两道题目，就算孩子做对了，最好也让他给你讲一遍他当初是怎么做的，这样比较容易甄别孩子到底是蒙对的，还是真明白。

好，我们继续按照做大题的思路来分析。面对这种很难找到突破口的情况，该如何打开局面呢？此时既然有了一个貌似比较靠谱的猜测，那就不妨沿着这条思路走下去。现在是面积“一半对一半”，但这 6 个三角形长得不一样，会不会有这种可能：拆分 6 个三角形，使得每个三角形变成若干小三角形，然后，阴影部分和空白部分被拆分成小三角形之后的形状，反而能变得一样。最简单的方法就是一分为二。

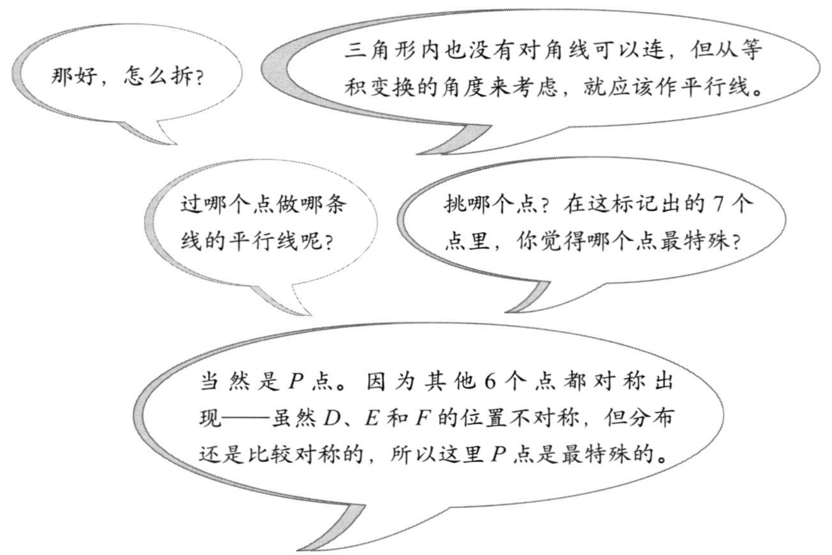

作平行线，作谁的平行线？肯定不会是作从 P 点引出的线段的平行线，因此，比较合理的方法就是过 P 点分别作 AB、BC 和 CA 的平行线。很容易看出，图 12.8 中标记相同的数字的图形是完全一样的。此时，6 个小三角形被分成了 12 个更小的三角形。通过组合，阴影部分的面积恰好与空白部分的面积相等，因此，我们的猜测完全正确。

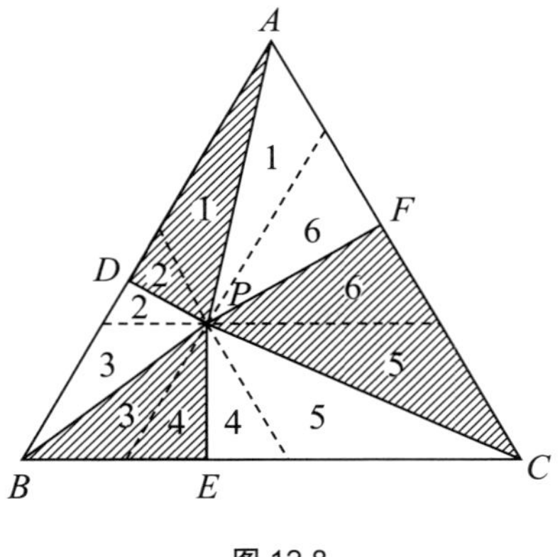

图 12.8

从猜测到严格论证。如果孩子能猜对，我觉得也是一件值得鼓励的事情，但事后必须要求他掌握严格的做题方法，这才是根本。否则只靠猜，是走不了太远的。

我们再来看一个等边三角形相关的例子。

例 2 如图 12.9，已知$\triangle ABC$是等边三角形，面积为 100，D、E和F分别是三边的中点，P、Q为DF上两点，AP和AQ分别交DE和FE于G和H，BH与CG交于R，已知$\triangle ADP$、$\triangle AFQ$和$\triangle RBC$的面积之和为 36，求阴影部分的面积。

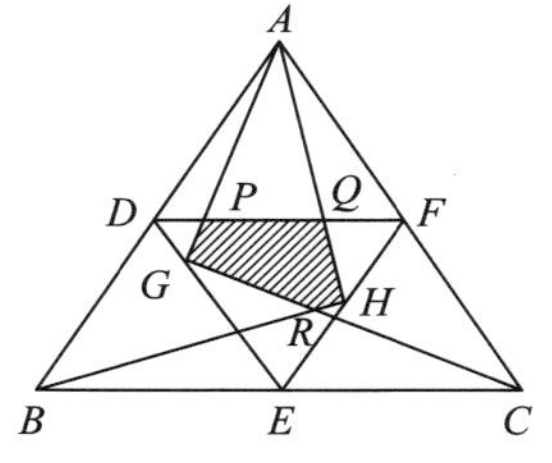

图 12.9

开、开、开、开什么玩笑？五边形的面积公式都不知道，而如果考虑把五边形分成 3 个三角形，明显三角形都不规则啊。

当然，作为家长来说，你完全可以假设$\triangle ADP$和$\triangle AFQ$全等，然后取个合适的值，强行解出一个答案，但过程一定会很复杂。还是那句话：如果等边三角形的面积值不含$\sqrt{3}$，其边长就会是一个四次根式，处理起来非常麻烦。

拿到这种题目，一下子没思路是很正常的，不要惊慌——大不了就是不会做嘛。当然，这样“破罐破摔”不是我们的目的。很多时候家长会产生怀疑：“我自己当学生的时候，这些题目都未必做得出来，让我怎么教孩子？”事实上，教孩子做数学题，真不见得要家长自己能完全做出来。小学四五年级的孩子的归纳总结能力不够，逻辑分析能力更是不行。很多时候，家长只需把路给他们理顺了，剩下的加加减减，他们做得说不定比爸妈还好。

有的数学专业研究生导师，给学生看的文章可能自己也不太懂，但作为导师，他觉得这个方向很有意思，就让学生去把细节搞明白。导师并不是糊弄，他的作用是根据自己积累的经验来判断一个研究方向或问题是否有意思。同样，家长在更多时候并不是要把所有细节弄明白，关键要能提出建设性的意见。就像这道题，家长可以尝试着用初中的方法来解决。只要动过笔，你就知道还不如用小学方法，而小学的方法无非就是“割补法”。

在这里，由于 DF 是中位线，运用本章第 1 节例 4 中的方法马上可以得到$\triangle ADF$ 的面积为 25。暂时得不到其他结论。所以，我们接下来要考虑的问题应该是:“要不要加辅助线？加在哪里？”

如果需要添加辅助线，那一定要考虑等积变换。但是，除了三条中位线，实在看不出哪里值得再添加平行线——如果连接 GH，那也不能保证 GH 是平行于 BC 的。事实上，在把五边形 $PQHRG$ 分割成 3 个三角形之后，你就会发现很难出现有效的平行线，实现等积转换。

但是，中位线可是天然的平行线啊！虽然加辅助线确实得不到什么有用的等积变换，但从图中不难看出，根据中位线性质，C 到 EF 的距离是它到 AB 距离的一半，所以$\triangle HAB$ 和$\triangle GAC$ 的面积是一样的，都等于$\triangle ABC$ 面积的一半！

这样的等积就不是等积了吗？你也许看不出来，但这并不妨碍你告诉孩子往等积变换的方向去考虑。然后我们发现，$\triangle HAB$ 和$\triangle GAC$ 的面积之和减去四边形 $AGRH$ 以后，就是凹四边形 $ABRC$ 的面积，这也恰好等于$\triangle ABC$ 的面积减去$\triangle BRC$ 的面积，即$\triangle BRC$ 和四边形 $AGRH$ 的面积相等。

这肯定是一个有用的结论。如果孩子能找到这一步，应该有个大大的鼓励。再接下去呢？这么好的办法怎么可能只用一次？接下来的思路就应该继续这样“加加减减”。事实上，题设中 3 个三角形面积之和已经转化成$\triangle ADP$、$\triangle AFQ$ 与四边形 $AGRH$ 的面积之和……等一等，只要 36 减去$\triangle ADF$ 的面积，不就是我们要的五边形面积吗？所以最后的答案就是:

$36-\frac{100}{4}=11$。

等积变换、反复试探、容斥原理，每个点拆开其实都不难，但是综合起来就是难题——考的就是孩子剥丝抽茧的能力。你，会教了吗？

第 3 节 勾股定理

勾股定理，一个伟大的定理。在无数关于“最重要的数学公式（定理）”的排行榜中，都有它的一席之地。

简洁，明了。

据说到目前为止，勾股定理一共有 500 多种证明方法，甚至连美国第 17 任总统加菲尔德也给出过一种证明方法。多年前刚恢复高考的时候，勾股定理的证明还曾经被潘承彪教授放到数学试题中，难倒了一大片考生。在西方，勾股定理又被称为毕达哥拉斯定理——从这个名字就能知道，在欧洲，人们认定这一定理最早是由毕达哥拉斯发现的。传说，毕达哥拉斯在获得这一伟大发现之后过于兴奋，直接宰了一百头牛用以大宴宾客，所以该定理又叫“百牛定理”。这个定理还有一个很“牛”的后果，它直接导致了无理数的发现，由此还引发了一场血案。由于本书的空白处太少写不下，请有兴趣的读者自己找一下这个故事。

言归正传，我们来看看勾股定理的内容：

已知直角三角形三边为 a, b, c，其中 a, b 为直角边，C 为斜边，则

$$a^2+b^2=c^2$$

我们就挑一种最通俗易懂的证明方法来证一下。

如图 12.10 所示，把 4 个全等的直角三角形拼成一个正方形，则大正方形的面积等于 4 个直角三角形和中间小正方形的面积和，于是：

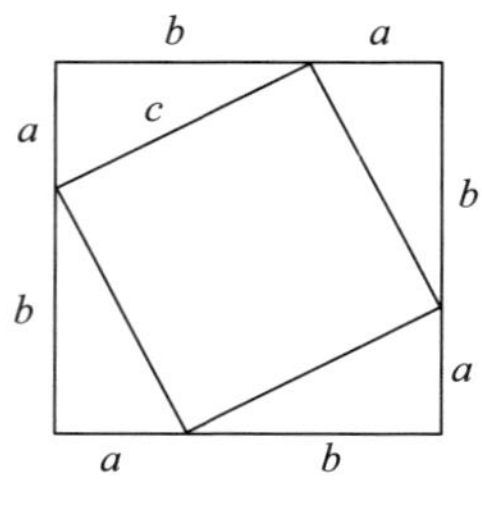

图 12.10

$$c^2+4\times\frac{1}{2}ab=(a+b)^2$$

等式两边展开后移项即得定理。证明是不是很简洁？当然，这个证明是粗糙的、不严格的，因为我们没有证明直角三角形拼完后的图形是正方形——尽管这是显然的，但严格来说还是需要证明，只不过对小学生来说要求过高了。

勾股定理在平面几何中有着非常广泛的应用，我们接下来看看在三角形面积的问题中，它能发挥什么作用。为了方便，直角三角形简写作 Rt△，此后不再说明。

例 1 **如图 12.11，在等腰 Rt△ABC 中，斜边 AB 上有一点 D，已知 CD=7，$BD-AD$=4，求△ABC 的面积。**

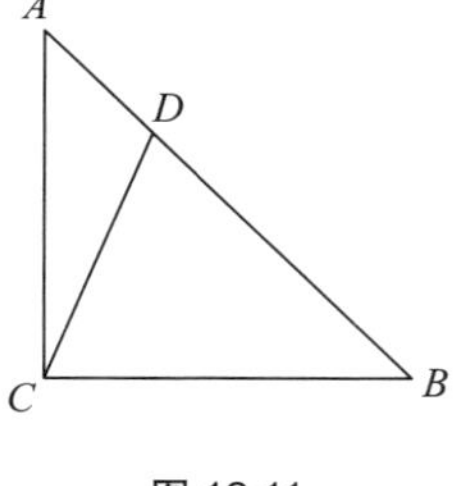

图 12.11

假设我们已经知道了勾股定理这个工具，那该如何判断这个题目是否用勾股定理来做呢？当然要先看图中有没有直角，如果一个直角都没有，那么确实很难想到利用勾股定理。本题中有直角，所以勾股定理可以用——但这并不是首先要想到的东西。

题目求的是△ABC 的面积，而且这是一个等腰直角三角形，所以我们只要知道一条直角边长，题目就做完了。因此，你最容易想到的思路应该是求 AC 或 BC 的长度。小学生没有三角函数的工具，因此很难求 AC 或 BC 的长度，否则，利用余弦定理一下子就能把所有线段都算得明明白白的。既然此路不通，那么只剩下求斜边 AB 和 AB 边上的高这一条路了，对不对？此时，我仍然没有强求你利用勾股定理。只是在这个时候，你应该要想到过 C 作 CH 垂直于 AB 于 H（图 12.12）。显然，如果再拼一个一模一样的等腰直角三角形上去，构成一个正方形，就可以看出 CH 恰好是正方形一条对角线的 $\frac{1}{2}$，也就是 AB 的 $\frac{1}{2}$，CH 的长度由此可知。

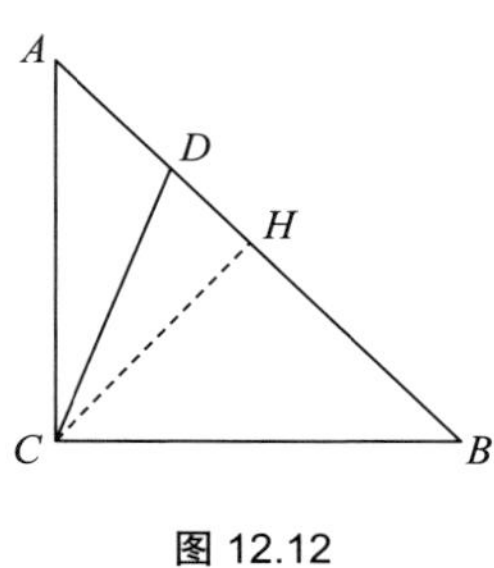

图 12.12

因为 $BD-AD=4$，且有

$$DH=\frac{BD+AD}{2}-AD=\frac{BD-AD}{2}=2$$

所以

$$CH^2=CD^2-DH^2=49-4=45$$

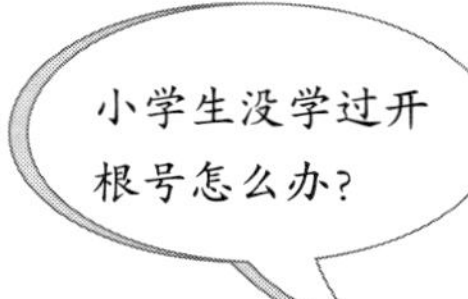

比起无法算出 AC 和 BC 的长度，能算出斜边上高的平方已经是个不小的收获了。我们注意到 $AB=2CH$，于是

$$S_{\triangle ABC}=\frac{1}{2}\times AB\times CH=\frac{1}{2}\times 2CH\times CH=CH^2$$

得到最后的结果就是 45。

等一等，你怎么不知不觉就用起勾股定理来了？

很正常啊，找思路，一定是找最自然的那条路。一组底和高不能用，那就换一组，换完以后发现已知线段长度都能用得上，那不就行了？

以前讲代数应用题的时候，我讲过“设而不求”的办法。这么好用的招数，在勾股定理中能不能也用一用呢？

例 2 **如图 12.13，已知在四边形 $ABCD$ 中，$\angle C=\angle A=90°$。$CD-BC=4$，$AB+AD=12$，求四边形 $ABCD$ 的面积。**

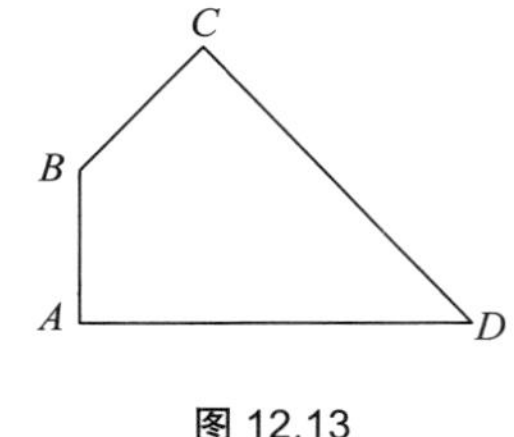

图 12.13

思路，思路，思路怎么来？每次孩子做难题之前，你最好都问他一下：“这道题你怎么想的？”

这是一个不规则的四边形，没有直接可用的面积公式，于是我们想把它分割成两个直角三角形来做。你看，这个思路就很好，对不对？

孩子应该养成这种“讲思路”的好习惯。这项训练的最大好处就是，可以逼迫孩子必须在短时间内想出一点儿靠谱的东西来。很多时候，孩子平时作业做得还行，一到考试就时间来不及，原因在哪里？就是因为平时练习没有时间限制，没有紧迫感。原谅我说得那么功利，但毕竟孩子是要上考场的。考试的时候，只有在规定时间内找到思路才有意义——这就是“竞技”和“娱乐”的区别。

“讲思路”是一种非常好的锻炼，能让孩子快速地把思路聚焦到自己能力范围之内的所有可能性上。如果一点儿思路也没有，说明题目超过孩子的能力了，这时不妨适当降低一点儿难度。如果孩子需要很久才能找到思路，就让他把所有想法都说出来——无论对错，然后家长跟他一起复盘。如果孩子张口就能说出正确思路，那就可以换更难的题目进行训练。没错，我这就是在教你什么是“因材施教”，以及如何简单判断孩子的水平。

回到题目。我们一定要连接 BD（图 12.14），于是题目就变成了求 $\dfrac{BC\times CD+AB\times AD}{2}$ 的值。有家长可能会问了：“为什么不作 BD 边上的两个三角形的高呢？”

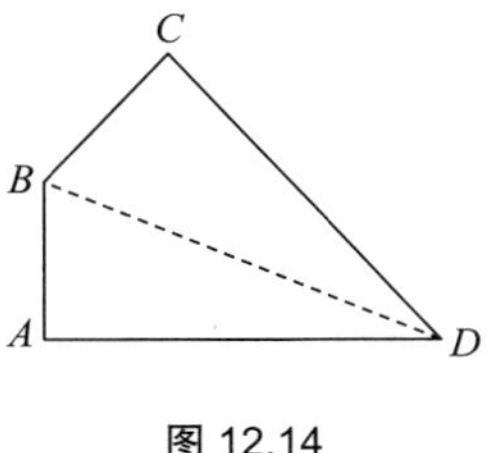

图 12.14

一是能不作辅助线就尽量不作，真不行了咱再考虑加辅助线的事儿；二是我个人的习惯是先从直角边入手；三是看条件，条件给出的都是直角边之间的关系。所以综合以上三个原因考虑，我们先从直角边入手。

由勾股定理可知 $CD^2+CB^2=BD^2=AD^2+AB^2$，然后呢？没错，我们还有条件 $CD-BC=4$，$AB+AD=12$ 都没有用上。但有个问题：对小学生来说，解五元二次方程组是不是太难了？

这时候孩子有可能会怀疑自己做错了，于是转头去作 BD 边上的两条高。他只要这样做了，到头来会发现，原来理论上还能求一下四边形的四条边长——可现在，连理论上的可能性也没有。还有其他的路吗？显然没有了。于是只能回头来看第一条路。

既然不会解五元二次方程组——其实也没办法解，你清点一下方程的个数和未知数的个数就会发现，一共有 4 个方程和 5 个未知数，这是一个“不定方程组”，根本没有唯一解。

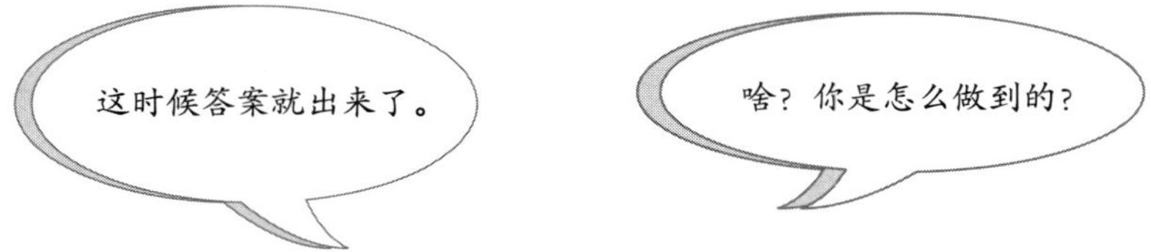

既然方程没有唯一解，换句话说，只要挑出 4 个数，能满足上面的方程，那么得到的结果应该都是一样的。所以我们不妨设 $AD=CD$，$AB=BC$，由 $CD-BC=4$，$AB+AD=12$ 马上可以得到 $CD=AD=8$，$BC=AB=4$，于是四边形的面积就等于 $2\times\frac{1}{2}\times4\times8=32$。

还是老问题：方法不够严格！怎么才能做出一个完美的答案呢？如果孩子只是用这种方法做出答案，我们是不能到此为止的。应该让孩子继续思考，找到严格的做法才行。

我们看一看最后要求的东西是什么？是 $\frac{BC\times CD+AB\times AD}{2}$。已知

$$CD^2+CB^2=BD^2=AD^2+AB^2$$

$$CD-BC=4,\ AB+AD=12$$

注意到，如果把 12 和 4 分别代入

$$(AD+AB)^2-(CD-BC)^2=2(CD\times BC+AD\times AB)=128$$

就可以得到 $\dfrac{BC\times CD+AB\times AD}{2}=32$ 。

这就是“整体代换，设而不求”。总结一下：当题设中的未知数个数多于能列出的方程个数，且最后结果又是定值时，往往可能会用这种方法。

例3 **如图 12.15，P 是等腰 Rt$\triangle ABC$ 外一点，$PB=8$，$\triangle ABP$ 的面积为 96，$\triangle PBC$ 的面积为 28，求$\triangle ABC$ 的面积。**

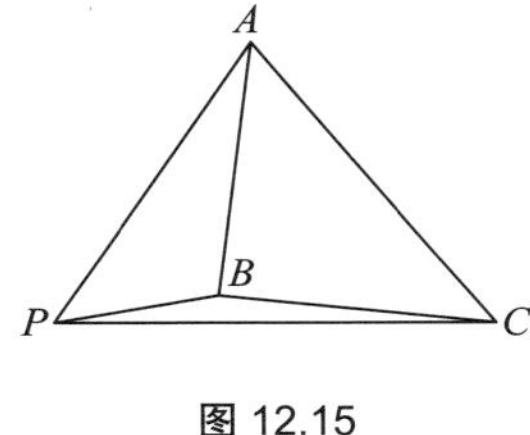

图 12.15

既然正在讲勾股定理，我们不能不提一个概念：勾股数。所谓“勾股数”，其实就是满足不定方程

$$a^2+b^2=c^2$$

的解。当然，勾股数有无穷多组，在小学阶段，我们只关心正整数解的情况。到了初中，我们会关注一些无理数的情况。

事实上，勾股定理方程中的所有整数解都可以表示成下列形式：

$$a=2mn,\ b=m^2-n^2,\ c=m^2+n^2$$

其中 m，n 是正整数。而且非常有意思的是，如果我们把这里所有的平方换成三次及以上的次数，那就一组正整数解都没有了——这就是著名的费马猜想。

关于勾股数，我们还可以证明以下的结论：*任意一个三边边长都是正整数的直角三角形，其面积一定是 6 的倍数*（证明有一定的难度，作为练习留给读者）。当然，这个证明在本质上和几何无关，纯粹是一个数论问题。我可以给大家一个小小的提示：不妨设 a，b，c 三个数是互质的——这一点总是可以做到的。

如果孩子以后想玩数学竞赛，记住以上结论是必备的；如果孩子只想把数学学得相对好一些，那完全可以跳过这些东西。但是，接下来的内容是大家必须要熟记的。

对于一些常见的勾股数组，我们一定要对它们非常熟悉，比如

3, 4, 5；

5, 12, 13；

7, 24, 25；

8, 15, 17；

9, 40, 41，等等。

那么熟悉到什么程度算过关呢？当你看见任何一组勾股数中的两个数字同时出现时，你的脑海中就要浮现出“是不是能用勾股定理?”的念头——甚至连这些数组的整数倍数组，都尽量不要放过，比如当你看见 6, 8, 10 的时候，就要反应过来，这也是勾股数。

这有什么好处？其实还是为了提高做题速度。如果你对于勾股数敏感，那在很多时候，你的做题思路就会比较好找。我们回过头来看上面的例子。

$\triangle ABP$ 的面积是 96，$\triangle PBC$ 的面积是 28，如果你对勾股数有一定的敏感度的话，就会发现这两个三角形的面积比是 24 ∶ 7，而 7, 24, 25 是一组勾股数。你在这时就会联想：这道题目会不会和勾股定理有关系？当然，此时就说题目和勾股定理有关，那你的“题感”也太好了。我们现在只是怀疑，也许能用上勾股定理，至于是否真能用上，还待进一步的证实。

我们注意到两个三角形有一条公共边 PB，另外两边 AB 和 BC 长度相等，很自然的思路就是把三角形的面积比对应到高的比上。现在的问题是：是挑 PB 上的高，还是挑 AB 和 BC 边上的高呢？

如果以公共边 PB 为底边，分别作高 AE 和 CD（图 12.16），那么可得 $AE=2\times\dfrac{96}{8}=24$，$CD=2\times\dfrac{28}{8}=7$，我们希望有 $CD=BE$，这样马上可以由勾股定理知道这个等腰直角三角形的腰为 25。于是三角形面积为 $\dfrac{625}{2}$。事实上，CD 和 BE 这两条线段确实相等，但要证明两者相等，需要用到初中的全等三角形概念——似乎超过了小学生的知识范畴，因此我不是太建议用这个方法。

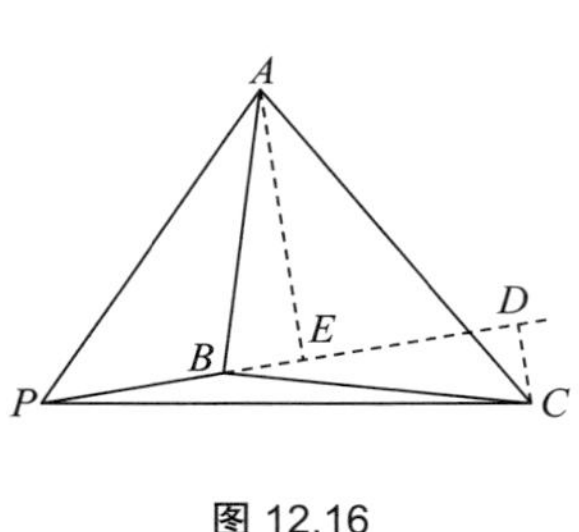

图 12.16

此时只剩下了一条路：分别往 AB 和 BC 边上作高 PD 和 PF（图 12.17）。不难看出四边形 $BDPF$ 是长方形。我们虽然不知道 AB 和 BC 的长度，但既然知道高的比值为 24∶7，不妨设 $PD=24x$，$PF=7x$，于是

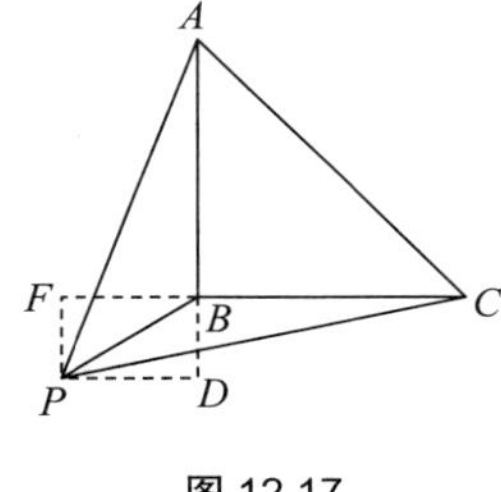

图 12.17

$$BD^2+PD^2=625x^2=PB^2=64$$

所以 $x=\dfrac{8}{25}$。于是可以计算出 $AB=25$，进而可以计算出 $\triangle ABC$ 的面积为 $\dfrac{625}{2}$。

家长要督促孩子把常见的勾股数组记熟，这对于提升解题速度、培养“题感”大有裨益，尤其等孩子步入初中阶段学到直角三角形的相关内容时，你们会发现对勾股数的敏感度对解题真的很有帮助。

13 加辅助线

既然说到这里，我们不如趁此机会来看一些需要加辅助线的例子。之前说过，平面几何中最困难的地方就在于加辅助线。其实，加辅助线的早期训练源于小学几何题目中的求面积问题。当然，我不是说加辅助线的具体方法是一脉相承的，而是说，其思考方法是如出一辙的。关于加辅助线有“灵魂三问”：

1. 这道题目要不要加辅助线？
2. 加在哪里？
3. 加得对不对？

这里需要说明，下面都是要加辅助线的例子，题目的难度实际上已被大大降低了，我们只需要考虑“灵魂三问”的最后两问即可。

例 1 **如图 13.1，长方形 $ABCD$ 中阴影部分的面积是 23，求四边形 $EFGH$ 的面积。**

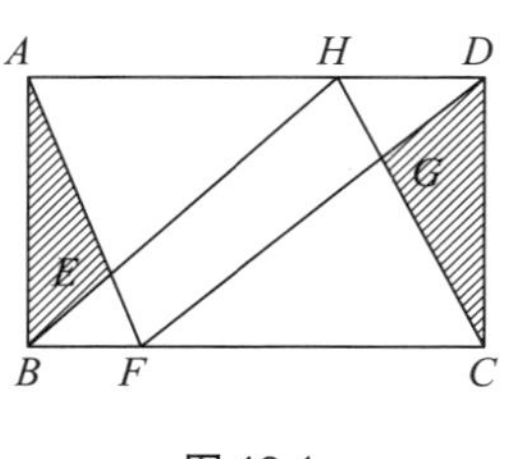

图 13.1

辅助线加在哪里？一般而言，小学阶段教的加辅助线的方法就这么几种：一是连接已有的点，把大的图形分割成若干小块，或者做等积变换；二是作高；三是作平行线，归根结底都是做等积变换。

在这道题目中，怎么加辅助线比较合适呢？ $EFGH$ 是个不规则的四边形，你要作高或者作平行线，看起来都很难实现等积变换，能求出来的唯一办法就是把图形分割成若干个小三角形来做，因为往其他特殊四边形上靠，貌似很不靠谱啊！

但问题来了，怎么分？最直观的方法就是连接 EG 或 HF，这样都可以把四边形分解成两个小三角形。如果连接了 EG，那么我们很自然要寻找分割而成的小三角形和阴影部分之间的联系。请瞪大你的双眼，你会发现——什么联系都没有。

正常得很，谁规定你加辅助线能一加就准的？

由于无法找到小三角形和阴影部分的联系，因此这种方法很可能是错的。于是我们要尝试转弯，转而连接 HF 试试（图 13.2）。

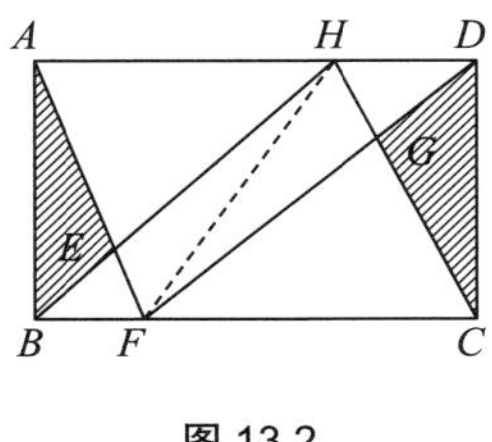

图 13.2

很容易看出，这样就出现了两组我们之前讲过的“眼镜”：夹在一组平行线之间的两个对顶三角形。所以 $EFGH$ 的面积其实就等于阴影部分面积之和，得到面积为 23。是不是很简单？

例 2 **如图 13.3，四边形 $ABCD$ 中，$\angle B=\angle D=90°$，$\angle C=45°$，$AB=1.8$，$BC=5$，求四边形 $ABCD$ 的面积。**

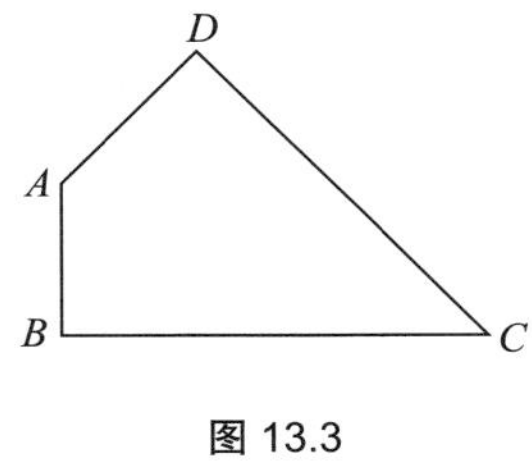

图 13.3

按照之前的思路，我们很容易想到连接 AC 或 BD，而且这也是四边形中加辅助线的常用办法——连对角线。

如果我们连接 AC，可以很容易求出 $\triangle ABC$ 的面积，但是 $\triangle ADC$ 的面积怎么办？我们甚至找不到这个三角形一条已知的边，就算用勾股定理得到 $AC=\sqrt{28.24}$，这一计算也超出了小学生的认知范围了，所以这条路肯定不对。那么连接 BD 呢？我们发现 $\triangle ABD$ 和 $\triangle BCD$ 各自有一条已知的边，但都缺一条高。有没有可能把高都求出来呢？对小学生来说，求高的办法就是：面积乘以 2 除以底……你要有鸡的前提是先要有蛋。所以，这两条路都是行不通的。而接下来的问题就是：该如何转弯？

我们发现，在上面的分析过程中没有用到 $\angle C=45°$ 这个条件。所以，我们能更加确定以上两种加辅助线的办法都是错的。那对的方法是什么？我们注意到，$\angle B=90°$，而 $\angle C=45°$，所以很容易（咱们就假装很容易吧……）联想到，这其实是一个等腰直角三角形被砍掉一部分以后留下的图形！

于是，我们延长 BA 和 CD，交于 E，则 $\triangle EBC$ 就是等腰直角三角形，其面积就等于 $\dfrac{25}{2}$。接下来就是计算 $\triangle EAD$ 的面积了（图 13.4）。

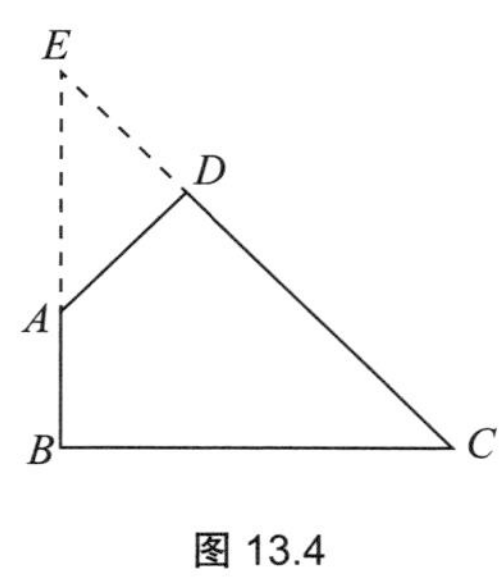

图 13.4

由于 $\angle ADC$ 是直角，可以知道 $\angle EDA$ 也是直角，而 $\angle E=45°$，因此 $\triangle EAD$ 也是等腰直角三角形。EA 的长度等于 $EB-AB=5-1.8=3.2$，所以 $\triangle EAD$ 的面积为 $3.2\times\dfrac{3.2}{4}=2.56$。

等等，这一步是怎么来的？

我们以 EA 为边，就可以把 4 个 $\triangle EAD$ 拼成一个边长为 3.2 的正方形，所以一个 $\triangle EAD$ 的面积自然就是正方形面积的 $\dfrac{1}{4}$，即 2.56 了。在小学阶段，已知等腰直角三角形斜边长，求其面积，这是比较常见的方法——完美地绕过了 $\sqrt{2}$。

由此得到四边形 $ABCD$ 的面积为：$\frac{25}{2}-2.56=9.94$。

稍微难一点的几何题必然是要加辅助线的，作为初学者，加辅助线之前先对自己提出这“灵魂三问”，还是很有用的。

我们来看更麻烦一些的加辅助线的例子。

例 3 如图 13.5，已知长方形 $ABCD$ 的面积是 4，$EC=3DE$，F 是 DG 的中点，求阴影部分的面积。

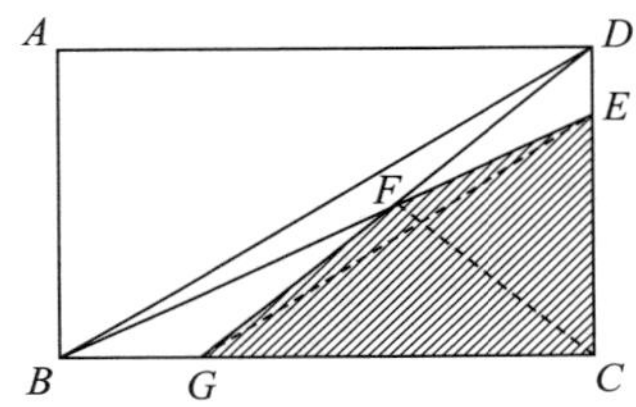

图 13.5

阴影部分是一个不规则的四边形，如何求它的面积？既然没有现成的公式，那就应该想办法转化成能用公式表达的图形——自然是三角形。你看这个阴影部分的造型，别说特殊的四边形了，就是搞出个普通的梯形都是很费劲的事儿。那么，该怎么构造出合适的三角形呢？

一般说来，把四边形分割成三角形的最直接的办法就是连对角线，于是我们有两种选择：FC 或 EG，连接谁？

在做决定之前，我们先看看能直接得到一些什么结论。首先，$\triangle BCD$ 的面积等于长方形面积的 $\frac{1}{2}$；由于 $EC=3DE$，因此包含四边形的 $\triangle CEB$ 的面积是 $\frac{3}{2}$，$\triangle DEB$ 的面积是 $\frac{1}{2}$。像这些能直接得到的结论，你就可以标注在图上，省得翻来覆去地找，白白浪费时间。

如果连接 FC，看看能得到什么结果？$\triangle FGC$ 的面积是 $\triangle DCG$ 面积的 $\frac{1}{2}$，$\triangle FEC$ 的面积是 $\triangle DFC$ 面积的 $\frac{3}{4}$。但是 $\triangle DCG$ 的面积占 $\triangle BCD$ 的面积的多少呢？由于不知道 $BG:GC$ 的值，所以我们没有办法知道它们的面积比值。至于 $\triangle FGC$ 和 $\triangle BFG$ 的面积比值，也因为不知道 $BG:GC$ 的值而无法

求出，因此这条辅助线看来是添加失败了。

于是我们考虑换一种办法：连接 EG，这时候就变成分别求 $\triangle EFG$ 和 $\triangle EGC$ 的面积了。$\triangle EGC$ 的面积和 $\triangle DEG$ 面积之比为 3∶1，但是 $\triangle DEG$ 的面积不知道，$\triangle EGC$ 和 $\triangle BFG$ 的面积之比也不知道，看来无法直接求出 $\triangle EGC$ 的面积了。

再来看 $\triangle EFG$ 的面积。由于 F 是 DG 中点，所以 $\triangle EGF$ 的面积等于 $\triangle DEF$ 的面积；同理，$\triangle BFD$ 的面积也等于 $\triangle BFG$ 的面积。然而，我们又回到了老问题：我们不知道 $\triangle BGD$ 的面积，所以上述这 4 个三角形的面积我们一个都求不出来。

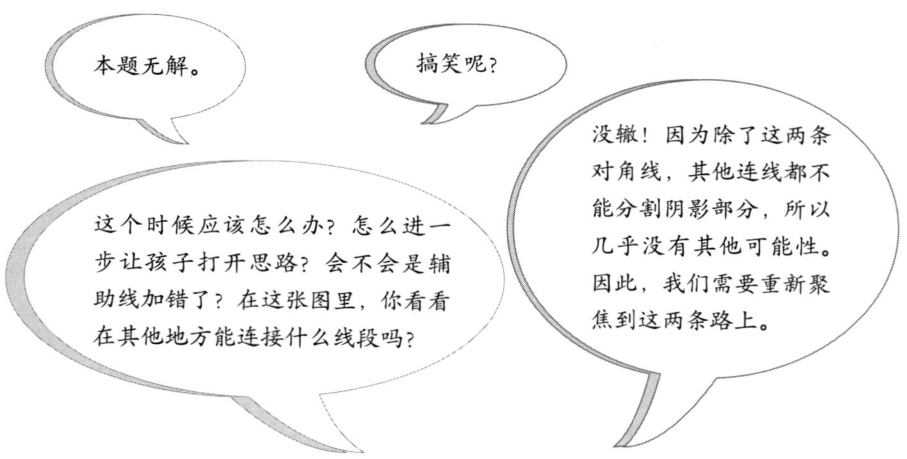

这是一个很真实的状态，做题过程永远是一波三折的。只要题目不是自己出的，也不是之前做过的，那么碰壁实在是再正常不过了。我们这时候要做的，就是看看还有没有什么漏掉的东西。因为这时候我们确信，这两条路里必然有一条是对的。

首先再看第一条路，我们发现无论计算哪块阴影三角形的面积，始终绕不开未知的 $BG:GC$，当然，如果你用初中要学的梅涅劳斯定理，那就是一句话的事情，但在小学阶段还不能用，所以这条辅助线很可能就是错的。

在第二条路中，我们再看看还有没有什么三角形的面积是可以被求出来的？当然，这个三角形最好能包括一部分阴影部分图形。$\triangle DCG$ 的面积未知，$\triangle BEC$ 面积前面算了，是 $\frac{3}{2}$，从而 $\triangle BDE$ 的面积为 $\frac{1}{2}$，$\triangle DEG$ 的面积未知……等一等，$\triangle BEG$ 的面积？

由于 $\triangle BEG$ 的面积等于 $\triangle BFG$ 与 $\triangle EFG$ 的面积之和，而 $\triangle BFG$ 和 $\triangle EFG$ 的面积分别等于 $\triangle BFD$ 和 $\triangle EFD$ 的面积，因此 $\triangle BEG$ 的面积就应该等于 $\triangle BED$ 的面积，即 $\triangle BEG$ 的面积等于 $\frac{1}{2}$！

所以 $\triangle EGC$ 的面积等于 $\triangle BEC$ 的面积减去 $\triangle BEG$ 的面积，即 $\frac{3}{2}-\frac{1}{2}=1$；已知 $\triangle DEG$ 的面积是 $\triangle EGC$ 的面积的 $\frac{1}{3}$，所以 $\triangle DEG$ 的面积为 $\frac{1}{3}$；而 $\triangle EFG$ 的面积为 $\triangle DEG$ 的面积的一半，即 $\frac{1}{6}$，解得四边形 $EFGC$ 的面积为 $S_{\triangle EGC}+S_{\triangle EFG}=1+\frac{1}{6}=\frac{7}{6}$。

辅助线不是要加十条八条才叫难，能分析出关键的位置，在碰到困难的时候也能判断出辅助线加得对，不轻易怀疑、放弃，这也不容易哦！

例 4 已知直角 $\triangle ACB$ 三边长为 7、24、25。现将短直角边翻折到与斜边重合，求剩下的阴影部分的面积。

我们先把三角形各个顶点做一个标记。翻折的对称轴记为 AE，AC 翻折完后，C 关于 AE 的对称点记为 D。对于初中生来说，这里用一下角平分线定理，马上就可以知道 $BE:EC$ 的值，进而知道 $\triangle AEC$ 的面积，因此，阴影部分面积就等于 $\triangle ABC$ 的总面积减去 $\triangle AEC$ 面积的 2 倍（图 13.6）。

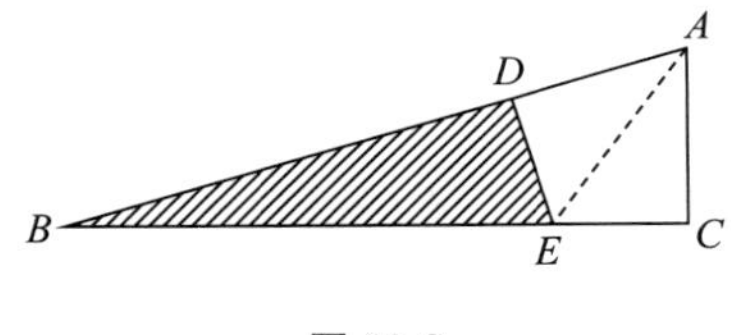

图 13.6

但小学生是无法采用这种方法的，他们甚至没学过角平分线的概念，这下该怎么办？

所以很多时候对于家长来说，题目倒不是不会做，但要用限定的方法做出来，确实是一件令人头疼的事情。因此，我们要么给孩子补充一些知识，要么尽量用孩子的思路来解题。需要注意的是，给孩子补充超纲的知识必须要根据孩子自身的接受能力，不能过度超前，否则，孩子万一基础没打好，等到以后在学校学到相应内容的时候，上课还不专心听讲，那就适得其反了。

小学生能接受的概念是什么呢？相等。其实在初中阶段，这种相等就是全等。$\triangle ADE$ 和 $\triangle ACE$ 是全等的，当然面积也相等了。

然后，我们如何得知 $\triangle BED$ 在整个 $\triangle ABC$ 中面积的占比？

对于小学生来说，如果同底，就比高；如果同高，就比底。但是 $\triangle BED$ 和 $\triangle ABC$ 面积的比值不可能直接通过底或高的比例得到，因为那样的话，“翻折”“重合”这些条件就没有用到。于是，我们肯定要借助其他的三角形来达到目的。

我们注意到 $AD=AC=7$，$AB=25$，马上可以知道 $BD=18$，所以 $\triangle BED$ 和 $\triangle ADE$ 面积之比为 18 : 7。而 $\triangle ADE$ 和 $\triangle AEC$ 的面积相等，所以 $\triangle BED$ 与 $\triangle ABC$ 面积之比为 $18:(18+7+7)=9:16$，由此可得 $\triangle BED$ 的面积为 $\frac{189}{4}$。

例 5 **如图 13.7，BD 和 CF 将长方形 $ABCD$ 分成四块，已知 $\triangle EFD$ 的面积为 8，$\triangle DEC$ 的面积为 12，求四边形 $AFEB$ 的面积。**

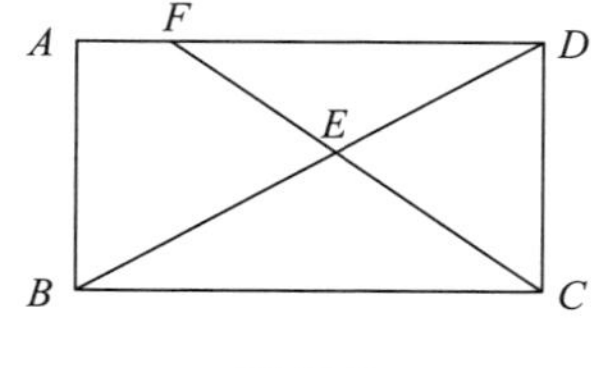

图 13.7

你的第一反应是什么？应该是把 $\triangle BEC$ 的面

积求出来，然后把长方形面积求出来。问题是怎么求？我们注意到 $AFEB$ 是一个不规则的四边形，我们可没学过这种四边形的面积公式。怎么办？化归呗，还能咋办？

除了你的第一反应，还有什么化归的办法？不规则的四边形面积不会求，但是三角形面积总是有办法求的，而从四边形过渡到三角形，你缺的只是一条对角线而已。那么是连 FB 还是 AE 呢？

如果连接 AE，我们会发现得不到任何结果，更别说有用的结果了。$\triangle AEF$ 和 $\triangle AEB$ 的面积都无法得到，而相关的 $\triangle AED$ 的面积也无法得到，所以失败。

那么连接 FB 呢？不是我夸张，你是不是顿时觉得豁然开朗？因为出来了一个梯形！在第 12 章中我们讲过，梯形里的“眼镜”的两个“镜片”面积一定相等，所以马上可以得到 $\triangle BEF$ 和 $\triangle DEC$ 面积相等，且都等于 12。同时，$\triangle BEC$ 的面积马上可以计算得到，即 $\triangle DEC$ 面积的平方除以 $\triangle DFE$ 的面积等于 18（参见第 12 章第 1 节例 3，可知 $S_{\triangle DEC}S_{\triangle BEF}=S_{\triangle DFE}S_{\triangle BEC}$，这是一个关于任意四边形的非常有用的结论）。此时已经可以计算四边形 $AFEB$ 的面积了，即

$$S_{\triangle DEC}+S_{\triangle BEC}-S_{\triangle DFE}=12+18-8=22$$

小学阶段的面积计算难题，难点大多在于比例的转换，初学者往往容易“眉毛胡子一把抓”。还是那句话：走弯路并不可怕，可怕的是感觉无路可走。

对于广大家长来说，遇到求面积问题最头疼的莫过于只能用小学生的方法来做，不能用相似法或勾股定理。很多题目如果用初中的方法来做的话，其实非常简单。如果单纯从“会做题”的功利角度来说，在孩子能够接受的情况下，教孩子一些超纲的东西也不是不行……比如，我下面就打算介绍一下梅涅劳斯定理。

我在这里讲梅涅劳斯定理属于“犯规”，因为该定理中考不会考，基本属于初中阶段的纯竞赛内容。但是对小学生来说，如果碰到较难的面积问题，用它往往会有奇效。大家可以姑且听一听，根据自身情况决定要不要学起来。定理叙述如下：

梅涅劳斯定理

如果一条直线与$\triangle ABC$的三边BC、CA、AB或其延长线交于D、E、F点，则有$\frac{AF}{FB}\cdot\frac{BD}{DC}\cdot\frac{CE}{EA}=1$（图 13.8）。

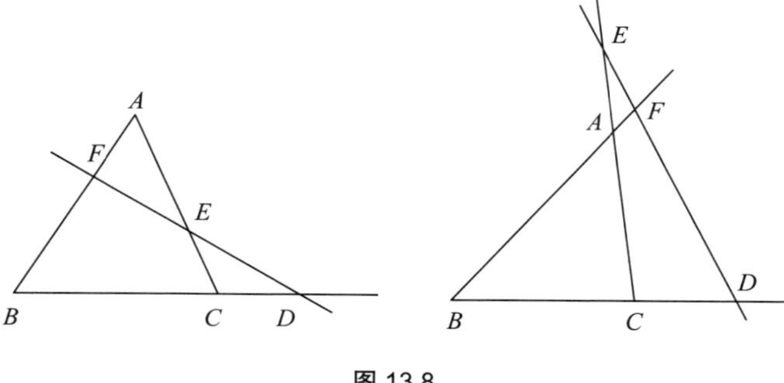

图 13.8

如果证明该定理的话，可以分别过A、B和C向FD引垂线，然后用平行线分线段成比例定理来做。我在第 25 章会给出证明方法，小学部分对此就不多介绍了。我们主要还是来看一看定理的应用。

例 6 **如图 13.9，已知长方形$ABCD$的面积是 4，$EC=3DE$，F是DG的中点，求阴影部分的面积。**

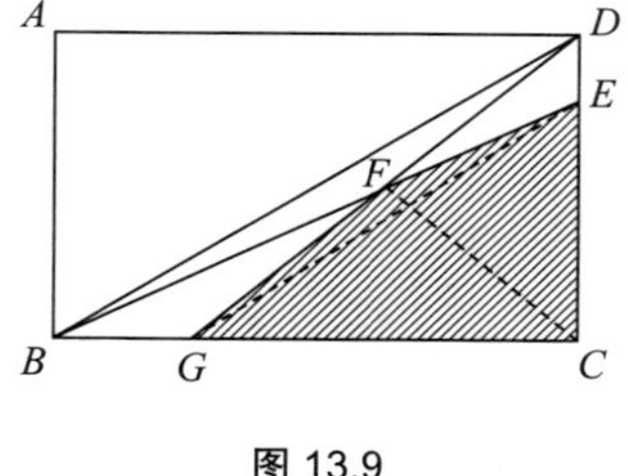

图 13.9

对，这其实就是本章的例 3。请各位往前翻一翻，当时为了加上合适的辅助线，我们可是分析了半天呢！如果用梅涅劳斯定理呢？

解：

由梅涅劳斯定理可知：

$$\frac{DE}{EC}\cdot\frac{CB}{BG}\cdot\frac{GF}{FD}=1$$

把题目条件中的比例关系 $EC:DE=3:1$ 和 $GF:FD=1:1$ 代入上式，马上可以得到 $CB:BG=3:1$，即 $BG:GC=1:2$。

由条件可知$\triangle BCD$ 的面积为 2，因此$\triangle DCG$ 的面积为其面积的 $\frac{2}{3}$，也就是 $\frac{4}{3}$。

因为 $DE:DC=1:4$，且 $DF:DG=1:2$，所以$\triangle DEF$ 和$\triangle DCG$ 面积之比为 $1:8$，于是四边形阴影面积为 $(1-\frac{1}{8})\times\frac{4}{3}=\frac{7}{6}$。

是不是很简单？直接省去了找辅助线的麻烦。当然对于初学者来说，重要的是该定理的内容不能记错，同时对基本图形也要熟悉。

例 7 **如图 13.10，$\triangle ABC$ 的面积为 28，$DC=3DB$，$AE=ED$，求阴影部分面积。**

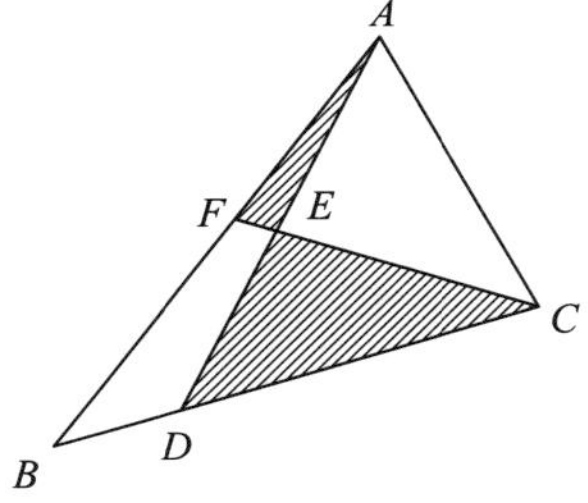

图 13.10

如果不用梅涅劳斯定理，我们肯定要思考三个问题：要不要加辅助线？加在哪里？加得对不对？

根据已知条件，我们很容易求出$\triangle ACD$ 的面积，而$\triangle DEC$ 的面积恰好是其面积的 $\frac{1}{2}$；但是$\triangle AEF$ 的面积是没有办法通过已知的这些比例关系得到的，于是肯定要加辅助线。我们可以连接 BE，剩下的解题部分留给读者自行补齐——总之，整个过程还是需要多次转换的。

如果可以用梅涅劳斯定理，那就方便很多了。本题的难点在于求 $\triangle AEF$ 的面积，而要知道 $\triangle AEF$ 的面积，需要知道 $EF:EC$ 以及 $\triangle AFC$ 的面积，而要知道 $\triangle AFC$ 的面积，就需要知道 $AF:FB$ 的值，而这些步骤可以通过梅涅劳斯定理一步到位！

由梅涅劳斯定理可知：

$$\frac{AF}{FB}\cdot\frac{BC}{CD}\cdot\frac{DE}{EA}=1$$

因为 $DC=3DB$，且 $AE=ED$，可知 $AF:FB=3:4$，所以 $\triangle AFC$ 的面积为 12。

然后再计算 $FE:EC$。我们注意到，如果把这个图给竖起来，还有一组梅涅劳斯定理的基本图：

$$\frac{CD}{BD}\cdot\frac{BA}{AF}\cdot\frac{FE}{CE}=1$$

我们再把前面的结论代入，$CD:BD=3:1$，$BA:AF=7:3$，所以 $FE:EC=1:7$，即 $\triangle AEF$ 的面积为 $\frac{3}{7}\times\frac{1}{8}\times 28=\frac{3}{2}$。

$\triangle DEC$ 的面积等于 $\frac{3}{4}\times\frac{1}{2}\times 28=\frac{21}{2}$，所以阴影部分的面积为 $\frac{3}{2}+\frac{21}{2}=12$。

这是不是大大降低了解题的难度？这个方法算是投机取巧吧。但是对于找辅助线实在有困难的孩子来说，没有办法的办法也是好办法。大家在使用梅涅劳斯定理的时候一定要找准基本图形，而且基本图形中有两组的比例是给出的，那么就可以使用这个超纲的家伙了。有朋友说梅涅劳斯定理不好，还是更喜欢所谓的“燕尾模型”（读者可以自己去查一查这种模型）。怎么说呢？各花入各眼吧，反正我挺喜欢梅涅劳斯定理的，它作为救急工具还是挺管用的，而且理解起来其实难度并不大。

插播完超纲的“bug”之后，我们来看一看如何利用“割补法”来求面积。

例 8 **如图 13.11，已知 P 是 $\triangle ABC$ 内一点，DE 平行于 AB，FG 平行于 BC，HI 平行于 CA，四边形 $AIPD$ 面积为 12，四边形 $PGCH$ 面积为 15，四边形 $BEPF$ 面积为 20，求 $\triangle ABC$ 的面积。**

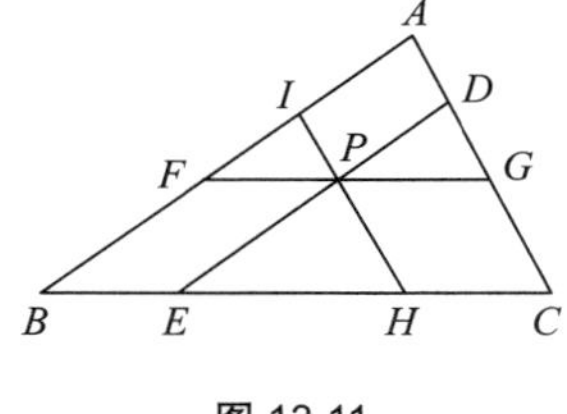

图 13.11

虽然这道题目看起来并没有标准意义上的对称，但是从四边形的平均分布情况来看，我们应该需要把图中 3 个小三角形的面积求出来。而且，我们应该很容易注意到，题目中的条件对每个小三角形来说都没有特殊“照顾”，因此无论哪个小三角形的面积都会是突破口——只要做出了一个面积，其他两个一定可以通过相同的办法推出来。

这就是所谓的“题感”。人们经常说要培养感觉，可怎么培养？就是从这些地方入手。有部战争片曾经有一句名言：“没有主攻，个个都是主攻！”

既然明确了突破口，我们可以随便抓一个三角形来突破：$\triangle PEH$ 的位置看起来最顺眼，那就先解决这个吧。

确定三角形面积需要几个条件？两个：底和高。然而令人绝望的是，题目中竟然一个条件都没有！所以我们只有两种选择：一是求出该三角形的底和高，二是利用其他图形面积拼凑。

究竟选哪条路？不知道。我并没有在逗你玩，我目前确实不知道。正如我之前在《不焦虑的数学》一书中讲的一样：要大胆尝试，不试，你就不知道这条路对不对。当然，在尝试之前，我们还是老规矩：看看手上有什么工具。老读者就会发现，无论是代数还是几何，根本思路还是一脉相承的。

和$\triangle PEH$相邻的两个平行四边形的面积是已知的，分别是20和15。不难发现，这两个平行四边形是等高的，于是得到第一个结论就是$FP:PG=4:3$。同理，$EP:PD=5:3$，$HP:PI=5:4$。这是显而易见的结论。

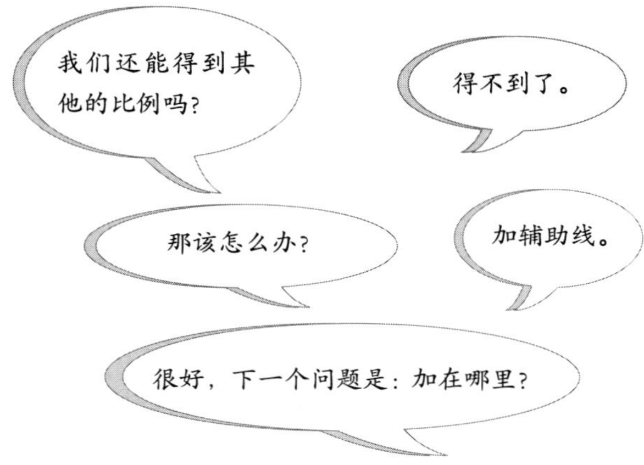

既然有那么多的平行四边形，连接平行四边形的对角线应该是个不错的选择。由题设条件的对称性，我们不妨把四边形$PGCH$的对角线CP和GH连起来看看。我们发现连了CP之后出现了$\triangle CPH$，和目标$\triangle PEH$有公共边了！

看看我们之前得到了什么结论？三个比例。这些比例有什么特点？都是$\triangle ABC$内部线段的比例，而我们用上述方式加辅助线，得到的是在$\triangle ABC$边上的那些线段的比例，所以我们要想办法把三个未知面积的三角形的面积比用三角形内的比例线段给表示出来！

对于$\triangle PEH$来说，我们已经知道了$EP : PD=5 : 3$，所以$\triangle PEH$和$\triangle PDH$的面积比自然就是 5 : 3。但是$\triangle PDH$还没有成型，于是我们自然就连DH（图 13.12）。下一个问题是$\triangle PDH$的面积是多少呢？由于PH平行于AC，所以$\triangle PDH$的面积等于$\triangle PHC$的面积，等于四边形$PGCH$面积的一半，即$S_{\triangle PDH}=\dfrac{15}{2}$，所以$\triangle PHE$的面积为$\dfrac{25}{2}$。其他两个三角形的面积可用同样的方法求得，分别为$\dfrac{9}{2}$和 8，具体细节留给各位作为练习。最后求得$\triangle ABC$的面积为 72。

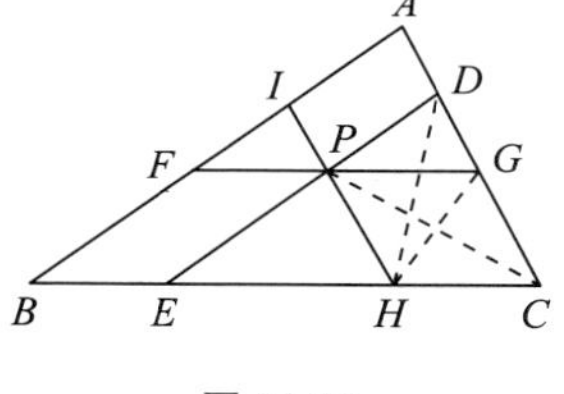

图 13.12

14 四边形面积

三角形面积计算就算告一段落了，我们接下来看四边形的面积计算。

有了三角形作为基础，相对来说，我们对于四边形求面积就有一些比较直观的认识。比如，最基本的想法就是尽可能地把那些不好求的或者不规则的图形拼成容易求的样子。当然，这并不是唯一的办法。

第 1 节　利用四边形的特点

任何四边形都可以切成若干个三角形，但是别忘了，四边形也有其自身的一些特点。我们先来看两个例子。

例 1 **如图 14.1，已知一个大长方形被分割成 4 个小长方形，其中 3 个小长方形 A、B、C 的面积是已知的，分别为 30、15、40，求第四个小长方形 D 的面积是多少？**

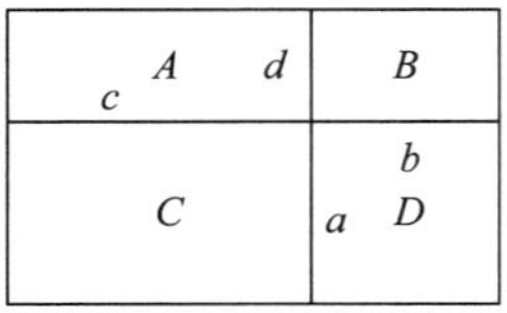

c　A　d	B
C	b　a　D

图 14.1

题目当然很简单，但解决这道题并不是关键，怎么教给娃才是我们的目的。

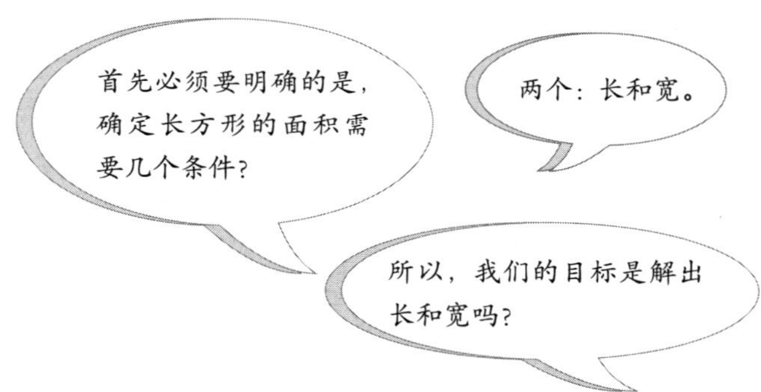

你看，这个思路就很好，非常自然。我是一向推崇自然的思路的。那么下一个问题是：怎么求长方形 D 的长和宽？我们把这两条线段分别用字母 a 和 b 来标记，也就是说，我们的目标是求 ab。

下一步该怎么启发孩子？“通过已知找未知”是必然的思路。那么，能不能把其他 3 块已知面积用 a 和 b 表示出来？

我们注意到，a 也是 C 的边，b 也是 B 的边，这时不妨把另外两条线段也分别标注上 c 和 d，于是可以得到 $cd=30$, $ac=40$, $bd=15$。在这三个式子中，c 和 d 出现了两次，而 a 和 b 只出现了一次，所以只要计算 $ac\times bd\div cd$，不就得到 $ab=20$ 了吗？

这就是纯粹利用长方形面积的定义来解题，题目和方法虽然很简单，但重要的还是在于思路怎么来。我们再看下一个例子。

例 2 如图 14.2，大、中、小 3 个正方形连环套，大正方形周长比小正方形周长大 8，大正方形面积比中正方形面积大 12，求大正方形的面积。

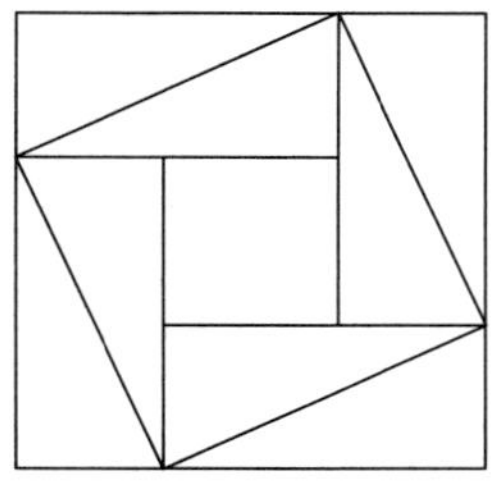
图 14.2

其实，问题等价于“大正方形的边长是多少”？

一般说来，小学生要尽量避免使用勾股定理，因为出现根号对于小学生来说实在是太可怕了。大正方形的边长应该怎么计算呢？

很显然，大正方形的每条边都是由一长一短两条线段拼起来的，那么有没有可能是分别计算这两条线段长度呢？这两条线段一长一短，短的暂时没什么看头，但是长的那条看起来是小正方形的边长加上一条小线段得到的，而这条小线段恰好是前面“一长一短”的线段之中短的那条。所以，既然条件中给出“大正方形周长比小正方形周长大 8”，那就是说，这 8 条短线段的长度之和就是 8，因此短线段的长度就是 1。

很好，我们还差一个条件没有用：“大正方形面积比中正方形面积大 12。”也就是说，最外面的 4 个直角三角形的面积是 3；而中正方形除去小正方形后剩下的 4 个直角三角形和最外面的 4 个直角三角形的形状一模一样，所以这 8 个直角三角形的面积都是 3。直角三角形较短的直角边恰好就是短线段，长度为 1。所以，由三角形面积公式可求出另一条直角边长度为 6。我们可以直接得到小正方形的边长为 $6-1=5$，所以，大正方形的边长为 $5+1+1=7$，因此大正方形的面积为 49。

这一路下来势如破竹，没走什么弯路，虽然过程比较复杂，但只要用最自然的思路走下来，再加一点儿耐心就好了。这个世界上存在着很多很难的数学题，需要丰富的想象力才能解决。然而，更多的毕竟只是一般的数学题啊！

我们学习了新知识，就要注意和老知识之间的联系，更要注意新、老知识点的区别。正如本章一开始所说的，在研究四边形的面积问题时，我们可以利用化归的思想把四边形分解成两个或多个三角形来考虑，这就是和老知识的联系；但我们更要学会从面积公式出发，来探究如何找到缺少的条件，这是新知识和老知识的区别。初学者很容易学了新的、忘了旧的，这是正常现象。但是，有的学生懂得温故而知新，有的学生就放任自流。忘掉一两个知识点，你确实看不出来什么，但是长此以往的话，差距就会变大。

第2节 正方形

我们先看最简单的正方形的面积问题。为什么正方形的面积问题是最简单的？回忆一下梯形、长方形、平行四边形的面积公式，我们发现这三种图形的面积至少需要两个条件才能决定，但是正方形的面积呢？一条边长就够了。

例1 **如图 14.3，中、小两个正方形把大正方形分成了 3 个部分，外层环形面积为 104，内层环形面积为 72，而且 3 个正方形的边长成等差数列，求大正方形面积。**

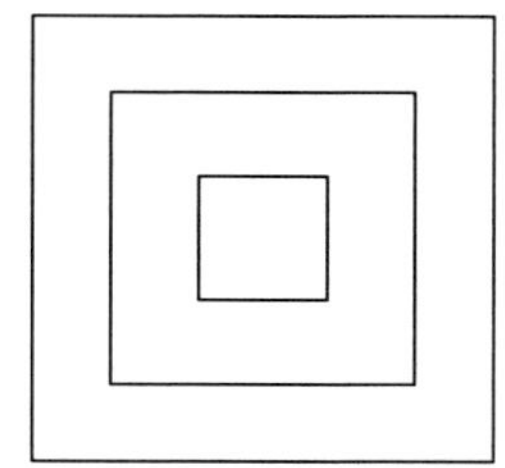

图 14.3

这里很自然的想法是求大正方形的边长。根据贼老师一贯提倡的做法，先来看看手上有什么条件。外层环形面积是怎么来的？大正方形面积减去中正方形面积；内层环形面积呢？中正方形面积减去小正方形面积。换句话说，我们知道的都是面积差，却无法直接求出 3 个正方形中任意一个的面积。

当然有家长会说："设两个未知数不就好了？"注意，我们现在是在小学范围内探讨几何问题，所以我们不妨先规避方程，看看能不能用算术的方法直接解决，毕竟很多孩子对方程还是有些抵触的。

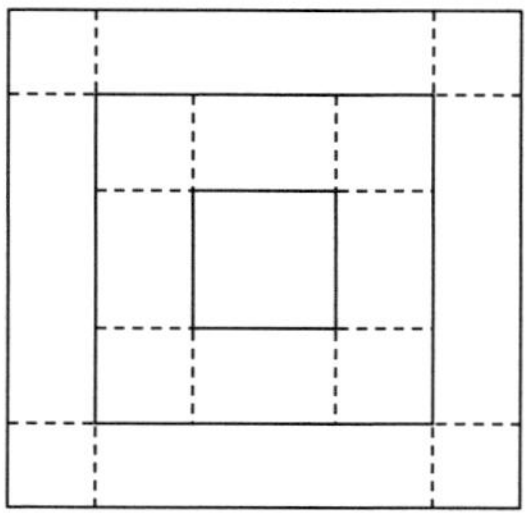

怎么办？只能转弯。我们将大正方形和中正方形做一些切割（图 14.4）：大正方形比中正方形多了 4 个角落上的小正方形以及 4 个大长方形；中正方形比小正方形多了 4 个角落上的小正方形以及另外 4 个小长方形。因为条件指出"3 个正方形的边

图 14.4

长成等差数列”，所以这 8 个角落上的小正方形的边长相等，面积也就相等。

除此以外，还有什么发现？大长方形比小长方形恰好多了 2 块角落小正方形的面积！我们再多加几条辅助线，就可以看清楚，外环比内环恰好多了 8 块小正方形！而这 8 块小正方形的面积就是 $104-72=32$，所以，每块角落小正方形面积为 4，也就是说，每块角落小正方形面积的边长为 2。

但是，我们仍然没办法求出大、中、小三个正方形中任何一个的边长。怎么办？再回头看看现在有的结论和条件。内环的面积是 72，外环的面积为 104，每个小正方形面积是 4，这是我们现有的所有条件了。我们刚才把每个环切割成了 4 个小正方形和若干长方形——等一等！每个环的面积是已知的，而且 4 个角上的小正方形面积也是已知的，所以，每个长方形的面积不就能知道了吗？

对于大环来说，切割出来的 4 个长方形的面积为

$$(104-4\times4)\div4=22$$

而大长方形的宽恰好是小正方形的边长，即 2，所以长方形的长为 $22\div2=11$。于是大正方形的边长就是 $11+2\times2=15$，面积为 225。

我们再重复一次解题的路径。(1) 由题目的条件可知，我们无法直接得到任何一个正方形的边长，于是只能切割；而正方形的切割，肯定要走“笔管条直”的路线，歪七扭八的切割不符合正方形的审美特点。(2) 通过切割，我们得到了 4 个角落上的小正方形的面积和边长，但仍然没有办法直接得到大正方形的面积。(3) 进一步分析被切割出的长方形面积，并得到最后的结果。一波三折。

做题，就要做好吃瘪的准备。

第 3 节　割补法

要注意的是，割补法只是一种方法，一种形式上的操作。当然，我们需要模仿形式，任何知识的学习一定是从模仿开始的，但更高层次的学习还是要理解其本质。作为指导者来说，必须要明白这一点：割补法的实质在于等积变换，所以在教学过程中必须以这个作为指导思想，换句话说，就是要把阴影部分图形或者其中的一部分用面积相等的图形来变换，而且变换以后的图形面积要容易求出来。

这就看出梯形的重要性了。于是问题来了：“为什么是梯形？”因为梯形中有“眼镜”啊！之前我们已经讲过，梯形中的“眼镜”是等积变换最重要的基本图形，因此，利用已有的梯形或者隐藏的梯形就成了常用手段。我们先来看一个简单的例子。

例 1　**如图 14.5，两个正方形边长分别为 10 和 8，求 $\triangle ACD$ 的面积。**

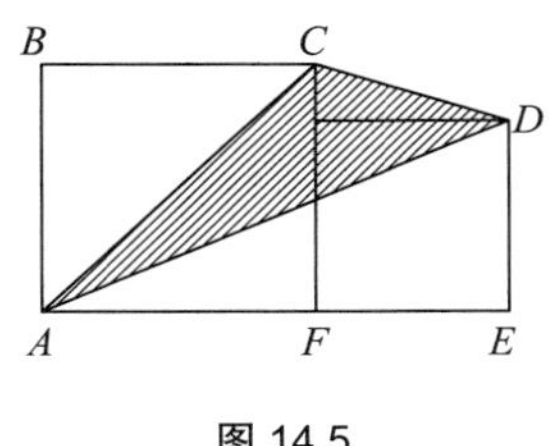

图 14.5

如果我们直接求三角形面积，那么就要知道底和高，但是求 $\triangle ACD$ 三条边的数值都已经超过了小学生掌握的范围，所以此路不通。

既然直接的路子走不通，那么只能走间接路线，而间接路线中最容易想到的就是大减小。这时候我们注意到，相对阴影部分的面积，这些空白图形的面积是非常容易计算的，但是！这个五边形 $ABCDE$ 的总面积该如何计算呢？

没有现成公式。但和最初的思路相比，起码出现了很多容易计算的地方，比起一个都动不了，已经不知道高妙到哪里去了，所以努力一下还是有必要的。我们发现问题出在右上角，但是如果给拼上一个直角三角形，那么五边形就能变成一个长方形，这个长方形的面积是非常容易算的，于是现在的问题就变成这个拼上去的小直角三角形的面积了。不难发现，这个小直角三角形较短的直角边恰好是两个正方形边长之差，长边是小正方形的边长，所有的要素都具备了，我们可以得到阴影部分的面积等于（图 14.6）：

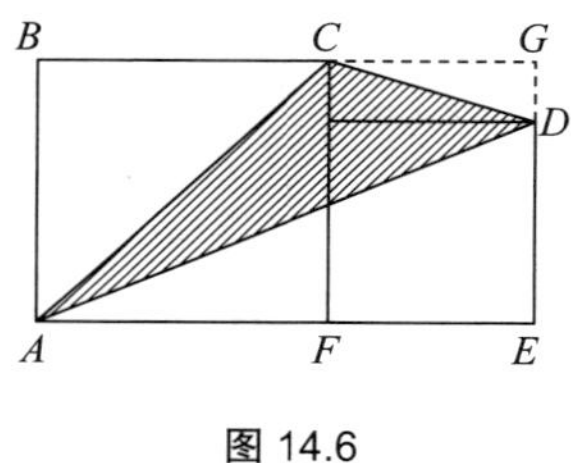

图 14.6

$$(8+10)\times 10-\frac{1}{2}\times 10\times 10-\frac{1}{2}\times 18\times 8-\frac{1}{2}\times 2\times 8=50$$

这是补的办法。

还有没有更好的办法？对于学有余力的孩子来说，一定要多做一步，这是你提高水平的必由之路。上面的常规做法可以作为保底的思路——没有办法的办法，除了烦琐一点，它没有任何的缺点。但是，如果我们能够掌握一种更灵巧的办法，可以克服烦琐这个缺点，岂不美哉？

顺着开始提到的等积变换，我们应该在图里找梯形。有现成好用的梯形吗？并没有。是的，在所有的连线里，一个现成的梯形都没有，所以我们要加辅助线，加的目的就是要找到一个梯形，并且该梯形包含$\triangle ACD$。

在这个思路的指引下，我们发现把DF连起来是个很不错的选择，此时DF平行于AC（同位角相等，两直线平行）这时候可以得到梯形$DFAC$，而$\triangle ACD$和$\triangle ACF$是等积的，而$\triangle ACF$的面积恰好是大正方形面积的一半，即50，于是题目做完了（图 14.7）。

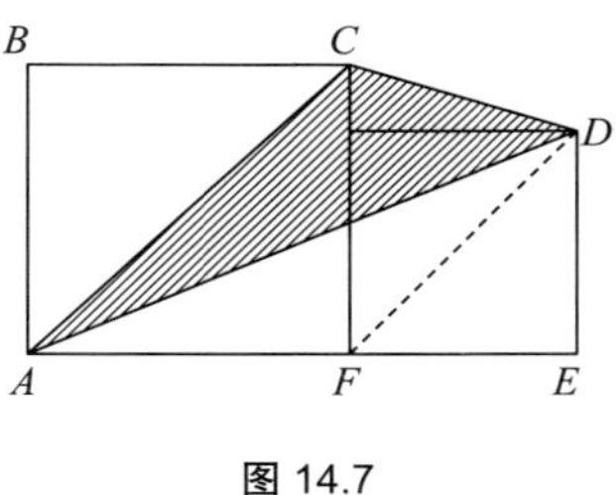

图 14.7

事实上，本题算是一道超级“有良心”的题，因为正方形是给出的边长，如果把题目改成已知两个正方形的面积分别是 30 和 20，这时候对小学生来说用第一种方法就存在着巨大的困难：因为没有办法求出正方形的边长，从而求这些直角三角形的面积也变得非常困难，只有方法 2 才能奏效了。

换句话说，如果题设给出了正方形或者圆的面积，但是求边长或者半径很困难的话，那么就应该直接考虑等积变换。

作为家长来说，首先要能总结出 (1) 割补法的实质是等积变换，(2) 等积变换主要技巧是找梯形，(3) 找梯形是要利用梯形的“眼镜”。

这就是所谓做一个题有一个题的效果，我们将在后面多看几个例子，让大家更好地理解一下。

例 2 如图 14.8，两个正方形边长分别为 8 和 6，求$\triangle BOE$的面积。

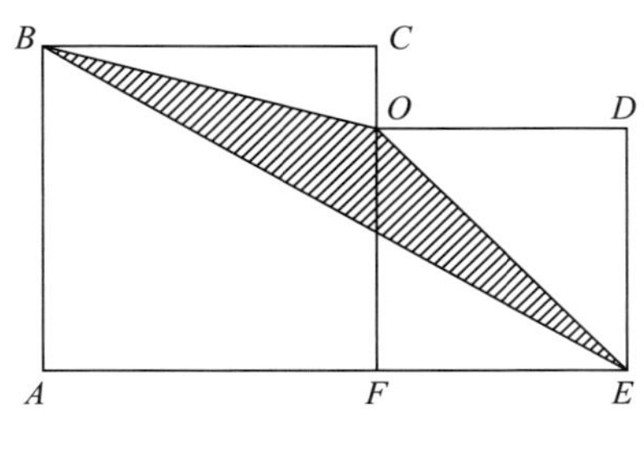

图 14.8

你看，有了上个例子，我们首先考虑模仿。怎么模仿？肯定是找一个包含$\triangle BOE$的梯形，于是连接BF就成了不二的选择（图 14.9）。这时候$\triangle OBE$的面积就转化成$\triangle OFE$的面积，即小正方形面积的一半：18。

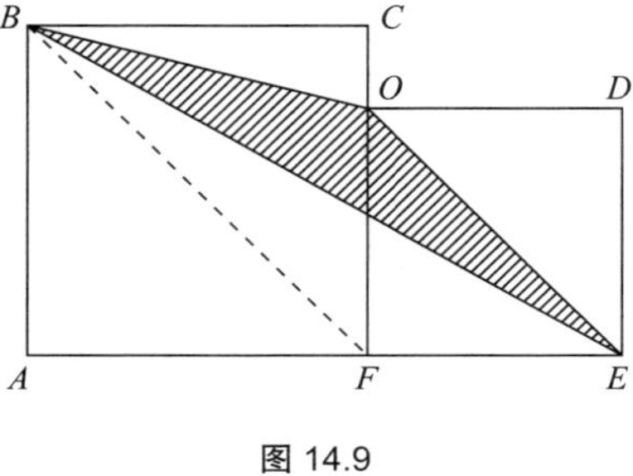

图 14.9

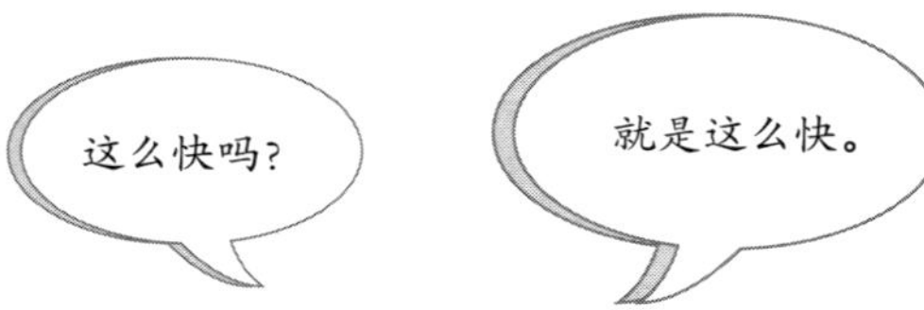

和上一道题一样，我们发现两个正方形中有一个是用不上的，只起到了点缀作用。像这种条件发生改变，但面积不变的题目，就是“定值问题”的雏形。

如果要为难小学生们一下，我们可以出这样一道题：

如图 14.10 所示，已知大正方形的面积为 37.143，小正方形面积为 a，求$\triangle BOE$的面积。

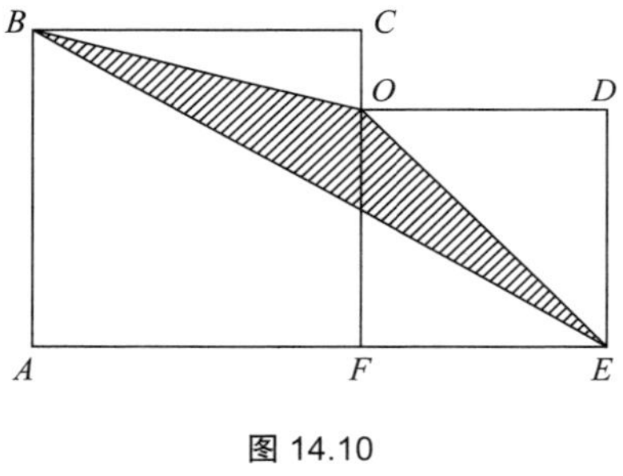

图 14.10

估计能直接吓昏一批孩子。如果孩子能够找到其中的规律，并根据规律出题，那他肯定就学明白了——当然，这个要求很高，恐怕只有极少数孩子能做到。对于大部分孩子来说，能根据上一个例子进行模仿，这就算过关了。

这是模仿，接下来，我们要有一点变化。

例 3 **如图 14.11，两个正方形边长分别为 11 和 7，其中 E、B 和 M 在同一直线上，求阴影部分的面积。**

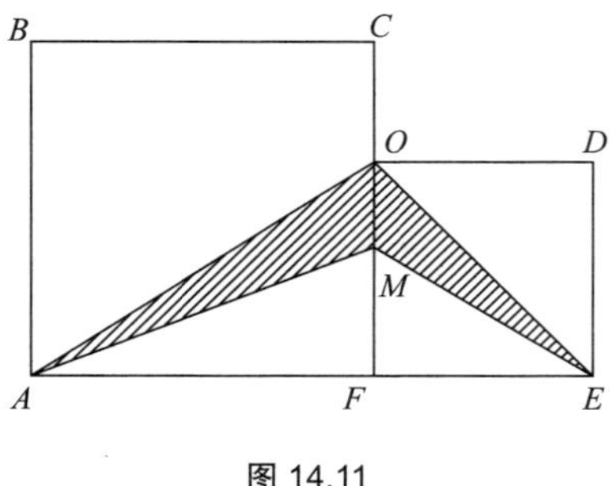

图 14.11

图中的 $AOEM$ 是个不规则的四边形，

肯定不能直接求面积。而且 E、B 和 M 在同一直线上这种表述其实对小学生来说是不多见的。告诉你在同一直线上，但是图中又没有连起来，所以第一步就是要把这个连起来——对于那些并不常见的条件，我们要明白怎么利用。

连接 BM 之后，我们很容易注意到，如果再连接 BO 的话就可以得到梯形 $BOMA$（图 14.12）。我的天哪！梯形！梯形！梯形！这时候，看见梯形就觉得很开心，有没有？！看到了梯形就基本可以断定自己在一条正确的路上了——当然这个梯形必须和阴影部分有关。然后$\triangle OMA$ 的面积就转化成$\triangle OBM$ 的面积，而原来不规则图形的面积就变成了$\triangle OBE$ 的面积，看起来一切都朝着好的方向发展。

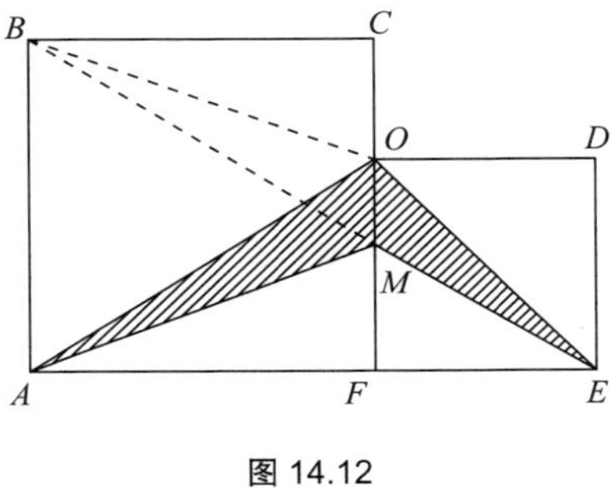

图 14.12

$\triangle OBE$ 的面积的求法不就是上一道例题的做法吗？很容易得到阴影部分面积为 $\dfrac{49}{2}$，题目做完。

当然，我们还可以把这个题目变形。事实上，大正方形的条件还可以变得更丑陋一点，如图 14.13。

事实上，我们只要连接 BD，就又转化成熟悉的例子了，只不过把正方形中无用的那块去掉变成了直角梯形，这又能吓坏很多学生。

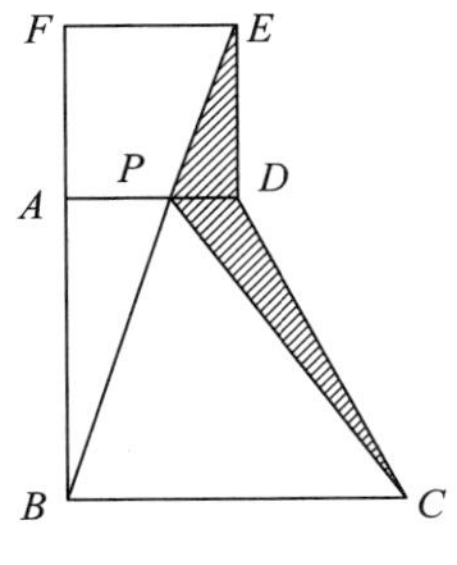

图 14.13

你看，一鸭两吃，一题三出，是不是很有那么点意思？像这样的三个题，只要会做了一个，其他两个用肉眼观察出思路后就不要再做了，因为纯属浪费时间。我们在对孩子进行训练的时候，要特别注意孩子的这种倾向：当他们练熟了某一个类型之后，就会疯狂地爱上这种类型，各种变形玩得乐此不疲，但是对于新的东西又有一些抵触——毕竟人都是喜欢偷懒的。作为家长，不要光被孩子的“努力”蒙蔽住了眼睛，必须要分辨出他们到底是真努力还是磨洋工。如果同一类型的题目总是掌握不好，那么有必要多喂几个，但是如果已经熟练，就必须要进行干预，不能多做重复劳动，这样只会白白浪费时间。

在这之前，我们其实已经默认了一个事实：内错角相等，两直线平行。在这几个例子中，我们反复利用了正方形的对角线和边之间的夹角为 45° 这个结论来推出平行线，从而构造出所要的梯形，这个定理的完整叙述其实要到初中才学，但是并不妨碍我们形成一定的几何直观——就是肉眼所见图形之后直接得到的结论。

小学的几何学习中，对于严格证明是没有要求的。事实上，割补法到了初中以后就一文不值了，但在学习割补法的过程中，帮孩子培养起几何直观，对于初中的几何学习是有好处的。

这就好比你跟孩子讲“什么是老虎”，口头说一百遍，他也没什么具体概念。但是，你把孩子带到动物园的虎山去看一看，然后再讲一讲《武松打虎》的故事，他就会知道：“哦，老虎很凶猛，是猛兽。”至于说虎属于哪个科、哪个属，有哪些生活习性、地域分布如何等，那就是以后要了解的事情了。当下起码有个直观的东西，让孩子先了解起来。

所以，割补法对于小学的几何学习有用，而割补法过程中那些“不加证明就直接运用”的结论，对于初中的学习也有辅助作用。

我们接着来看割补法的其他情况。

例 4 如图 14.14，正方形 $ABCD$ 的边长为 14，正方形 $DEFG$ 的边长为 10，H 是正方形 $DEFG$ 的中心（对角线的交点），求阴影部分的面积。

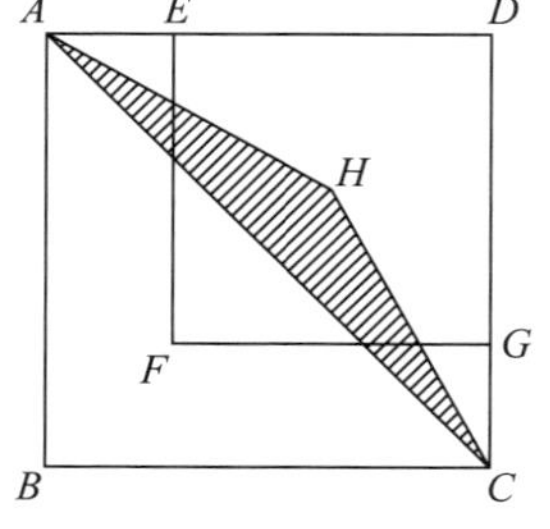

图 14.14

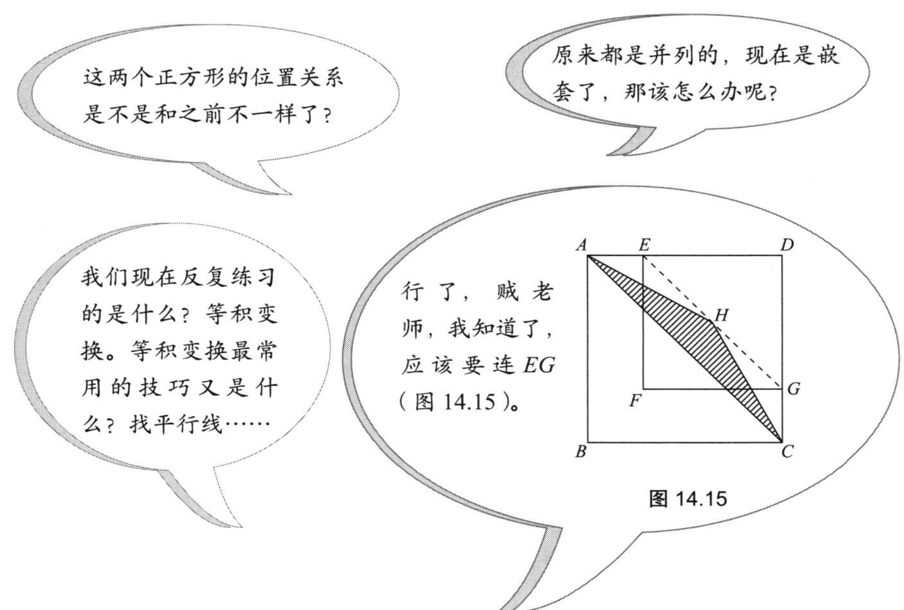

图 14.15

你看，这就是上路的表现。为什么要连 EG？因为它和 AC 平行，并且我们发现，$\triangle AHC$ 被完全夹在两条平行线 EG 和 AC 之间了，完美！所以 $\triangle AHC$ 的面积和 $\triangle GAC$ 的面积是相等的，而 $\triangle GAC$ 的面积是很容易计算的，等于 $\frac{1}{2}\times4\times14=28$。题目就做完了。

是不是很棒？我们再看一个难一点的例子。

例 5 **如图 14.16，3 个正方形中，大正方形 $AC'OB'$ 的边长是两个同样大小的小正方形边长的 2 倍，若小正方形的边长是 10，求阴影部分面积。**

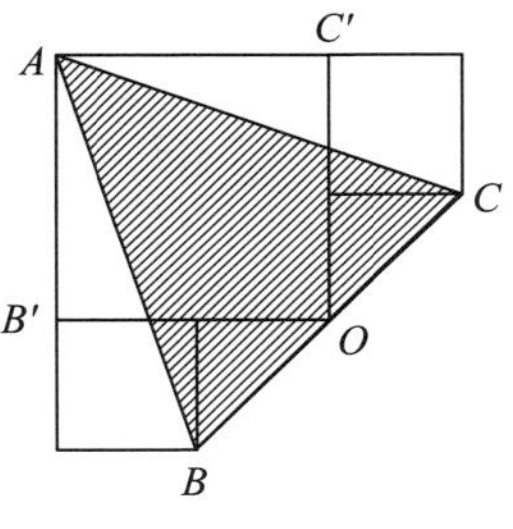

图 14.16

首先，“保底”的办法是有的：把图形补成一个更大的正方形，然后减去两个细长的直角三角形以及一个小等腰直角三角形即可。孩子要是用这个方法做完了题目，家长应该跟着问一问："看看，有没有更好的办法呢？"

在正方形中连对角线，看起来是一条很不错的思路。事实上，在初中阶段的平面几何证明题中，正方形的对角线也是非常重要的辅助线之一，所以通过这些例子就可以让孩子对对角线的概念有一个直观印象：对，这玩意儿很重要。

辅助线既要和阴影部分相关，又要出现平行。我们发现，连接 $C'C$、AO 和 $B'B$ 是很不错的选择，同时满足了这两个条件。阴影部分被一分为二，而每块阴影部分恰好可以通过"眼镜"转化成半个大正方形的面积，于是阴影部分的面积恰好就是整个大正方形的面积（图 14.17）。

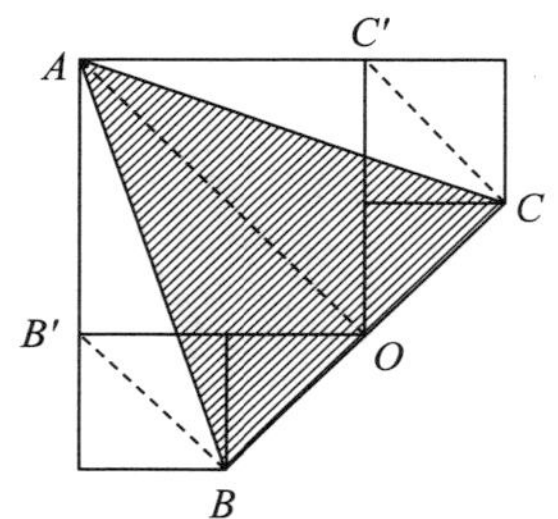

图 14.17

如果孩子能直接完成这一步，那肯定好；如果孩子采用第一种方法，先补全外面那个最大的正方形，再减去 3 个小三角形的面积，然后在你的诱导下找到第二种解法，那也很好；如果孩子只会"以大减小"，怎么启发都想不到第二种方法，那就别过于勉强；如果孩子得过且过，随便混出个答案，而且拒绝进一步思考，那这种态度有问题的情况该怎么收拾，你懂的……

第 4 节 拼出来的难题

我们接下来看，怎么把简单的题拼成难题。

例 1 **如图 14.18，3 个大小不等的正方形拼接在一起，中间的正方形边长为 15，AC 恰好经过中间正方形的左上顶点，求$\triangle ABC$ 的面积。**

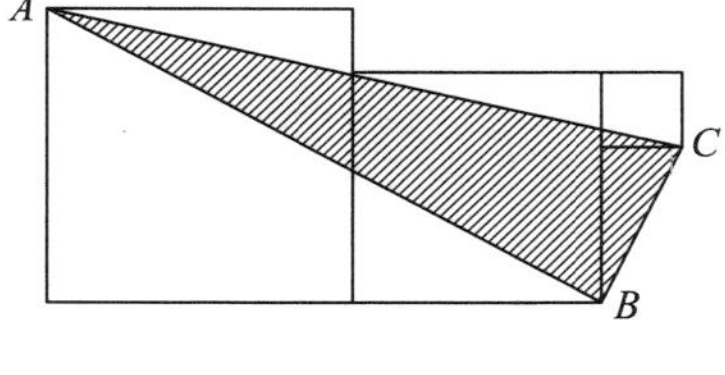

图 14.18

之前都是两个正方形的拼接，现在变成 3 个正方形了，怎么处理？对角线，当然还是对角线。我们连接了几条对角线之后，发现阴影部分面积恰好就是中间的正方形的面积（图 14.19）。

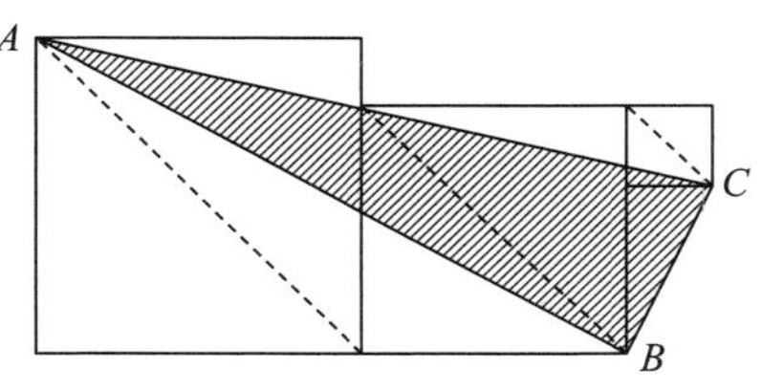

图 14.19

如果没有之前的铺垫，这道题目绝对是道难题。因为题目看起来缺少条件，而且图形看起来也很复杂。但是，这恰恰给了我们突破口：三角形面积和大、小正方形的边长无关，只和中间正方形的面积有关。再看看比例，大致也能猜出，三角形面积就是中间正方形的面积了。

事实上，所有难题都是由这样一点一点拼起来的。如果直接给你一个正方形，连了对角线以后，让你求其中一个等腰直角三角形的面积，你会觉得这道题目的难度简直就是在侮辱你的智商；当两个正方形拼在一起，并把其中一个作为迷惑项的时候，你会发觉这道题目有点儿意思；当 3 个正方形拼在一起，并把其中两个正方形作为迷惑项的时候，你会觉得这道题目好难。

数学考试中的那些大题就是这样一点一点凑起来的。二次函数——挺难；好，结合平面几何——又难了一点；让几何图形动起来——更难了；分情况讨论存在性问题——难上加难。所以，做题一定要循序渐进，一点一点去琢磨出题人的意图，学会把未知的题目转化成已知的知识点去解决。没错，这就是我反复强调过的数学思想——化归。

例2 **如图 14.20，已知正方形 $ABCD$ 的边长为 12，正方形 $BEFG$ 的边长为 8，正方形 $PCQR$ 的边长为 7，求阴影部分面积。**

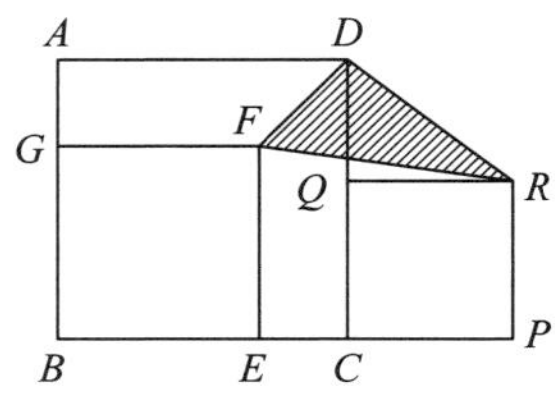

图 14.20

这张图看上去和之前的那些图都不一样。然而，既然以正方形为主，那么关键的东西就不会变——没错，还是要连接对角线。可以说，小学阶段涉及正方形面积的难题中，连对角线是必不可少的步骤；就算到了初中，95% 以上和正方形相关的难题也都是要连一下对角线，才能解决的。

对角线为什么这么神奇？平面几何的中心问题就是研究位置关系和数量关系，而正方形的对角线互相垂直，和任意一条邻边的夹角为 45°，两条对角线长度相等且互相平分——对角线有这么多数量关系和位置关系，你说要不要连一下？

但还是那个问题：连哪里？辅助线要和阴影部分有关系。因此，连接 AC 一定不是什么好办法，而连接 FB 是必需的，为什么？因为这样一来，DB 是大正方形的对角线，而 FB 是 DB 的一部分（这一点留给你来证明）。连接了 FB 以后，连接 RC 就成了必然——讲平面几何竟然讲出了下围棋的感觉！为什么是必然呢？因为我们需要梯形。这时，求阴影部分面积的问题就转化成了求 $\triangle DFC$ 面积的问题。而 DC 边对应的高恰好就是正方形 $ABCD$ 和正方形 $BEFG$ 的边长差，不难得到阴影部分面积为 24，于是题目就做完了。

我们可以总结一个套路：看见包含正方形的求阴影部分面积的问题，就连一下对角线！这当然没有问题，而且还很有效——正方形对角线总共就两种连法，如果一种不行，那另一种自然肯定行了。如果进行一定量的训练，孩子就可以玩得很熟练。对于大部分的学生来说，能做到这样就已经足够了。对学有余力的孩子来说，你就要告诉他们“套路以上”的东西：为什么一连对角线就能解决这么多问题？在本质上，对角线展现了大量的位置关系和数量关系。如果孩子能明白这一点，那么以后再碰到新的几何问题，他就会自己尝试总结新的几何图形中的这两类关系，再后来，就会自己去总结所有数学新知识点中的核心问题，从而越飞越高！

第 5 节　任意四边形

接下来看一个经典的例子。

例 1　给定一个任意四边形，求作一条直线，把这个四边形分成面积相等的两块。

如果是平行四边形，直接连对角线即可；如果是梯形，取平行对边各自的中点，连接中点即可。但是，任意的四边形呢？

顺着梯形的做法，取对边的中点并连线。既然对边两两不平行，那么任取一组对边，效果应该都一样。但是，别说是任意四边形了，就算是梯形，假如你选不平行的那组对边，并将两边的中点连线，你都能发现方法不对了。当然，如果你不死心的话，可以考虑修正方法。毕竟，我们还是得到了两个面积相等的 $\triangle DQP$ 和 $\triangle AQP$（图 14.21），但其余两个三角形怎么办？

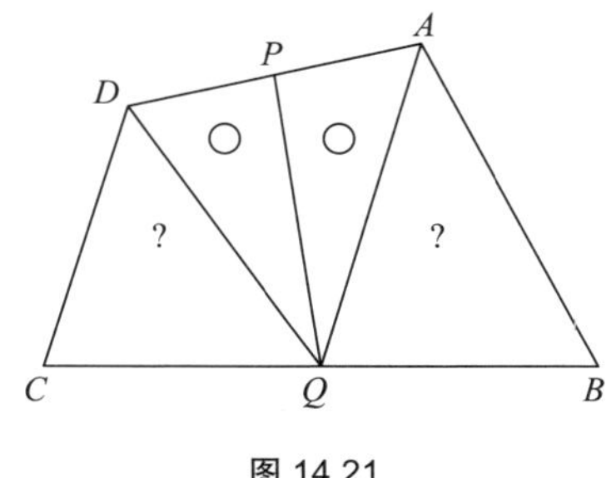

图 14.21

既然这条路看起来被堵死了，不如先考虑一个弱化的问题：怎么把任意四边形分成面积相等的两个部分？

分成了两部分又怎么样？题目要求是作一条直线啊！如果找到的是一条折线，那还是不满足要求啊。

咱这不是还有等积变换吗？先分成面积相等的两部分，再用等积变换，把分割线变成一条直线，不就结了？

这是解决数学问题时会用到的一种非常重要的技巧：先解决简单情形，再逐渐调整。现在既然是等分面积，那么找中点一定是少不了的。我们连接四边形 $ABCD$ 的一条对角线 AC，然后取 AC 的中点 P，连接 BP 和 DP，不难发现，四边形就被分成了面积相等的两部分——虽然分得的两个四边形看起来不那么规则，但它们确实面积相等（图 14.22）。

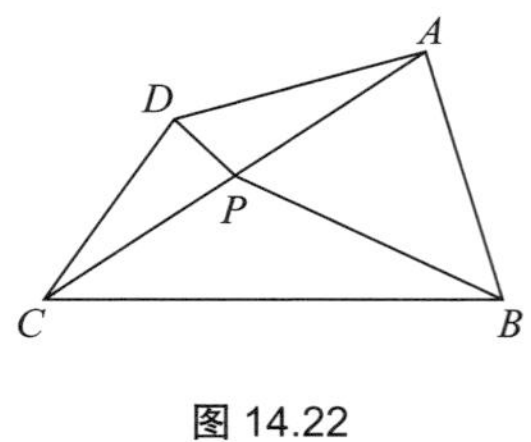

图 14.22

接下来就要找一条直线来代替折线 DPB。这条直线该怎么找？必然是作平行。关键是，这条平行线该加在哪里？一定离折线不远——你想想是不是这么个道理？

现在显得“突兀”的地方在哪里？在折线 DPB 上。所以问题就变成：找一条直线，令其平行于本图形中的某条线段，借此把折线 DPB 给“拉直”。但问题是，我们为什么把 DPB 拉直？把它拉直以后呢？结合等积变换的观点，是不是应该在 DC 上找个点 Q，令 BQ 的分割效果和折线 DPB 是一样的？

但问题又来了：点 Q 为什么不在其余的三条边上呢？若 Q 在 AD 上，

$\triangle ABQ$ 的面积显然比四边形 $ADPB$ 要小，怎么可能平分四边形面积？若 Q 在 AB 上，都构不成三角形；而若 Q 在 BC 上的话，我们一时间找不到明确的反对理由，只能说：嗯，感觉稍微远了点儿，可以考虑作为一个备选。

接下来该怎么考虑？我们不妨设 Q 点已经找到了，恰好就在 CD 上——这是以后学平面几何经常用的办法：把结论当作条件来用，看看能推出哪些有用的结果，方便“首尾衔接”。此时 BQ 已经把四边形 $ABCD$ 分成面积相等的两块了（图 14.23），也就是说，四边形 $BQDA$ 和四边形 $BPDA$ 面积相等。不难看出，$\triangle ADB$ 是这两个四边形的公共部分，这意味着剩下的 $\triangle DPB$ 和 $\triangle QDB$ 面积相等；而由于这两个三角形是同底的，因此它们必须等高，即 $QP/\!/BD$。

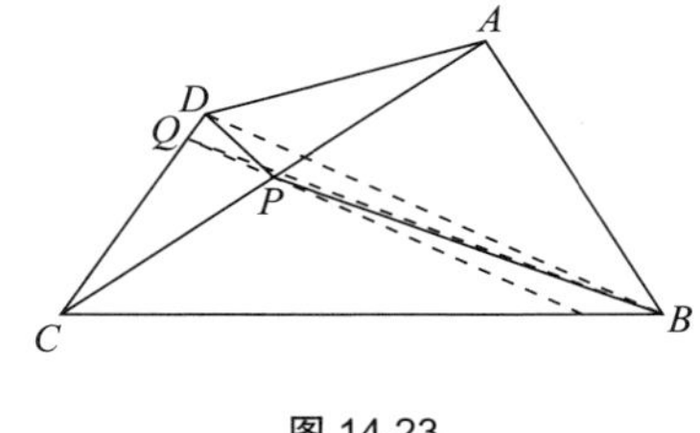

图 14.23

综上所述，我们得到了整个解答过程：首先连接对角线 AC，然后取 AC 的中点 P；过 P 作 BD 的平行线交 CD 于 Q，连接的 BQ 就是我们要的直线。

仅看上面的解答过程，我相信没几个孩子是不明白的，但是，整个分析过程才是最需要掌握的地方。学，就要学这个分析过程。答案，那是最没用的玩意儿。

事实上，在任意四边形中，连接一条对角线将其分成两个三角形，这就是化归。没错，无处不在的化归又来了！当四边形转化成三角形后，就进入我们熟悉的作战领域了。

当然，四边形还是有自己的特点。四边形或其他多边形有一样东西是三角形所不具备的——对角线。特殊的四边形的对角线会有很好的性质，比如互相平分或互相垂直，等等。当然，这些结论更多是用在平面几何的证明中，可实际上，在与四边形面积相关的题目中，对角线的作用往往也不可忽视。

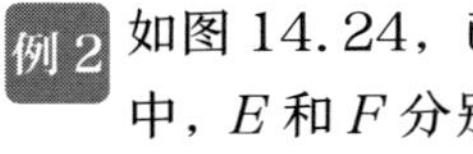

例 2 如图 14.24，已知在四边形 $ABCD$ 中，E 和 F 分别是 AB 和 CD 的中点，求证：四边形 $DEBF$ 的面积是四边形 $ABCD$ 的一半。

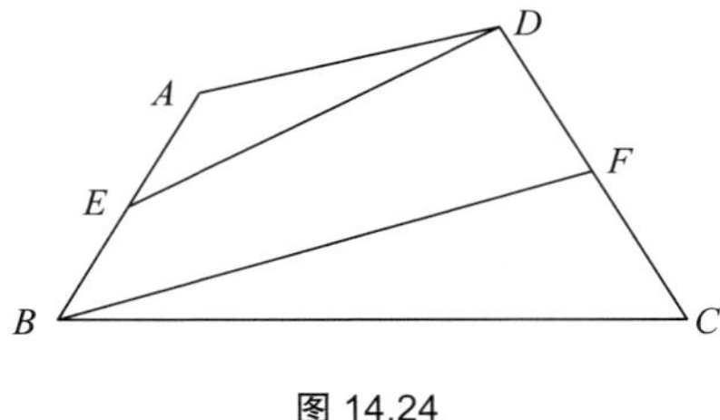

图 14.24

很显然，不考虑作图水平的影响，图 14.24 中的四边形 $ABCD$ 是一个普通得不能再普通的四边形，扔在题海中也不值得多看一眼。面积公式？当然，四边形也有类似三角形面积中的海伦公式的结论，但让小学生处理根号是不现实的。何况，就算知道四边形 $ABCD$ 的四条边长为 a, b, c, d，四边形 $DEBF$ 的四条边长又该如何用 a, b, c, d 来表示？余弦定理？搞大了吧！

所以必然要分割，而分割的首选目标就是三角形。有朋友会问：“为什么不是等积变换？找一个图形的面积等于四边形 $ABCD$ 面积的一半，同时又恰好等于四边形 $DEBF$ 的面积？”

在前一个例子中，我们会找一条直线等分任意四边形的面积，那么，这条直线该作在哪里？如果我们发现直线最终的位置挺丑陋的，那么就差不多可以放弃等积变换的念头了。

当然，试错是值得的，关键是要知道错了如何转弯。掌握了基本方法之后，能知道在什么时候用，这恐怕比知道方法本身更重要。如果不能直接判断如何使用基本方法，走了两步弯路之后能马上回到正轨，就是好的。

此时我们有三种选择：连 AC 或 BD 或 EF。事实上，你如果想到这里的话，题目差不多就做完了。

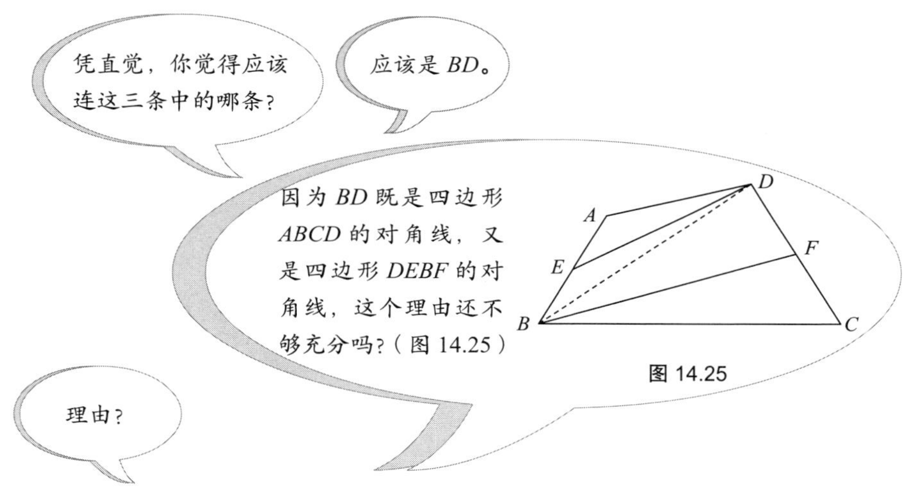

图 14.25

辅助线的作用是什么？桥梁。既然这三条线中，只有 BD 恰好能把目标和条件联系在一起，这难道不是最好的辅助线吗？我们注意到，E 和 F 分别是 AB 和 CD 的中点，因此 $\triangle AED$ 和 $\triangle DEB$ 等积，$\triangle DBF$ 和 $\triangle FBC$ 等积，而四边形 $DEBF$ 的面积等于 $\triangle DEB$ 和 $\triangle DBF$ 的面积之和，所以它的面积恰好是四边形 $ABCD$ 面积的一半。命题得证。

顺便说一句：这是一个非常好用的结论，因为其条件对任意四边形都成立。像这种几乎没什么特殊要求的证明结论，不妨适当记一些，没准哪天就能派上大用场。

作为家长，你的归纳总结能力应该是高过孩子的，你的作用就是帮助孩子逐步地归纳总结出一般性的规律，比如，辅助线的作用是把那些杂乱无章的条件联系起来，把不同的图形联系起来。像这种指导性意见，在很大程度上是你的工作哟！

否则，孩子刷再多题，也只能提升做题的熟练度，而不是真正提高了数学水平。

说到做题的熟练度，恐怕很多家长又要问：“贼老师，孩子怎么才能提高解题速度？”事实上，解题速度这个东西和孩子的日常积累和联想力有关。在小学阶段，孩子能做到“模仿”就很不容易了，想要孩子能在短时间内联想到自己掌握的所有知识，这个要求就比较高了——我的潜台词就是：大部分孩子很难做到拥有非常快的解题速度。

但是，我们总要有个练习的方向吧？最简单的一种训练方法就是把那些没有数字的结论记一记，比如，同底等高的三角形面积相等；在周长相等的图形中，圆的面积最大，等等。像上一个例子中的证明结论，如果你能留下印象的话，有时候就能起到事半功倍的效果。一般来说，在小学阶段的面积问题里，涉及四边形的结论都是特殊四边形，而这一结论针对一般四边形都成立。我们不妨来看一个应用该结论的例子。

例 3 **如图 14.26，在梯形 $ABCD$ 中，E 和 F 为梯形两条腰上的中点，AF 和 DE 交于 N，BF 和 CE 交于 M，已知 $\triangle AND$ 和 $\triangle BCM$ 的面积分别为 15 和 20，求四边形 $EMFN$ 的面积。**

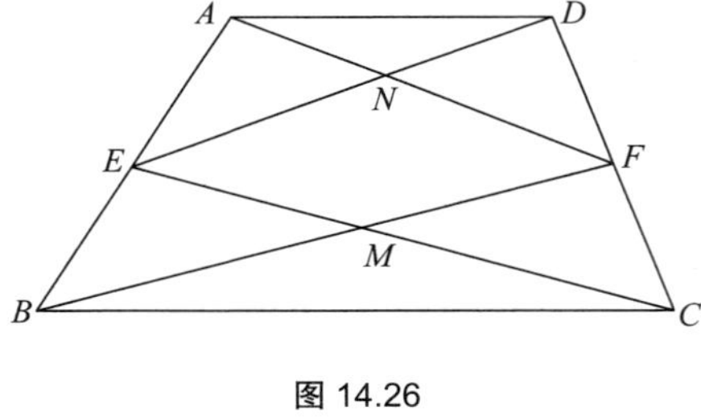

图 14.26

其实，对付面积问题还有一招挺好用的，我自己也常用：先用中学的办法解出来，然后再根据答案来凑出小学生的解题思路。没错，我在写本书的初期经常用这招，后来熟练了小学生的思维方式以后，用得就少了。像这道题，我们可以借助比例线段和梯形的中位线性质得到正确答案（图 14.27）。

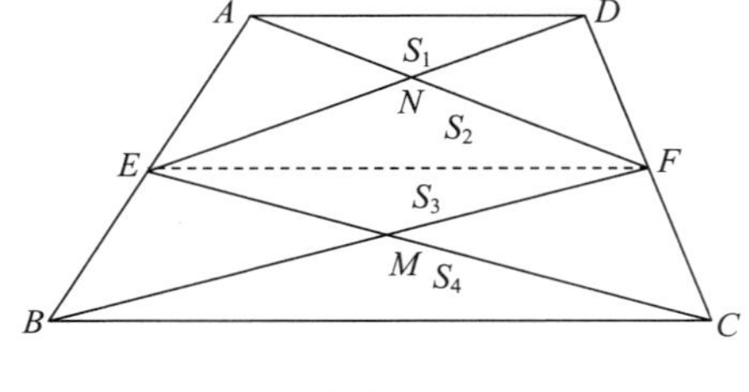

图 14.27

解：连接 EF

设 $AD=a$，$BC=b$，则 $EF=\dfrac{a+b}{2}$

$$\therefore \frac{S_1}{S_2}=\frac{a^2}{\left(\dfrac{a+b}{2}\right)^2}\Rightarrow S_2=\frac{15\left(\dfrac{a+b}{2}\right)^2}{a^2}$$

$$\frac{S_3}{S_4}=\frac{\left(\dfrac{a+b}{2}\right)^2}{b^2}\Rightarrow S_3=\frac{20\left(\dfrac{a+b}{2}\right)^2}{b^2}$$

而 $$\frac{2S_1}{a}+\frac{2S_2}{\dfrac{a+b}{2}}=\frac{2S_3}{\dfrac{a+b}{2}}+\frac{2S_4}{b}$$

$$\frac{15}{a}+\frac{15\left(\dfrac{a+b}{2}\right)}{a^2}=\frac{20\left(\dfrac{a+b}{2}\right)}{b^2}+\frac{20}{b}$$

整理得 $$3b^2(3a+b)=4a^2(3b+a)\Rightarrow a^2=\frac{3b^2(3a+b)}{4(3b+a)}$$

$$\therefore S_2+S_3=\frac{15\left(\dfrac{a+b}{2}\right)^2}{\dfrac{3b^2(3a+b)}{4(3b+a)}}+\frac{20\left(\dfrac{a+b}{2}\right)^2}{b^2}$$

$$=\frac{20(a+b)^3}{b^2(3a+b)}$$

$$=20\left[1+\frac{a^2(3b+a)}{b^2(3a+b)}\right]$$

$$=20\left[1+\frac{3}{4}\right]$$

$$=35$$

如果你对数字敏感的话，马上就能得出答案是 15+20=35。所以，我们要尝试怎么把道理给孩子解释明白。而这时其实已经有很大的便利条件了，剩下的无非就是怎么自圆其说。

首先应该考虑等积变换。把中间的四边形分成两块，一块恰好等于 15，一块恰好等于 20。这是比较自然的想法。但我们知道，梯形的等积，其实就是那两块面积相等的“眼镜”。而图 14.26 中最容易想到的辅助线就是连接 EF——中位线。可是，这样得到的结论只有$\triangle ANE$ 的面积和$\triangle DNF$ 的面积相等，无法转化成$\triangle AND$ 和$\triangle NEF$ 的面积相等——事实上，用肉眼也看得出，这两个三角形的面积不等。

那么，把平行线往上挪一挪呢？我们顶多得到一个和$\triangle AND$ 全等的三角形，但剩下要证明五边形和$\triangle MBC$ 的面积相等，看起来太困难了。

所以，在中间横插一条辅助线并不是太好的选择。这时候，如果你平时注意积累，突然想起了上一个例子，那问题就迎刃而解了。因为 E 和 F 分别是 AB 和 CD 的中点，所以四边形 $DEBF$ 的面积为梯形面积的一半；同理，四边形 $AFCE$ 的面积也是梯形面积的一半，于是 $S_{DEBF}+S_{AFCE}=S_{ABCD}$。注意，这里四边形 $NFME$ 的面积被加了两次。因此，四边形 $NFME$ 的面积就是$\triangle AND$ 与$\triangle MBC$ 的面积之和。

你看，平时的积累是不是很重要？当然，掌握“降维打击”的方法也很重要哟！

有一类四边形求面积的问题确实比较难：顶点和对边上的点连线，然后求连线交织而成的阴影部分面积，特别是，四边形本身还不是规则的四边形。我们来看一些例子。

例 4 如图 14.28，在四边形 $ABCD$ 中，E 和 F 分别是 AD 与 BC 边上的中点，已知 $\triangle AMB$ 和 $\triangle DNC$ 的面积分别为 9 和 13，求四边形 $FNEM$ 的面积。

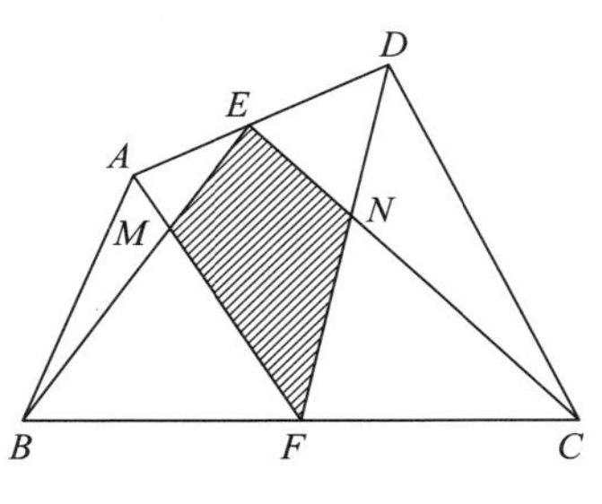

图 14.28

感觉答案是不是 22？但问题是，怎么做出来？如果你在 30 秒内找不到思路，我会觉得自己教得很失败。没错，我们又回到了之前提到的常见模型！我们把四边形拆成两部分，第一部分观察四边形 $AECF$，其面积是四边形 $ABCD$ 面积的一半；再观察四边形 $EDFB$，其面积也是四边形 $ABCD$ 面积的一半，于是根据与前面类似的讨论，马上可以得到四边形 $FNEM$ 的面积就是 $\triangle AMB$ 和 $\triangle DNC$ 的面积之和，即 22。

你想的一点儿没错，这道题就是热热身。现在再来看一个例子。

例 5 如图 14.29，在四边形 $ABCD$ 中，点 E、F、G、H 分别是 AD、DC、CB、BA 边上的中点，连接 BE、DG、AF、HC，已知 $\triangle AEP$、$\triangle DQF$、$\triangle RGC$、$\triangle HSB$ 的面积分别为 7、10、9、6，求阴影部分面积。

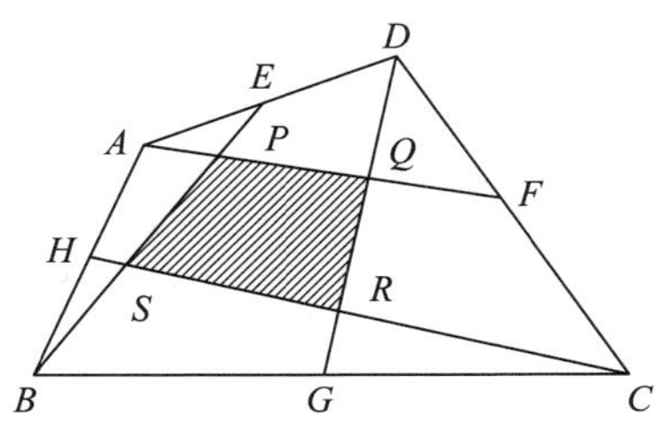

图 14.29

答案是 32。为什么？

这里无非要对四边形 $EDGB$ 和四边形 $AFCH$ 用两次模型而已。

抢答都会了！

同样，我们还可以把题目稍作改动，变为连接 BE、DH、DG、BF，然

后求中间四边形 $DPBQ$ 的面积。大家自己画画图，想一想，这时候我们需要什么样的条件呢？

你现在知道，难题是怎么被造出来的了吧？谎言重复一千遍就成了真理，简单的知识点重复三遍就是难题。

我们再来看一个复杂一点的例子。

例 6 如图 14.30，在梯形 $ABCD$ 中，点 E 是 AB 的中点，点 F、G 是边 CD 的三等分点。$\triangle ADG$ 的面积是 17，$\triangle GEA$ 的面积为 31，求 $\triangle BCF$ 的面积。

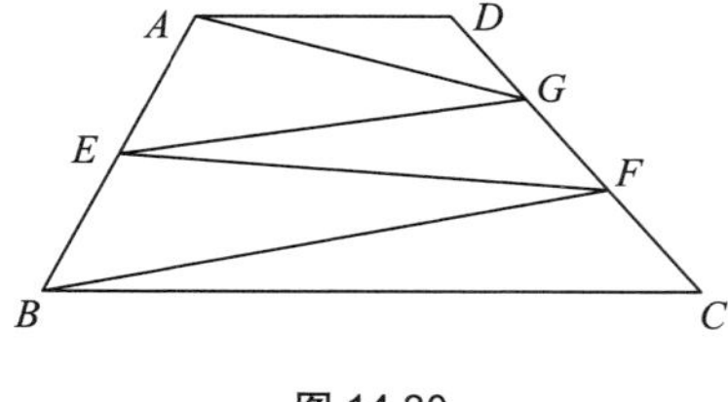

图 14.30

你看，两边是中点的题目会了，可现在一边给你搞一个中点，一边搞两个三等分点。这就是所谓的“变一变，又不会了”的典型案例。特别可气的是，你明知道应该能用上前面那个我让大家尽量记住的结论，但就是感觉没地方用——你甚至都能感觉到，作中位线是错误的办法。这怎么办？

我们看能不能把问题转化成自己熟知的问题来解决。首先，我们熟悉的问题是什么？没错，如果把 DC 上的三等分点换成中点，就可以了。那么，在三等分点和中点之间能不能找到什么联系呢？

如果把线段 DC 六等分，会不会有什么用？因为 2 和 3 的最小公倍数是 6 嘛。但这样做似乎并没有什么用处，因为又要多出 3 个点，而且到底用哪些点连接这 3 个点呢？最后，辅助线的条数肯定多得吓人，远远超过了小学生的心理承受能力，因此这种方法不对。

别笑，做题的“题感”也是解决问题的一种工具。像这样毫无目的地加辅助线，实在不是什么明智的办法。这时候应该换个思路。怎么换？我们还是想把三等分点变成中点来对待。我们发现，如果去掉线段的 $\frac{1}{3}$，那么剩下的$\frac{2}{3}$线段中不就有一个三等分点变成中点了吗？

我们换个角度，把这个图形当作一个基本模型。事实上，在本题中也可以拆出两个模型：四边形 $ADFB$ 和四边形 $AGCB$！这是第一步，当然也是最关键的一步。

如果能看出这一步，那么距离破解题目大概只剩下一半的工作了。我们的目标是求$\triangle BCF$的面积，根据“缺什么，设什么；设了什么，就知道什么”的原则，我们可以令$\triangle BCF$的面积为 x，于是

$$S_{\triangle BCF}+S_{\triangle GEA}=S_{\triangle EFB}+S_{\triangle GFE}=x+31$$

且

$$S_{\triangle EFB}+S_{\triangle ADG}=S_{\triangle GEA}+S_{\triangle GFE}$$

把$\triangle ADG$和$\triangle GEA$的面积值代入上面两个式子，通过简单计算可得 $S_{\triangle EFB}=\frac{x+45}{2}$，$S_{\triangle GFE}=\frac{x+17}{2}$（如果计算有困难，可设$\triangle EFB$的面积为 y 作为辅助）。可然后呢？又卡住了。

当然，能做到这里其实已经很不错了，距离最后的答案只差 10%。不过，“行百里者半九十”，这 10% 还是挺要命的。

我们再补充一个常用定理：在梯形 $ABCD$ 中，设 E 是 AB 的中点，则 $\triangle DEC$ 的面积是梯形面积的一半（图 14.31）。

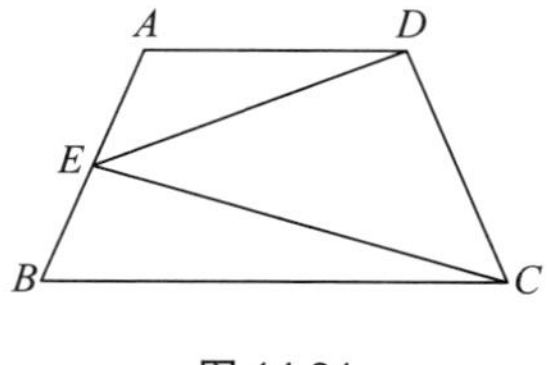

图 14.31

这个定理的证明非常简单，可以利用中位线的性质，详细证明过程留给读者作为练习。

回到原题，有了上述定理之后，连接 EC 就会发现 $\triangle DEC$ 的面积既等于 3 倍的 $\triangle GEF$ 的面积，又等于整个梯形面积的一半，所以得到等式：

$$3\times\frac{x+17}{2}=\frac{17+31+\frac{x+17}{2}+\frac{x+45}{2}+x}{2}$$

解得 $x=28$。

你看，化归的作用是不是很厉害？当然，今天补充的这个定理也是小学面积问题中常用的办法，还是很有必要记住的。

在讲代数应用题的时候，我们讲过“设而不求”的办法。事实上，在平面几何中，我们也可以采取类似办法来解决一些问题。

例 7 **如图 14.32，P 是长方形 $ABCD$ 内一点，已知 $\triangle PAB$ 的面积是 7，$\triangle PBC$ 的面积是 3，求 $\triangle PBD$ 的面积。**

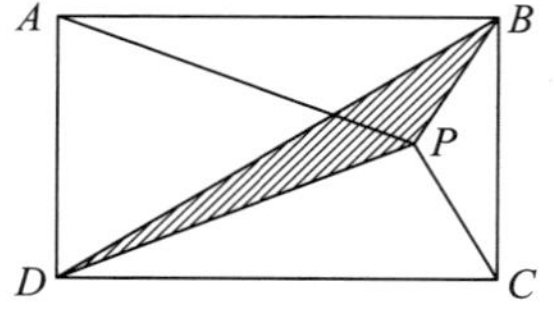

图 14.32

本题当然非常简单，我只是借这个例子说明“设而不求”的技巧。我们之前提到过一个结论：P 是长方形内一点，则 P 点和 4 个顶点相连构成的 2 个对顶三角形的面积之和为定值，且该定值恰好是长方形面积的一半——把长方形换成平行四边形，结论同样成立。像这种常用结论最好记下来，到时候才能想得起来用，用的时候也不要再临时推导。

有了这个结论，我们不妨设△PDC 的面积为 x，则△PAD 的面积为 $7+x-3=4+x$。阴影部分面积为：$7+4+x-(7+x)=4$。没错，就这么简单。

“设而不求”经常被用于解决定值类问题，即题目中的图形发生了位置变化，却不影响最后结果的情况。所以，判断定值类问题往往是关键。在判断出是定值问题后，可以先用特殊点计算出答案，然后再想办法把一般情况“捣鼓”出来——没错，就是捣鼓。

我们接下来将不再给定条条框框，不管用什么办法，只要把题目做出来就好。换句话说，这就是接近于实战了——考试的时候可不会告诉你这个题目在哪个章节，那就等于告诉你该用什么方法了。

例 8 已知图 14.33 中的长方形被分割成若干小块，其中某些小块的面积分别为 7、9、19，求图中阴影部分的面积。

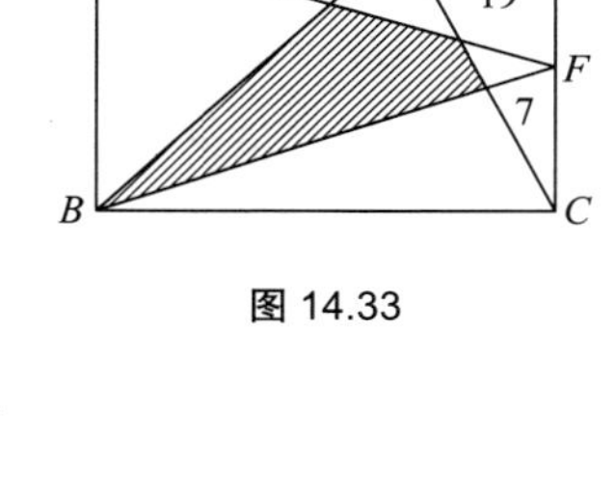

图 14.33

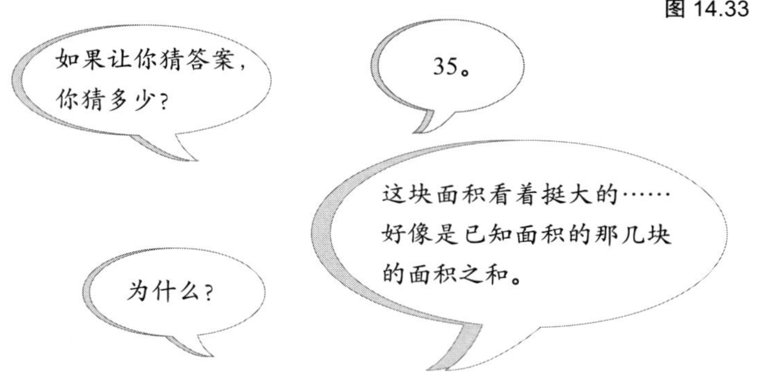

如果这是一道填空题，这不就对了吗？“猜测”没什么好羞耻的，这种做题的直觉其实很可贵。但如果这是一道大题，该怎么思考呢？

我们从最坏的情况入手：假如你看不出答案是 35，那该如何入手呢？

找“一般”中的“特殊”。E 和 F 的位置当然不是随机的，但你想把 E 和 F 的位置求出来，这简直是不可能的——我们甚至无法知道，满足条件的长方形和分割方法是否唯一。所以，这条路直接被堵死。

但并不是没有规律可循。我们发现，$\triangle EBC$ 和 $\triangle FAB$ 这两个三角形很特殊，特殊在哪里？没错，它们的面积都是长方形面积的一半！也就是说，这两个三角形的面积之和恰好就是长方形的面积，即长方形面积等于所有没标记数字的图形面积再加上 2 倍的阴影部分面积。而长方形面积也是阴影部分面积加上所有没标记数字的图形面积，再加上标记了数字的 3 块图形的面积。不难算出，阴影部分面积就等于 $7+9+19=35$。

例 9 **如图 14.34，在长方形 $ABCD$ 中，E 为 AD 边上一点，已知 $\triangle APB$、$\triangle CQD$ 和长方形面积分别为 17、19、88，求四边形 $EPOQ$ 的面积。**

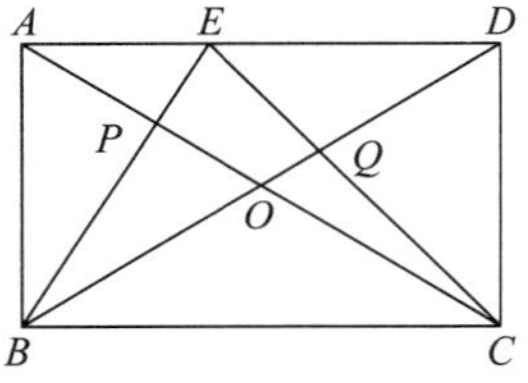

图 14.34

来，再猜猜。这次就没那么好猜咯……

既然不能猜，那就想办法正面“进攻”。鉴于四边形 $EPOQ$ 看起来就像一个不正经——哦，不，不，不——不规则的四边形，所以只能直接放弃公式法，改用转换来做。我们注意到所求的四边形可以被看成 $\triangle OAD$ 的一部分，也可以被看成 $\triangle EBC$ 的一部分。那么，到底放在哪个三角形里处理比较好呢？

如果放在 $\triangle OAD$ 里，就会有两个小三角形要处理；如果放在 $\triangle EBC$ 里，就会有一个很丑的五边形的面积要处理。所以我们不如选择 $\triangle OAD$，虽然需要处理的三角形多一些，但这起码是我们熟悉的环境。那么，$\triangle APE$ 和 $\triangle DQE$ 的面积该怎么求呢？

这么多章节看下来，你也该知道这两个面积肯定是求不出来的，但$\triangle APB$和$\triangle CQD$的面积是已知的，这个条件总该有用吧？条件当然有用，关键看你怎么用。

事实上，看到这个地方，你应该明白本章重点讲的一个核心问题就是“不变量”。没错，就是从这些变化的图形中抽出不变的东西来。比如，本节例8中两个交叉三角形的面积之和就是定值，那本题中的不变量是什么呢？

没错，$\triangle AEB$和$\triangle DEC$的面积之和也是定值，恰好等于长方形面积的一半，即44。于是，我们虽然无法求出$\triangle APE$和$\triangle DQE$的面积具体值，但是可以求出这两个三角形的面积之和：$44-17-19=8$。而$\triangle AOD$的面积等于整个长方形面积的$\frac{1}{4}$，即22。因此，四边形$EPOQ$的面积就等于$22-8=14$。

我们要注意培养孩子在图形中寻找定值，即不变量的能力，这对以后探究定值问题是一个初步的训练。当然，以上两个例子也可以用“设而不求”的办法，甚至可以设多个未知数而不求（留给读者自行练习）。

例10 **如图14.35，已知正方形$ABCD$的边长是14，过G和F分别向AB和BC作垂线，垂足为K和L，$EK=3$，$HL=4$，求四边形$EFGH$的面积。**

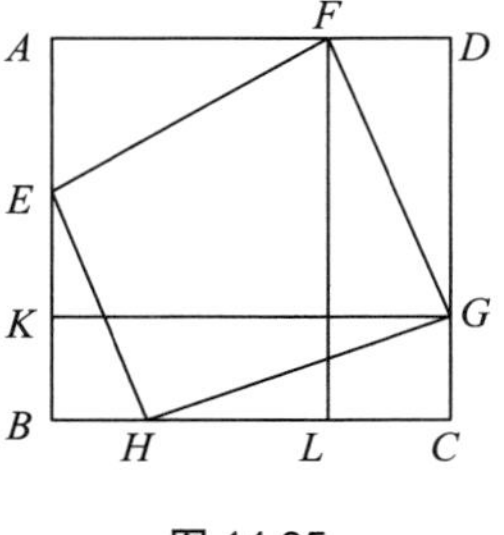

图 14.35

没有思路怎么办？没错，玩赖！你可以用一下初中的办法，先把答案解出来。我们不妨设$BE=a$，$BH=b$，然后用a和b把4个直角三角形的面积给表示出来。这个思路是非常清晰的，在求三角形面积的问题中，直角三角形可以说是大家的“最爱”——只要知道其两条直角边的长度即可。不难求得，$HC=14-b$，$CG=a-3$，$DG=17-a$，$DF=10-b$，$AF=4+b$，$AE=14-a$，于是$\triangle AFE$、$\triangle DFG$、$\triangle CGH$、

$\triangle EBH$ 的面积之和为：

$$\frac{ab}{2}+\frac{(14-b)(a-3)}{2}+\frac{(17-a)(10-b)}{2}+\frac{(4+b)(14-a)}{2}=92$$

于是四边形 $EFGH$ 的面积为 $14\times14-92=104$。

剩下就是想办法把这个结果用小学的办法给凑出来。似乎有点困难啊……目前看来，我们之前讲的方法基本都失效了。这道题中没有中点，没有梯形，做不了等积变换，用不了那些现成的结论，“玩赖”做出的结果也倒推不出过程……怎么办？

还是要去找那些看起来不同寻常的条件。正方形是一个普通条件，那 EK 和 HL 呢？这两条线段的长度是定值，所以分别在 AB 和 BC 上任意取两条线段长度为 3 和 4，再作四边形 $EFGH$。显然，这时候 AE 和 BH 的取值不会影响最后的结果，也就是说，四边形 $EFGH$ 的面积可由 EK 和 HL 的长度直接决定。

这可真是有意思了！

所以，我们可以随意取定 AE 和 BH 的值，再把前面代数方法中的 a 和 b 直接用数值代替，最后答案也是 104。

接下来不妨想一想：能不能做得滴水不漏？

既然最后的面积其实是由 EK 和 HL 决定的，那么利用 EK 和 HL 能不能构成一个几何图形呢？从题中可知，FL 和 KG 是相互垂直的，而 FL 可以看成是 EK 的平移，KG 看成是 HL 的平移（图 14.36）。当这两条线段交叉的一瞬间，你有没有迸发灵感？

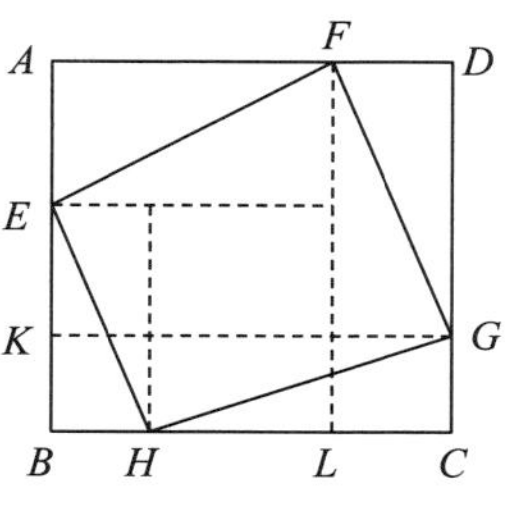

图 14.36

EK 和 HL 能不能构成一个长方形？我们再作两条平行线，于是中间就出现了一个分别以 EK 和 HL 的长为边的长方形，而这个长方形的面积是 12。除去中间的长方形，四边形 $EFGH$ 的其余部分被分割成了 4 个直角三角形，而这 4 个直角三角形看上去和 $\triangle AFE$、$\triangle DFG$、$\triangle CGH$、$\triangle BEH$ 是一模一样的——嗯，不光看上去一样，其实就是一样大小。

所以 $\triangle AFE$、$\triangle DFG$、$\triangle CGH$、$\triangle BEH$ 的面积和就等于 $\frac{14\times14-3\times4}{2}=92$，于是四边形 $EFGH$ 的面积为 $92+12=104$。

能做到这样，已经很优秀了。也有追求“学无止境”的读者问：“贼老师，我的娃还想再优秀一点儿，应该怎么锻炼他呢？”孩子能有这样的要求，当然要满足他。我们看这道题目中有没有什么能改变的地方？

“正方形”这个条件是不是太好了？能不能把题目的条件改成“已知长方形 $ABCD$ 的面积是 150”或者“长方形 $ABCD$ 的边长分别是 15 和 20”，然后其余条件不变，看看能不能让题目仍然有唯一的答案。如果能做到自己改编题目条件，那孩子对数学的认识就又上了一层楼啦！

第 6 节　巧用勾股定理

我们在讨论三角形面积问题时就讲过勾股定理了，现在来看看勾股定理在四边形面积问题中的应用。

直角三角形中的勾股数，在很多时候能给予我们明显的提示——当然，即便提示如此明显，最后还是没能让你把题目给做出来，但是我们起码有一个大概的方向。

例 1 如图 14.37，正方形 $ABCD$ 的边长为 13，E 和 F 是正方形外两点，且 $AE=CF=12$，$BE=DF=5$，求 EF^2 的值。

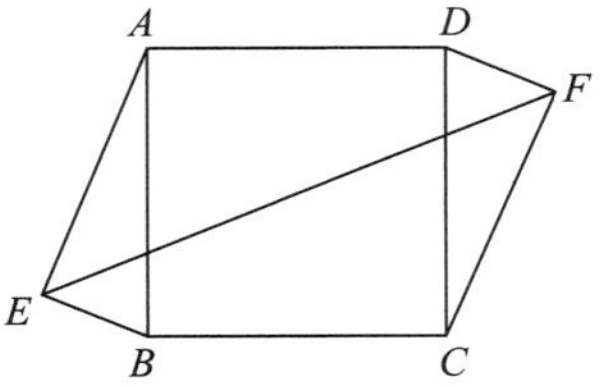

图 14.37

你看，这道题目的线索太多了！首先有一组勾股数 13、12 和 5，马上可以知道 $\angle AEB=\angle DFC=90°$——没错，勾股定理的逆定理也是成立的，即若三角形三边 a, b, c 满足等式 $a^2+b^2=c^2$，则 c 所对的 $\angle C$ 为直角。

勾股定理逆定理的证明最快捷的办法自然是余弦定理，纯几何方法有“同一法”或利用相似三角形，但是这些都超出了小学生的理解范围，所以我们暂时不讲。

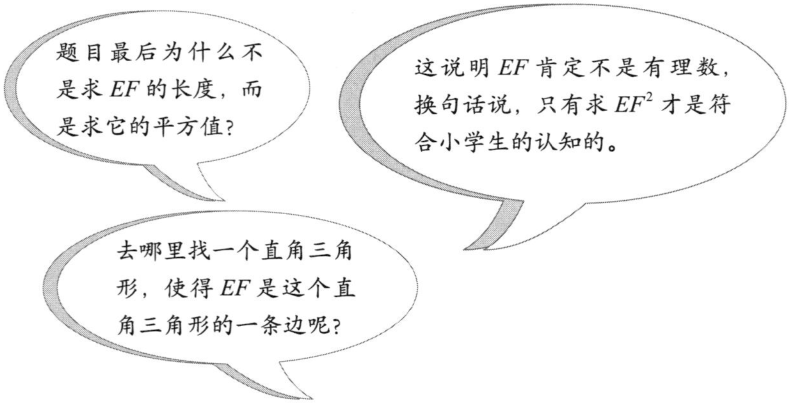

我不否认，这道题目对于有些家长来说就是“瞟一眼就会”的事。但是，你自己会做和教会孩子是两回事。你不能说“显然就是怎么样怎么样”，

对数字敏感，永远不会吃亏。
——这句话高斯并没有说过

而是要了解孩子的思考过程，通过和孩子交流，找到他的薄弱环节。比如说，孩子拿到题目一点儿思路都没有，你就可以提示："你先观察一下，题中的这些数字有没有什么联系？"当孩子发现勾股数以后，你可以再问他："除了正方形中的直角以外，还有没有直角？"当孩子顺利找到另外两个直角以后，你再问："你觉得题目中还有什么'不一样'的地方？"然后，你进一步提示孩子，仔细观察题目最后要求的答案有什么特点……这样一步一步地来，你既能准确地了解孩子在哪个地方比较薄弱，也能锻炼孩子"找思路"的能力。

耐心，一定要耐心！家长切忌心浮气躁，想一想自己蹒跚学步的样子，谁都不是生下来就会跑的。

完成这些步骤以后，接下来就该寻找这个直角三角形了。怎么找？图中有没有以 EF 为边的三角形？不好意思，一个都没有。那么，能不能作以 EF 为边的三角形？相对来说，这就比较困难一些，不过，我们把 EA 和 FD 延长之后交于 G 点，就可以构成一个 $\triangle GEF$（图 14.38）。

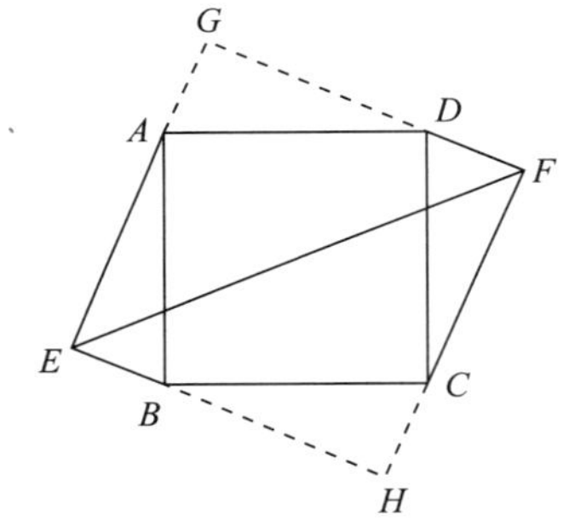

图 14.38

这是我们能想到的和 EF 有关的最直接的三角形了，下一个问题自然是："这样做对不对？"由于最后是求 EF 长度的平方，所以 EF 一定要处于某个直角三角形中，因此如果 $\triangle GEF$ 是直角三角形，那么这样做很可能就是对的，否则我们就要另辟蹊径了。

显然 $DF//BE$，所以 $\angle DFE+\angle AEF=\angle BEF+\angle EFC=90°$，所以 $\angle G=90°$。这样看来，辅助线加得基本是对的。这时候，我们要做的就是求出 GE 和 GF 的长度了。当然，这里直接用全等的方法来求是很容易的，不过对于小学生来说，更直观的办法就是顺便把 EB 和 FC 延长交于 H，这样得到一个大正方形 $GEHF$——这恰好就是我们证明勾股定理的办法！

不难看出，$GA=BE$，于是这个大正方形的边长为 $GE=EA+GA=EA+BE=5+12=17$，所以 $EF^2=17^2+17^2=578$。

大家也许还记得，我们在证明勾股定理的时候采用了把 4 个直角三角形拼起来的办法。除了这种拼法以外，我们还可以采用另一种拼法（图 14.39）来证明勾股定理，仅需适当调整，计算出里面小正方形的边长为 $b-a$（这里不妨设 $b>a$），然后由小正方形面积加上 4 个直角三角形的面积等于大正方形面积即可。

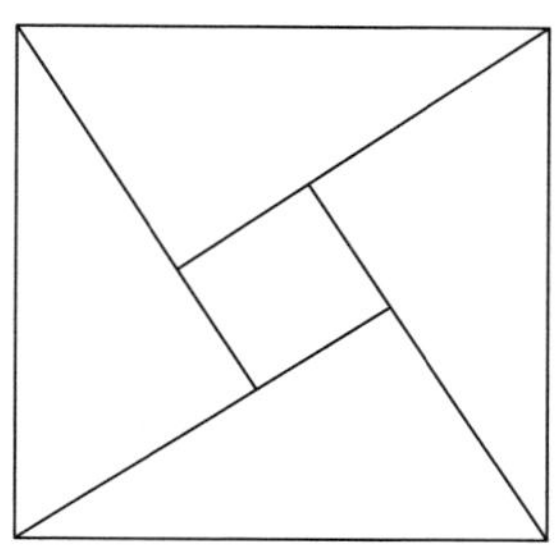

图 14.39

事实上，这两种组图方法还是解决很多与直角三角形相关的面积问题的比较常见的辅助线添加办法。我们再来看一些例子。

例 2 **如图 14.40，在直角边为 3 和 4 的直角三角形各边往外作正方形，3 个正方形的顶点依次为 A、B、C、D、E、F，求六边形 $ABCDEF$ 的面积。**

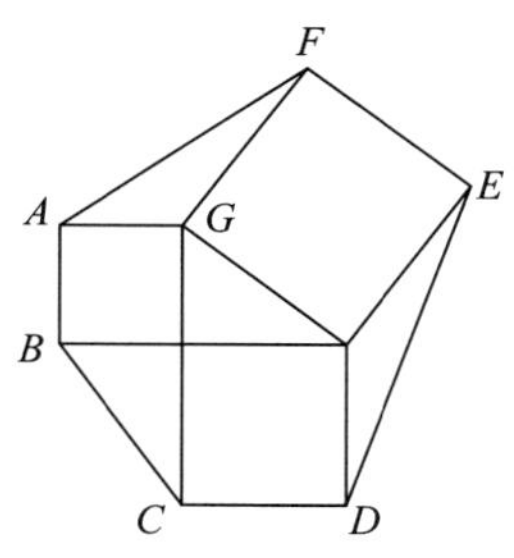

图 14.40

这个六边形被各条线段天然地分成了 7 块，其中 5 块的面积是很好求的，即 3 个正方形和两个直角三角形，难求的是那两个钝角三角形。

所以第一步先把好求的面积算出来：3 个正方形面积分别是 9, 16, 25；两个直角三角形的面积都是 6，所以这 5 块面积加一起的面积是 62。一般说来，再难的题目也都有好啃的地方，一定要把这些能做的地方先解决掉。剩下的两个三角形，我们先来看 $\triangle AFG$ 的面积。

当然，有家长会问："为什么不考虑做等积变换，使得某个图形的面积等于这两个三角形面积之和呢？"

从我的角度来看，这样的思考方式“不自然”。因为你看不出图中哪个图形的面积等于这两个三角形的面积和，所以直接找等积变换，不自然。我看过这么多年、这么多地方的中、高考数学卷子，觉得除了极个别年份的极个别省份的极个别题目，一般而言，自然而常规的思路足够解决问题。就算那些极个别年份的极个别省份的试卷，整张卷子也就一道题需要用特殊技巧才能解决。所以，常规思路真的是挺好的。

如果单独考虑钝角$\triangle AFG$的面积，那么就只有一条路：$S=\dfrac{ah}{2}$。现在的问题是，挑哪条边作底？AG、FG，还是AF？这时候，有的孩子就开始纠结了，在脑海中开始飞快地思考：“到底在哪条边上作高呢？”这是非常错误的做法！正确的办法就是：这有什么好想的？三条高都作出来，你的思路就来了。

我们先作AF上的高，看着就不像能有结果的样子啊！再作FG上的高，也算了吧……当我们作AG上的高FH的时候，眼前自然一亮（图 14.41a）。为什么？你看，这是不是相当于我们刚才作的组图？这个边长为 5 的正方形可以看作由 4 个 Rt$\triangle FGH$拼起来的（图 14.41b），而$\triangle FGH$和位于中间的那个直角三角形显然是全等的。

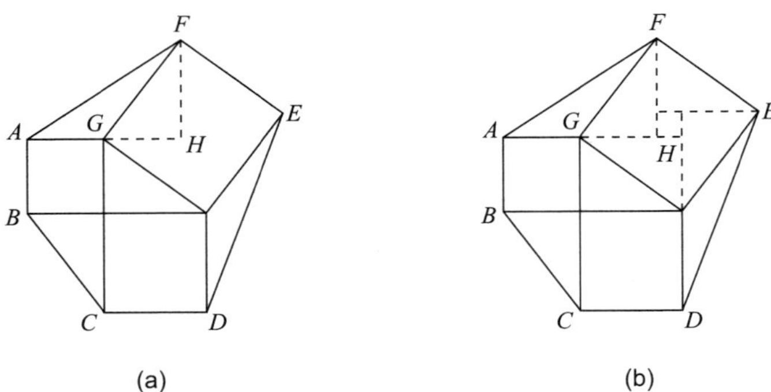

图 14.41

所以，$\triangle FGH$ 的底是 3、高是 4，因此钝角$\triangle AFG$ 的底是 3、高是 4。用同样的方法可知，右下角的钝角三角形的底是 4、高是 3，所以两个钝角三角形的面积都是 6。整个图形的面积为 $62+12=74$。

总结一下要点：一是要熟悉 4 个全等直角三角形如何拼正方形，二是要注意提醒孩子，不要空想，靠空想去判断是在浪费时间，有了想法要马上落笔，这才是提高解题速度的有效途径。

我们来看难一点的例子。

例 3 **如图 14.42，以正方形 $ABCD$ 的边为斜边作 $\text{Rt}\triangle ABE$，$\angle AEB=90°$，$AE=4$，$BE=6$，求 $\triangle OED$ 的面积。**

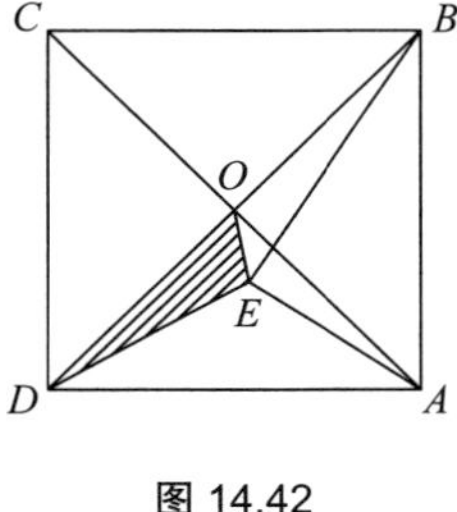

图 14.42

如何着手？还是那句话，先把能得到的结论搞出来再说。因为 $AE=4$，$BE=6$，所以由勾股定理马上可知 $AB^2=4^2+6^2=52$，所以 $OD^2=\frac{AB^2}{2}=\frac{52}{2}=26$。

看来，求出 OD 的长度以及 OD 边上的高的具体值是没什么指望了——小学生不能用根号。那么求 OE 和 DE 的长度及其对应的高的值呢？看起来更不靠谱。对于小学生来说，求线段长度比求面积难——如果没有三角函数的工具，一般的三角形问题根本就没法解，所以，小学阶段一般都是通过面积转化来求线段长度。因此，针对这道题，想分别求底和高的值，然后用三角形面积公式求面积，这条路基本就算完了。

这就是判断。题目是做不完的，你想通过刷大量的题来混个“脸熟”，工作量实在太大了。所以，在面对陌生的题目时，如何找思路就是关键。像这道题目，我们用最自然的思路尝试解决问题，但看起来失败了。这时候，我们面临两种可能性：要么这条路确实不对；要么这条路是对的，但你没有能力驾驭这种方法。我们不妨适当地再尝试一下，看看能否再求出一条不用根号表示的线段长度。但你会发现，真的是没办法啊！这时你可以考虑换一条路了。路子对，但没法驾驭，这和选择了错误的路是等效的。既然实在没办法，不换条路难道坐以待毙了？

怎么换？除了直接法，还有间接法。等积变换吗？这里哪个三角形和△*ODE* 面积相等呢？显然，△*OBE* 满足这个条件，于是问题转化成求△*OBE* 的面积。如果挑 *OB* 为底，那么其实△*OBE* 和△*ODE* 用的是同一条高，所以肯定不行；但△*OBE* 有一个△*ODE* 不具备的优势：*BE* 的长度是 6。注意，这是一个整数！所以，我们很自然地想：过 *O* 作 *OH* 垂直于 *BE*，这就是高了。然而……高的长度是多少？我们又失败了。

那么作平行线的等积变换呢？假如过 *E* 作平行线平行于 *BD*，那么平行线是选择和 *AB* 相交还是和 *AD* 相交呢？像这种强行构造出来的梯形是何等丑陋啊！怎么可能是对的办法呢？

真的，假如是在初中阶段，我们有很多种“暴力”方法就能把这道题给解了，但现在我们的对象是小学生。而且，这道题就算用“暴力”解出来，再往回套，想找出小学的方法，也是有困难的，因为 *OD* 的长度是一个无理数，所以高的值即便被求出来，也一定很难看。

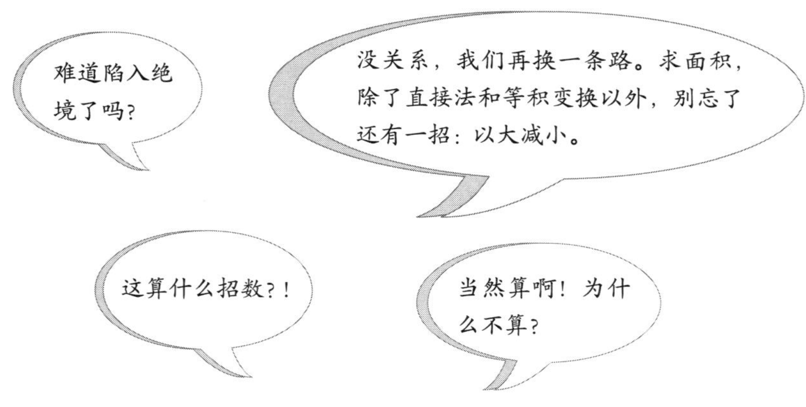

我们看到，$\triangle OED$ 的面积其实等于$\triangle BED$ 的一半，所以，问题也等价于求$\triangle BED$ 的面积。而 $S_{\triangle BED}=S_{\triangle ABD}-S_{\triangle ABE}-S_{\triangle AED}$，且 $S_{\triangle ABD}=\dfrac{AB^2}{2}$，$S_{\triangle ABE}=12$，这就只剩下求$\triangle AED$ 的面积了。我们选 AD 为底，如何？E 到 AD 的距离看着就很难求。AE 为底也是个选择，毕竟 AE 的长度也是有理数。当我们过 D 作高的时候，就会突然发现，这条路走对了（图 14.43）。为什么？这不是又变成 4 个直角三角形拼正方形的那个模型了？所以，AE 边上的高的长度就是 AE 的长度，$S_{\triangle AED}=\dfrac{4\times4}{2}=8$。于是，$S_{\triangle ODE}=\dfrac{26-12-8}{2}=3$。

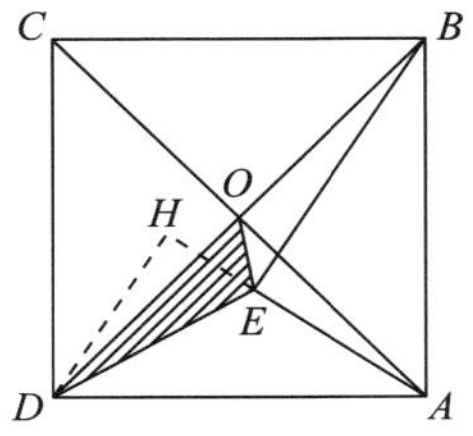

图 14.43

虽然走了一些弯路，但最后我们总归是绕出来了。其实，我始终觉得错误的方法有时候更有借鉴意义，你觉得呢？

由 4 个直角三角形拼成一个大正方形，大正方形里还包含了一个小正方形，这种图已经多次出现了。其实，这张图在数学史上可是大有名头，它叫弦图。此图最早是由我国古代数学家赵爽所创，并且他还对弦图作了深入的研究。弦图还曾作为 2002 年在北京举办的国际数学家大会的会标，足见其在中国数学史上的地位。而且，从我们讲过的例子来看，弦图是解决包含直角三角形的正方形相关问题的非常重要的工具。如果题目给出的是残缺的弦图，那么把图补完整，往往是正确的第一步。

例 4 **如图 14.44，梯形 $ABCD$ 上底 AB 长 10，下底 DC 长 24，腰 BC 长 16，过 D 作 DE 垂直于 BC，$DE=18$，求梯形 $ABCD$ 的面积。**

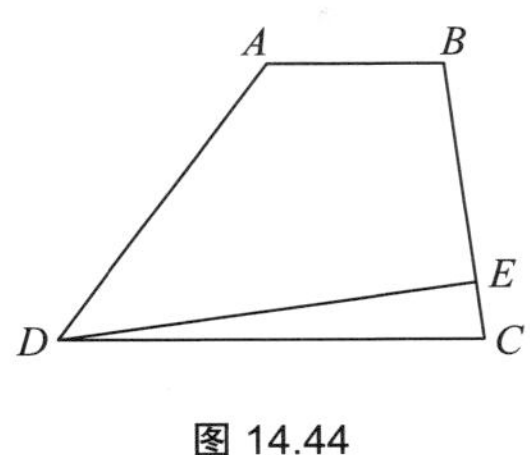

图 14.44

这道题也很有意思啊。事实上，你一看见“10”“24”“垂直”这几个条件，能想到什么？没错，又是勾股数。这样的敏感度对于解决数学问题是非常重要的，看见题目中有“垂直”这个条件，又有勾股数，能想到“或许可以借助直角三角形的性质”，是十分自然的事情。

但是，我们把题目中的条件和图形结合起来一看就会明白：勾股定理很可能是用不上了。因为 AB 和 CD 这两条线段并没有直接的垂直关系，所以我们就要考虑转换思路——当然也有可能最后仍然用勾股定理来兜底，但是我个人并不会拿这个当首选思路。

梯形的面积等于上底加下底乘以高除以 2。现在缺谁？缺高。所以，想法计算梯形的高的长度，必然是一条思路。注意：我只是说这是一条思路，我可没说这一定是正确的思路。

我们可以过 A 或 B 往 CD 作垂线，但哪条更合适？过 B 点的这条垂线更合适。理由？ BC 长度是已知的，而 AD 的长度是未知的。我们总是把已知的东西集中到同一个区域内，这也是一个常用的办法。假设过 B 作 BF 垂直于 CD。想求高 BF 的值，就要知道 CF 的长度，这又该怎么求？没办法求。因为要知道 CF 的长度，貌似最直接的办法就是求高……这不就是“鸡生蛋、蛋生鸡”了吗？看起来又失败一次。

不要紧，做题目走弯路太正常了。既然勾股定理不可用，直接求高也不行，那么只能考虑切割梯形为三角形了。好，怎么切？

把梯形切割成三角形的最天然的想法就是连接梯形的对角线。不妨把 AC 和 BD 都连起来。这时候$\triangle BCD$ 的面积可以表示为 $\frac{1}{2}\times18\times16=144$，于是我们只要求出$\triangle ABD$ 的面积即可。因为$\triangle BCD$ 和$\triangle ABD$ 的高相同，所以这两个三角形面积之比就等于两条等高所对应的底之比，也就是 $DC:AB=12:5$，得到$\triangle ABD$ 的面积为 60，所以梯形的面积就等于 204。①

① 其实，一旦求出$\triangle BCD$ 的面积，DC 边上的高 BF 就能被求出来了，我们也可以就此转回刚才的思路，用梯形面积公式求解。细节留给读者自己完成。

正如我在《不焦虑的数学》一书中讲过的，孩子们普遍有畏难情绪，看见难题躲都来不及，因此，他们喜欢反复练的往往是自己已熟练掌握的内容，可是，不会的问题还是不会。另一方面，孩子的思路往往来得很慢，想法总是“东一榔头，西一棒子”。以本题为例，孩子从题设中的“10”和“24”联想到勾股数，然后又看见垂直关系，就以为肯定能用勾股定理，但最终发现行不通。孩子从想到这条路到快速排除这一想法，转而想到应该去求梯形的高，然后再排除这个想法，转而想到把梯形分解成两个小三角形……这一过程其实是很值得玩味的，应该多多训练。

15 多边形面积的杂题

所谓“杂题”，其实就是指一些不常见的题型。这些题目往往能在第一时间给学生造成一定冲击——谁都害怕陌生题型，因为缺乏对应的训练，而且有时候找思路确实比较难。

多边形面积的杂题往往以多边形（边数大于 4）为背景，其中以偶数边的多边形居多。做杂题最大的好处就是能帮助孩子克服畏难情绪，同时加深对基本知识点的理解。有些长方形、正方形相关难题的“隐蔽性”比较强，大家一时半会儿觉察不出题目的难度，但是碰到杂题，我们一眼望去就觉得它不好做。

当然，我们也需要补充一些基础知识，首先来看一些关于正六边形面积的有用的结论。

已知：$ABCDEF$ 是正六边形（图 15.1），我们有以下结论：

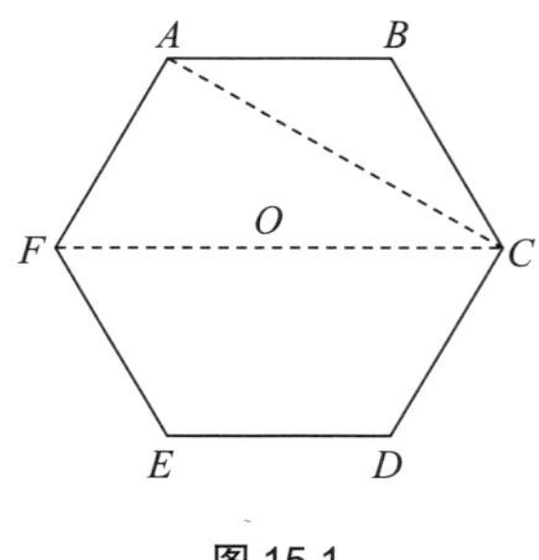

图 15.1

1. $AB//CF$；
2. $FC=2AB$；
3. $\triangle ABC$ 的面积等于正六边形面积的 $\dfrac{1}{6}$；
4. $\triangle AFC$ 的面积等于正六边形面积的 $\dfrac{1}{3}$；

5. 梯形 $ABCF$ 的面积等于正六边形面积的一半。

对小学生来说，结论 1 的严格证明肯定是要求过高了。对于结论 2，我们可以把梯形 $ABCF$ 中的 FC 取中点 O（即正六边形的中心），连 OA 和 OB，很容易看出梯形 $ABCF$ 被分成了 3 个全等等边三角形，所以 $FC=2AB$。于是，其余 3 条结论也很显然。这几条正六边形中常用的性质需要牢记，因为我们经常会用到。

接着我们来看一些具体的例子。

例 1 如图 15.2，已知正六边形 $ABCDEF$ 的面积为 720，求图中两块阴影部分的面积差。

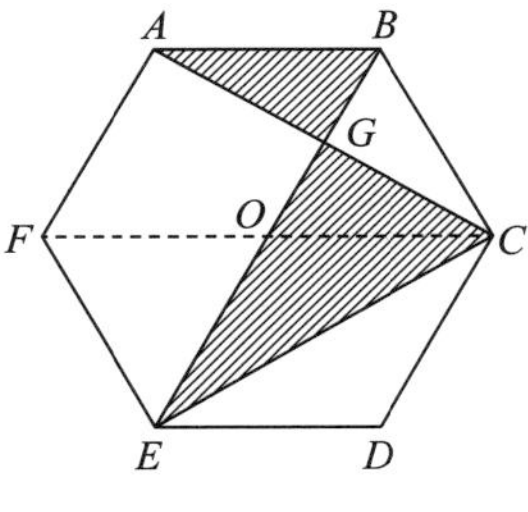

图 15.2

正六边形的边长如果是整数的话，那么面积值是要带 $\sqrt{3}$ 的。现在，面积是整数，所以你想通过求边长硬做，这办法对小学生来说是行不通的。所以，比较自然的想法是等积变换。对于正多边形来说，穿过其中心的对角线是非常重要的条件或辅助线，因为这条对角线就是正多边形的对称轴。我的第一想法就是：连一条这样的对角线 FC 看看。因为图中已经有了这样一条对角线 BE，所以这两条对角线的交点就是正六边形的中心。

我们发现，大的阴影部分图形被 FC 截成了两块，其中位于下方的 $\triangle EOC$ 的底恰好为最长的对角线长度的一半，不难看出，$\triangle EOC$ 的面积是整个正六边形面积的 $\frac{1}{6}$；而剩下那块阴影部分 $\triangle GOC$ 与 $\triangle AGB$ 显然是全等的，所以两块阴影面积的差就是 $720\times\frac{1}{6}=120$。

但对小学生来说，这里的全等并不像之前把正方形分解成 4 个全等直角三角形时那么显而易见，所以，答案虽然有了，但这个过程却并不是那么友好。

因此，我们还得找一个小学生们看着觉得神清气爽的解法才行。联想一下正六边形面积的常用结论，思路就很好找了。我们注意到，这两块阴影部分和常用结论并没有直接的联系，所以它们无法被直接表示成正六边形面积的几分之几，然后相减。但是，如果再拼上一块就会发现（图 15.3），题目最后求的面积差恰好就是$\triangle BCE$和$\triangle ABC$的面积差，即$\frac{1}{3}-\frac{1}{6}=\frac{1}{6}$，所以阴影部分的面积差就是 $720\times\frac{1}{6}=120$。

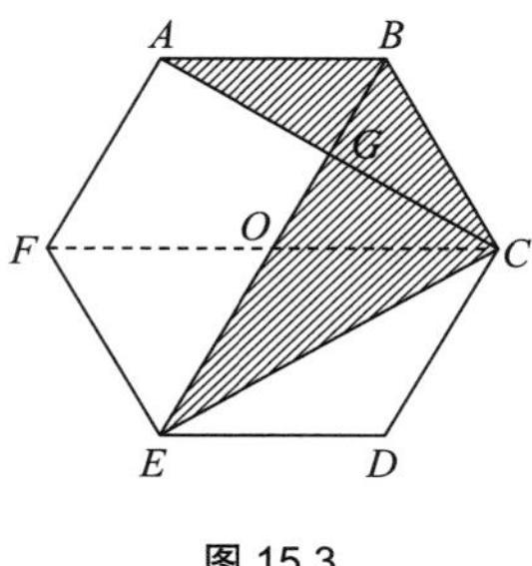

图 15.3

平时的积累很重要，系统讲解和积累这种小结论，缺一不可。

例 2 **如图 15.4，正六边形 $ABCDEF$ 中，H 是 DE 的中点，$\triangle ABG$、四边形 $BHEG$ 和四边形 $BCDH$ 的面积成等差数列，求 $EG:GF$。**

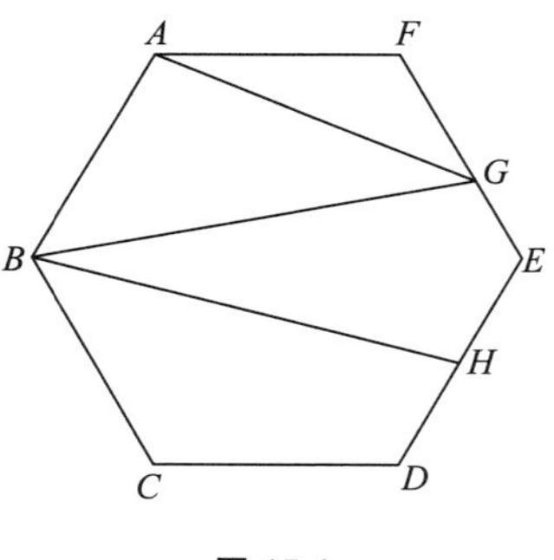

图 15.4

等差数列指的是任意一项减去其前一项的差是定值的数列。换句话说，在等差数列中，对于任意连续的三项，第一项和第三项的和等于中间项的 2 倍。

所以，我们有一个很自然的想法：能否把这三块图形的面积都表示出来，然后列个方程解一下？如果直接设 $EG:GF=x$，我们发现，对于小学生来说，要求 $FG:FE$ 以及 $EG:EF$ 还是有一定困难的；如果涉及其他的运算，分式还是难驾驭的。

由于最后求的是一个比值，所以我们完全可以设六边形的边长为 1，这样设 $FG=x$，$EG=1-x$，最后求出 x 然后再求 $EG:FG$ 就很容易了，这就是设的合理性。我们不能说设 $EG:GF=x$ 是错的，只是说不够合理，可能会给后面的计算带来麻烦，原因就在于带字母比值的运算对小学生来说有困难。接下来就是计算面积的时候了。

所以，我们首先应该考虑以此为切入点。我在前面已经多次提到，碰到像这样不规则的四边形，要么就是“以大减小”，要么就是连对角线。

由于本题中是一个正六边形，所以在连接 BD 以后（图 15.5），$\triangle BCD$

的面积是正六边形面积的$\frac{1}{6}$，而四边形 $BCDE$ 的面积是正六边形面积的$\frac{1}{2}$，所以$\triangle BDE$ 的面积是正六边形面积的$\frac{1}{3}$；由于 H 是 DE 的中点，因此$\triangle BDH$ 和$\triangle BHE$ 的面积相等，即都是整个正六边形面积的$\frac{1}{6}$，所以四边形 $BCDH$ 的面积占整个面积的$\frac{1}{3}$。

此时我们发现，四边形 $BHEG$ 被分成了两块：$\triangle BHE$ 和$\triangle BGE$，因此只需求出$\triangle BGE$ 的面积即可。再连接 BF，因为已设 $FG=x$，$GE=1-x$，所以$\triangle BGE$ 和$\triangle BEF$ 的面积之比为 $1-x$，且$\triangle BEF$ 的面积也是整个正六边形面积的$\frac{1}{3}$，由此可知$\triangle BGE$ 和正六边形的面积比为$\frac{1-x}{3}$。我们得到四边形 $BGEH$ 和正六边形的面积比为：$\frac{1}{6}+\frac{1-x}{3}$。

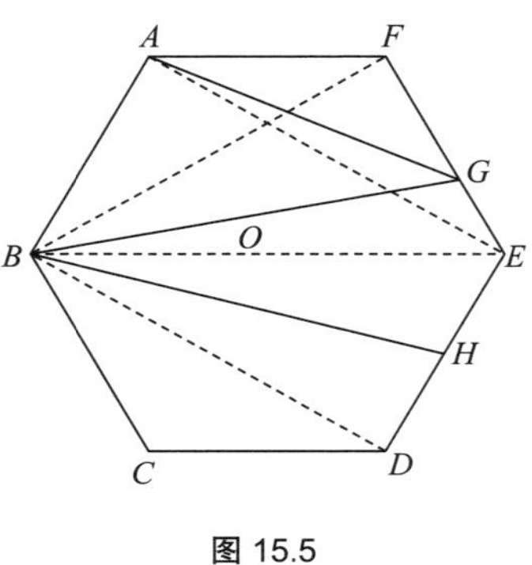

图 15.5

最后来看$\triangle ABG$ 的面积。由于梯形 $AFEB$ 的面积是正六边形面积的一半，且$\triangle BGE$ 的面积与正六边形的面积比已经算出来了，所以只需计算$\triangle AFG$ 与正六边形的面积比，然后再用以大减小的办法就可以得到$\triangle ABG$ 的面积了。因为 $FG:FE=x$，所以$\triangle AFG$ 和$\triangle AFE$ 的面积比就是 x，于是$\triangle AFG$ 的面积占正六边形面积的$\frac{x}{6}$，据此可得$\triangle ABG$ 和正六边形的面积之比为：$\frac{1}{2}-\frac{1-x}{3}-\frac{x}{6}=\frac{1}{6}+\frac{x}{6}$。

根据题意可知 $S_{\triangle ABG}+S_{BCDH}=2S_{BHEG}$，由此列出方程：

$$\left(\frac{1}{6}+\frac{x}{6}\right)+\frac{1}{3}=2\times\left[\frac{1}{6}+\frac{1-x}{3}\right]$$

解得 $x=\dfrac{3}{5}$，于是可得 $EG:GF=\dfrac{2}{3}$。

这种题的综合程度很高。虽然等差数列在这里看起来是一个很简单的条件，但是如何把等差数列转化成数学语言，还是需要对基本概念了解得非常清楚的。同时，本题的解题方法对于正六边形中常见部分的分割、方程的应用都有很高的要求。这些知识点分开来看其实都还好，然而一旦把这些因素都揉在一道题里，孩子要是没有扎实的基本功，是很难做好的。这类训练可以帮助孩子在今后中学阶段面对综合题时不怯场，所以我常说：把一道难题吃透了，赛过重复训练二十道简单题。

“同学们看好了，老师我要变了！”

这恐怕是数学课上为数不多的笑点之一，不过也是最让人头疼的地方。学生一看见数学题中的变形就心惊胆战——讲真的，谁又能不怕呢？明明教的是 1，作业题就变成了 2，考试考的却是 3，然后老师一讲解，发现竟然都是一回事！到哪儿说理去？

数学学习的最低层次是埋头刷题，最高层次是掌握本质。然而，很多人连埋头刷题都做不到。比埋头刷题稍微好一点儿的方法是有意识地去总结、对比同类型题目的变化，能做好这些就已经是优等生了。掌握本质这件事情吧，随缘就好。

我们不妨来看一些变化。

例 3 **如图 15.6，两个正六边形的面积都是 2019，中间的连接部分是一个正方形，求图中阴影部分面积。**

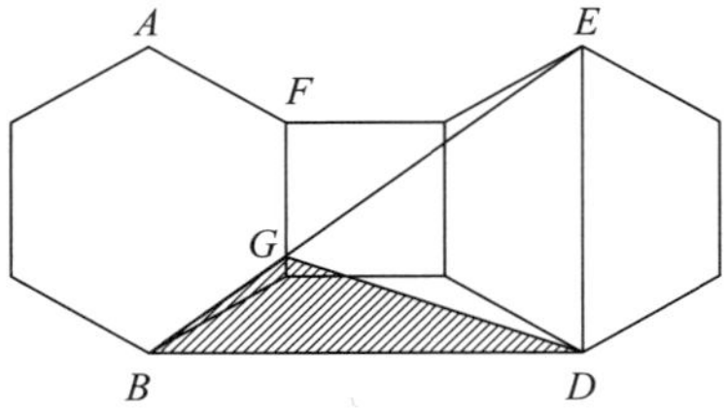

图 15.6

我们知道，这道题肯定要用到等积变换，而且答案一定是正六边形面积的几分之几，因为小学生还不具备算出正六边形边长的能力，更没有办法算出阴影部分的底和高。现在的问题是，题目中的正方形太少了，只有一个，就算连了它的对角线，那也找不到第二个正方形形成对角线平行啊？没有两条平行直线，哪来的梯形呢？没有梯形，怎么完成等积变换呢？说实话，如果孩子能想到这个地步，其实他已经是个不错的学生了——想学会变通的前提是对原有的技能要非常熟悉。所以，第一步肯定不会是连接正方形的对角线了。

怎么做等积变换呢？寻找有哪些平行线段吗？事实上，平行的线段并不少，正方形的两组对边、正六边形的三组对边都互相平行，而且，两个正六边形之间还有不少平行线段。问题是，这些平行线段并不能帮助我们对阴影部分做等积变换啊。

我们考虑把正方形的一条边延长，并与 BD 相交于 C，连接 EC；再连接右边正六边形的这条对角线 ED，这时会发现一个隐藏的直角梯形 $GCDE$，于是我们马上可以得到 $\triangle GBD$ 的面积等于 $\triangle BCE$ 的面积（图 15.7）。

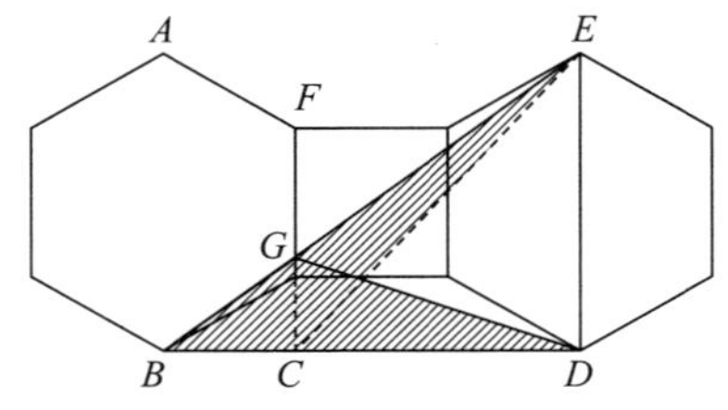

图 15.7

这一步是整道题的题眼所在，有了这一步，后面的步骤相对就比较容易了。当然，我可以编造许多道理，来告诉你我是怎么想到的，但说实话，这些道理真的没什么道理——这一步需要敏锐的观察力和一点儿想象力。这对于小学生来说，要求就非常高了，绝对不是每个学生都能想到的，所以这道题绝对是一道区分度很高的题。

很多人经常有这样的疑惑："为什么我听得懂老师的讲解，但到了自己做题，就做不出来了呢？"你拆收音机觉得方便不？再装回去呢？一样的道理。大海捞针为什么难？因为不知道针在哪里——你连个方向都没有，全靠摸索；老师给你讲解，相当于告诉你针的方位，范围一下子缩小了很多。所以，破题是很难的，"抓题眼"一要靠训练，二要靠一点儿运气。

书归正传，我们把每次等积变换的过程按次序排好，是不是一目了然了？（图 15.8 至图 15.10）

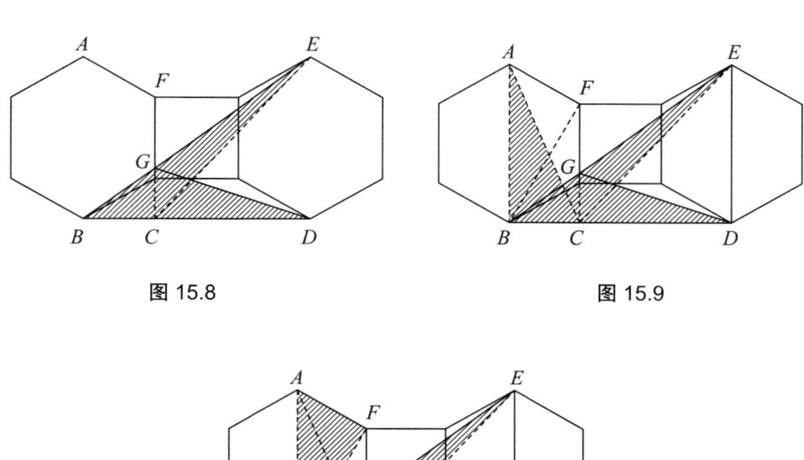

图 15.8

图 15.9

图 15.10

此时，我们已经把$\triangle GBD$的面积成功地转化成了正六边形中的一部分——$\triangle AFB$的面积。$\triangle AFB$的面积是正六边形面积的$\frac{1}{3}$，所以阴影部分的面积为$\frac{2019}{3}=673$。

偶尔出一道“无理”的题目，就当一种调节吧。能够洞悉这种“非常规”的操作，其实也是区别“优秀”和“顶尖”的试金石。

之前我们讲过用梅涅劳斯定理来解决面积成比例问题。事实上，能够直接用梅涅劳斯定理解决的面积比例问题只占所有面积比例问题的一小部分。在小学阶段的面积问题中，比例问题是一大类型，同时也是一个难点。

面积比例问题到底难在哪里？在解决问题的过程中，经常需要用到相似三角形的相关结论——我们并不需要严格的相似三角形理论，这就好比你并不知道核磁共振的原理是什么，但你必须会使用它一样（对，操作这玩意儿对我们来说可不像用锤子和斧头那么简单）。然而，你要很好地解决面积比例问题，就必须要弄清楚一个核心问题：这类问题的实质是什么？

我们从最简单的三角形的情形看起。根据三角形的面积公式可知，两个三角形的面积比就是底的比和高的比的乘积。这就给我们提供了思路：尽量找“同底”或“同高”，这样问题就变成了求高的比或底的比，减少了不少工作量。

原理都是简单的，但我们还需要一些工具来加快解题速度——这并不矛盾，要把肉弄成小块才容易煮熟，可是用刀切还是用手撕，效率就差得多了。为了能够轻松地达到我们的目的，一些工具是必不可少的。

接下来，我们讲一下平行线分线段成比例定理。只要记住下面两个模型，理论上就可以解决所有小学阶段的面积比例问题了。

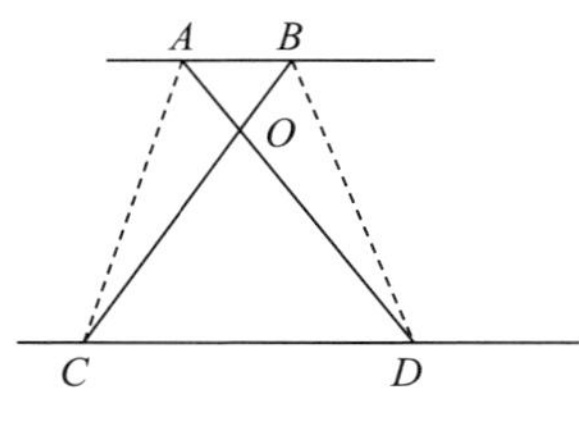

图 15.11

模型一：如图 15.11 所示，若 $AB//CD$，则有 $AB:CD=AO:OD=BO:OC$，且 $S_{\triangle AOB}:S_{\triangle COD}=AB^2:CD^2$。

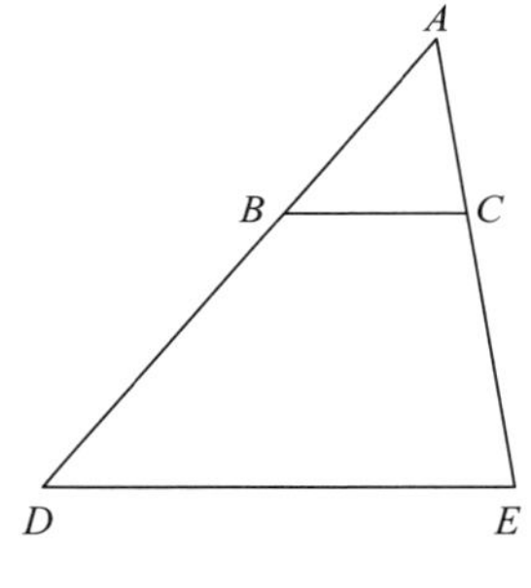

图 15.12

模型二：如图 15.12 所示，若 $BC//DE$，则有 $AB:AD=AC:AE=BC:DE$，且 $S_{\triangle ABC}:S_{\triangle ADE}=AB^2:AD^2$。

以上两个模型的证明用到的就是面积比。那么在使用这两个模型时，有什么要注意的地方呢？

对应。

怎么才能做到对应呢？请注意我的书写次序，这两个三角形的字母排序并不是任意的。以模型一的证明为例：

$$\frac{AO}{OD}=\frac{S_{\triangle AOC}}{S_{\triangle COD}}=\frac{S_{\triangle BOD}}{S_{\triangle COD}}=\frac{BO}{OC}$$

$$\frac{AB}{CD}=\frac{S_{\triangle ABC}}{S_{\triangle BCD}}=\frac{S_{\triangle AOB}+S_{\triangle AOC}}{S_{\triangle BOD}+S_{\triangle COD}}=\frac{S_{\triangle AOB}}{S_{\triangle BOD}}=\frac{AO}{OD}$$

例 4 如图 15.13，正方形 $ABCD$ 的面积为 112，$CF=\dfrac{BC}{3}$，$AE=\dfrac{AB}{2}$，求阴影部分的面积。

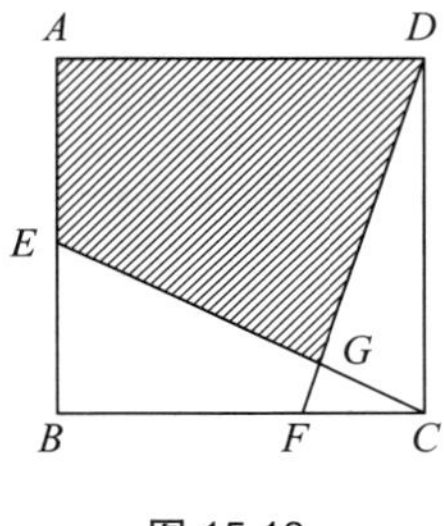

图 15.13

首先根据条件就能知道，$\triangle DCF$ 的面积占正方形面积的 $\frac{1}{6}$，$\triangle CBE$ 的面积占正方形面积的 $\frac{1}{4}$，所以，关键就是求 $\triangle CFG$ 的面积和正方形的面积之比。

很自然，我们要先看看图中有没有模型一或模型二。一眼望去，没有。好在正方形中的平行关系多得很，我们当然就要考虑利用起来。

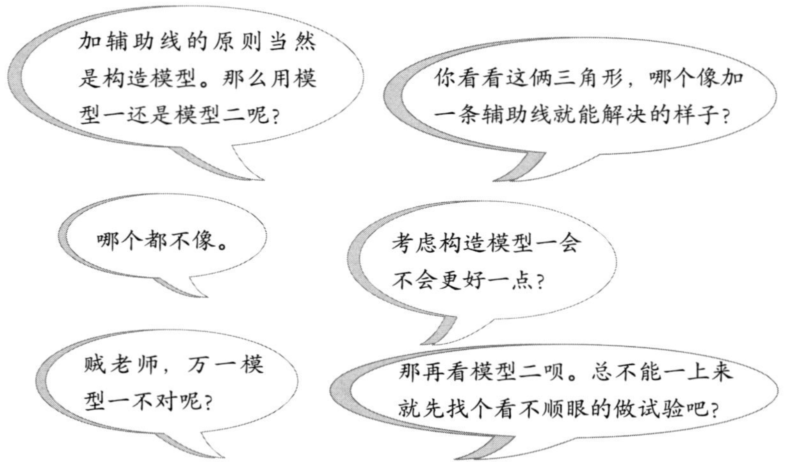

眼前又有两条路：是延长 CE 和 DA 相交呢？还是延长 DF 和 AB 相交呢？不要纠结，既然思路的数量有限，我们不妨都试试！先延长 DF，使其与 AB 相交，有意思的东西就来了（图 15.14）。

图 15.14

首先得到的结论就是 $CD:BH=CF:BF=DF:HF=1:2$，这是从 $\triangle CDF$ 和 $\triangle BHF$ 的角度看；从另一个角度看，$\triangle CGD$ 和 $\triangle EGH$ 又是一组模型一，得到 $CD:EH=CG:EG$。$\triangle CGF$ 与 $\triangle CEB$ 的面积之比就等于底的比与高的比的乘积，由 $CF:BC=1:3$ 可知，它们在各自底边 CG 和 CE 上的高的比是 $1:3$，所以只要知道了 $CG:CE$，$\triangle CGF$ 与 $\triangle CEB$ 的面积之比就能求了。

因为 $EB:CD=1:2$，$CD:BH=1:2$，所以 $CD:EH=2:5$，即 $CG:EG=2:5$，则 $CG:CE=2:7$。所以 $\triangle CGF$ 与 $\triangle CEB$ 的面积之比就等于

$\frac{2}{7}\times\frac{1}{3}=\frac{2}{21}$。阴影部分面积等于

$$\left[1-\left(\frac{1}{6}+\frac{1}{4}-\frac{2}{21}\times\frac{1}{4}\right)\right]\times 112=68$$

很好，很好。当然，如果你还能记得梅涅劳斯定理的话，我们把辅助线加完以后再仔细观察一下，就会发现直线 GH 和 $\triangle CEB$ 构成了一组符合使用该定理的条件的组图。我们有 $(CG:EG)\times(EH:HB)\times(BF:FC)=1$，而 $EH:HB$，$BF:FC$ 都是已知的，马上可以求出 $CG:EG$ 的值，从而题目得解。

假设一开始，我们是延长 CE 和 DA 相交呢？不妨设 DA 和 CE 延长相交于 G'（图 15.15），由于 E 是中点，由模型一可知，$AG'=BC$，$G'E=CE$；而对于 $\triangle CGF$ 和 $\triangle G'GD$ 来说，我们有 $G'D:CF=G'G:CG$，而 $G'D:CF=2AD:CF=6:1$，所以 $CG:GG'=1:6$，即 $CG:CG'=1:7$，所以 $CG:CE=2:7$。剩下的部分和前面的方法一致。

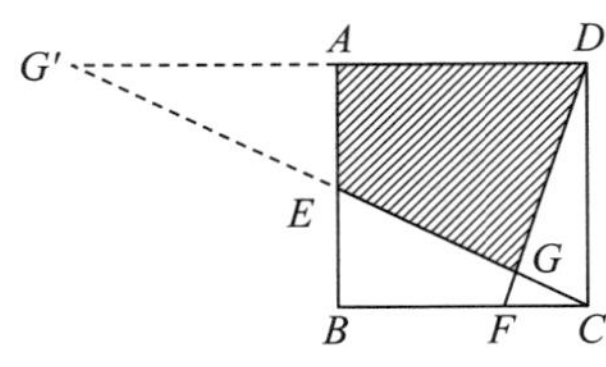

图 15.15

这样问的朋友一定是没有仔细读我过往的文章。没错，我确实反对学生搞一题多解，因为从考试的角度来说，并不会因为你一道题目用了两种解

法，老师就能多给你分数。但是注意：这仅是对学生而言！因为学生如果能力不够强，完全没有必要搞出那么多解法，纯粹是浪费时间。从本题可以看出，无论是朝哪个方向延长作辅助线，最后都能把题目做出来。就算在一个方向上失败了，还可以在另一个方向上尝试。然而，孩子只要抓到题目的核心，方法不过是水到渠成的事情。作为学生，只要一招管用就行了。但是从教师的角度来看，他们需要从不同角度给学生启发。教师在搞教研的时候，弄杯茶喝一喝，放着音乐听一听，玩一下一题多解，给不同程度和思维模式的学生指出不同的方向，这是没有问题的。所以我并没有自相矛盾。家长在辅导孩子的时候，千万不要舍本逐末，刻意强调一题多解，把一招练好，胜过知道十招。

其实像这种面积比例的题目，主要就是来回倒腾，反复地“套”比例关系，不要怕麻烦，看到平行线就上。这一类的题严格意义上来说只能算繁，而不算难。

例5 **如图 15.16，在平行四边形 $ABCD$ 中，E、F 分别是 BC、CD 的中点，已知 $\triangle AGH$ 的面积为 3，求五边形 $CEGHF$ 的面积。**

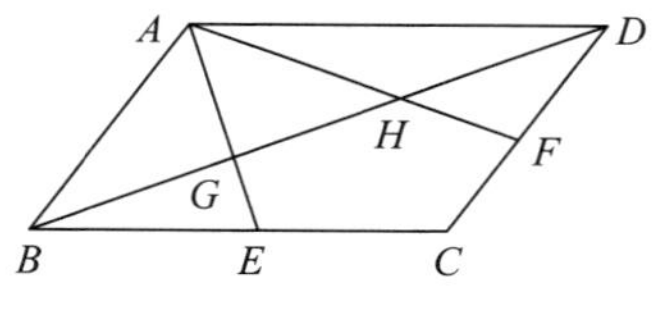

图 15.16

最简单粗暴的想法是什么？把 $\triangle AGH$ 和平行四边形 $ABCD$ 的面积之比算出来，再把五边形 $CEGHF$ 和平行四边形 $ABCD$ 的面积之比算出来，然后按照比例关系求出五边形的面积。对不对？既然这样想了，那就这样干！

想知道五边形在平行四边形中所占的面积比，只要把除去这块的部分所占平行四边形的面积比求出来就可以了。剩下的这块不规则图形可以分解成 $\triangle ABD$、$\triangle DHF$ 和 $\triangle BGE$。而 $\triangle ABD$ 显然是平行四边形面积的一半，按下暂且不表，那剩下两块呢？

我们注意到 $BE//AD$，且 $BE:AD=1:2$，所以 $\triangle BGE$ 的面积是 $\triangle DGA$ 面积的 $\frac{1}{4}$，那么 $\triangle DGA$ 的面积又占整个平行四边形的多少呢？

因为 $\triangle ABD$ 的面积已知，所以如果能求出 $\triangle DGA$ 的面积和它的面积之比，也是极好的。我们看到 $BE:AD=1:2$，还能推出 $BG:DG=1:2$，即 $DG:DB=2:3$，所以 $\triangle DGA$ 是 $\triangle ABD$ 面积的 $\frac{2}{3}$，于是 $\triangle BGE$ 的面积是整个平行四边形的 $\frac{1}{12}$。我们再利用 $\triangle DFH$ 和 $\triangle BHA$ 构成模型一，然后照搬分析过程，就能得到 $\triangle DHF$ 的面积也是平行四边形的 $\frac{1}{12}$。于是五边形 $CEGHF$ 的面积与平行四边形 $ABCD$ 的面积之比为 $1-\frac{1}{2}-\frac{1}{12}-\frac{1}{12}=\frac{1}{3}$。

那么 $\triangle AGH$ 占平行四边形面积的比是多少呢？从上面的分析可以知道，$\triangle AGB$ 的面积是 $\triangle ABD$ 面积的 $\frac{1}{3}$，即平行四边形面积的 $\frac{1}{6}$；同理，$\triangle ADH$ 的面积也是平行四边形面积的 $\frac{1}{6}$，于是 $\triangle AGH$ 的面积占比为 $\frac{1}{2}-\frac{1}{6}-\frac{1}{6}=\frac{1}{6}$，所以平行四边形面积为 18，于是得到五边形 $CEGHF$ 的面积为 $18\times\frac{1}{3}=6$。

例 6　**如图 15.17，在面积为 225 的正方形 $ABCD$ 中，E 是 AD 中点，H 是 GF 中点，$DF=CG$，求 $\triangle AGH$ 的面积。**

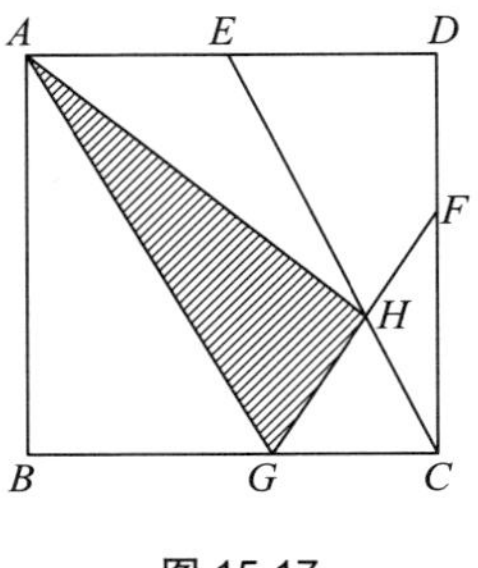

图 15.17

本题中的难点在哪里？没错，就是 $DF=CG$。目前为止，我们所有处理过的问题都是有明确的比例的，像这种不知道占比的线段，还是第一次碰到。

毫无疑问，我们肯定要通过一定的办法，把 $\triangle AGH$ 和正方形的面积比求出来。由于 H 是 GF 的中点，因此最容易想到的就是 $\triangle AGH$ 的面积是 $\triangle AGF$ 面积的一半，所以我们先把 AF 连起来（图 15.18）。这样整个正方形就被划分成了 4 块：$\triangle ABG$、$\triangle AGF$、$\triangle ADF$ 和 $\triangle CGF$。

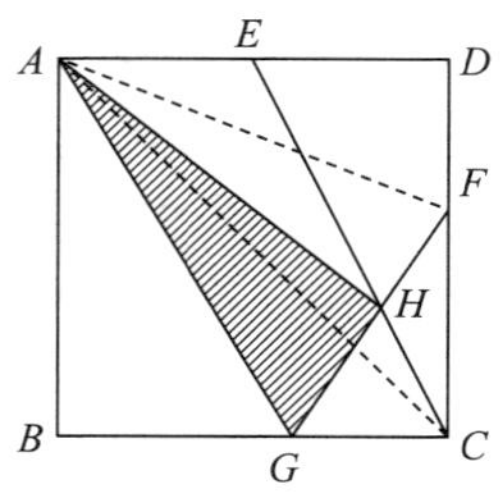

图 15.18

$DF=CG$ 这个条件怎么用？先看看这两条线段属于哪个三角形呗！连接 AC，DF 属于 $\triangle ADF$，而 CG 除了属于 $\triangle CGF$ 之外，还属于 $\triangle CGA$。不难看出，$\triangle CGA$ 和 $\triangle ABG$ 的面积之和恰好等于正方形面积的一半。

巧的是，$\triangle ADF$ 和 $\triangle CGA$ 不但等底，而且等高，于是，我们的目标就只剩下怎么表示 $\triangle CGF$ 的面积了。虽然题目没有给出 CG 和正方形边长的关系，但很容易看出，其实 CG 和 DF 是定值，否则，假如取 G 为中点或三等分点，我们马上能看出 $\triangle CGF$ 的面积会变化，而 $\triangle ADF$ 和 $\triangle ABG$ 的面积之和是定值（正方形的一半），据此判定 CG 一定是定值。

然而，我们却找不到任何模型一或模型二来安放 CG！于是我们知道，要加辅助线了。作 CG 的平行线是一个思路，问题是：是过 F 作 CG 的平行线，还是把 AD 延长和 GF 相交呢？

都试一试。我们先过 F 作 $FK/\!/CG$，因为 H 是 GF 的中点，所以 $FK=CG=DF$（图 15.19）。注意到 $\triangle CDE$ 中还有一个模型二可以用，并且能把 DF 联系起来，我们写出比例关系就是：

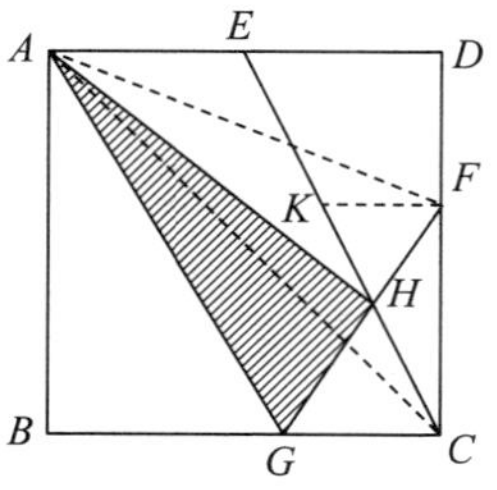

$$FK:DE=CF:CD$$

图 15.19

即

$$FK:\frac{AD}{2}=CF:CD=(CD-DF):CD=(AD-FK):AD$$

解得 $FK=\dfrac{AD}{3}$，所以 $CF=\dfrac{2AD}{3}$，于是$\triangle FCG$ 的面积等于正方形面积的 $\dfrac{1}{9}$。

此时$\triangle AGH$ 的面积也水落石出，等于 $\dfrac{1-\dfrac{1}{2}-\dfrac{1}{9}}{2}\times 225=\dfrac{175}{4}$。

这道题对于小学生来说确实非常难，但对于学过初中几何的人来说，过 F 作平行线恰恰是最容易想出来的一步，因为构造全等是初中几何的必备技能——不过，这可真的有点为难小学生咯！

例 7 **如图 15.20，在正方形 $ABCD$ 中，E 为 CD 的中点，G 和 F 为 AD 的四等分点，已知$\triangle GHK$ 的面积为 4，求正方形面积。**

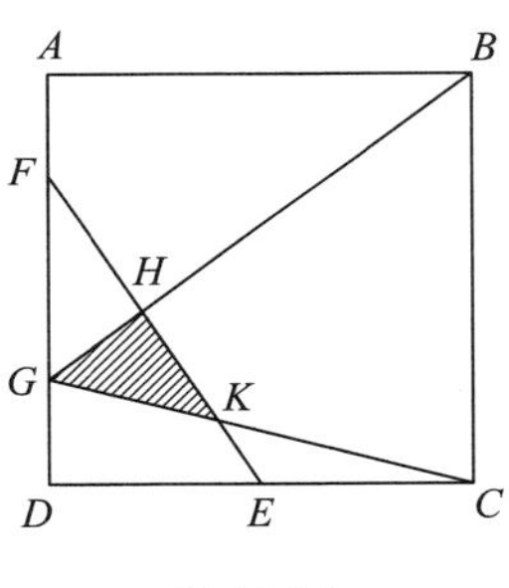

图 15.20

赋老师，你犯规了。

犯规？

梅涅劳斯定理超纲了！

讲道理，像这些面积比例问题的理论基础就是平行线分线段成比例定理，这超不超纲？既然可以用更强的工具更快地解决问题，为什么死活不让用？我今天就要讲个梅涅劳斯定理应用的专题。

其实，使用梅涅劳斯定理的关键在于找基本图，基本图找准了，题目就好做了。比如像在本题目中，我们的目标就是求出$\triangle GHK$和正方形的面积之比。而$\triangle GBC$的面积显然是正方形面积的一半，因此只要求出$GH:HB$和$GK:KC$就可以了。

在这里，我们有$\frac{CE}{DE}\cdot\frac{DF}{FG}\cdot\frac{GK}{KC}=1$，而$\frac{CE}{DE}=1$，$\frac{DF}{FG}=\frac{3}{2}$，所以$GK:KC=2:3$。

再看$GH:HB$的值。我们发现G、H、B三点构不成梅涅劳斯基本图，于是就要考虑补形。我们可以延长EF和BA相交于P（图 15.21），则$\frac{GH}{HB}\cdot\frac{BP}{PA}\cdot\frac{AF}{FG}=1$，这里$BP:PA$是未知的，但是$PA:DE=AF:FD=\frac{1}{3}$，所以$PA:AB=\frac{1}{6}$，于是$\frac{BP}{PA}=7$，代入上式可知$\frac{GH}{HB}=\frac{2}{7}$。

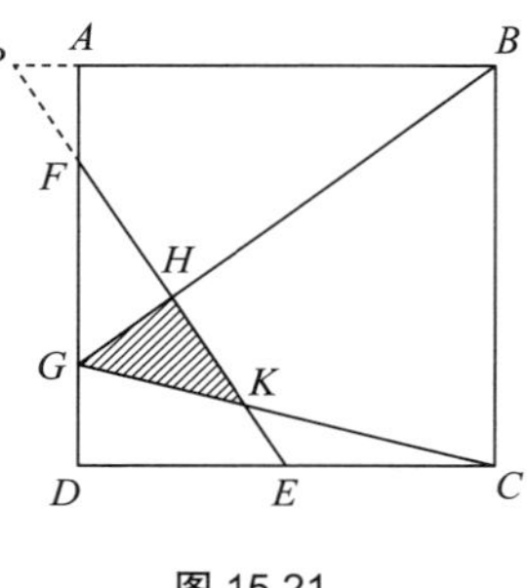

图 15.21

所以$GH:GB=\frac{2}{9}$，$GK:GC=\frac{2}{5}$，则$\triangle GHK$和$\triangle GBC$面积比为$4:45$，于是正方形面积为 90。

再看一道题。

例 8 **如图 15.22，正方形$ABCD$的面积为 1，M为CD的三等分点，E和F是BC的三等分点，求四边形$EFGH$的面积。**

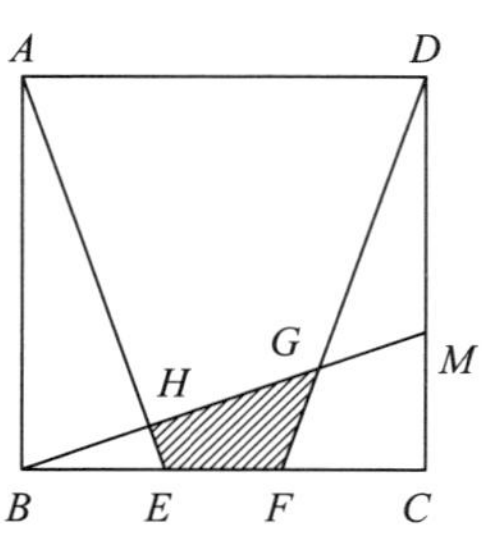

图 15.22

首先可以知道，$\triangle BMC$占正方形面积的$\frac{1}{6}$，接下来就是看$\triangle BHE$和四边形$GMCF$的面积占比。

先看四边形 $GMCF$，这是一个不规则的四边形，所以不要指望直接能计算出它的面积占比，恐怕要通过间接的办法——要么把四边形分成两个三角形，要么用 $\triangle DFC$ 的占比减去 $\triangle DGM$ 的占比。选哪种方法呢？

如果将之分成两个小三角形，那么考虑连接 FM，这样 $\triangle FCM$ 的面积占比是很容易计算的，但是 $\triangle GMF$ 呢？此路不通。如果连接 GC，我们发现得到的两个三角形的面积占比都不那么容易计算。这时候，我们再考虑是否可以用以大减小的办法。

$\triangle DFC$ 显然也占正方形面积的 $\frac{1}{6}$，$DM:DC=\frac{2}{3}$，因此我们只要求得 $DG:DF$ 就可以了。由梅涅劳斯定理可知，$\frac{DM}{MC}\cdot\frac{CB}{BF}\cdot\frac{FG}{GD}=1$，得到 $\frac{FG}{GD}=\frac{1}{3}$，于是 $DG:DF=\frac{3}{4}$，$\triangle DGM$ 和 $\triangle DFC$ 的面积比为 $\frac{2}{3}\times\frac{3}{4}=\frac{1}{2}$，即四边形 GMCF 与正方形面积之比为 $\frac{1}{12}$。

接下来就是求 $\triangle BHE$ 与 $\triangle BMC$ 的面积之比了，由于 $BE:BC$ 已知，所以我们接下来要求 $BH:BM$ 的值。这个就完全转化成我们在前面讲过的例子：延长 BM 和 AD 交于 P（图 15.23）。

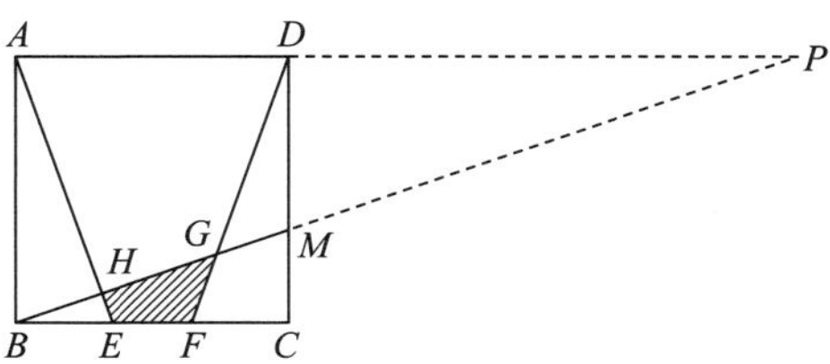

图 15.23

首先我们有 $DP:BC=DM:MC=2$，所以 $AP=3BC=9BE$，即 $BH:HP=\frac{1}{9}$，从而 $BH:BP=\frac{1}{10}$。而 $BM:MP=\frac{1}{2}$，所以 $BH:BM=\frac{3}{10}$，所以

$\triangle BHE$ 和 $\triangle BMC$ 的面积之比为 $\frac{1}{10}$，即占正方形面积的 $\frac{1}{60}$。

所以四边形 $HGFE$ 的面积为 $(\frac{1}{6}-\frac{1}{60}-\frac{1}{12})\times 1=\frac{1}{15}$。

我们从以上两个例子可以看出，梅涅劳斯定理在解三角形面积成比例上面的独特作用。作为家长，可以给孩子画一些由较多线段构成的图，然后和孩子一起找里面有多少满足梅涅劳斯定理使用条件的基本图。作为初学者，很难一开始就做到一击即中，往往需要多次尝试。给孩子进行这样的训练，一是可以提高对能使用该定理的图形的敏感性，另一方面也可以提高孩子作辅助线的技巧，给“补形”指明方向。

我们再来看一道难题。

例 9 **如图 15.24，正六边形 $ABCDEF$ 的面积为 1222，K、M、N 分别是 AB、CD、EF 的中点，求 $\triangle PQR$ 的面积。**

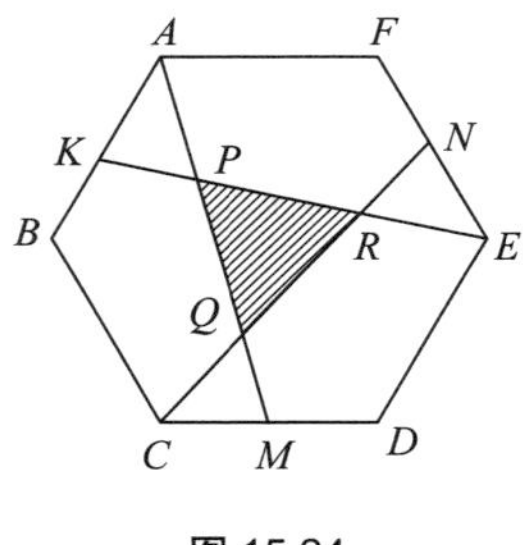

图 15.24

首先看题目中的数字 1222，如此奇怪的数字意味着题目真的不大好做。我们分解一下质因数，得到 $1222=2\times 13\times 47$，于是我们知道，$\triangle PQR$ 的面积占正六边形面积的比值应该是 $\frac{?}{13}$ 或 $\frac{?}{47}$ 的形式。

别笑，这真的管用，起码是条思路。

从图中可以直接观察到 $AM=CN=EK$，$AP=CQ=ER$，$KP=QM=RN$，所以 $\triangle PQR$ 是等边三角形，详细的证明需要初中知识，对小学生来说，用肉眼观察已经足够了。

我的办法很笨拙：求 $\triangle PQR$ 和正六边形的面积之比。

首先，我们计算四边形 $ABCM$ 的面积。这是所有空白部分中最容易计算的大块面积。在连接 AC 以后就可以知道，$\triangle ABC$ 的面积是正六边形面积的 $\frac{1}{6}$，而 $\triangle ACM$ 的面积占比与之相同（读者可以自己证明），所以这就可以去掉 $\frac{1}{3}$ 了；接下来，连接 AE 和 EM（图 15.25），同理可得 $\triangle AFE$ 的面积占正六边形面积的 $\frac{1}{6}$，对于 $\triangle MED$ 而言，$MD=\frac{CD}{2}$，所以 $\triangle MED$ 的面积是 $\triangle CED$ 面积的 $\frac{1}{2}$，即占正六边形面积的 $\frac{1}{12}$。

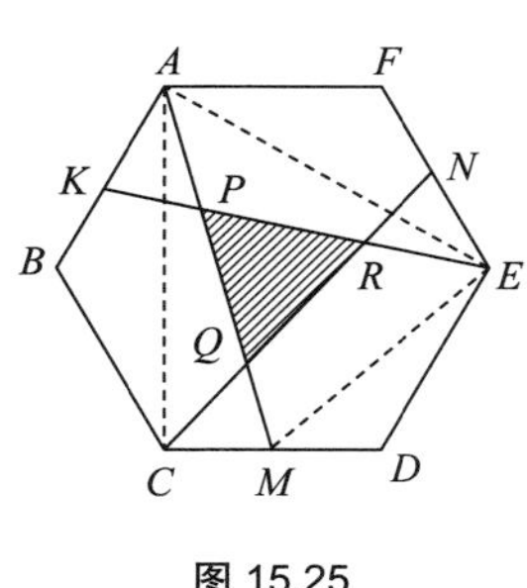

图 15.25

于是 $\triangle AME$ 的面积占正六边形面积的 $1-\frac{1}{3}-\frac{1}{6}-\frac{1}{12}=\frac{5}{12}$。此时我们已经把题目转化成求 $\triangle PQR$ 和 $\triangle AEM$ 的面积比了，而这个面积比的关键在于求出 $AP:AM$ 以及 $QM:AM$ 的值。由前面的结论可知 $QM=KP$，$AM=KE$，所以 $QM:AM$ 就转化成 $KP:KE$。

这样做的好处在哪里？

没错，我们把 QM 和 AP 都转移到同一个三角形中去了。此时加辅助线的方法就非常明了，由于 $AB//DE$，我们有 $KP:PE=AP:?$，所以很自然的想法就是把 PM 延伸出去，和 DE 交于 G（图 15.26）。尴尬的是，这样做了以后，我们并不知道 $AK:GE$ 的值，所以前面两个比值仍然是未知的。

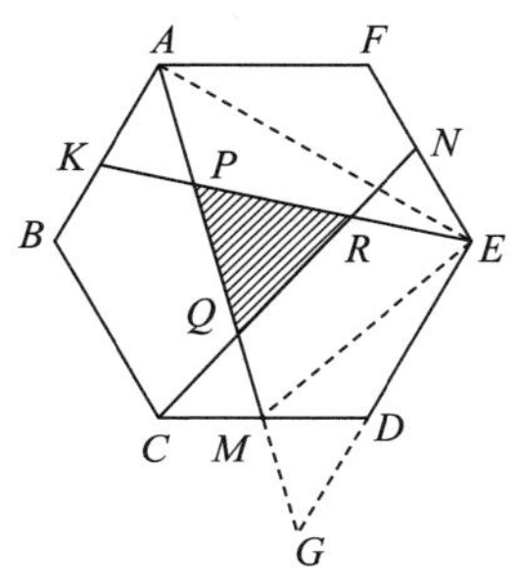

图 15.26

不过好在我们知道 AK 和 DE 的比值，所以只要知道 $GD:DE$ 的值就可以了。定睛一看，是不是缺一条过 E 和 CD 平行的线段？于是，我们很自然地又把 BE 连起来了（图 15.27）。我们设 BE 交 AM 于 H，希望求 $GD:DE$，这时只能再借助 $BM:GH$ 或 $MD:EH$ 的值了。问题又来了，选哪个？

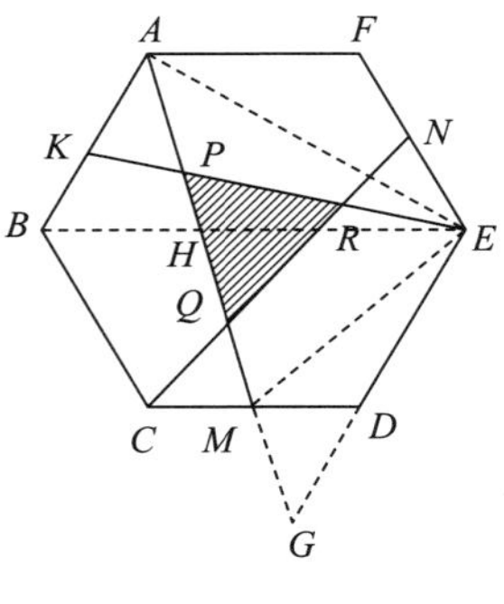

图 15.27

如果选 $BM:GH$ 的话，我们发现无论哪条线段要表示成正六边形的边长，都是有困难的。而 MD 就等于边长的一半，EH 虽然不能直接被看出来，但 BE 是六边形边长的 2 倍，所以，我们只要求出 BH 就可以了。

把 AB 和 DC 延长后交于 J，则 $\triangle JBC$ 是一个边长为 BC 的等边三角形（图 15.28）。我们注意到在 $\triangle AJM$ 中，$BH//JM$，B 是 AJ 中点，所以 H 也是 AM 中点，于是 $BH=\dfrac{JM}{2}=\dfrac{3CD}{4}$，所以 $HE=\dfrac{5CD}{4}$。

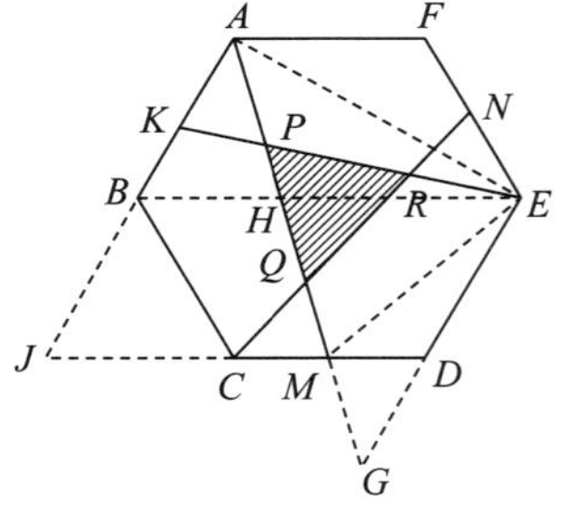

图 15.28

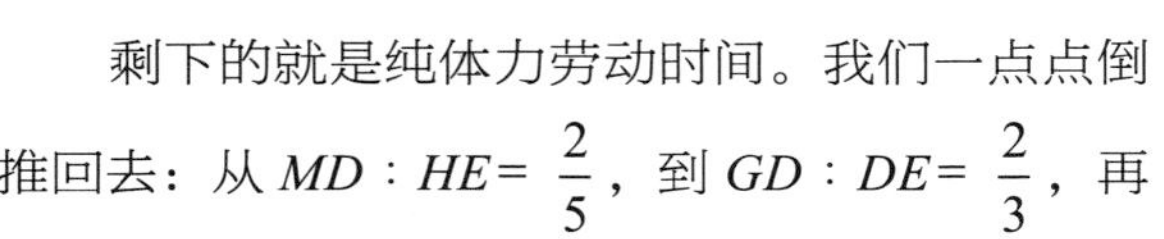
剩下的就是纯体力劳动时间。我们一点点倒推回去：从 $MD:HE=\dfrac{2}{5}$，到 $GD:DE=\dfrac{2}{3}$，再到 $AK:EG=\dfrac{3}{10}$，所以 $KP:PE=QM:AQ=\dfrac{3}{10}$，即 $QM:AM=\dfrac{3}{13}$。

而 $AH:HG=AB:EG=\dfrac{3}{5}$，$GM:GH=MD:HE=\dfrac{2}{5}$，$GH:GA=\dfrac{5}{8}$，所以 $GM:GA=\dfrac{1}{4}$，$AP:AM=(AP:AG)\times\dfrac{4}{3}=\dfrac{4}{13}$，于是 $PQ:AM=1-\dfrac{3}{13}-\dfrac{4}{13}=\dfrac{6}{13}$。

我们再连最后一条辅助线 RM。不难看出，$\triangle PME$ 和 $\triangle AEM$ 面积比为 $\dfrac{9}{13}$，$\triangle PRM$ 和 $\triangle PME$ 面积比为 $\dfrac{3}{5}$，$\triangle PQR$ 和 $\triangle PRM$ 的面积比为 $\dfrac{2}{3}$，所以

$\triangle PRQ$ 和正六边形的面积比为：$\frac{2}{3}\times\frac{3}{5}\times\frac{9}{13}\times\frac{5}{12}=\frac{3}{26}$。于是阴影部分面积为 $1222\times\frac{3}{26}=141$。

太暴力了，有没有？虽然整个过程看起来很繁，但是，思路总体还是比较自然流畅的，并没有什么特殊的技巧。千万不要被这么多的辅助线吓昏过去。当然，由于绕的次数较多，哪怕就是不断重复，对于孩子来说也是极大的考验，需要家长格外耐心指导才行。

六边形的题目其实还有很多，有的直接给你正六边形，有的需要你自己构造出正六边形。显然后者的难度要更高一些，我们来看下一个例子。

例 10 **如图 15.29，$\triangle ABC$ 中，$AB=AC$，$\angle BAC=120°$，$\triangle ADE$ 是等边三角形，点 D 在 BC 上，已知 $BD:DC=2:3$，$\triangle ABC$ 的面积为 50，求 $\triangle ADE$ 的面积。**

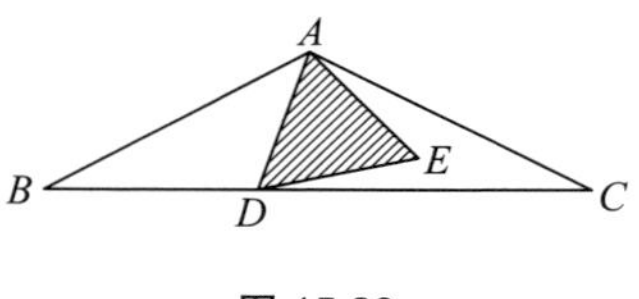

图 15.29

这道题目如果能用余弦定理做的话，会比较方便。设 $AB=a$，然后把 $\triangle ABC$ 的面积和 BD 分别用 a 表示出来，再用余弦定理求出 AD 的平方，即可知 $\triangle ADE$ 的面积关于 a 的表达式，再和 $\triangle ABC$ 的面积进行比较即可。

当然，我一直以来提供的一个教学方法就是先解出答案，然后再往回找补，想办法给小学生讲明白。但是，这回确实很困难。

如果 DE 落在 BC 边上，那题目就容易多了，有兴趣的读者可以自己尝试一下。现在 DE 是这样一个斜着的位置，和 BC 的夹角角度也不知道。而按照我们的常规思路，既然有 $BD:DC=2:3$，那么就应该过 D 作 AC 的平行线——你试一试就知道，这次行不通。

当然，孩子如果作了这条辅助线，说明他对平行线分线段成比例有了很好的认识，这是非常棒的尝试，千万不要打击孩子。错误分为两种：一种是“正确”的错误，一种是“错误”的错误。“正确”的错误表示孩子通过训练，已经知道抓问题的关键，但由于出题人过于狡猾，难点伪装得很好，导致了失败；“错误”的错误表示孩子根本没有领会题目的意图，瞎做。这两种错误是有区别的。而本题中过 D 作 AC 的平行线显然是前者。

连接 EC，再考虑以大减小呢？$\triangle ABD$ 的面积容易得到，但$\triangle CDE$ 和$\triangle AEC$ 的面积如何求？于是又失败了。

别忘了，这是一道关于正六边形的题目。可正六边形在哪里呢？题目中没有。于是，我们应该想办法构造。接下来要讲的方法，如果你在此之前没接触过的话，确实很难自己想到，因为这种方法的技巧性非常强。我们把$\triangle ABC$ 带着$\triangle ADE$ 绕 A 点分别按顺时针和逆时针各旋转 120°，得到一个大等边三角形，里面套了 3 个小等边三角形（图 15.30）。

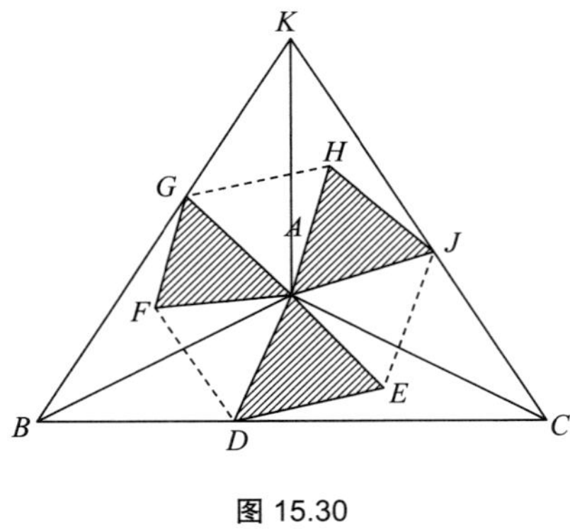

图 15.30

可是，还是没有正六边形啊？仔细看，如果我们把 3 个小等边三角形之间连线，是不是就出来一个小正六边形了？

果然！所以，我们只要计算出正六边形的面积，然后除以 6，不就得到$\triangle ADE$ 的面积了？接下来我们来求这个正六边形的面积——结果发现仍然动弹不了！因为大等边三角形除去这个正六边形以后，剩下的图形非常丑陋——3 块凹四边形，一般的凸四边形都没有面积公式，何况这种四边形？不过……如果我们补上正六边形的一部分，看起来就好求很多了

（图 15.31）。我们以$\triangle KGJ$为例，它的面积和等边$\triangle KBC$的面积之比为$\frac{2}{5}\times\frac{3}{5}=\frac{6}{25}$。而$\triangle BGD$和$\triangle CDJ$的面积显然和$\triangle KGJ$的面积相等，中间剩下的等边$\triangle GJD$的面积等于$1-\frac{18}{25}=\frac{7}{25}$。

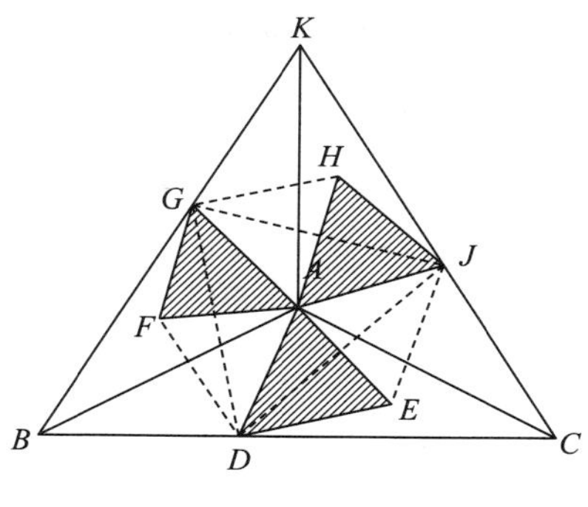

图 15.31

不难看出，$\triangle GJD$的面积恰好是正六边形$GHJEDF$的面积的一半，于是$\triangle ADE$的面积等于等边$\triangle KBC$面积的$\frac{7}{75}$，即 14。

这道题中辅助线的添加方法属于非常规做法，而且也很难通过答案来反推。本题也可视为区分“优秀”和“顶尖”的分水岭之一。

16
圆的面积

关于直线型图形的面积问题，我已经讲得不少了。接下来，我们开始讲一讲面积问题的重灾区：圆。

求阴影部分面积

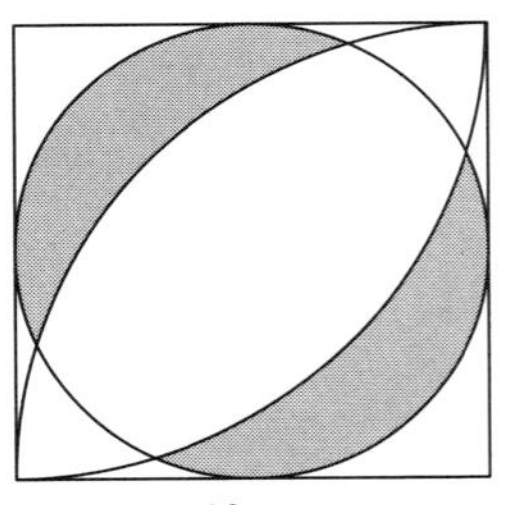

我们经常看见各种“包了浆”的题目，打着小学“奥数”或“小升初”的旗号难为孩子，但是这些题目压根不可能用小学生的方法做出来。这类题目实在是太坑人了，“奥数”的名声让这种题目给毁了不少。比如右图中这道题。

很多人曾经在微博上问我这道题该怎么做。当时，我凭着自己的专业知识，看了一眼就知道这道题目的结果一定要用反三角函数表示，小学范围内的知识不可能解出这道题，但是仍然有人不相信，不少家长为此废了很多无用功。最后，我实在是受不了了，不得不给读者们提供了一个正确的答案。

解：$OA=OB=5=OK$

$OP=5\sqrt{2}$

$KP=10$

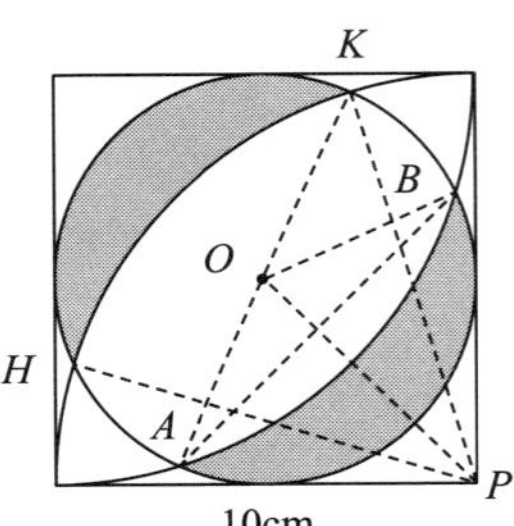

$$\therefore \cos\angle KPO=\frac{50+100-25}{2\times5\sqrt{2}\times10}$$
$$=\frac{5}{4\sqrt{2}}$$

$$\therefore \cos\angle KPH=2\times\frac{25}{32}-1=\frac{9}{16}$$

$$\therefore KH=\sqrt{100+100-2\times100\times\frac{9}{16}}=\frac{5}{2}\sqrt{14}$$

$$\therefore \cos\angle AOB=\frac{25+25-\frac{175}{2}}{2\times5\times5}=-\frac{3}{4}$$

$$S_{\triangle AOB}=\frac{1}{2}\times5\times5\times\frac{\sqrt{7}}{4}=\frac{25\sqrt{7}}{8}$$

$$S_{弓形AB}=\frac{\arccos\frac{9}{16}}{2\pi}\times\pi\times100-\frac{1}{2}\times10\times10\frac{5\sqrt{7}}{16}$$
$$=50\arccos\frac{9}{16}-\frac{125\sqrt{7}}{8}$$

$$\therefore S_{阴影}=2\left(\frac{\arccos\left(-\frac{3}{4}\right)}{2\pi}\times\pi\times25-\frac{25\sqrt{7}}{8}-50\arccos\frac{9}{16}+\frac{125}{8}\sqrt{7}\right)$$
$$=25\sqrt{7}+25\arccos\left(-\frac{3}{4}\right)-100\arccos\frac{9}{16}$$

面对这类题目，我实在是无力“吐槽”。如果你想要辅导孩子学习圆相关的面积问题，那么自己首先要练出“火眼金睛”：凡是最后所求的面积需要用反三角函数表示的，那这道题小学生一定是做不出来的，就不要浪费时间了。本书中所讲的圆面积问题，一定是可以用小学生的办法来解决的。再次提醒大家千万不要用那些假“奥数”问题毁了孩子学习数学的兴趣——最保险的办法就是出处不明的题不要给孩子做，免得白白浪费了时间。

下面，我们开始正式讲圆的面积。

圆的面积公式为

$$S=\pi r^2$$

其中 r 为圆的半径，π 为圆周率，表示圆的周长和直径的比值。

π 算得上数学中最神奇的常数之一，关于 π 的故事可以写一本书（也确实有这样的书）。比如，祖冲之算 π 的故事，还有蒲丰投针的故事。而且 π 还可以用来检验计算机的运算性能——比如，计算机计算 π 精确到小数点后一亿亿亿位（这是举例，总之是很多位数）所花费的时间越少，说明计算机性能就越好。

π 是孩子在小学数学学习中唯一能接触到的无限不循环小数，即无理数。π 不光是无理数，还是超越数：它不能表示成一个整系数多项式的根。这种数其实有很多，但是在相当长的时间内，我们只能接触到一个 π，最多到高中再接触一个 e。然而这类数的个数其实多到你难以想象。这些内容远远超过了小学生的理解能力，不过作为科普知识，圆周率是一个非常好的点，包括连分数的基本理论都可以讲到，篇幅所限，这里就不多展开了。有兴趣的读者可以自己查看一些资料，相信这对于提升孩子的学习兴趣会有帮助。

我们来看一些具体的例子。

例 1 **图 16.1 中有半径为 3、4、5 的 3 个圆，问：半径为 3 和 4 的圆的公共部分和阴影部分的面积相比，哪个大？大多少？**

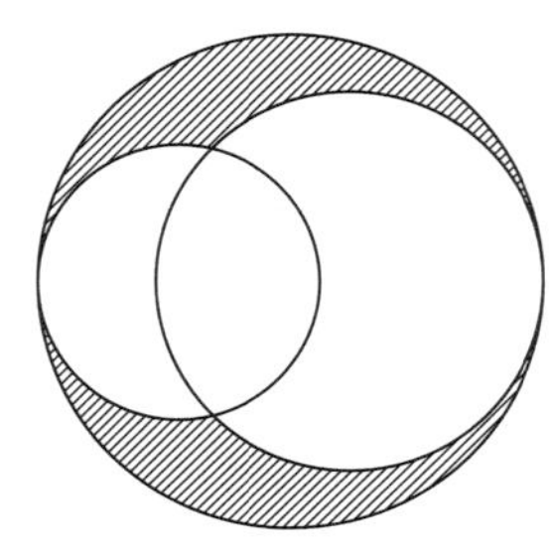

图 16.1

按照贼老师以往的套路，咱硬算！只要把半径为 3 和 4 的圆组成的整体面积计算出来，那么公共部分面积和阴影部分面积不就都求出来了吗？但是，这两个圆组成的整体面积怎么求？

如果是初中生来做这道题，一定是把两圆的两个交点连起来，然后用勾股定理啊、相交弦定理啊……刷、刷、刷，一通算。不过，我提前打个预防针啊，这个结果还是有点麻烦的。关键问题是，必须要算出两个圆相交部分的面积才能得到整体面积，这就陷入了死循环。一个中学生做起来尚且觉得麻烦的几何计算，怎么可能要求小学生直接做出来？所以硬算这条路走不通。怎么办？

我们注意到，半径为 3 和 4 的圆的面积之和恰好等于两者组成的整体图形的面积再加上它们的公共部分的面积；而 $\pi\times3^2+\pi\times4^2=\pi\times5^2$，这就是大圆的面积；用大圆的面积减去两个小圆组成的整体图形的面积，恰好就是阴影部分面积。因此，我们可以得到相等的结论。

这里用了圆的面积公式、勾股数、容斥原理，如果让孩子自己思考，他能否有这样清晰的思路呢？

我们再看一个例子。

例 2 如图 16.2，圆环内有一条两个端点都在大圆上的线段和小圆相切，线段长度为 10，求阴影部分的面积。

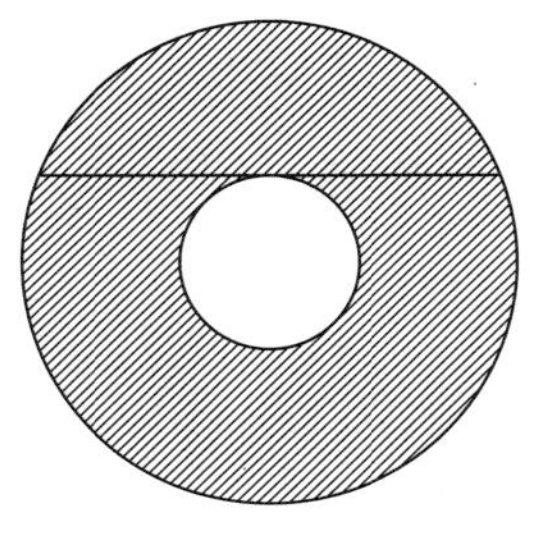

图 16.2

很自然的想法是求出大圆和小圆面积，然后相减。但你会发现，存在着无数个满足条件的大圆和小圆……所以，这是一个求定值的问题，也就是说，大圆和小圆的半径之间存在一定的关系，使得不管怎么变化，最后阴影部分面积的值是一定的。

我们注意到，如果记大圆的半径为 R，小圆半径为 r，那么最后的结果是 $\pi R^2-\pi r^2$，而由勾股定理可知，R^2-r^2 恰好就是弦长一半的平方，即 25，所以阴影部分面积为 25π。

是不是觉得圆的面积问题很简单？呵呵，这都是开胃菜……

再简单的曲线段，也比乱七八糟的直线段处理起来更麻烦。——贼叉

根据人们的认知习惯，学习内容一定是从简单到复杂。显然，从三角形到四边形，再到圆，面积公式会越来越复杂。

有时候我也会想：第一个发现圆面积和圆周长公式的人，究竟有着怎样的智慧？几千年后的我每每想到此，都会被这样的智慧所震惊。不要说计算出 π 的值，就是发现“圆周长和直径的比值是定值”这件事，都是一件不可思议的事情。

而圆是所有曲线围成的图形中最简单的，它具有高度的对称性，但对于小学生来说，圆的问题仍然很难——稍不留神，题目的解法就超出小学生的能力范围了。所以，面对小学阶段的圆面积题目，如果你靠“暴力”求解，过程往往很复杂，而且涉及很多反三角函数的内容，因此，我建议大家还是先按照小学生的思维方式思考一下，往往会更快得到结论。

例 3 如图 16.3，正方形 $ABCD$ 的面积是 81，E、F 分别是两个半圆的中点，求阴影部分的面积。

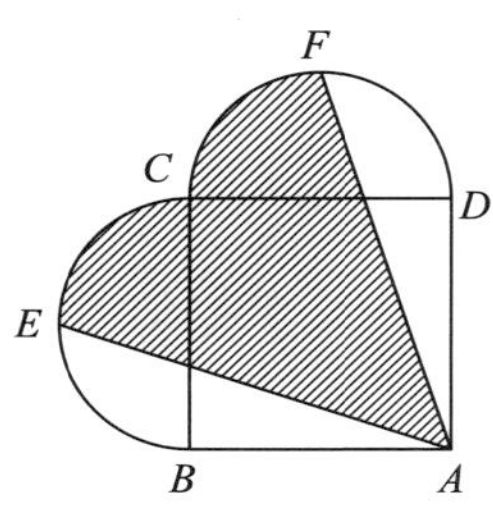

图 16.3

你可以尝试一下不限方法计算单独一块空白的面积这个过程还是有一些复杂的。

但只要把 ED 连上，再如图 16.4 重新填上阴影，我们就会发现，空白部分相当于挪了个位置，此时的阴影部分面积和原图中的阴影部分面积是相等的，于是，题目就变成求一个底为 9、高为 $\frac{27}{2}$ 的三角形和直径为 9 的半圆的面积之和。我们马上可以计算出面积为 $\frac{243}{4}+\frac{81\pi}{8}$。题目直接变成了心算题。

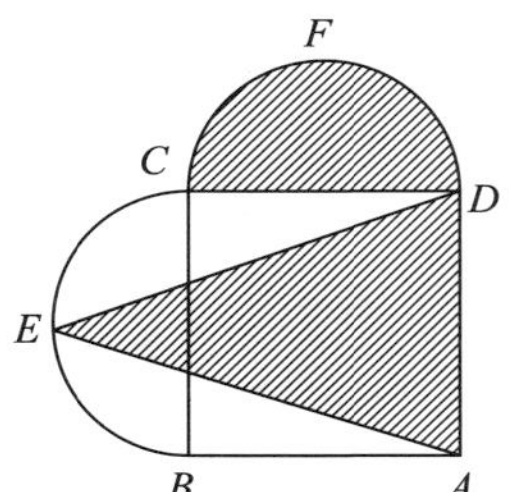

图 16.4

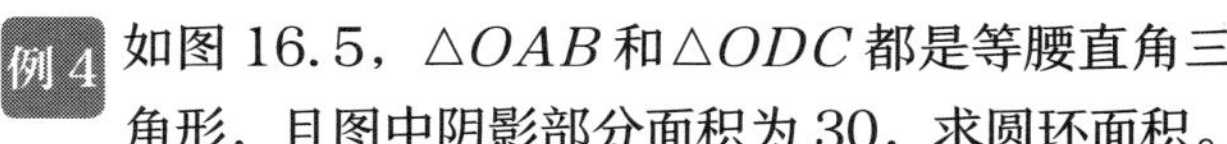

例 4 如图 16.5，$\triangle OAB$ 和 $\triangle ODC$ 都是等腰直角三角形，且图中阴影部分面积为 30，求圆环面积。

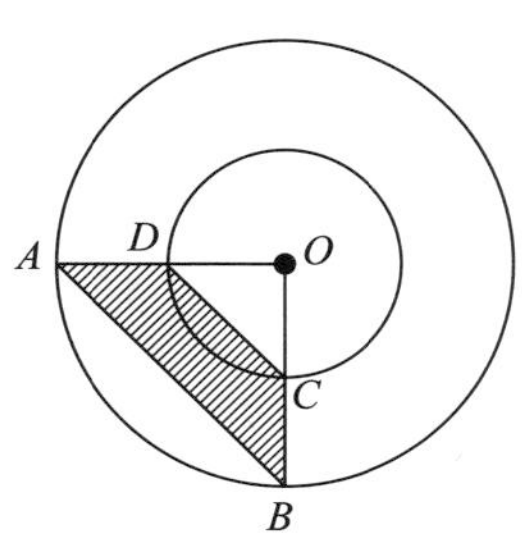

图 16.5

如果你一上来就看出阴影部分是个等腰梯形，然后想着找出上底、下底和高，那就完蛋了。一下子求 3 条未知线段的长度，你觉得这种思路会是正确的吗？

所以我们马上转换思路：梯形 $ABCD$ 的面积可以看成 $\triangle OAB$ 和 $\triangle OCD$ 的面积差，若设大圆和小圆半径分别为 R 和 r，则这两个三角形的面积分别为 $\frac{R^2}{2}$ 和 $\frac{r^2}{2}$，所以推出 $R^2-r^2=60$；而圆环的面积就等于 $\pi(R^2-r^2)$，由此得到圆环的面积为 60π。

例 5 **如图 16.6，在半径为 4 的圆中有两条互相垂直的线段，问：阴影部分和空白部分哪个面积更大？大多少？**

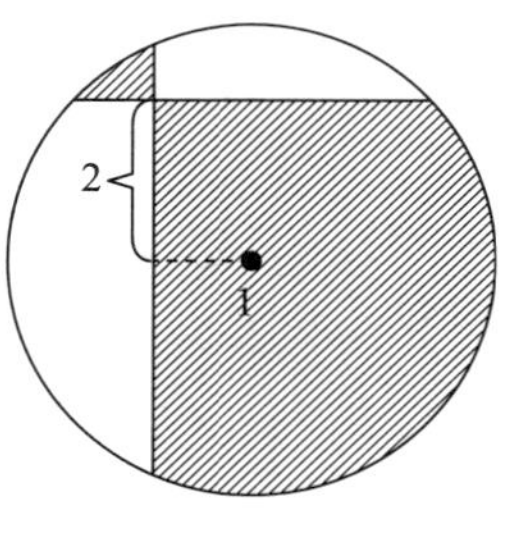

图 16.6

肉眼观察，肯定是阴影部分面积大。但大多少呢？你可以尝试一下精确计算 4 块图形的面积，然后做减法。你可以试试看，但我真的不建议这样做，因为过程肉眼可见的冗长，而且每块面积的数值应该也会很丑（我没算过，猜的，反正谁有兴趣谁算）。不过，如果你把阴影部分和空白部分做面积差，结果会很好看。这并不是"事后诸葛亮"，做这道题之前，我就有这个判断了。所以，建议大家在涉及圆的面积问题时，尽量先用小学生的方式来思考一下。

对于小学生来说，一块块地抵消是最方便的办法。我们只需关于圆心任意作两条弦中的一条的对称弦，就会发现，阴影部分恰好比空白部分多出一块长为 4、宽为 2 的长方形，所以阴影部分面积较大，且大了 8（图 16.7）。

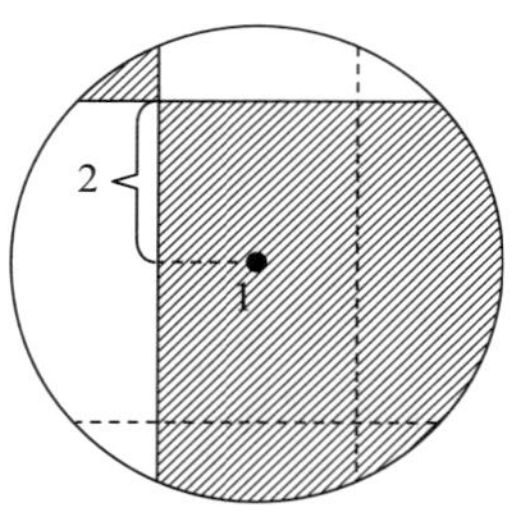

图 16.7

像这样的手段，我们后面会经常用到。涉及圆的问题时，"暴力破解"一定不是最好的办法，这是和解决直线图形问题的方法最大的区别。

扇形，是圆的一部分。顾名思义，扇形就是由圆的两条半径所夹的一条弧围成的平面图形，所以扇形的面积计算是很容易的：只要知道扇形的圆心角，然后除以 360°，再乘以圆的面积就可以了。不过扇形的题目也不是没有陷阱，如果基本概念不清楚就容易掉进去。我有位老战友辅导儿子数学，碰到一道判断题，他百思不得其解：个位数为 1, 3, 5, 7, 9 的数是奇数，对不对？

他认为是对的，但答案说是错的。于是他跑来问我，我就说："这肯定不对啊。"当时他就惊呆了，本以为转头可以跟孩子的老师去理论一番，没想到被一棍打翻。他问为什么，我说："题目说了这些数是整数吗？"他恍然大悟。

你看看，定义重要不重要？所以"吃透定义"不是一句空话。不信？我再举个例子。

例 6 已知扇形的圆心角是 120°，半径为 5，求扇形的周长。

回答 $\frac{10\pi}{3}$ 的人，都面壁思过去！看清楚，题目要求的是周长，不是弧长！什么是周长？就是这个封闭图形边界线的长度。扇形就只有一段弧吗？那两条半径去哪里了？

如果你总感觉数学题中的"小坑"防不胜防，原因八成在于你对基础概念的理解不够深刻。这和那种"脑筋急转弯"的题真不是一回事，后者纯粹就是在生搬硬套，抖机灵。一般情况下，你只要投去"尴尬而不失礼貌的微笑"就可以了。但是，数学基本概念的理解才真的能帮你锻炼出严密的逻辑思维。

我们接下来再看一些和扇形相关的题目。

例 7 如图 16.8，Rt△ABC 斜边长为 12，∠ABC=60°，此时 BC 长为 6。以 B 为中心，将△ABC 顺时针旋转 120°，求 AC 边扫过的阴影图形的面积。

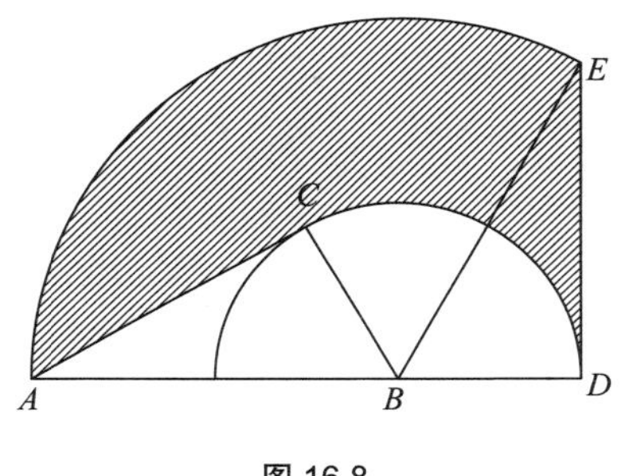

图 16.8

讲道理，看完题目直接想用微积分来解决的家长，恐怕是一抓一大把。不过真要使用微积分，你要计算直线 AC 的表达式、弧 AE 所在圆的表达式、弧 CD 所在圆的表达式以及直线 BE 的表达式。然后要分成三段积分，第一段和第二段以 C 为分界点，第二段和第三段以 CD 弧和 BE 的交点为分界点……可这是小学数学题啊，朋友！你这是用氢弹来轰蚊子——虽然蚊子很狡猾，但这样也太过分了吧，何况你的解题过程孩子能懂吗？

所以，我们还是回到小学生能接受的角度来看问题吧。其实，孩子确实很怕这种面目可憎的题，让孩子破除这种畏难心理，有时候比教他怎么做题更重要。而破除心理障碍的办法很简单：多带他做几次这种看着很繁、但做起来很简单的题就好了——嗯？我好像剧透了？

注意一点："旋转"到底是什么意思？其实旋转不会改变图形的大小、形状，只是变换了一下位置，所以$\triangle ACB$ 和$\triangle EDB$ 是完全一致的图形（全等）。我们可以看到，图 16.9 中标记灰底阴影的部分都是由直角三角形减去一个 60° 的扇形以后得到的，所以只要把最右边这块网格阴影补到左边的空白部分去，就能"严丝合缝"。这时候阴影部分变成了什么？

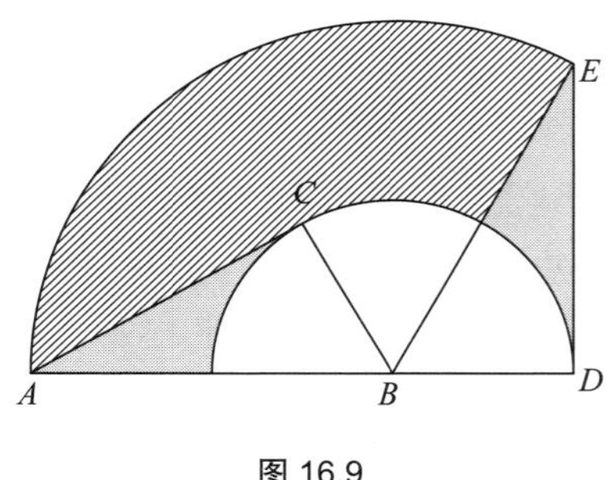

图 16.9

没错，扇面！阴影部分变成了一个大扇形减去一个小扇形，我们很容易计算其面积为 $\frac{1}{3}\times\pi\times(144-36)=36\pi$ 。

碰到曲线围成的图形求面积问题，"割补法"是最常用的办法，但是和直线型图形相比，这个对眼力的要求要高很多。不过，在直线型图形的等积变换中，往往图形的形状不同，而曲线型（这里一般是圆）的图形割补往往形状和大小是一致的，这通常是我们解题的重要线索：从整体上切一块下来，然后找到一模一样的地方贴上去，是非常重要的思路——毕竟这个等积难度比直线型大太多了。

家长最怕孩子出什么状况呢？题目稍微变一下就不会了。的确，有时候看到家长辅导孩子作业的视频，往往“引爆”家长的导火索就是“题目稍微变了一下，孩子就蒙了”。

学习是有规律的，一开始总是模仿，然后加工创造。而很多孩子在模仿这一步就跌倒了，而且呈现出爬不起来的姿势，这是因为他们其实并没有真正搞懂。很多家长在和孩子沟通时总是这样的：

炸了。家长就不能那样问。你要这么问：

真懂了的孩子是可以从头到尾复述下来的。你不能轻信孩子说“懂了”，有可能是他真的觉得“我已经懂了”，也有可能是“你好烦啊……我应付应

付你得了”的那种“懂了”。在没有把握的前提下，家长应当弄明白孩子是不是真懂，这也是为了你们自己的身心健康着想，别因为辅导功课而进医院了……开个玩笑。

知道怎么对付糊弄你的孩子了吧？送出定场诗两句：“不知细叶谁裁出，二月春风似剪刀。”无论如何，以后加上这一问答环节，你就能知道孩子是真懂还是假懂了。如果孩子讲了一遍，听着也像是真懂了，那么就跟上一道类似的题目，再来看看。比如，刚才讲了一道直角三角形旋转的题目，现在来看一道类似的题目。

例 8 如图 16.10，长方形 $ABCD$ 绕 C 顺时针旋转 90°，AB=12，BC=5，AC=13，求 AD 扫过的面积。

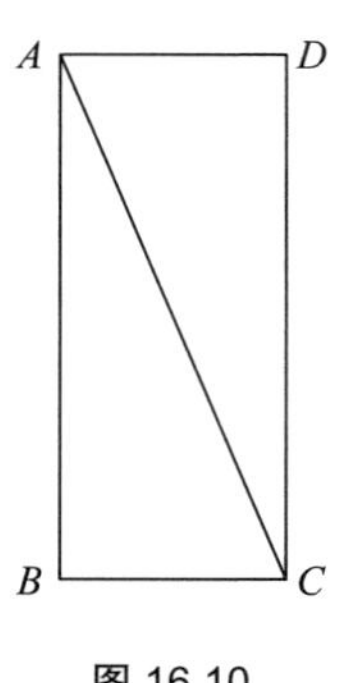

图 16.10

与例 7 不一样，这道题没有给出图形的最后状态，需要自己画。所以第一步就是作图。怎么作图？我们要抓住旋转的实质是什么。旋转就是画圆或圆的一部分，因此只要以 C 为圆心，分别以 BC、AC、DC 为半径作圆——当然不是作整圆，只要作 $\frac{1}{4}$ 圆即可，因为只转了 90° 嘛。由此得到图 16.11。

是不是和之前的例子很像？所以，我们的第一反应应该是什么？割补。至于说“割哪里、补哪里”，可以再讨论，但一开始的路子要确定好，明确了割补法以后，再开始思考“割哪里、补哪里”的问题。如果孩子知道用割补法，但是找不到从哪里开始割下去，这就是典型的一知半解的情况。不过，孩子能一知半解，也

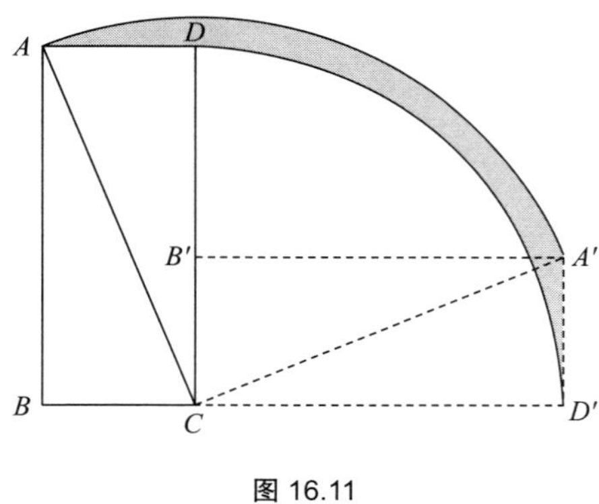

图 16.11

好过骗你说“懂了”。

应该怎么割补呢？联想在上一个例子中，我们最后补成的图形是一个扇面，结合本题的图，估计最后补出来八成也是一个扇面，但这个扇面在哪里找？这时就要从扇面的图形特点入手了。

扇面的图形有什么特点呢？两段弧有共同的圆心，对吧？而且从圆心连外圆弧上的任意一点，连线和内圆弧都有一个交点；这个交点到外圆弧的距离为定值，即大圆半径减去小圆半径。这就是扇面的特点，也是题目的根本所在。

抓住这一点，题目就迎刃而解了：只要连接 C 和弧 AA' 上的各个点来看看，就知道了（图 16.12）。我们发现，只有当连线经过 D 点这里开始，d 才是定值（d 表示外圆弧和内侧曲线上对应点之间的距离）；当连线越过 A' 之后，d 又开始变化了。所以可以肯定，一定是截 CD 和 CA' 这两条边界以外的部分。

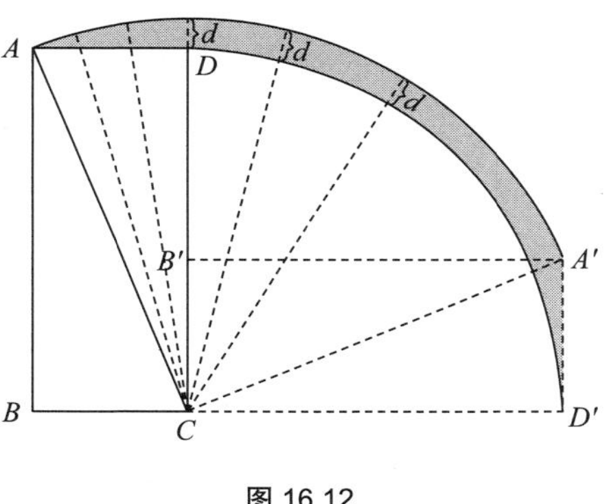

图 16.12

我们发现，把阴影部分和扇形 ACE（E 为延长 CD 和上面那段圆弧的交点）的公共部分挪到 $\triangle A'CD'$ 在 $A'D'$ 之外的空白处，两部分恰好重合，于是拼成了一个扇面（图 16.13）。这个扇面的圆心角为 90 度，大圆半径为 13，小圆半径为 12，所以阴影部分面积为 $\dfrac{25\pi}{4}$。

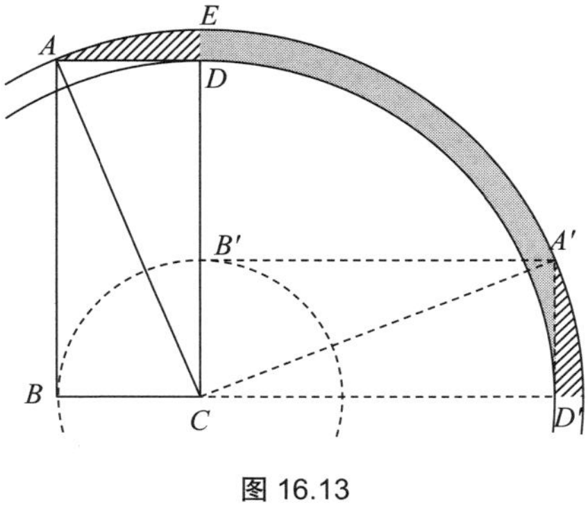

图 16.13

在圆面积相关的题目中，“裁剪拼凑”也是一种常见的思路，它需要把原有的图形重新组合，但能大大减少计算量。这是在你已经能非常熟练地运用割补法的前提下，才能进行的操作，其使用要求会更高一些。我们来看例题。

例 9 **如图 16.14，正六边形的面积为 4160，空白部分是 6 个半径为 20 的小扇形，求阴影部分面积。**

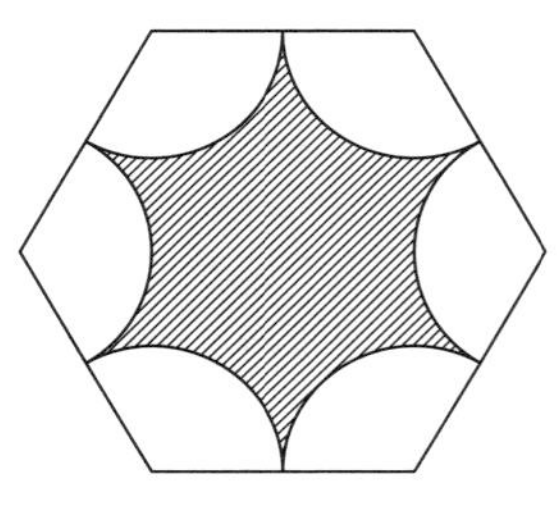
图 16.14

这要是直接做，还真是不好办。但我们注意到，3 块空白小扇形拼起来就是一个整圆，所以，所有空白部分就是两个整圆。只要把正六边形的面积减去两个半径为 20 的整圆的面积，剩下的就是阴影部分面积，即 $4160-800\pi$。

再看一个例子。

例 10 **如图 16.15，正方形边长为 1，正方形的 4 个顶点和 4 条边分别为 4 个圆的圆心和半径，求阴影部分面积。**

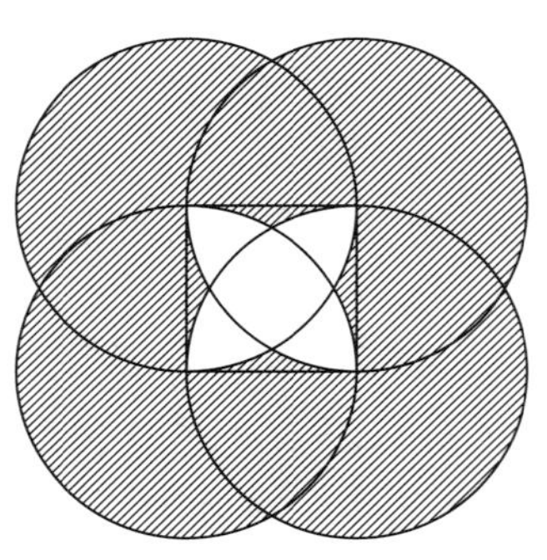
图 16.15

硬做行不行？当然可以，在找不到好办法的时候，硬做当然是个不错的办法。但是这次，我都没有勇气去硬做。我觉得，小学生中应该没几人有能力通过硬算把这道题做出来。

问题是，怎么巧算？还是要注意观察阴影部分中哪个地方看起来最难处理。我们通过观察发现，中间的正方形在除掉空白以后，余下的 4 个属于阴影部分的小曲边三角形最难处理，也就是除掉中间那个像中央电视台老图标以后，正方形里剩下的阴影部分——我似乎暴露了年龄……然而，把这 4 小块

曲边三角形，向外平移一个单位，是不是正好能把两个圆中间的那个缺口给补上？（图 16.16）

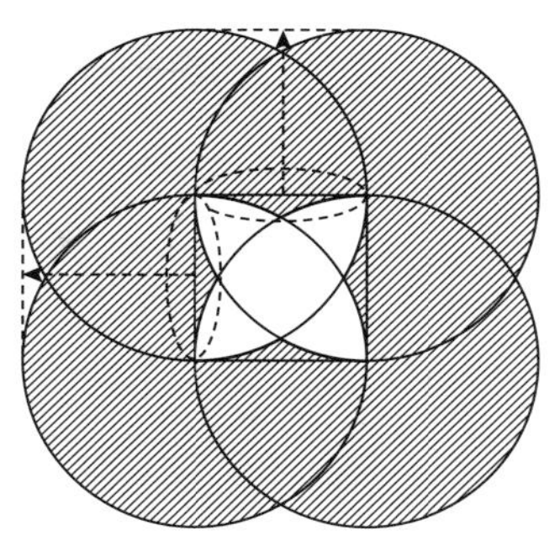

图 16.16

于是，原图变成了图 16.17 中的样子。如此一来，我们要计算的就是这样一块阴影图形的面积。这时，题目看起来似乎并没有容易多少，但如果再作图 16.17 中的切割，就会发现阴影部分其实是由 4 个 $\frac{1}{4}$ 圆和 4 个边长为 1 的正方形组成的。因此，阴影面积直接可以口算得到：$\pi+4$。是不是有点儿意思了？

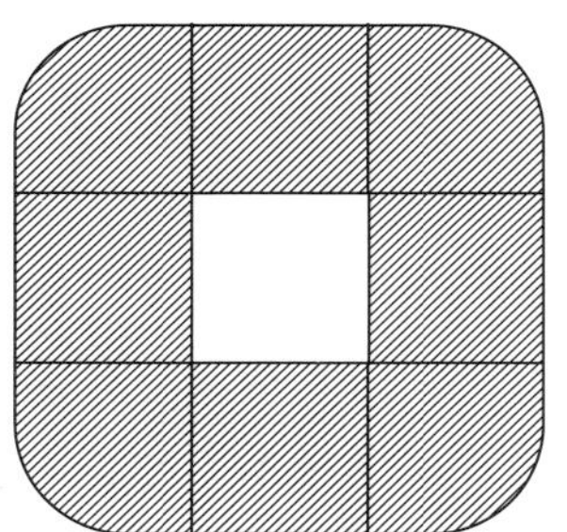

图 16.17

例 11 **如图 16.18，4 个圆的圆心是一个正方形的 4 个顶点，如果每个圆的半径是 2，求阴影部分的总面积。**

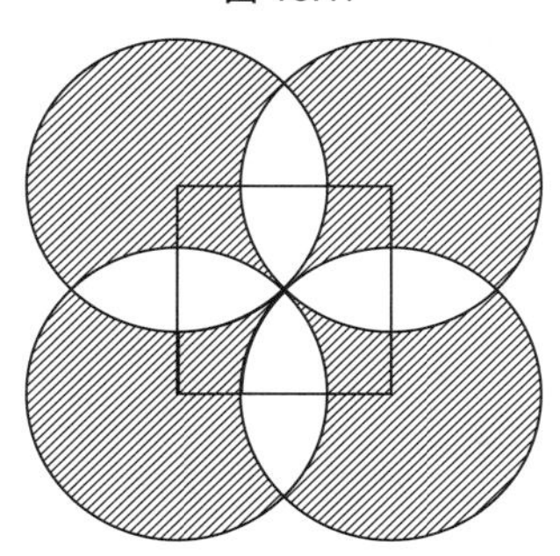

图 16.18

这道题若采用硬算，看起来比上一题要靠谱许多了。和上一题不同的是，本题中任意 3 个圆仅交于一点，也就是说，有公共面积的部分只需考虑 2 个圆的情况。由对称性，我们只要算出其中一块小阴影部分面积，然后乘以 4 就可以了。

我们把其中一块空白一分为二，变成两个小弓形，这个弓形的两个端点和圆心相连以后得到的圆心角是 90°。然后，用 $\frac{1}{4}$ 圆的面积减去一个腰为 2 的等腰直角三角形的面积，就得到了弓形的面积，接着再用圆的面积减去 4 块弓形面积，就得到了这一小块阴影部分的面积。具体步骤，留给读者自己画一画。

有没有更简便一点的办法？

大丈夫能屈能伸，阴影部分可凹可凸。——贼叉

我们可以分别把2块空白的弓形和2块阴影部分的弓形换一个位置——看，出现了什么?（图16.19）我们发现，阴影部分就变成了一个边长平方为8（由勾股定理，边长的平方等于两条半径的平方和）的正方形！本题直接变心算题，答案是32。

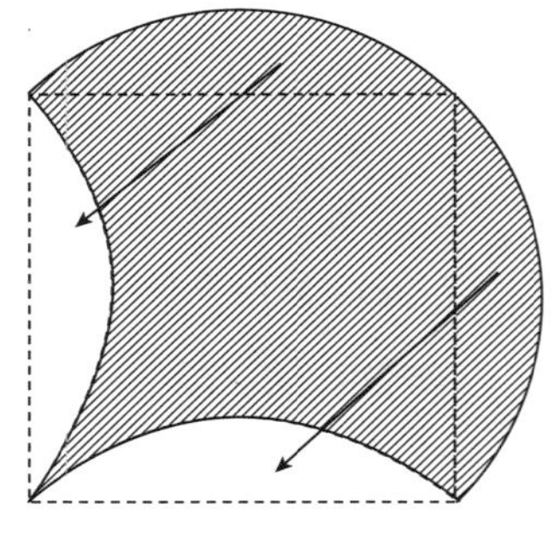

图 16.19

生活不是缺少美，而是缺少对美的发现。做题不是缺少简便方法，而是缺少对简便方法的发现。除了割补，还要适当地运用旋转、对称的办法，把曲线图形变成直线图形，这是这类题目的另一条思路。

例12 如图16.20，3个圆半径都是10，且两两相交于圆心，求阴影部分面积和。

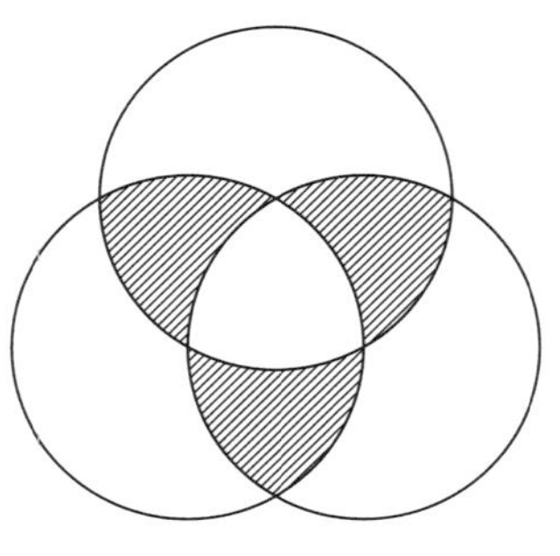

图 16.20

提示：心算题。

如果你可以心算解决本题，那说明你的眼力已经被练出来了——注意，是心算，不是“秒掉”[①]。如果能做到“秒掉”的话，那你绝对是佼

① 十秒做掉。

佼者了。既然我已经提示大家可以用“心算”，意思就是本题的计算量不大，但一定不会是上来就能直接计算，否则心算也做不出来。我们一定要把这个图形转化成很容易计算的图形面积，而转换后的图形应该就是圆或扇形。

这 3 块阴影的面积相等，那么第一步应该考虑什么？没错，就是先看看能不能计算出一块的面积，然后乘以 3；如果这样做不出来，再考虑怎么割补，把 3 块拼一起。思考要有顺序，不能东一榔头、西一棒。

这个图形该怎么转化呢？我们发现，除了圆以外，能直接计算面积的其他任何图形，其边界一定是包含直线段的（包括扇形）。图中阴影部分的 3 条边都是圆弧，因此肯定不能直接计算其面积。需要转化。

从前面大量的例子不难发现，弓形在曲线图形中有着非常重要的地位，因此，我们不妨看看它能不能起什么作用。连接两个圆的圆心，以及两个圆心与两个圆在圆周上的交点，借此形成一个等边三角形；从阴影部分里截取一块弓形，“补”到三角形中的空白处，阴影部分是不是就变成一个圆心角为 60° 的扇形了？（图 16.21）所以，3 块扇形拼在一起就是一个半圆，其面积为 50π。

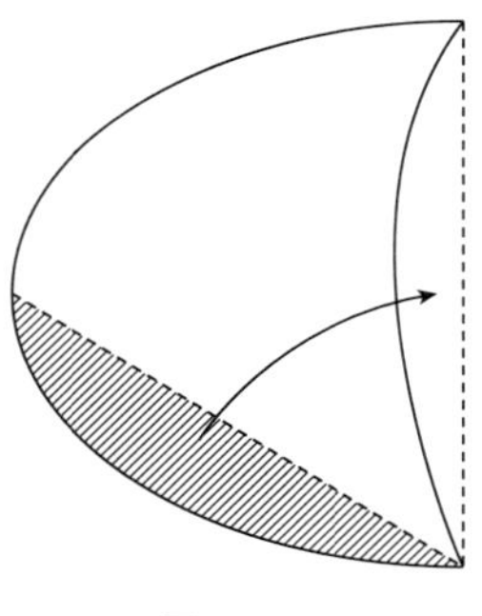

图 16.21

例 13 **图 16.22 中是一个钟表的表盘，求图中阴影部分甲与阴影部分乙的面积之比。**

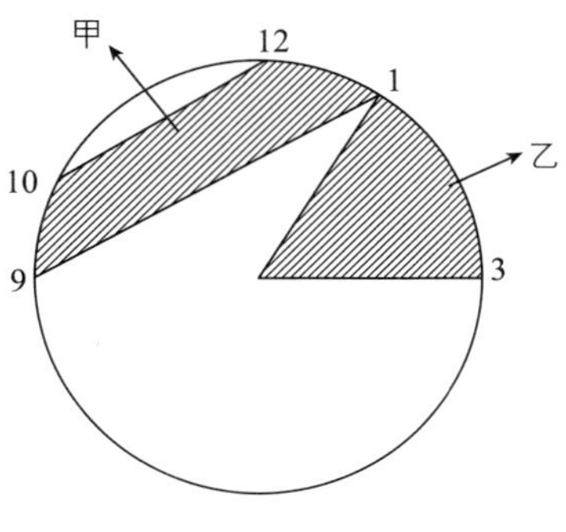

图 16.22

提示：还是心算。

讲道理，这提示得很明显了。首先处理比较容易处理的乙的面积，它等于 $\frac{1}{6}$ 圆的面积。那么甲呢？我们发现直接计算甲的面积是有困难的。如果要硬算，需要计算出一个圆心角为 120° 的扇形面积，然后减去一个等腰三角形的面积，再减去一个弓形的面积。

等等，圆心角是 120°？也就是说，连接 9 点和圆心，把左边空白部分都涂满，再加上甲，这部分扇形面积正好是乙的面积的 2 倍。

我们似乎发现了些什么重要的东西。这空白部分和甲的面积比例关系能求吗？似乎也很困难。又陷入僵局了？并没有。既然计算空白部分和甲的面积比例关系很困难，那么就转而计算空白部分和乙的面积比例关系，不就等同于知道了乙和甲的面积比例关系了吗？

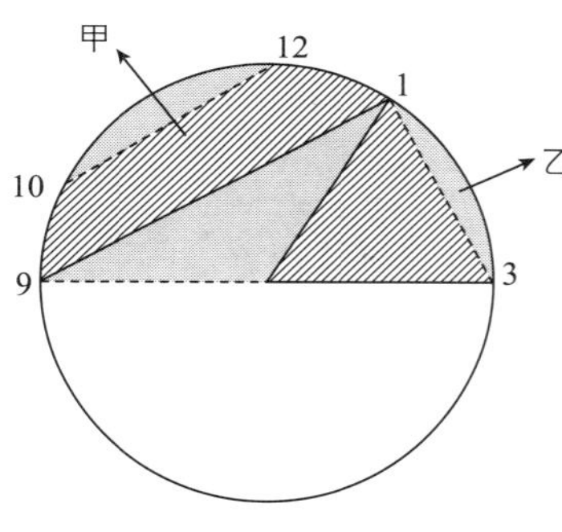

图 16.23

既然空白部分可以看作一个等腰三角形加上一块弓形，那能不能把乙也分成一块弓形和一块与等腰三角形等积的三角形（图 16.23）？连接 1 点和 3 点，得到了一个等边三角形和一个弓形。显然，这块弓形和 10 点与 12 点连线的空白处弓形面积相等，而等边三角形和左边 9 点、1 点和圆心围成的空白的等腰三角形等底同高，于是两者面积也相等。所以，左边空白部分与乙的面积比是 1 : 1，最后算得甲和乙的面积比就是 1 : 1。

思路清爽吧？再来一个。

例 14 **如图 16.24，两个半径为 1 的半圆垂直相交（两条直径垂直），求图中两块阴影部分的面积之差。**

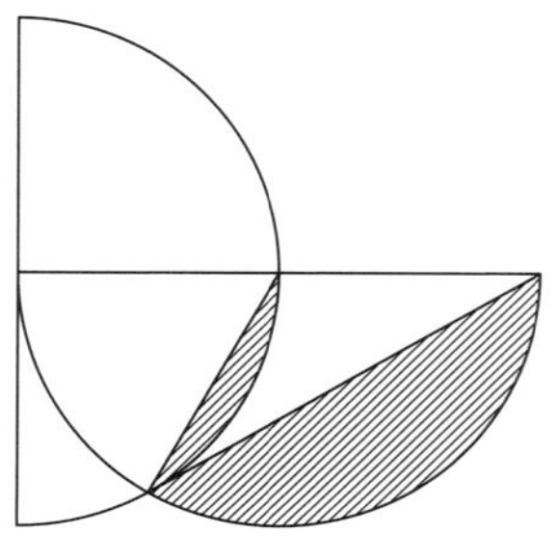
图 16.24

我们当然可以计算出这两块弓形的面积，而

且计算难度不大。如果你第一眼看不出有什么巧妙的解法，那么硬算当然是没有任何问题的。我们计算出大的弓形面积为整圆的 $\frac{1}{3}$ 减去一个顶角为120°、腰长等于半径的等腰三角形的面积；小的弓形面积等于整圆面积的 $\frac{1}{6}$ 减去一个边长等于半径的等边三角形的面积，而该等边三角形的面积和等腰三角形面积相等，于是两块阴影的面积之差恰好就是整圆面积的 $\frac{1}{6}$。

当然，我们也可以按照图 16.25 中所示，用网格来填充一些空白区域。由于等腰 $\triangle ABC$ 和等边 $\triangle ABD$ 等积，因此原来的阴影部分面积之差就等于扇形 ABC 和扇形 ABD 的面积之差，得到的结果和前面一样。

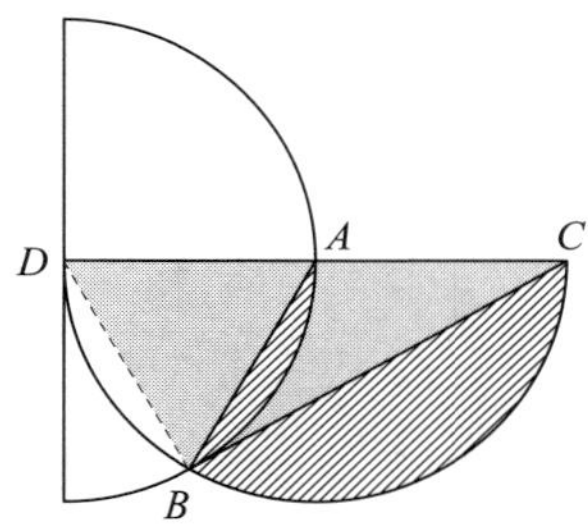

图 16.25

当然，以上有些例题如果不采用一些特殊解法，对于小学生来说，硬算确实有很大难度，但是，不是所有题目都必须让孩子们做出来——人人都会做的，那还是难题吗？

我们最终的目的是让孩子在自己的能力范围之内尽可能提升水平。但面对有些确实太难的题目，如果你非要逼孩子去理解，搞得孩子产生逆反心理，从此毁了他们对数学学习的兴趣，只怕到时候哭都来不及。辅导孩子一定要量力而行，不要求全责备。如果在上述的例子中，有些题连你都想不出解法，那么对孩子来说，想不出来也是正常的。

千万别光顾着看答案，要看的是整个思考过程。当然，这些题目都是根据我认为的小学生最有可能找到的思路讲下来的。面对自己的孩子，家长要适当调整方法，即所谓的因材施教。

之前在讲代数的时候，我已经反复强调，我给出的解法并不一定是最优解——当然，并不是我找不到最优解，而是有时候我的第一反应并不是最优解，需要刻意去找。事实上，我认为有时候过分追求“最优解”是没有任何意义的，你花大量时间寻找最优解，也许用自己最熟悉的思路早就做出来了。

每个孩子都有自己的学习习惯和思维方式，我们的目标是让孩子能摸索总结出一套属于自己的做题思路，这才是有意义的。孩子压根儿想不到那些“花哨”的解法也就算了，但如果他要花很长的时间才能想到，在实战中其实也就等于不会。题目往往不是只有一种做法，但对孩子来说，最适合自己的方法可能只有一种。只要孩子能总结出一套属于自己的方法，在碰到困难的时候知道怎么转弯，这远远胜过套用所谓的巧妙解法。所谓“乱花渐欲迷人眼”，千万不要逼迫孩子一定要用贼老师的方法或家长的方法，只要孩子能把做题的思路理清楚，做起题来有一定的先后次序，我觉得就很不错。

小学阶段的面积问题看似不用非常严格的证明，但证明在培养孩子对图形的敏锐性，以及在帮助孩子理解几何问题的核心是数量关系和位置关系方面，都是大有好处的。虽然到了中学阶段，面积问题不再是重点，但我们要掌握的是在解决面积问题的过程中的那些手段，特别是在面对陌生问题时该如何破题、如何转弯，这些都是宝贵的经验。做好了这些事，就能顺利地完成小学到初中的平面几何学习的衔接。

接下来，就让我们进入初中平面几何的学习吧。

外一篇

我想分享一道我曾经做错的与圆有关的题目。题干很简单：

一个大圆半径为 5，一个小圆半径为 1，小圆和大圆处于相切的位置。小圆开始沿着大圆的圆周转动，当小圆转回初始位置的时候，请问它转了几圈？

我当初想都没想，就答了“5 圈”，结果当然错了——正确答案是 6 圈。我一时很不服气，想了一会儿之后，决定做个实验：由于 6 比 5 大 1，所以我猜测，假如大圆半径是小圆半径 n 倍，那么小圆回到初始位置时转的圈数应该是 $(n+1)$；因此，我拿出两枚一元硬币，把它们相互顶住，让一枚硬币沿另一枚硬币的边界滚动。结果外侧硬币转了 2 圈。这个实验取材简单，大家都可以试试看。你会发现，外侧硬币的的确确是转了 2 圈才回到原来的位置。

真神奇！我这才相信自己一开始做错了。但是，那多出的一圈是哪里来的呢？

事实上，当小圆绕着大圆外侧转动的时候，它本身还要自转。对于一个转动的圆来说，当其圆心转动的距离为另一个圆的周长时，前者恰好就转了一圈。因此，当固定的大圆半径是转动的小圆半径的 n 倍时，小圆绕大圆的外侧转动一圈，小圆圆心距离大圆圆心的距离恰好是小圆半径的 $(n+1)$ 倍。因此，当小圆再度回到出发点时，我们可以等效地认为，小圆圆心绕着一个半径是其本身半径 $(n+1)$ 倍的大圆走了一圈，所以，圆心走过的路程是小圆周长的 $(n+1)$ 倍，即小圆转动了 $(n+1)$ 圈。

若小圆和大圆内切，小圆沿着大圆的内侧走一圈，此时就可以把小圆圆心等效地看成绕一个半径是自身半径 $(n-1)$ 倍的大圆走了一圈，即小圆绕了 $(n-1)$ 圈。

我想讲讲这道题，是因为在很多时候，我们都在“想当然”地做题。比如，美国有个很著名的电视节目叫《三道门》，节目设了三道门，其中一道门后有一辆汽车，其他两道门后是一只羊。参加节目的人只要猜对汽车在哪扇门后面，就可以开走汽车。当你选定了一扇门之后，主持人会打开一扇背后有羊的门；这时候，你有一次更改选择的机会，请问：你的策略是换还是不换最初的选择？

粗粗一看，换不换，猜对的概率不都是 $\frac{1}{3}$ 吗？所以，很多人觉得不应该换。其实，这是一道很有意思的条件概率问题。对这一问题的详细解释超出了本书的内容范畴，这里只给出最后的答案：如果不换，你猜对的概率确实是 $\frac{1}{3}$；但如果换了，你猜对的概率就变成了 $\frac{2}{3}$。是不是和你的直觉大相径庭？

每个人都有自己的思维定式，不是说思维定式一定不好，比如下围棋就有定式，那是多少前辈棋手智慧的结晶啊！如果孩子对某一个知识点形成了思维定式，那么对于解决熟悉的问题肯定是有好处的。但是，一旦碰到那种“形似神不似”的情况，一味沉浸在思维定式里，恐怕就不是什么好事了。就像上面的例子，我都栽过跟头，对一般的学生而言，更需要注意判别题目究竟能不能用自己熟悉的方法来解决。

最后来看一道最“坑”的题目：

求下列方程的正整数解：

$$\frac{a}{b+c}+\frac{b}{c+a}+\frac{c}{a+b}=4$$

是不是看着就像一道普通的初中数学题？然而，最后满足方程的解是一个 80 位数……

第三篇

初中篇

终于进入了初中平面几何的学习。

带着在小学积累起来的对几何的感性认识，我们即将开始真正的“平面几何之旅”。必须要指出的是：初中的平面几何内容和之前最大的区别在于“严格”。是的，你即将接受严格的逻辑训练，你所写下的每一句话必须言之有据。像在小学时那种不加证明的结论不复存在了，哪怕“肉眼可见”的那种显然结论，也必须经过严格的证明才能过关、使用。

从我以往的教学经历来看，大多数在小学阶段几何学得好的同学进入初中依旧能保持一定优势，但也有少部分同学渐渐掉队了，因为他们沿袭了小学的学习方法，没有意识到中学阶段在学习方法和内容上的差异，所以总是沉浸在以往熟悉的技巧中难以自拔，渐行渐远。但也有的同学在小学阶段几何学得一般，却因为掌握了正确的学习方法，抓住了重点，从而后来居上。所以，过去的就让它过去吧。我们一定要深刻认识到：每个阶段的数学学习都有其自身的特点，如果不及时调整方法，总躺在过去的“功劳簿”上，吃亏的只能是自己。

（一）三角形

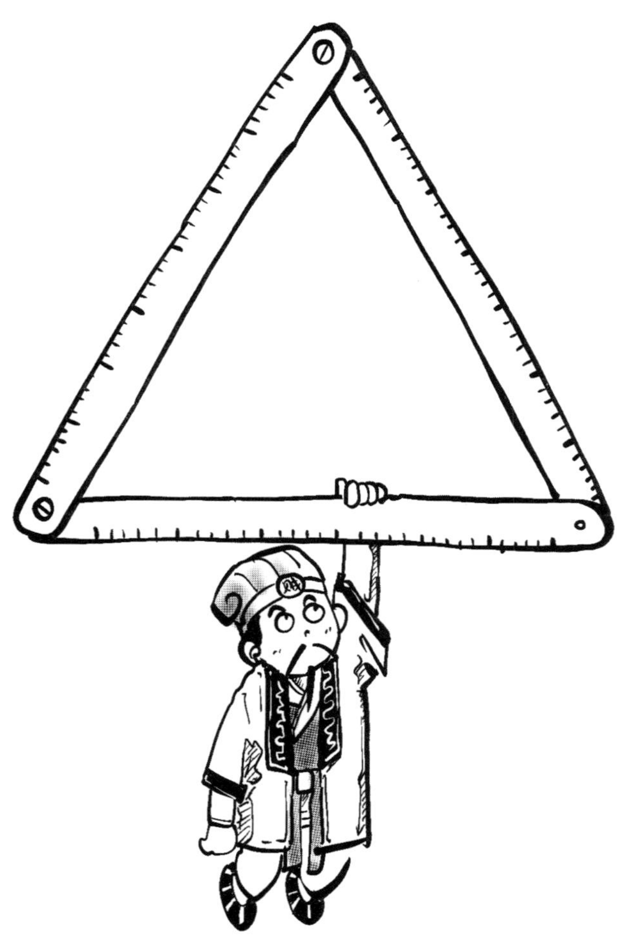

17 三角形的基本概念

三角形是初中平面几何学习的重中之重，我将用较大的篇幅来仔细谈谈三角形及其相关问题。让我们带着之前的疑问走进三角形的学习，而答案也会陆续揭晓。

很多家长对我讲的关于加辅助线的“十字原则”很感兴趣，纷纷问我：“到底是哪十个字?”其实说穿了很简单：**取中、作平、连对角、延一倍**。掌握好这十个字，应付中考难度的平面几何基本就没问题了——就这么神奇。

取中　作平

连对角　延一倍

“取中”就是找一条边的中点，“作平”就是作平行线，“连对角”就是连对角线，“延一倍”一般指延长对角线一倍。当然，一些类似“截长补短”“作对称”的方法也很常用，不过，相对上面这十个字来说，后者的使用频率还是稍微低了一些。

我们用一些具体例子来说明这十个字的重要性。

三角形的第一个重要定理就是“三角形内角和定理”。我们知道，数学证明分为两种，一种是:“这也要证啊?!”另一种是:“这也能证啊?!”而三角形内角和等于 180° 这个定理是兼而有之。从小学开始，孩子们就知道这个结论。但是，这也是要证明的！今天的我当然有多种办法可以证明，但对于刚接触平面几何的学生来说，他们肯定是一头雾水。这就好比，你一直踏踏实实地吃饭，但突然一天有人告诉你，你得先证明“饭是可以吃的”一样。

小学老师一般通过图示的办法，把三个角剪开，再拼成一条直线，然后就可以告诉学生们这是 180° 了。当然，从小学数学的教学要求来说，这没毛病。

然而，我不知道大家是否玩过这样一个游戏：很多小积木块拼成一个矩形，然后拿掉其中一块积木，剩下的那些积木仍然能拼满整个矩形。事实上，这个游戏就是利用了人的肉眼无法观察得足够细微这个缺陷。当你拿走一块积木后，剩下的积木之间其实是有缝隙的，并不能拼成一个严丝合缝的整体，但在视觉效果上，整体的矩形却和原来没什么区别。

这说明什么？这说明眼睛是会骗人的！你把三个角拼在一起，说它们凑成了 180°，那么，有没有可能是 181° 或 179° 呢？要知道，肉眼是无法分辨出这点细微差别的。所以，只有依靠严密的逻辑论证才能保证证明的严谨性！事实上，我们必须给孩子指出这一点——这恰恰是小学和初中几何学习之间的最大区别：我们可以依赖几何直观，但是最终都要回到严格证明。

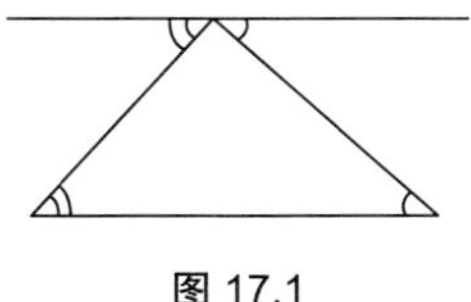
图 17.1

证明方法很简单，过三角形的某一个顶点，作它的对边的平行线；因为两对内错角相等，因此可证得三角形内角和为 180°（图 17.1）。

这里有什么需要注意的地方呢？这就是一个对数学理解的问题了。还是那句话，数学最核心的思想方法就是化归。想证明三角形内角和定理，就必须先问自己这样一个问题：我手上有什么数学工具呢？

是啊，我手上有什么工具？

仔细回想一下，此时我们手上的工具只有平行公理（我默认读者对平行公理已经熟知），对不对？除此之外，一无所有，这里根本没有留给我们任何选择的余地。所以，我们只能选择用平行公理来证明三角形内角和定理。但是三角形并没有自带平行线，因此必须添加辅助线，而这条辅助线就是平行线。

三角形有三条边，这条平行线应该怎么加？

由于该定理对任意的三角形都成立，所以，这条平行线可以与三角形的任意一条边平行。这样做的理由是什么？就是“任意性”。因为是“任意”的——随便跟哪条边平行都行——而且没有其他任何附加条件，所以三条边的地位就相同了。

为什么一定要过顶点呢？

再回头看结论：180° 意味着什么？一个平角。换句话说，这三个内角拼在一起应该恰好是一条直线。于是，如果过三角形的某一顶点作平行线，就能把原来的一个内角用起来。这就是思路。

很多家长自己当学生的时候就看不起这些基本概念，而且总认为孩子数学成绩不好，就是刷题不够。“读书百遍，其义自见”也需要孩子有悟性，否则，重复再多次也是徒劳无功。而在接触新的内容时，怎样让基本概念、基本定理看起来很有用，这也是一门学问——很深的学问。

我们该如何去学习三角形这块内容呢？

回忆一下我在之前讲的平面几何研究的核心问题是什么。没错，你应该能脱口而出：数量关系和位置关系。这下你都明白了吧？来来来，把刀放下，别着急，我再讲讲还不行吗？

既然平面几何研究的核心是数量关系和位置关系，那么很自然有一个问题：一个任意三角形中，有哪些数量关系和位置关系呢？

我们研究数学的规律是从一般到特殊：先给出一些最基本的概念，这些概念是放之四海而皆准的。概念越宽泛，适用范围越广，结论就越弱。所以对于学生具体做题来说，概念确实看起来“用处”不大，因此往往被人忽视。但是，成绩“很好”和“较好”的区别往往就在于这些细微的地方。

比如，已知三角形的三条边长为 a, b, c，且 $(a+3b-c)(a+b-2c)=0$，求三条边之间的数量关系。很多学生就会写 $a+3b=c$ 或者 $a+b=2c$，造成失分。

为什么？因为“套路”练得太多了，孩子看到两式相乘等于 0，就觉得只要有一个分量等于 0 即可，前面写的“三角形的三条边长”这几个字被自动屏蔽了。

作为一个真正的“高手”，他首先会想：为什么这里是三角形的三条边长？如果去掉“三角形的三条边长”这几个字，题目会有什么不同？很显然，假如去掉这几个字的话，那么 $a+3b=c$ 或者 $a+b=2c$ 一定是对的。但是，现在这三个字母是有几何意义的，这一条件肯定不会白给，所以就要往三角形的一些性质上去想。应当把上述哪个式子排除呢？

我们发现 $a+3b=c$ 是不可能成立的，因为三角形的两边之和大于第三边，所以 $a+3b>a+b>c$ 才对；因此，结论只能是 $a+b=2c$。你看，想得一部分的分数很容易，但想得满分，就要处处提防陷阱。而最常见的陷阱就来自基本概念，因为很多时候，它们都是被忽视的。

当然，这个思考过程对高手来说就是一瞬间的事，但还原出来确实需要费点儿笔墨，而且，就是这“一瞬间”拉开了高手和一般选手的差距。

所以，我们在研究三角形的时候，一定先从最一般的三角形开始看，因为后面各种特殊的三角形问题都是建立在普通三角形的基本性质之上的。这就好比，所有的白马都是马，但不是所有的马都是白色的，这是一个道理。

三角形内最直接的数量关系就是三角形内角和为 180°——这也是最明显的关系，但仅涉及角度的数量关系。然后呢？我们知道三角形的要素包括角和边，所以，下一步的重点自然要放在“如何找到构成三角形三条边的线段之间的联系”上。如果你是按照这样的逻辑顺序思考的，那么你就很有水平了。如果家长自己之前没有这样思考，那么现在也可以引导孩子进行这样的逻辑思考。把平面几何的所有知识点都紧紧围绕着数量关系和位置关系去思考，孩子的视角会开阔很多。

接下来，我应该隆重推出三条线：中线、角平分线、高。前两条线都和数量关系有关，第三条线则代表了位置关系。

如果你是老师，接下来应该怎么启发学生？

我会开始讲中线、角平分线和高的定义是什么。

这样讲当然可以，但我觉得还可以做得更好。比如，我们先看看全等三角形……

18 全等三角形

既然平面几何研究的核心问题是数量关系和位置关系，那么，全等三角形的存在至少展现了数量关系。

全等图形指的是两个能完全重合在一起的图形。根据这个定义，我们得到了关于全等三角形的判定法则：边角边（SAS）[①]、角边角（ASA）、边边边（SSS），并且可以得到角角边（AAS）全等的直接推论。

证明两个三角形全等之后，就能得到其所有对应的边和角都相等的结论了，这就解决了数量关系。

这里特别指出全等三角形中“对应”的概念。无论用哪个判别公理或定理，你只要把对应的边和角找到就行了。而且大家一定要注意三角形字母书写的顺序：比如$\triangle ABC$全等于$\triangle EFG$，那么这意味着，两个三角形中相同位置的字母代表的角是相等的，相同位置的两个字母代表的线段长度是相等的。

作为家长，有必要时刻提醒孩子注意对应二字，这是全等的精髓所在。

所以，如果在多边形的相关题目中涉及证明线段或角相等，那么你的第一反应就是：利用“全等”，应该是一个靠谱的选择。

---

① 有两边及其夹角对应相等的两个三角形全等，即可简写为“边角边”，字母缩写为SAS；其中S代表“边”（英语 side），A代表“角”（英语 angle）。后面同类概念都使用字母缩写，就不一一解释了。

当然，对于初学者来说，在全等三角形判定法则的使用过程中会有很多“触雷”的风险，比如，SSA 能否判别两个三角形全等？这绝对是个好问题。我们很容易得到结论：SSA 并不能判定两个三角形全等……

我知道原因！很简单，如果这可以判定两个三角形全等，那么我们的教材上应该有写；但现在教材上没有写，所以一定不对。

当然，标准的做法就是给出反例（图 18.1）。

我们构造出两个三角形$\triangle ACD$和$\triangle ACB$，在这两个三角形中，$AC=AC$，$AB=AD$，$\angle C$是公共角。显然，$\triangle ACB$和$\triangle ACD$不全等。

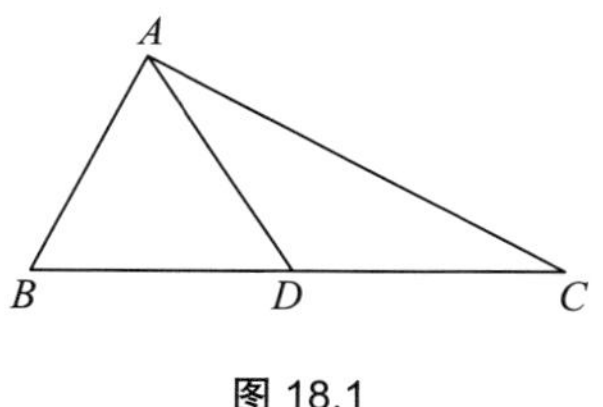

图 18.1

一般来讲，反例当然会很成功，也很震撼。但很多时候，论证也就到此结束了——戛然而止。事实上，我们还可以有一个更精彩的问题：有没有这种可能，当三角形满足一些特定性质后，SSA 也可以判别三角形全等？

我们知道，AAA 是一定不能保证三角形全等的，必须要加一条边当作条件；而一条边、两条边、三条边的情况都已经列举完了，唯独这个 SSA，像一根刺一样扎在这里。讲真话，看到这样一个“异类”，你不觉得难受吗？反正我是觉得挺不舒服的。

那么，如何改造这个判别条件，使得两个三角形在 SSA 的情况下也能全等呢？

我们注意到，在上述反例中，$\triangle ABC$ 和 $\triangle ACD$ 分别是锐角三角形和钝角三角形。而 AD 可以看作以 A 为圆心、AB 为半径作圆，和 BC 交于两个点 B 和 D，然后连接 A 和 D 所形成的半径。一笔写不出两个“贼”字，但一笔真的画出了 SSA！于是，我们来想一个极端情况：既然当圆和线段有两个交点时，画出的是两个不全等的三角形，那么当以 A 为圆心、AB 为半径作圆，仅和 BC 有一个交点 B 的时候（图 18.2），不就只能画出一个三角形了吗？

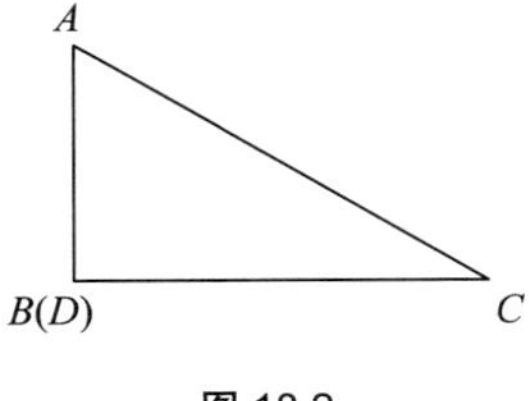

图 18.2

而此时很容易观察得到 $\angle ABC=\angle ADC=90°$，于是重新画一个 $\triangle DEF$，很自然推出：若在 $\triangle ABC$ 和 $\triangle DEF$ 中，$AB=DE$，$AC=DF$，$\angle B=\angle E=90°$，则两个三角形全等（图 18.3）。

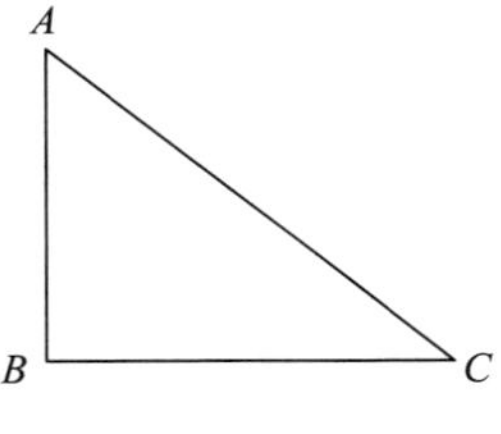

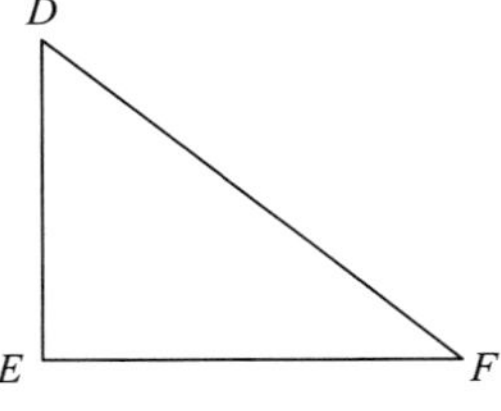

图 18.3

下一个问题自然是：怎么证明？

于是我们又要想：我们手上有什么工具？ SSS、SAS、AAS。现在已经有两条边和一个角对应相等了，所以要么证明第三条边对应相等，要么证明 $\angle A=\angle D$，对不对？

然而 $\angle A=\angle D$ 看起来并不那么容易证明，因为这个结论和 $\angle C=\angle F$ 等价，简直就是“鸡生蛋、蛋生鸡”，怪圈一个！所以，我们应该尝试证明第三条边是否相等。

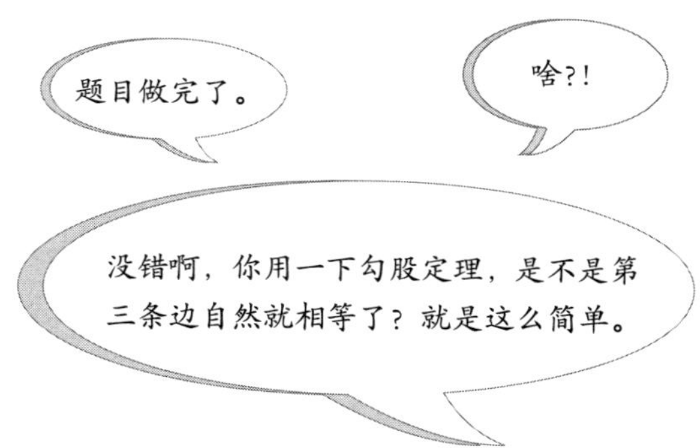

好，我们现在把命题改成：若在$\triangle ABC$和$\triangle DEF$中，$AB=DE$，$AC=DF$，且$\angle B=\angle E>90°$，则两个三角形全等。留给读者试试牛刀吧！

我们把 SSA 中的角为直角的情形记作 HL，这也是可以用来进行三角形全等判别的定理（如果教材上没有，在使用的时候建议证明一下）。

接下来看几道全等三角形的例题吧。

例 1 **如图 18.4，在四边形$ABCD$中，$AB=BC$，$CD=DA$，求证：两条对角线AC和BD互相垂直，且BD平分AC。**

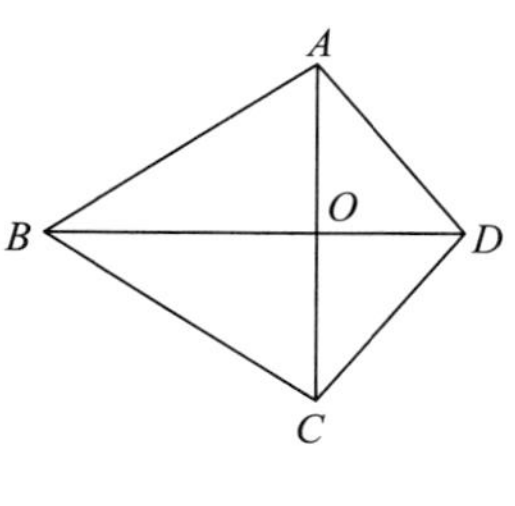

图 18.4

像这样有一条对角线是对称轴的四边形，我们可以叫它“筝形”——顾名思义，就是像风筝一样。虽然这看起来是一道四边形的题目，但请记住：多边形的基础是三角形。

而且，既然本题放在全等三角形的章节里讲，说明这次肯定要搞出全等三角形来，于是我们肉眼观察：哪里有全等三角形？

如果图画得足够准确，那么全等三角形是很好找的。我们设AC和BD

交于 O，那么从图上看，应该有三对全等三角形：$\triangle ABO$ 和 $\triangle CBO$，$\triangle ABD$ 和 $\triangle CBD$，$\triangle ADO$ 和 $\triangle CDO$。

很多学生在学习平面几何的时候觉得很困难，在做题目的时候也觉得很茫然，不知道从哪里下手。其实，学好平面几何的重要一步就是看图。我们在读题的时候，一定要把题和图结合起来看：边读题，边标注有用信息。比如我们就可以把图 18.4 中的 $AB=BC$ 和 $CD=DA$ 先分别标记出来（图 18.5），这样就不用反复地去读题，可以节约时间。（这句话是不是很熟悉？）

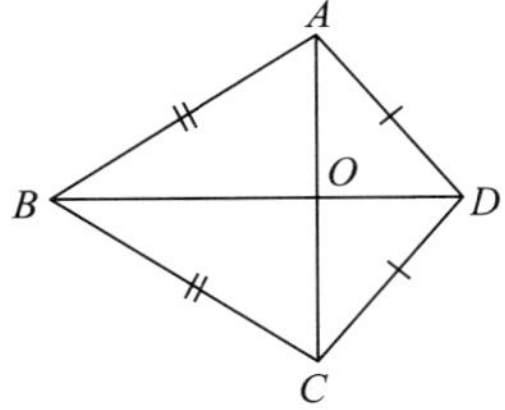

图 18.5

然后，我们根据图仔细观察题目，看看哪些是直观的结论。一般而言，越是大型的正规考试，题目配的图越是准确。因此，如果是在这类考试中，碰到了平面几何相关的涉及计算长度或角度的填空题和选择题，不妨试着直接拿尺子或量角器测量结果——这是比较省事的办法，也是认真学数学和应对考试的区别。

如果是解决大题，根据准确的图，我们可以很容易找到一些等量关系，然后看这些等量关系和最后要证明的结果之间的联系——这能直接指明我们应该努力的目标，是思路来得最快的办法。

所以，“作图准确，草图不草”是几何学习中的基本要求。当然，我会反复强调这个要求，因为我知道，讲一遍，你们根本记不住。

让我们回到上题，三对全等关系是直接根据图形判断出来的，那么接下来的问题是：哪对全等关系有用？那当然要结合最后的结论啦！结论要求“对角线互相垂直”，且 $AO=CO$。怎么才能得到这两个结论呢？很显然，只要证明 $\triangle ADO$ 全等于 $\triangle CDO$ 即可。

这两个三角形如何才能证明全等呢？$AD=CD$，OD 为公共边，如此一来 SSS 肯定不行，因为要求证明的目标怎么能拿来当条件呢？所以，我们目标要放在夹角上，即证明 $\angle ADB=\angle CDB$，这才是努力方向。

又该如何证明这两个角相等呢？估计还要再来一次全等——这是必然的选择。

这一对全等从哪里来？根据 $\triangle ABO$ 和 $\triangle CBO$ 全等吗？显然不对。因为这和前面要证明的 $\triangle ADO$ 全等于 $\triangle CDO$ 在本质上是一回事。所以，我们只剩下最后一个选择：证明 $\triangle ABD$ 和 $\triangle CBD$ 全等。这两个三角形全等简直一目了然，利用 SSS 即可。于是反推回去，题目就证明完了。

抓平面几何的学习，首先就是抓作图。初学的时候必须用尺子画准确，之后可以画草图，但草图一定也要够准确。如果你没那个本事，就先别着急徒手画图，否则会误导自己的解题思路——前面不是已经给你证明过，图画得不好，直角都能等于钝角吗？

我们来看一道"筝形"题目的变形题。

例 2 **如图 18.6，在筝形 $ABCD$ 中，$AB=BC$，$CD=DA$，$BK=2AK$，$BL=2CL$，M 和 N 分别是 CD 和 DA 的中点，求证：$KM=LN$。**

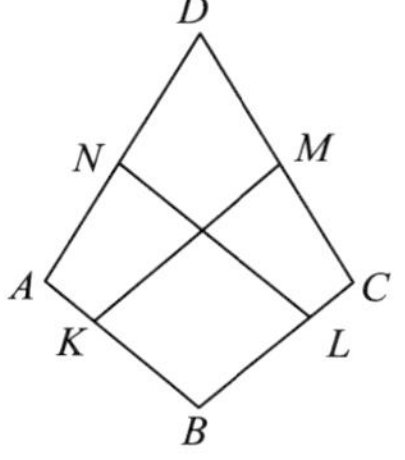

图 18.6

这道题里有三角形吗？没有，所以首先肯定要构造三角形，并且，一定要构造出一对全等三角形来。我们从例 1 知道，连筝形的对角线一定会有全等出来。但要注意：我们构造的全等三角形必然要包含 KM 和 LN，否则，最后的结论从哪里来呢？

如果直接连接 AC 和 BD，确实会有三对全等三角形，但无论哪一对都和要求证明的结论无关。因此，这条路一定是不对的。

那该如何构造全等三角形呢？当然是要找包含证明结论中这两条线段的全等三角形咯！不难发现，只要连接 BN 和 BM，目标三角形就出现了：我们可以试着证明 $\triangle NLB$ 和 $\triangle MKB$ 全等（图 18.7）。

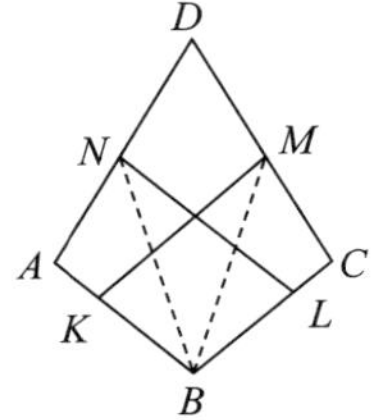

图 18.7

接下来就要对照全等的要素了。从现有的条件直接推导可知：$BK=\frac{2AB}{3}$，$BL=\frac{2BC}{3}$，所以 $BK=BL$；然后就没有然后了。无论是边还是角的相关条件，都没有了。

我们知道，想要判别两个三角形全等，至少需要一条边相等的条件——不管是 SSS、SAS、ASA 还是 AAS，一定要有一对相等的边，然后再来两对对应相等的其他要素（还要提防 SSA 的情况）。这道题里缺的东西有点儿多啊！所以，我们应该考虑其他要素相等能不能被证明。

试图证明 $KM=LN$ 肯定是徒劳的，因为这是最终要你证明的结论，如果有其他方法能够直接证得，那还有什么意思？

那试试证明 $NB=MB$ 呢？嗯，看起来挺靠谱的。

因为这两条线段分属 $\triangle NBA$ 和 $\triangle MBC$，这两个三角形“看起来”就全等，而且已知 $AB=CB$，且 $AN=\frac{AD}{2}$，$CM=\frac{CD}{2}$，$AD=CD$，所以 $AN=CM$。这时候还差一个条件：$\angle A=\angle C$。这并不难得到，只要连接 DB，根据例 1 的内容，我们马上可以证得 $\triangle ADB$ 全等于 $\triangle CDB$，于是 $\angle A=\angle C$。所以，$\triangle NBA$ 全等于 $\triangle MBC$，于是证得 $NB=MB$。题目……

事实上，根据$\triangle NBA$全等于$\triangle MBC$就可以知道，$\angle NBA=\angle MBC$，因为$\angle NBL=\angle ABC-\angle NBA$，$\angle MBK=\angle ABC-\angle MBC$，所以有$\angle NBL=\angle MBK$。这时再结合上面证得的两对相等的对应边，即可证明$\triangle NLB$和$\triangle MKB$全等。命题得证。是不是很简单？

例 3 **如图 18.8，设 P 为等腰直角三角形 ACB 的斜边 AB 上任意一点，PE 垂直 AC 于 E，PF 垂直 BC 于 F，PG 垂直 EF 于 G，延长 GP 并在延长线上取一点 D，使得 $PD=PC$，求证：$BC\perp BD$，$BC=BD$。**

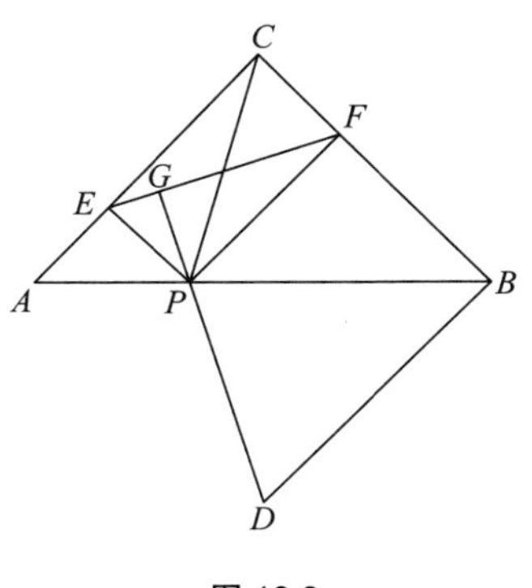

图 18.8

看到作图准确的好处了吧？

我们的目标是什么？很显然，是证明$\triangle BCP$和$\triangle BDP$全等，对不对？已知 PB 是公共边，且 $PC=PD$，所以更具体的目标是什么？证明$\angle CPB=\angle DPB$。有没有势如破竹的感觉？所以，我们真正要证明的就是这两个夹角相等。

但是，我们在图中似乎看不到其他有用的全等关系了，而要证明这两个角相等，肯定要找个“跳板”，不然这道题目就太没有意思了。$\angle CPB$ 有没有目测相等的角？并没有。而 $\angle BPD$ 有一个对顶角 $\angle GPA$，它会不会也和 $\angle CPB$ 相等呢？

根据已知条件，$\angle GPA = \angle EPA + \angle GPE = 45° + \angle GPE$，$\angle CPB = \angle FPB + \angle CPF = 45° + \angle CPF$。那么问题来了，$\angle GPE$ 是否等于 $\angle CPF$ 呢？

注意到 $\triangle EPF$ 是直角三角形，而 $PG \perp EF$，所以 $\angle GPE = \angle EFP$。又因为四边形 $CFPE$ 是长方形，且 EF 和 CP 是其对角线，所以 $\angle EFP = \angle CPF$，证得 $\angle GPE = \angle CPF$。倒推回去，题目就做完了。

这道题是 1997 年的全国初中联赛的试题。如果我一开始直接把题目的出处说出来，恐怕很多人都做不下去了——要么被吓到，要么嚷嚷“超纲”。但是，如果大家作图准确，并把证明结论中的两条边放到合适的全等三角形中去，题目似乎并不那么难做。

例 4 如图 18.9，在 $\triangle ABC$ 中，D 是 BC 中点，$DE \perp DF$，试判断 $BE+CF$ 与 EF 的大小关系，并证明你的结论。

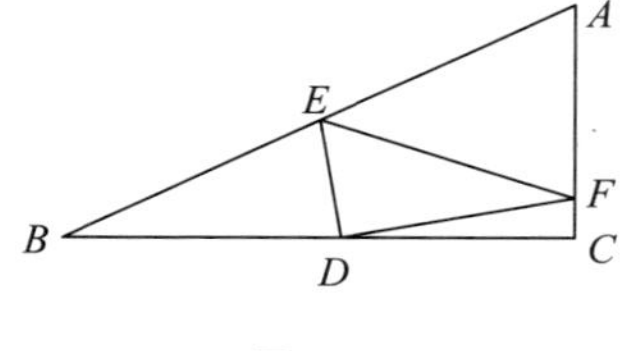

图 18.9

按照我的标准来看，这可真是一道好题。

好在哪里？

好在可以充分运用之前我提到的一切技巧。

首先可以肯定的是，这道题不简单，因为结论是开放性的。题目并不是让你直接证明 $BE+CF$ 与 EF 这二者之间相等、大于或小于的关系，结论需要你自己去找，然后还要自己证明。像这样的开放性问题往往会让很多初学者束手无策，甚至连一个解题的大概方向都找不到——光是探索正确的结论恐怕就要花费一定时间，关键是，心情搞坏了。

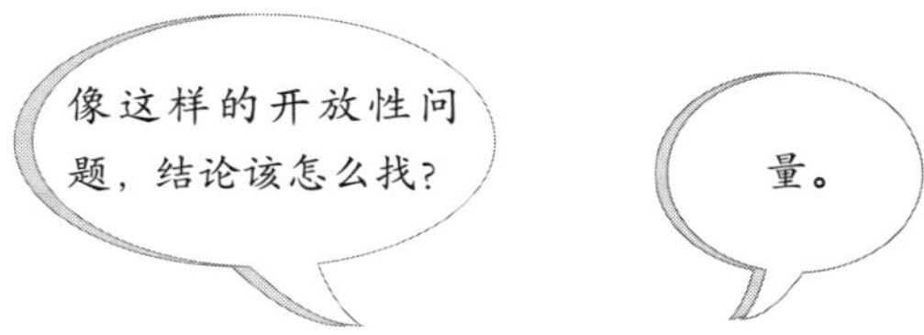

别发脾气，这确实是最直观的办法。各位亲爱的读者，请直接拿直尺量出这三条线段的长度，然后比较一下，很容易发现 $BE+CF>EF$。

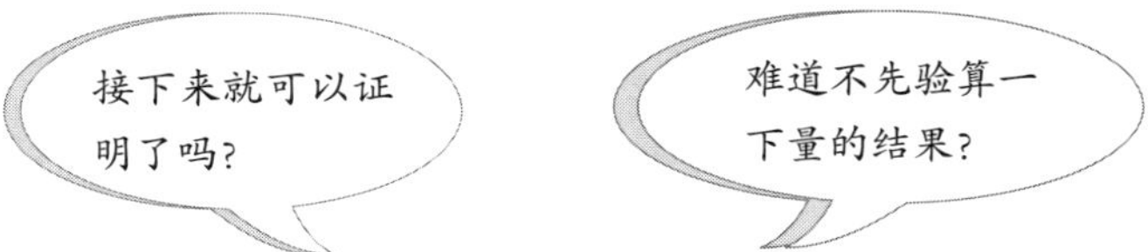

有个笑话：一个学生在考试的时候靠扔骰子做选择题，而且每道题目还要扔两遍骰子。老师看了很奇怪，就问他为什么这么做。学生理直气壮地回答：“难道我不要验算吗？”彻底瞎蒙都要验算一下，何况是我们这样有目的性的猜测呢？

那么，如何“验算”比较合理呢？我们可以用锐角三角形、直角三角形、钝角三角形分别试试，看看结论是否都是对的。经过这般验算之后，我们就比较放心了。谁说猜测的结果就不可以验算？或者说，可以不验算？

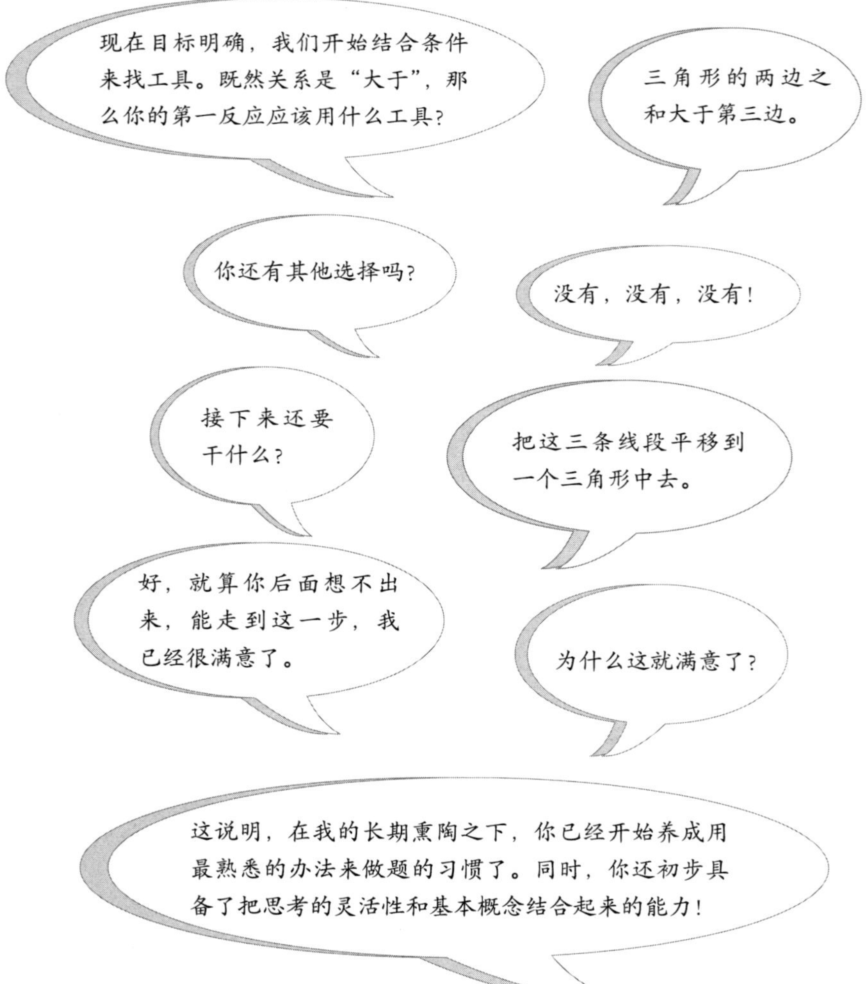

让我们进一步看看这题该怎么做。令人吃惊的是，对于题设中的主要条件，我们竟然一个都没用过呢！一个垂直，一个中点，该怎么用起来呢？

这时候可以提出一个启发性问题：前面既然说过，要把目标线段平移，构成一个三角形的三条边，那么看一看，有没有比较容易平移的线段？

显然，如果过 C 作 AB 的平行线 CG，然后使得 $CG=BE$，我们就相当于把 BE 和 FC 连在一起了，这时候很容易看出 $\triangle BED$ 应该和 $\triangle CGD$ 全等。但是，上述这种平移方法显然太不自然了。其实，我们只要把 ED 延长一倍，马上可以得到两个符合目标的全等三角形。

很多学生在看书上的例题时，就跟看小说一样只知道图个痛快，其实这样就失去了一次锻炼的机会。正确的做法是，看到例题以后先自己想一想。想什么呢？做题的“轮廓”。在这个过程中，不求细节，只要有大致思路即可。这个过程也不宜时间太长，花费几分钟就差不多了——考试的时候也不可能给你太多时间找思路。然后，你要做的就是把自己的思路和书上提供的解析做个对比，看看自己是否走在一条正确的路上。这对你快速找思路是一种很好的训练。

如果你想的“轮廓”和答案的思路不一样，那么接下来又分两种情况：一，你的方法也是对的；二，你的方法是错的。你可以在把题目和解析彻底看完之后，再推一推自己的思路，看看属于上述哪种情况。这个方法不光适用于几何学习，对代数的学习也一样有用。当然，一开始的时候，思考做题“轮廓”的时间可以适当延长一些，以后逐步缩短时间，否则刚起步的时候时间到了啥也没想出来，也达不到训练目的。

例 5 如图 18.10，在凸四边形 $ABCD$ 中，$\angle ADB=\angle ABC=105°$，$\angle DAB=\angle DCB=45°$，求证：$CD=AB$。

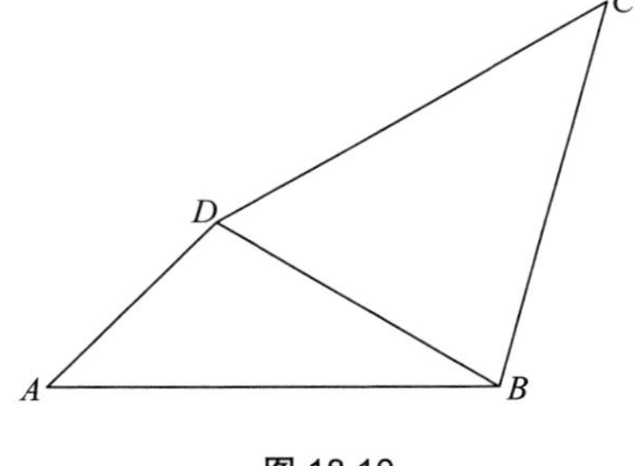

图 18.10

（唱）全等在哪里呀？全等在哪里？

按照惯例，遇到四边形的问题，应该考虑连一下对角线。于是我们连接 AC，发现……一对全等三角形都出不来！此路不通。

再回头想，我们的目标到底是什么？

找全等。但图中 $\triangle ABD$ 和 $\triangle CBD$ 显然不全等，而且连对角线未果，接下来该怎么办呢？

看看，能不能作和这两个已知三角形全等的图形？相信这是一个不错的选择。

该挑哪个三角形作为目标呢？

按照我的个人习惯，挑 $\triangle ABD$ 比较好，即构造一个三角形，使其与 $\triangle ABD$ 全等。我这么选择的理由是 $\triangle ABD$ 占的空间比较少，好处理一些。然后，我们再看要证明的结论：$CD=AB$。既然如此，比较合理的方法应该是构造一个 $\triangle CDX$，让它和 $\triangle ABD$ 全等。这个 X 在哪里呢？

平面几何中一个常用的办法就是假设结论成立，再反推，看能得到什么结论。假设 $CD=AB$，结合 $\angle A=\angle C$，如果截 $CE=AD$，那么 $\triangle CDE$ 和 $\triangle ABD$ 就全等了（图 18.11）！这能不能作为努力的目标呢？

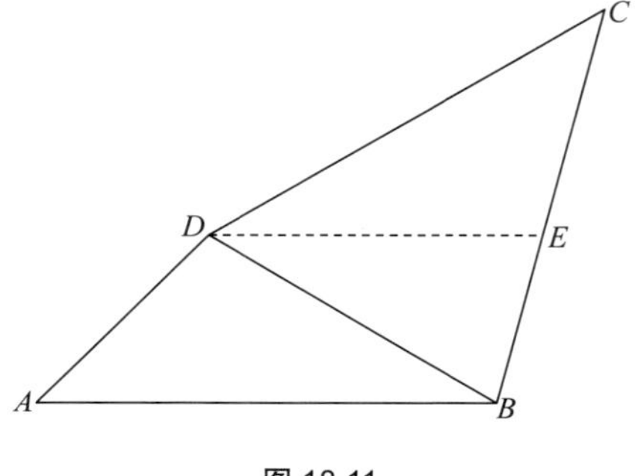

图 18.11

作图如果准确的话，我们就不

妨去量一下其他对应的角和边，这时就会发现，两个目标三角形$\triangle CDE$和$\triangle ABD$看来确实是全等的。下一个问题：怎么证明？

在CB上截取CE，使得$CE=AD$，这么做会引发第一个问题：你怎么知道CB的长度一定比AD长呢？能截取CE的前提条件应该是$CB>AD$！就算我们默认可以这样截取，那么还缺一条边或一个角的条件。但是，由于SAS的限制，因此另一条需要证明的边恰好是最后的结论。所以，我们还要找到一对相等的角，可是，无论如何也得不到$\angle CDE=\angle DBA$或$\angle CED=\angle ADB$的结论。

又走成绝路了？不要怕，再回头看看。$\triangle CDE$和$\triangle ABD$确实全等，所以大致方向是对的。那么导致我们无法证明它们全等的原因在哪里？一定是截取CE出了问题！可我们确信$CE=AD$就是我们要的条件。既然如此，能不能换一种办法来得到这个条件呢？

考虑到题设中给出了这么多具体的角度，我们发现，似乎两个105°角和两个45°角的条件并没有用起来。我们看看，把这两个角度用起来，会得到哪些结论呢？

在假设$\triangle CDE$和$\triangle ABD$全等的情况下，根据三角形内角和定理，很容易知道$\angle DBA=180°-105°-45°=30°$；同理，$\angle CDE=30°$，且$\angle CBD=105°-30°=75°$，于是可知$\angle CDB=180°-75°-45°=60°$，继而$\angle EDB=60°-30°=30°$，$\angle DEB=180°-75°-30°=75°$。

发现什么没有？

$\triangle DEB$是一个等腰三角形，DE确实等于DB；而且$\angle EDB=\angle DBA=30°$，可知$DE/\!/AB$。归根结底，我们一开始只要作$DE/\!/AB$，就可以反推出上述的所有结论。

通过这个例子可以看出，先把结论当作条件来用，然后推出其他的中间结论，以此来拓宽思路，这是一种非常好的办法。

我们再来看一个比较难的全等三角形的例子。

例 6 **如图 18.12，在等边△ABC 内有一点 O，已知∠AOB=117°，∠BOC=121°，若有一个三角形的三边边长恰为 OA、OB、OC。求这个三角形各角的度数。**

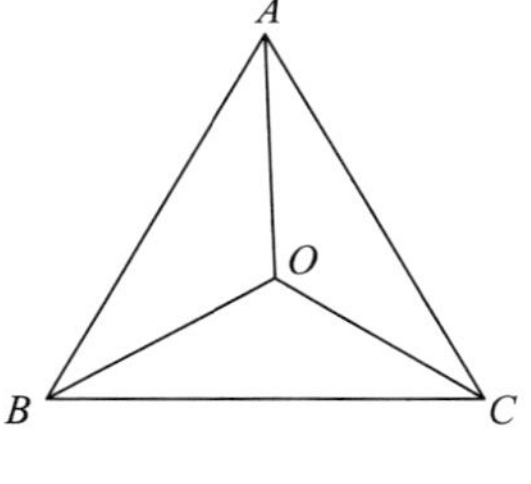

图 18.12

这道题的妙处在于，你如果想通过准确作图，而后量出三个角的大小，还是有一定困难的。笔的粗细等客观因素，加上人工作图的些许误差，导致你的测量结果和正确答案差个一两度是很正常的。所以，似乎只能凭“硬实力”来解决了，再没有投机取巧的方法。

解题思路怎么来？题目最后要求的是一个特殊三角形的三个内角，那么，这个特殊三角形是不是应该能被构造出来？于是很自然就该想到一个问题：该如何构造（找到）这个特殊三角形？

等一等，就算构造出特殊三角形，三个角度似乎也不好计算。它们不是特殊角，所以想通过余弦定理硬算是很困难的。而且从图 18.12 中看，OA、OB、OC 这三条线段的长度似乎也差不多，因此作为目标的特殊三角形应该是一个锐角三角形。但题设给出的条件都是钝角，而这些角之间有什么联系？

再考虑一下，题目的背景是放在一个等边三角形里，而等边三角形中最多的角度是多少呢？没错，是 60°！所以，这些钝角和锐角之间是不是应该正好差了 60° 呢？

能想到 60°，这就有点意思了。我们怎么能够让某个角减去 60° 呢？比如，$\angle AOB$ 减去 60° 会是什么样呢？

我们不妨从 $\angle AOB$ 中截一个角等于 60°。作 $\angle AOD=60^\circ$ 之后，是不是很自然地会想到截取 $DO=AO$ 了？（图 18.13）因为这样会构造出一个等边 $\triangle AOD$。等一下，既然 $DO=AO$，如果能证明 $DB=OC$ 的话，那么 $\triangle DOB$ 不就是我们要找的特殊三角形吗？

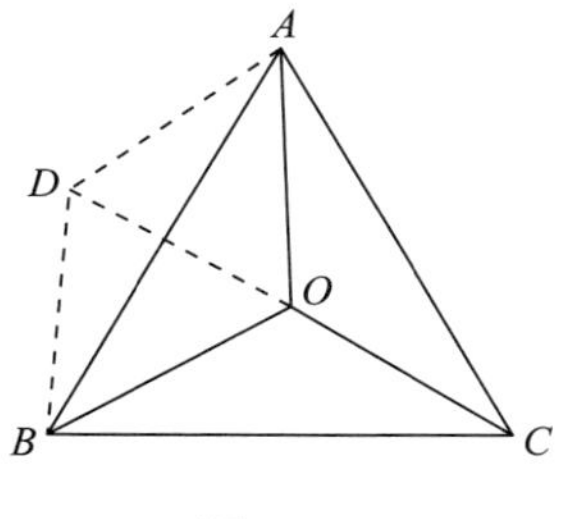

图 18.13

这个结论对不对呢？

由于 $\angle DAB+\angle BAO=60^\circ=\angle BAO+\angle OAC$，所以 $\angle DAB=\angle OAC$；由于 $AB=AC$，且 $AD=AO$，所以 $\triangle ADB$ 全等于 $\triangle AOC$，于是 $DB=OC$，因此 $\triangle DOB$ 就是我们要找的特殊三角形。于是：

$\angle DOB=\angle AOB-\angle AOD=117^\circ-60^\circ=57^\circ$

$\angle BDO=\angle ADB-\angle ADO=\angle ADB-60^\circ=\angle AOC-60^\circ=360^\circ-117^\circ-121^\circ-60^\circ=62^\circ$

$\angle DBO=180^\circ-57^\circ-62^\circ=61^\circ$

这道题说明了什么？就算无法直接量，我们也是有办法的！

19
三角形的“三条线”

贼老师，在平面几何中，究竟是位置关系重要，还是数量关系重要呢？

这是一个好问题。如果你仔细回忆一下就会发现，其实，所有数学题的解题关键都在于找到一些性质“特别好”的条件或结论。

这句话听起来不太好懂吧？当年，物理学界就“光的本质是什么”吵吵了几百年。惠更斯说：“光是波。”牛顿说：“光是粒子。”当然，因为牛顿当年显得比较“牛”，所以光的粒子说在很长一段时间里占据了上风。但是，德布罗意后来一锤定音：光为什么不能既是粒子又是波？

对啊，为什么一定要把数量关系和位置关系割裂开来呢？难道不能既考虑数量关系，又考虑位置关系吗？

这时，天空中飞来一条线——垂直平分线，也称中垂线，即经过一条线段的中点，并与该线段垂直的直线。垂直平分线一定经过线段的中点，所以有数量关系；中点同时也是垂足，所以又有位置关系。像这样把多种性质集于一身的特殊的线，肯定是我们研究的重点，也是加辅助线时优先考虑的对象。

这其实也告诉了我们加辅助线的原则：找（画）出那些能激发隐藏的性

质或集中一些“特别好”的性质的线，并最终解决问题。在这一思路的指引下，我们把隐藏的第四条线给找出来了。我们到后面会发现，性质越多的线，解决问题的能力就越强。

讲到这一章，我们默认大家已经掌握了关于全等三角形的基本概念，或者已经看过、学过本书之前关于全等三角形的内容。三角形的“三条线”，即中线、角平分线和高（我又加了垂直平分线），与全等三角形的内容是交织在一起的，难以分割，这也是我“提前”讲了全等三角形内容的原因。

全等三角形在初中平面几何中的地位，大致相当于因式分解在初中代数中的地位——考试中很少单独考这部分内容，但它总以各种形式出现在关键的环节上。无论是应对升学考试还是数学竞赛，找到或构造“全等”都是非常重要的技巧。这就好比有人让你只吃盐，不吃其他东西，你能下咽吗？但是，你做菜时能少了盐吗？全等三角形就是三角形问题乃至整个平面几何内容中的“盐”。理论实在单薄得很，关键看你怎么用“全等”。

在这一章，我们就分别看看三角形中几条重要的线的作用。

第 1 节　中线

首先来看什么是中线。把三角形的一个顶点及其对边的中点相连，得到的线段就是中线。我们的第一反应就是，中线可以把三角形分成两块面积相等的小三角形——当然，这是小学生的视角，初中生应该怎么去看这个问题呢？

单独说中线的性质总让人觉得干巴巴的，我们用一个经典的例子来说明应该如何学习中线的性质。

例 1 已知$\triangle ABC$中，AD是边BC上的中线，求证：$AB+AC>2AD$。

如果题设中的AD是高，由“从直线外一点到这条直线上各点所画的线段中，垂线段最短”，马上就可以知道这是对的。但中线该怎么处理？

我们能直接得到的结论就是$BD=CD$。其他的线索呢？没了。“然后……就没有然后了”，这是做几何题时的常态，你也不用羞愧地把头扭向一边，这都不是事儿，关键是要学会怎么思考。

平面几何学到三角形的时候，学生们几乎没有学过不等式的结论，碰到的基本是相等的结论。从接触平行线开始，涉及的内错角、同位角都是相等的，再加上全等三角形——你听听这名字就知道，哪儿都是相等的。有没有什么不等式相关的结论呢？要知道，在初中平面几何的学习范围里，相等的结论有很多，但不等的结论非常少——其实，有且仅有两个：“两点之间线段最短”，以及“从直线外一点到这条直线上各点所画的线段中，垂线段最短”。根据两点之间线段最短，马上可以得到推论：“三角形任意两边之和大于第三边”。

例 1 涉及垂线段吗？并没有。当然，我们不排除后面会用到垂线段的可能性，但是，第一思路肯定是用两点间线段最短；在彻底排除这一思路之后，再选择第二思路。这就是做题的章法，不能东试试、西试试，做辅助线虽然有时候需要灵光一闪，但主要还是靠思路，这才是正道。

怎么往下走呢？根据定理，我们只能得到$AB+AC>BC$，而BC和$2AD$显然不一定相等啊！怎么办？

几乎可以明确的是，我们大概率用得到“三角形任意两边之和大于第三边”这个结论，难点是，如何把它转化出来。从结论上看，我们可以大胆而合理地猜测：要构造一个新的三角形，使其三边分别由AB、AC、$2AD$组成。

于是，把 AD 延长一倍成了必然的选择。这其实是一个顺理成章的思路，因为最后要证明的结论中就含有 $2AD$，而得到 $2AD$ 最直接的办法不就是将其延长一倍吗？

然后我们发现，AD 延长一倍至 E，就有 $AD=DE$，$BD=CD$，还出现了一组对顶角，而只要把 E 和 B 或 C 一连，马上就可以得到一组全等三角形。于是我们发现，AB、AC、$2AD$ 被转移到同一个三角形里了，根据三角形任意两边之和大于第三边，命题得证（图 19.1）。

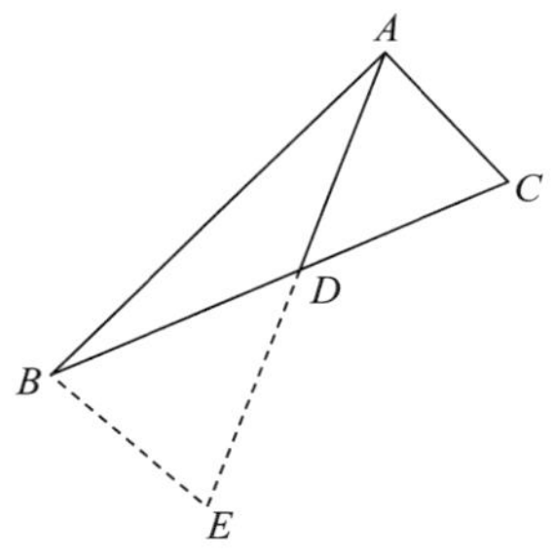

图 19.1

为什么说这是关于中线的经典例题？回忆一下加辅助线的“十字原则”：取中、作平、连对角、延一倍。这里用的就是“延一倍”，也可以叫“倍长”。一般来说，在三角形中看见中线，如果觉得条件不够用了，那么倍长中线往往是个不错的选择。因为倍长之后就会有全等三角形出来（当然也可以看成生成了平行四边形），这往往是题目的突破点。

简单的题目背后蕴含的东西往往不简单。很多家长一看这道题，就能直接说出用倍长的方法，这都是基本功扎实的表现。但是，我们在教学的时候要把这里的道理讲透，不能光让孩子死记硬背，看到中线就想到倍长。你必须告诉他们：“为什么考虑倍长？因为我们需要借助全等。”这才是根本性的东西。

题设条件中出现等量之后，该如何构造全等？这是一个很好的训练。当然，这里其实还有一个训练：如何把不属于同一个三角形的线段转移到同一个三角形中去？

在过去，向量法没有被引入立体几何的时候，这个技巧是非常重要的。因为立体几何中的核心问题就是角度——线线角、线面角、面面角，所以这是必须具备的技能。但是，现在高中阶段的立体几何题普遍采用向量法，这一技巧就成了“屠龙之技”——完全用不上了。然而对于初中生来说，这个技巧还是很重要的。

回忆一下，我一开始就强调过“三角形是平面几何的核心”——为什么是核心？因为初中阶段几乎所有的平面几何题目做到最后都是落脚在三角形里，所以，对于这种不在同一个三角形中的线段问题，大致思路就是把它们转移到同一个三角形中去。

很多时候，学生忽视了这种简单的训练，就只会单纯地记一些口诀。事实上，如果想把三条线段转移到同一个三角形中去，除了之前讲的方法以外，还有一个办法：取 AB 的中点 E，连接 DE 即可。通过三角形中位线定理可知，$DE=\frac{1}{2}AC$，而 $AE=\frac{1}{2}AB$，于是有 $AE+DE>AD$，将前面两个式子代入并两边同乘以 2，命题得证（图 19.2）。

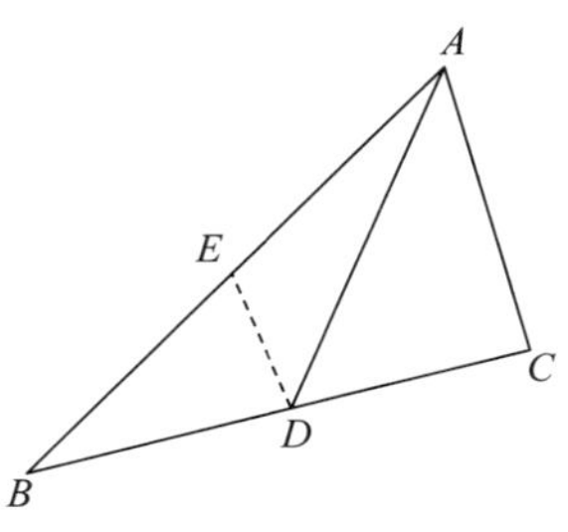

图 19.2

我们再来看一个例子。

例 2 **如图 19.3，在 $\triangle ABC$ 中，AD 是 BC 边上的中线，E 是 AD 上一点，延长 BE 交 AC 于 F，$AF=EF$。求证：$AC=BE$。**

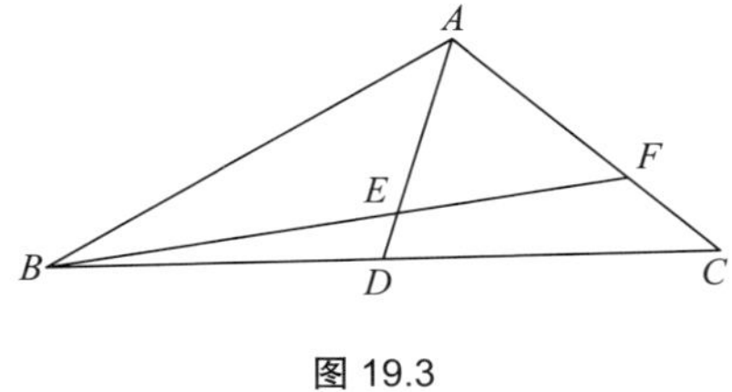

图 19.3

很自然的思路就是“找全等”，因为 AC 和 BE 这两条线段根本就没挨在一起——当然，也很容易看出来，目标全等三角形并不好找。反正在肉眼所及的范围内，这张图中甚至都找不到一对全等三角形。

这时候该怎么办？如果能直接想到把中线延长一倍是最好的，但是，万一没想到呢？

那么请记住一点：做平面几何的题目，要特别讲逻辑顺序，所以，先从常规思路看起。倍长中线这一方法的本质是构造出一个平行四边形，这是一种既有位置关系又有数量关系的图形。所以，涉及三角形的题目，如果题设中有中线的相关条件，但似乎又不能直接证明所需要的结论，当前就不妨首先考虑倍长中线。

我们很容易发现把 AD 延长一倍到点 G，这时候连接 BG 是第一选择。从上一个例子里知道，此时我们把 AC 转移到了 BG，只要证明 $\triangle BEG$ 是等腰三角形即可。而根据题设 $AF=EF$，得到 $\angle AEF=\angle FAE$，而 $\angle FAE=\angle G$，又因为 $\angle AEF=\angle BEG$，于是得到 $\angle G=\angle BEG$，推出 $BE=BG=AC$，命题得证（图 19.4）。

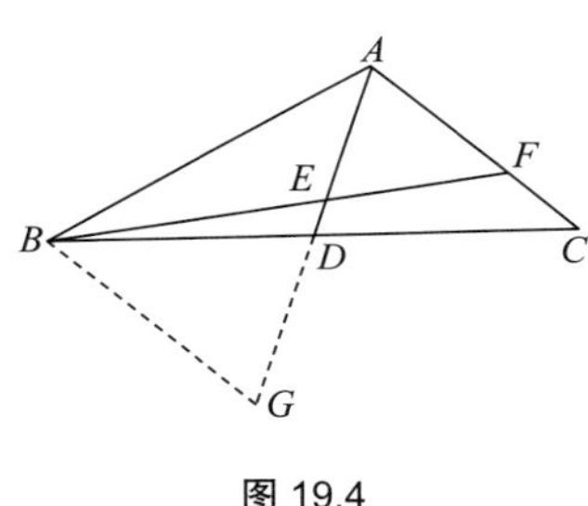

图 19.4

如果我们不倍长 AD，而是倍长 ED，可不可以呢？

此时就把 ED 看成 $\triangle BEC$ 中的中线，倍长以后，被转移的线段就成了 BE。即延长 ED 到 G，使得 $ED=DG$，此时需要连接的线段就成了 CG，而我们的目标也变成了证明 $\triangle ACG$ 是等腰三角形。证明细节留给读者自行补充（图 19.5）。

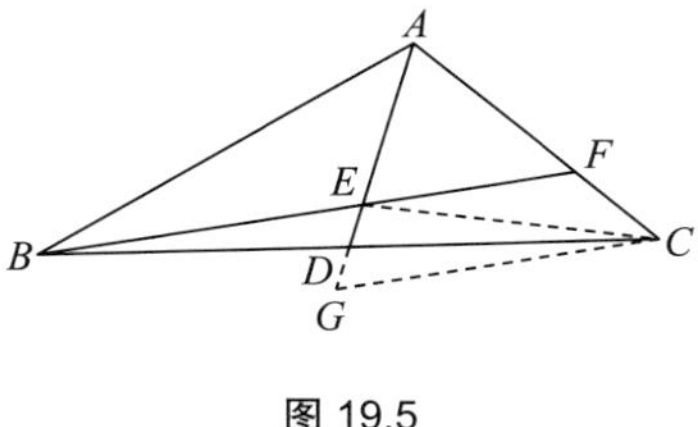

图 19.5

教给孩子那“十字原则”，不过是“授人以鱼”；但在这背后，我们的目的其实是转移线段、拼凑全等三角形，告诉他们这一点，才是真正的“授人以渔”。究竟是“鱼”好还是“渔”好，似乎没有争论的必要，然而，真正能做到给孩子“渔”的人，并不多。

第 2 节　角平分线

角平分线也是三角形里一条非常重要的特殊线段。从角的顶点引一条射线，将这个角分成度数相等的两部分，这条射线即为角平分线。

从定义上很容易看出，角是轴对称图形，而角平分线恰好就是对称轴。这时候如果让孩子尝试折纸，就能留下一个非常直观的印象：从纸上任意裁出一个角来，然后把角对折，也就是让角的两边对齐折叠，那么折痕就是角平分线。

对称，意味着会有全等出现，那么如何利用角平分线来构造全等三角形呢？

我们可以垂直于折痕画一条线段，沿着这条线段将纸多余的部分裁掉，剩下的就是一个等腰三角形。而角平分线的两侧就是一对全等三角形，并且，角平分线是这两个全等直角三角形的“背靠背”的公共边。

这是一对非常直观的全等三角形，而且非常漂亮，不过有一个问题：这里既然构成了一个等腰三角形，那么相关内容可以被等腰三角形的知识完全覆盖，因此就失去了在角平分线范围内进行研究的意义。但是，想法是值得肯定的。

那么，还有其他什么特殊的全等三角形呢？

此时明显有一个角相等的条件，所以，我们找全等三角形的目标很自然是利用 SAS 或 ASA，而角平分线又是很自然的公共边。因此，如果在角的两条边上取 $OA=OB$，那么在角平分线 OC 上任意取一点 D，都有 $\triangle OAD$ 全等于 $\triangle OBD$（图 19.6）。

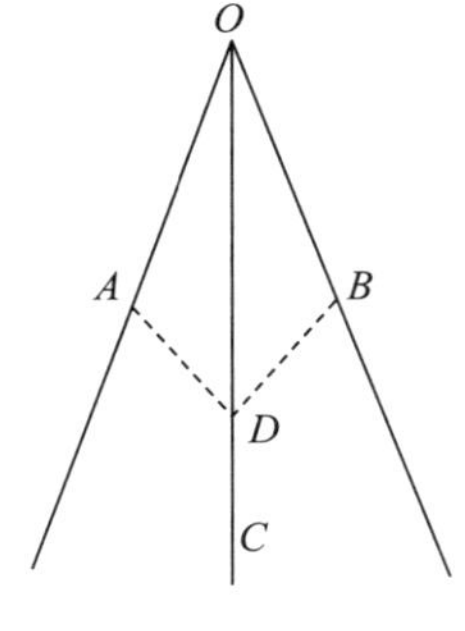

图 19.6

有没有性质更好一点的三角形呢？过 D 向角的两边作垂线段 DA、DB，会得到什么结果呢？很显然，因为$\triangle OAD$ 全等于$\triangle OBD$，于是有 $DA=DB$，即角平分线上任意一点到角的两边的距离相等。

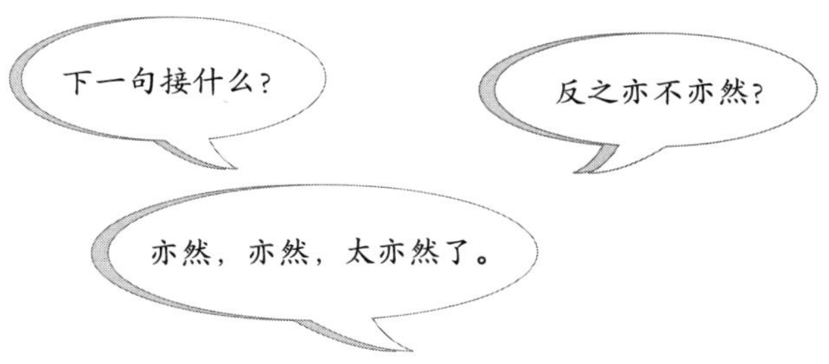

若一个角的内部有一点到角的两边的距离相等，则该点在这个角的角平分线上。证明这一点也非常容易，只要连接该点和顶点，就能得到一对全等直角三角形（HL 定理）。

当然，角平分线在相似三角形里也有很重要的性质，在后面我们会讲到。现阶段我们更多考虑的是其对称性。我们来看一些例子。

例 1 **如图 19.7，在$\triangle ABC$ 中，$AB > AC$，AD 为角平分线，P 是 AD 上一点。求证：$PB-PC<AB-AC$。**

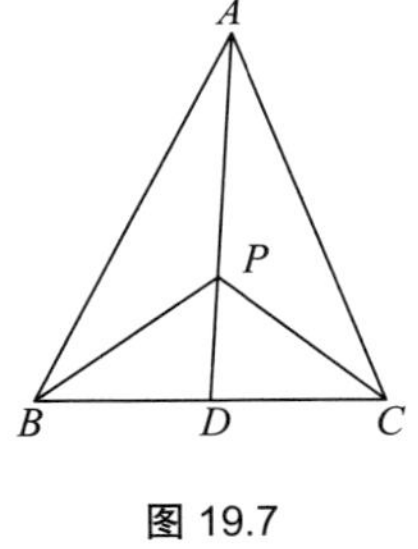

图 19.7

比较容易想到的办法就是把 $AB-AC$ 和 $PB-PC$ 都分别用一条线段表示出来，然后再比较作为差的这两条线段的长度，我们在 AB 上截一段 $AQ=AC$，在 PB 上截一段 $PF=PC$，再考虑如何证明 $BQ>BF$。这样是否可以呢？

当然不对。$AB>AC$ 是已知的，但是 $PB>PC$ 吗？你都不确定哪条线段长，凭什么上来就截？所以这条路不靠谱。

当然，截也不是不可以，只不过不是这么个截法。既然 AB 和 AC 之间的关系是确定的，我们可以在 AB 上截取 $AE=AC$。根据角平分线的性质，马上得到$\triangle AEP$ 全等于$\triangle ACP$，于是 $EP=PC$。此时我们可以把 $PB-PC$ 转化成 $PB-PE$，而 $AB-AC=BE$。根据三角形两边之差小于第三边，$PB-PE<BE$，题目就证明完了（图 19.8）。

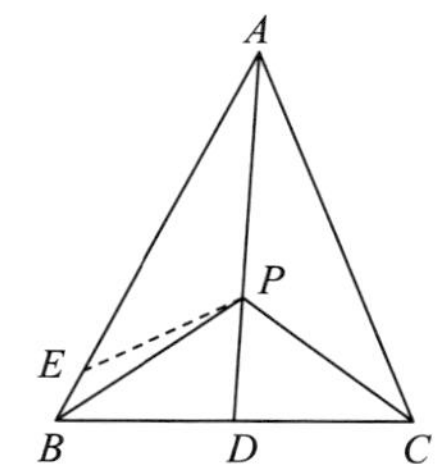

图 19.8

例 2 **如图 19.9，在$\triangle ABC$ 内，$\angle BAC=60°$，$\angle ACB=40°$，P、Q 分别在 BC、CA 上，并且 AP、BQ 分别是$\angle BAC$、$\angle ABC$ 的角平分线。求证：$BQ+AQ=AB+BP$。**

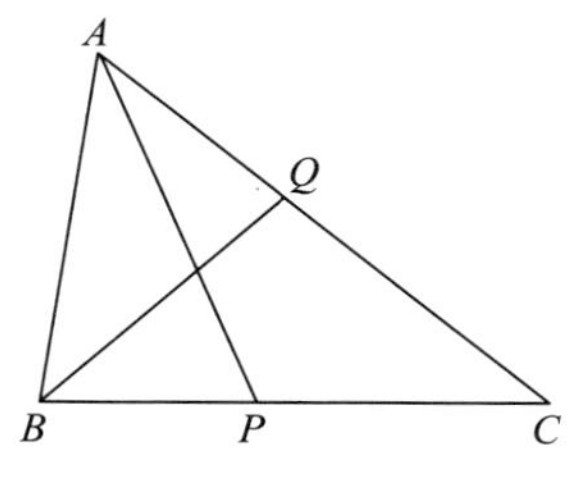

图 19.9

我们该如何考虑呢？一看题设中有两条角平分线，就意味着有两条对称轴，也就有两种对称的可能性，对于选择恐惧症患者来说，这实在不是什么好兆头。不过对我来说，选择毫无困难——随便挑一个试试，不行再换一个；如果两个都不行，那就要考虑：我是不是有什么没想到？还是说，这条路走错了？

从看图的习惯来说，我们应该优先考虑利用 AP 这条角平分线——BQ 这样躺着，看着不舒服——这都是做题的合理性问题，很多做题习惯都是在平日养成的，但有时也需要师长们对孩子潜移默化的影响。当然，我也就是个凡人，我觉得看 AP 比较舒服，万一娃就是觉得 BQ 看起来舒服，那就由他吧！总之，最先入手的角度一定是自己觉得最习惯的那个角度。

既然最后的结论是以线段和的形式出现，那我们不妨考虑延长 AB 到 D，使得 $AD=AC$（图 19.10）。为什么呢？并不是因为我看了答案啊！毕竟我选的这些例题对我而言根本不需要偷看答案。这完全是我的个人习惯，你完全可以在 AC 上截取 $AD=AB$，这都不是问题。

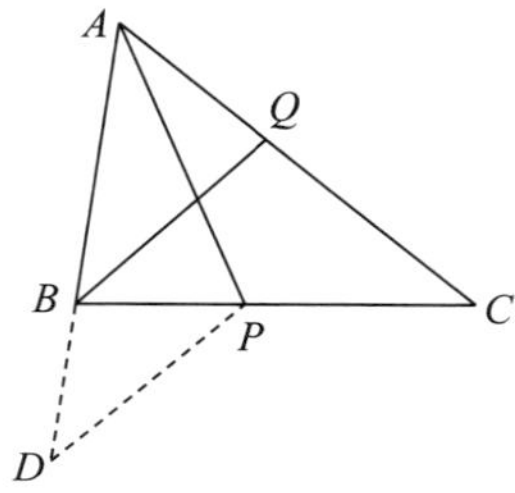

图 19.10

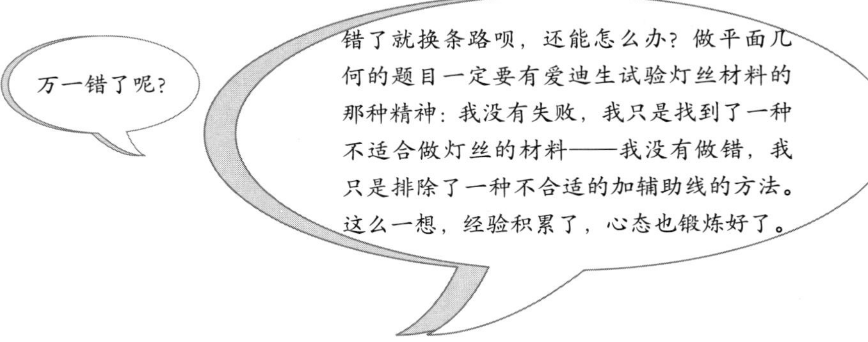

延长 AB 以后，显然有 $\triangle ADP$ 全等于 $\triangle ACP$ 了。

这是一种常用的解决方法。做出这样的全等关系以后，我们应该有一个很自然的想法：$AB+BP$ 是否等于 AD，即 AC 呢?

细品，你细品！这是不是一个很合理的猜测?

为什么我一直要求你把图画得尽可能准确?因为这样一来，直接看图就会有感觉。大胆假设，小心求证，这样才能大大提高平面几何的解题速度。“连蒙带猜”完全没有问题，而准确的草图能让我们的猜测如虎添翼。

尽量把图画准，你就很容易看出 BP 确实很可能等于 BD，所以下一步就是证明这个结论。本题中还有两个角度的条件没有用起来，显然 $\angle ADP=\angle ACB=40°$，而 $\angle ABC=80°$；因为三角形的一个外角等于与之不相邻的两个内角的和，所以 $\angle BPD=\angle ABC-\angle ADP=80°-40°=40°$，即

$\angle BPD=\angle ADP$，于是有 $BP=BD$。我们证明了 $AB+BP=AD=AC$，剩下的 $BQ+AQ$，目标就很明确了。

我们注意到 $AQ+QC=AC$，所以只要证明 $BQ=QC$ 即可，而$\angle QBC=\frac{\angle ABC}{2}=40°=\angle ACB$，于是命题得证。

你看，思路一直非常自然，纯粹就是在利用角是轴对称图形这一性质，再加上合理的猜测。所以不要怕试错，不要怕猜测，这都是数学学习中非常良好的品质。有感觉总比没感觉好，对的感觉是用错的感觉不断堆出来的。只要抓住角平分线是角的对称轴这一特性，在证明与角和角平分线相关的等式时，就很容易令其发挥作用。

第3节　高

三角形的中线、角平分线、高是很重要也很神奇的三条线。然而在这三条线中，高相对来说比较没有地位，涉及高的题目一般不会太难。因为处理高的办法非常多，甚至还能向“面积”这种小学水平的工具求助。但是，中线和角平分线的问题就会麻烦很多。举个例子，给定一个三角形，让你分别求高的长度、中线或角平分线的长度，你是不是顿时觉得后面两个挺难求的？如果不用三角函数的方法确实不大好做，但要是求高的话，你用一下勾股定理就解决了。

我们结合全等三角形来看一些具体的例子。

例1 **如图 19.11，已知$\triangle ABC$和$\triangle DEF$中，$\angle B=\angle E$，$\angle C=\angle F$，AG是$\angle BAC$的角平分线，DH是$\angle EDF$的角平分线，且$AG=DH$，求证：$\triangle ABC$和$\triangle DEF$两个三角形全等。**

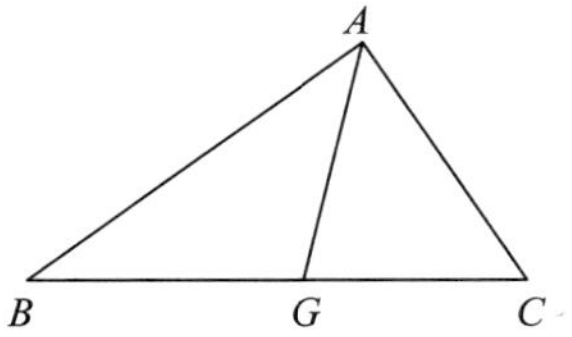

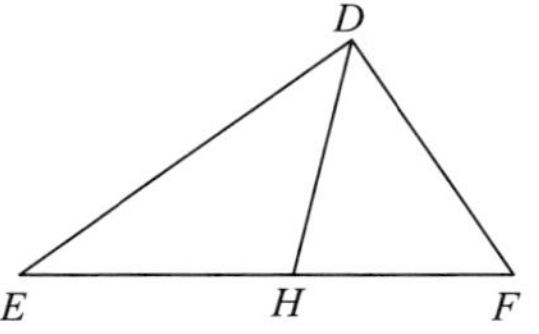

图 19.11

首先，既然两个三角形里有两个角相等，那么由三角形内角和定理可知，第三个角必然相等。做题的时候，像这样直接得到的结论，就要标注在题设条件 $\angle C=\angle F$ 的后面，同时，在图上做出标记，表示 $\angle B=\angle E$，$\angle C=\angle F$，$\angle BAC=\angle EDF$，避免反复读题浪费时间。在数学学习中，这样的刻意训练是必不可少的，这也是提高解题速度的一个基本方法。同时，角平分线的相关条件告诉我们，$\angle BAG=\angle CAG=\angle EDH=\angle FDH$。像这些能标记的条件和结论，不妨都标在图上。

对于目标三角形来说，只有两个角相等的条件，还缺一条边，所以肯定不能直接证明全等，但对于 $\triangle BAG$ 和 $\triangle EDH$ 来说，全等的条件显然是够了，于是我们得到 $AB=DE$，再结合 $\angle B=\angle E$，$\angle C=\angle F$，命题得证。

如果我们把题设中的角平分线换成高，同时要求证明相同的结论，那么你会发现几乎要采取一样的做法，也就是先通过角度证明两个小三角形全等，得到 $AB=DE$，然后证明两个大三角形全等。

事实上，如果再把题设中的角平分线换成中线，那我们只需把证明过程改动几个字，也可以得到结果。所以在 $\angle B=\angle E$，$\angle C=\angle F$ 的条件下，只要 $AG=DH$，无论它们是什么线，都可以得到两个大三角形全等的结论。这就是举一反三。

还能怎么变一下呢？我们把题目再做一些调整。

已知 $AB=DE$，$AC=DF$，AG 和 DH 分别是三角形边上的中线，且 $AG=DH$，求证：$\triangle ABC$ 全等于$\triangle DEF$。

目标是什么？既然是两边对应相等了，所以要么证明$\angle BAC=\angle EDF$，要么证明 $BC=EF$。证明其他角相等没用，此处 SSA 是没有办法判定全等的（除非这个角是钝角或者直角）。

问题来了：这个中线的条件该怎么用？它既不能直接给出夹角相等，又不能给出第三边相等——它无论和哪条边搭配，始终都是两条边对应相等，不满足全等的条件。这时候该怎么办？我们会发现，各种思路就像拳头打在棉花上一样软弱无力。

这时，天空中传来一个声音："中线嘛……倍长吧。"

我们分别将 AG 和 DH 延长一倍，使得 $GJ=AG$，$DH=HK$，于是有$\triangle ABG$ 全等于$\triangle JCG$，$\triangle DEH$ 全等于$\triangle KFH$（图 19.12）。

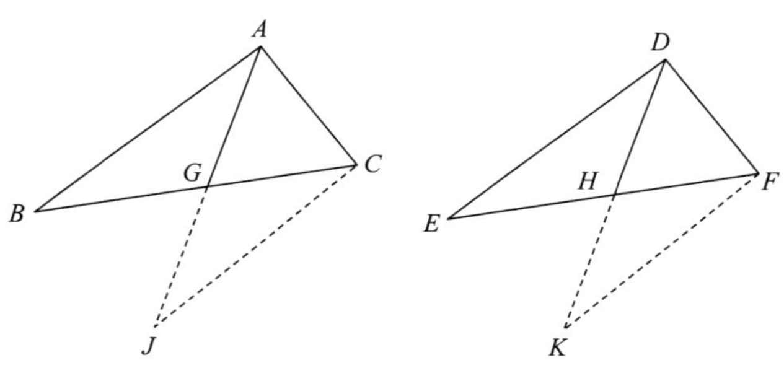

图 19.12

然后呢？当然是观察有没有能把两边联系起来的全等啊！

我们发现，AG 和 DH 分别倍长后，AJ 和 DK 也是相等的，而且 $AC=DF$，所以 $CJ=AB=ED=FK$，于是得到$\triangle AJC$ 全等于$\triangle DKF$。这是一个

好兆头！因为我们要的就是这样的联系。

于是可以得到$\angle J=\angle K$，$\angle JAC=\angle KDF$，而$\angle J=\angle BAG$，$\angle K=\angle EDH$，所以相加就得到$\angle JAC+\angle BAG=\angle KDF+\angle EDH$，即$\angle BAC=\angle EDF$。目标得证。

问题又来了：如果把AG、DH换成高，那么命题是否仍然成立呢？（当然不成立，细节留给读者完成。）

第 4 节　三条线和全等三角形的结合

在平面几何的学习中，我们还可以做一类训练——逆命题的训练。

比如在上一节举的例子里，其实一般训练的套路就是如果两个三角形全等，那么对应的中线、角平分线和高相等。现在，我们来考虑一下，如果对应的中线、角平分线和高相等，那么两个三角形是否能够全等？

大部分的平面几何题都可以做类似的训练：把某个条件和结论互换位置，尝试能否推出证明结果。这样一来，一道题至少能变成两道题，轻松实现举一反三。

当然，有时候逆回去结论不一定对，有时候逆回去题目会变得非常难。比如，一对全等三角形面积相等，但是面积相等的三角形不一定全等，这就是逆回去结论不一定对的情况，而且非常容易举出反例。

事实上，这又涉及了关于反例的训练——你要想证明结果成立，那就必须所有情况都成立；你要想证明结果不成立，那只需举出一个反例即可。反例的训练在中学数学的学习中非常重要，特别是，近年来高考题目中经常会有让考生构造反例的题目，虽然内容不一定是平面几何的，但是训练方法是相通的。

我们来看下面这一组命题。

求证：等腰三角形腰上的高、角平分线、中线都相等。

什么是等腰三角形？一个三角形中如果有两条边相等，那么这个三角形为等腰三角形。

我们很容易通过全等来证明这几个结论。这可以留给读者练习，自行证明。我们也可以按照前面讲的训练方式来证明——逆回去看。

如果在一个三角形中，有两条高或中线或角平分线相等，那么这个三角形是不是等腰三角形呢？答案是肯定的，但是证明的难度如何？

其实，我已经按照问题从易到难的顺序给大家排好了。我们先从最简单的看起。

求证：有两条高相等的三角形是等腰三角形。

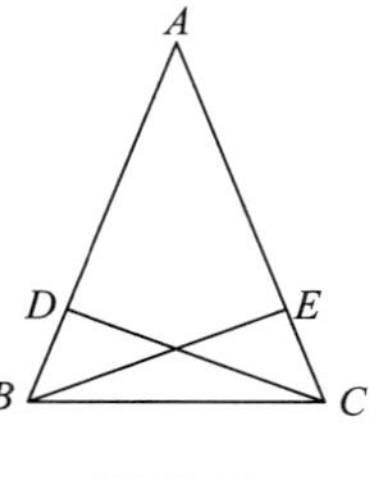

图 19.13

在图 19.13 中，CD 和 BE 都是$\triangle ABC$的高，且 $CD=BE$。我们之前也提到过，有高作为条件的题目都不会太难。这个证明真的很简单，毕竟目标明确，就是证明 $AB=AC$。证明：因为$\angle A$为公共角，$\angle ADC=\angle AEB=90°$，且

$CD=BE$，所以$\triangle ADC$全等于$\triangle AEB$，于是$AC=AB$，证毕。

都说了很容易了，贼老师从不骗大家。

求证：有两条中线相等的三角形是等腰三角形。

这个就不那么好做咯……事实上，我们要用到的工具已经超过了全等三角形的范围。我们知道，三角形的三条中线交于一点，这个点称为三角形的重心。重心有一个很重要的性质，就是它把任意一条中线分成 2∶1 的两段（图 19.14）。

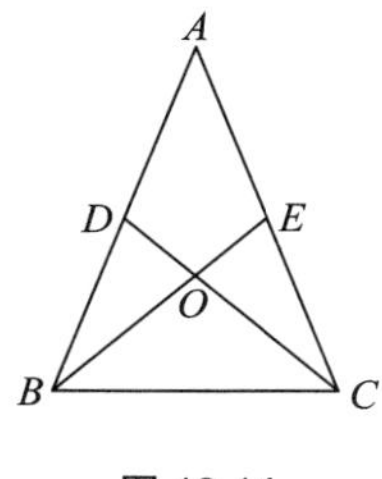

图 19.14

于是得到 $DO=\dfrac{CD}{3}=\dfrac{BE}{3}=OE$，$OC=\dfrac{2CD}{3}=\dfrac{2BE}{3}=OB$，且$\angle DOB=\angle EOC$，马上可以得到$\triangle DOB$全等于$\triangle EOC$，所以$DB=EC$，推出$AB=AC$。

求证：有两条角平分线相等的三角形是等腰三角形。

我曾用这道题目“坑”过很多“无辜”的孩子。由于经历过前面两个例子，有一些学生，特别是“好”学生，觉得这个题目不在话下，于是他们开始绞尽脑汁，然后就没有然后了。事实上，这道题大有来头，这是第一届国际数学奥林匹克竞赛的题目，虽然彼时的题目难度和今天相比不可同日而语，但吊打 99% 以上的初中生还是绰绰有余。

经典的证明方法是通过反证法。

证明：如图 19.15，过 E 作 $EF//BD$，

过 D 作 $DF//BE$，

连 FC。

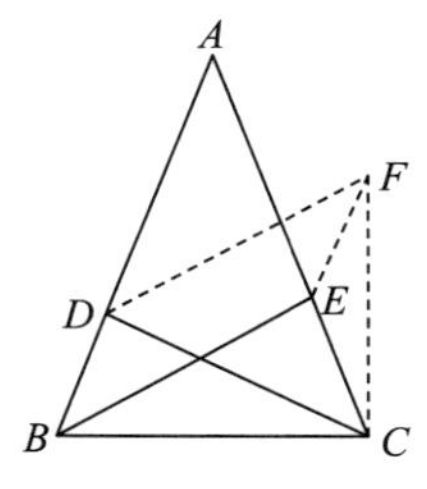

图 19.15

假设$\angle ABC > \angle ACB$，

$\because$四边形 $DFEB$ 是平行四边形，

$\therefore$ $DF=BE=DC$，

$\therefore$ $\angle DFC=\angle FCD$。

又$\because$ $\angle DFE=\angle DBE=\frac{1}{2}\angle ABC>\frac{1}{2}\angle ACB=\angle ECD$，

$\therefore$ $\angle EFC<\angle ECF$，

$\therefore$ $EC<EF=BD$。

但由余弦定理可知，若三角形两边相等，且其夹角越小，则第三边越小，

$\because$ $\angle DCB=\frac{1}{2}\angle ACB<\frac{1}{2}\angle ABC=\angle EBC$，

$\therefore$ $BD<EC$，矛盾。

同理，假设$\angle ABC<\angle ACB$，也矛盾，

$\therefore$ $\angle ABC=\angle ACB$，故 $AB=AC$。

证毕。

看完这些例子之后，有什么感想？

有时候，字数越少，事情就越大。

20 等腰三角形和等边三角形

事实上，初中平面几何的很多内容是对小学阶段内容的严格化。很多概念，大家在小学早已接触过，但是现在给出一些精确的表达。同时，我们的计算能力提升了，可以更多地借助计算来完成在小学时只能依靠技巧来解决的问题。

比如，等腰三角形是一类特殊的三角形，在这种三角形中至少有两条边相等。而三条边都相等的三角形被称为等边三角形（也称正三角形）。我们把三角形中相等的两条边称为“腰”，把剩下的第三条边称为“底边”。因此，等边三角形哪条边都是腰，哪条边也都是底。这是等腰三角形和等边三角形的基本定义。

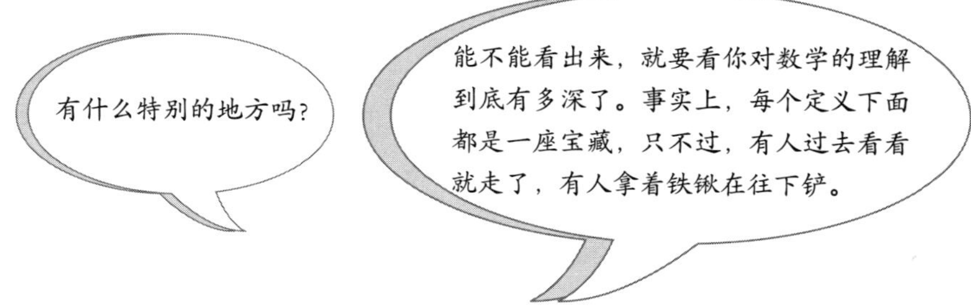

从定义出发能得到什么结论？这是我们必须思考的一件事。当然，我们很容易从等腰三角形的定义中看出来，等腰三角形中至少有两个角相等，而这两个角对应的恰好是相等的两条边。这是几何直观，我们要的是详细证明。该如何得到这个结论呢？

鉴于我们只有全等三角形的工具，所以，很自然要考虑能不能“构造”全等三角形——当然要“构造”，如今有且仅有一个三角形，不构造一个三角形出来，请问让谁和谁全等呢？

我们发现，在$\triangle ABC$中，取底边BC的中点D之后，马上可以得到$\triangle ABD$和$\triangle ACD$是全等的（SSS），于是$\angle B=\angle C$（图 20.1）。

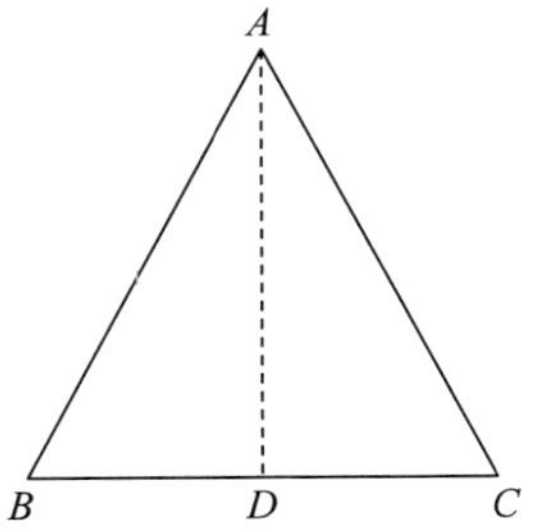

图 20.1

还有什么其他发现吗？我们还注意到，AD是以中线的身份闪亮登场的，而且，它同时又是BC边上的高，以及$\angle BAC$的角平分线。这是等腰三角形区别于一般三角形的独特性质，我们管这个性质叫“三线合一”。

于是会出现一个很自然的问题……来，来，来，大家说说，这个“很自然的问题”应该是什么？没错，如果一个三角形中出现这种“三线合一”的情况，那么这个三角形是等腰三角形吗？答案是肯定的，仍然可以用全等三角形证明。

“三线合一”如同等腰三角形的“灵魂”：如果等腰三角形的相关题目需要加辅助线，并且只能加一条辅助线，那就应该想到“三线合一”。一般来说，中位线都比不上它，因为它的性质太好了！有等量，有垂直，是不是数量关系和位置关系都有了？这样的辅助线简直就是梦寐以求的。而且它还非常普遍：任何一个等腰三角形都有这条辅助线可以加。

问题来了：如果三线中仅满足两线的性质，那么第三线是否成立？即一条三角形内的线段既是三角形的角平分线又是高，那么它是否一定是三角形的中线？进而得出三角形是否一定是等腰三角形？那么换成既是角平分线又是中线呢？既是中线又是高呢？

能这样层层递进，关于“三线合一”这个基本概念就算是吃透了。

很多平面几何难题的辅助线添加方法充满了技巧性，我们往往会被这些添加方法所震惊，但震惊完了也就完了，没办法将其转移到其他题目中去，也就是说，这些方法的普适性不强。有些辅助线的添加方法恰恰相反，它们对于已知条件的要求很低。我们只要看见几个关键字，就大致能产生思路，想起这些方法，而这才是我们值得关注的方法。所以，只要能把“三线合一”这四个大字刻进脑海里，那么我们就做到了理解等腰三角形的第一步。我说过，学习过程永远从模仿开始，如果连“形似”都做不到，谈“神似”就是一句空话。

我先来介绍一个几何不等式。几何问题中，我们已经知道不少与等量相关的定理了，但是，除了“两点之间线段最短”“三角形两边之和大于第三边”之外，我们似乎没有其他的不等式结论。下面要讲的就是一个经典定理，这也是初中阶段平面几何中少有的不等式相关结论，叫作“大角对大边”。

设$\triangle ABC$中，$\angle B>\angle C$。求证：$AC>AB$，反之亦然。

得！这次我都不用强调逆命题，这直接就把逆命题给写上了。

我突然发现，我在讲平面几何的内容时，强调“化归”的次数有点少了，大概是因为我默认通过代数内容的学习，大家都已经有这个想法了吧？不过，不管我提不提，化归永远是数学中永恒的主题。

我们之前学过的几何不等式仅有“两点之间线段最短”，以及由此推出的“三角形两边之和大于第三边”，于是，能用上的工具的范围就被大大缩小了。因为$\angle B>\angle C$，所以可以在$\angle B$内作一个$\angle DBC=\angle C$（图 20.2）。大部分教材和参考书都是这样写的，但人们为什么会想到这样的方法呢？这

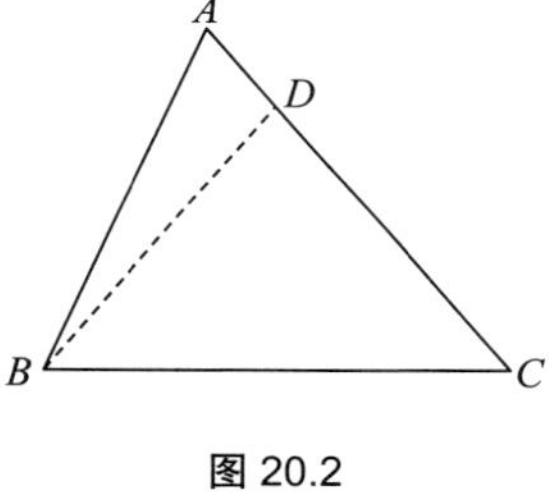

图 20.2

才是关键。不要直接把结论扔给孩子，否则起不到任何好作用，必须要让孩子想明白其中的道理才行。

我们想利用“三角形两边之和大于第三边”这个工具，但最后的结论却不是 $X+Y>Z$ 这种形式，而是直接比较两条线段长度。所以，把 AC 拆成两条线段和的形式是最合理的，并且拆完了以后，这些新线段恰好能和 AB 构成三角形。由于 AB 和 AC 有公共顶点 A，所以 AC 被拆完后，应该有一条线段以 A 为一个端点，而该线段的另一个端点 D 和 B 相连以后，所得线段长度应该恰好等于线段 DC 的长度，换言之，这时会出现一个等腰三角形。根据“等边对等角”，我们作 $\angle DBC=\angle C$。

这才能看出逻辑。如果你一上来就告诉孩子作 $\angle DBC=\angle C$，那么必然会让他“看着懂，做着蒙”，因为孩子根本不知道这一步是怎么来的——为什么凭空要作这样一个角出来？事实上，整个思考过程是逆向的，从唯一的几何不等式入手，然后利用等腰三角形的性质进行证明；作为初学者，顺着思考是很难得到结论的。

接下来完成证明：因为 $\angle DBC=\angle C$，所以 $DB=DC$；而 $AC=AD+DC=AD+DB>AB$，命题得证。

那么逆命题呢？我们还是取 $\angle DBC=\angle C$ 吗？

你这不是默认了 $\angle B>\angle C$，那还证个啥？模仿可不是照抄啊！我们要考虑的是如何把上面这套思路给学到手。有什么和角度相关的不等式呢？

只有“三角形的外角大于其不相邻的内角”这一招。

你看，这才是模仿。直接就取角相等，那真是不动脑筋！

既然这样，那我们应该想办法把$\angle B$变成一个包含$\angle C$的三角形的外角，并且该外角和$\angle C$不相邻。那么$AC>AB$这个条件怎么用？之前是“在大角里作小角”，此时的“模仿”就应该是“在长边上截短边”。这时，在AC上截取$AD=AB$的想法就显得非常自然了（图20.3）。

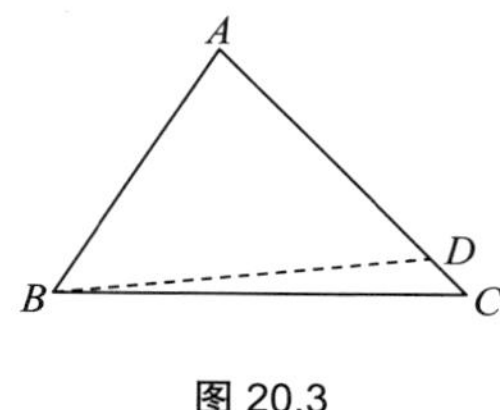

图 20.3

此时我们有$\angle ADB>\angle C$，且$AB=AD$，所以$\angle ABD=\angle ADB$，而$\angle ABC>\angle ABD$，命题得证。在逆命题的证明中，虽然最后的效果还是在大角里作小角，但话不能这么说，必须以另一种方式来说，这样在逻辑上才说得通。千万不要在开始训练的时候就直接扔一条辅助线给孩子，一定要把背后的逻辑给孩子讲明白，这样才能避免讲完以后“两眼一抹黑”的尴尬——学我者生，似我者死！

等腰三角形还有一个非常重要的作用：它提醒我们，在平面几何的问题里，一样要把问题考虑全面。在代数中，“分情况讨论”的需求大多源自绝对值，这是给孩子们打下分类讨论思想的地基的地方。如果你还没有认识到这一点，请翻一翻《不焦虑的数学》一书中关于绝对值的章节，再仔细体会一下。到了平面几何，很多学生似乎就忘记了这回事。事实上，这里一样有需要我们考虑周全的地方。借着等腰三角形这块宝地，我们来一起探讨一下“分情况讨论”。

例 1 **已知等腰三角形的两边长为 7 和 8，则周长为多少？**

如果你回答 22，就错了——或者说，答案不完整。凭什么只有 7 能当腰？ 8 就不配当腰吗？所以答案是 22 或 23。

例 2 已知等腰三角形两边长为 4 和 8，则周长是多少？

16 或 20！

来，来，来，这位同学，你给我画一个边长为 4, 4, 8 的等腰三角形看看！两边之和大于第三边，这个定理被你扔到哪里去了？模仿不是照搬，这是我一而再、再而三强调的事情。

例 3 已知等腰三角形两边长为 4 和 6，则面积是多少？

4 和 6 都可以当腰，因为两种情况都满足两边之和大于第三边，所以答案是 14 或 16。

看清楚，题目让你求的是面积。

哎呀，防不胜防！

例 4 已知等腰三角形一条腰上的高与另一条腰的夹角为 20°，求这条等腰三角形 3 个角的度数。

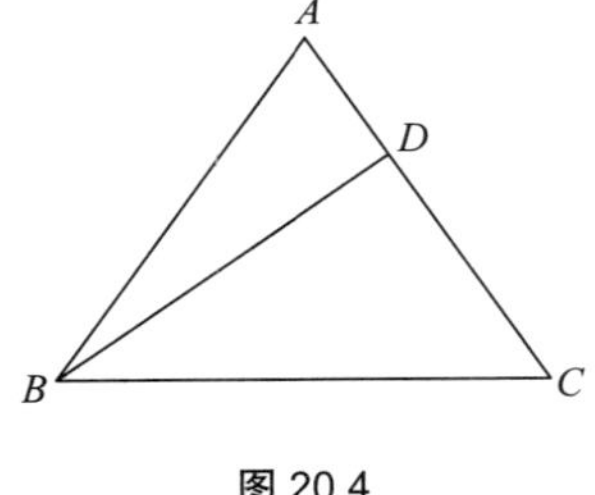

图 20.4

做几何题，不作图一般来说是不行的。哪怕你的想象力再好，我也建议你画张图来看看。如图 20.4 所示，高 BD 和 AB 的夹角 $\angle ABD=20°$，因为$\angle BDC=90°$，所以$\angle A=70°$，$\triangle ABC$剩下两个底角各$55°$。做完了吗？

谁规定这个夹角必须朝AB的内侧作呢？不难想象此刻有人张着大嘴吃惊的样子。如果朝AB的外侧作垂线（图20.5），可得$\angle BAC=110°$，于是两个底角为$35°$。

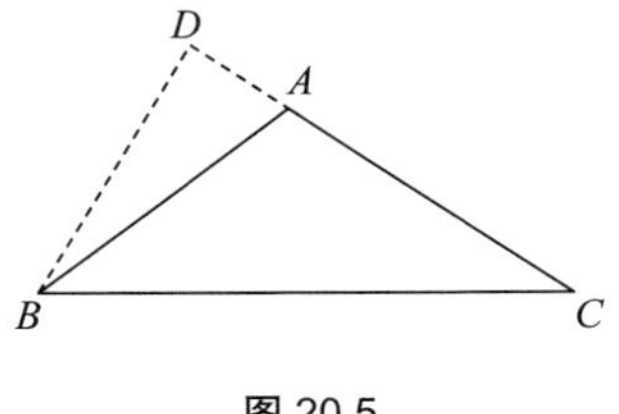

图 20.5

是不是很不甘心？好，我们再来一道题。

例5　在等腰$\triangle ABC$中，$AB=AC$，D是直线BC上任意一点，过D分别向AB、AC引垂线，垂足分别为E、F，CG是AB边上的高，问：DE、DF、CG之间有怎样的关系？

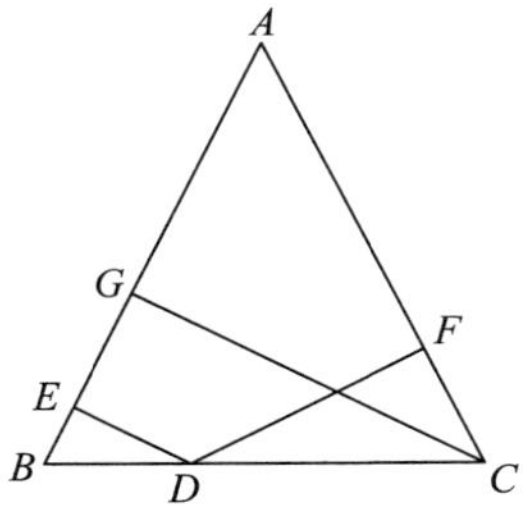

图 20.6

怎么办？不妨先拿尺子量一下3条线段的长度（图20.6），我们会发现$DE+DF=CG$，接下来就是怎么才能证明这一点——想尽办法找到对的方向，比像没头苍蝇一样乱撞不知道要好到哪里去，这是我一贯坚持的原则。

证明方法有一百多种（此处运用了夸张的修辞手法）。我们可以过D作$DH\perp CG$（图20.7），则$GHDE$是长方形，马上得到$GH=ED$。接下来，不难证明$\triangle HCD$和$\triangle FDC$全等，于是$HC=DF$，所以$GC=DE+DF$。

当然，我们也可以连接AD（图20.7），由于$\triangle ABC$的面积等于$\triangle ABD$与$\triangle ACD$的面积之和，于是根据三角形面积公式有$AB\times\frac{DE}{2}+AC\times\frac{DF}{2}=AB\times\frac{CG}{2}$，马上可以得到结论。

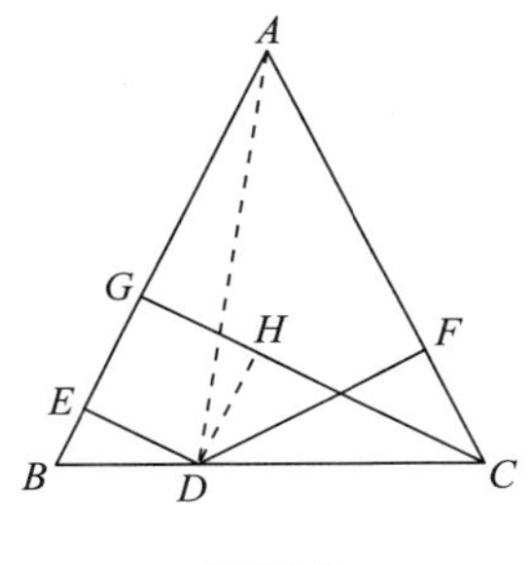

图 20.7

显然，这不是我们要讨论的重点。重点在哪里？

既然我们都说了本题涉及分情况讨论，那么很显然，答案不止一种情况。要注意本题条件中最大的陷阱——“直线 BC”，也就是说，D 点是可以跑出三角形以外的！至于 D 是在 B 的左边还是 C 的右边，鉴于对称性，这倒不重要。

我们不妨考虑 D 在 B 左边的情况（图 20.8）。连接 DA，则$\triangle ADC$ 的面积减去$\triangle ADB$ 的面积等于$\triangle ABC$ 的面积，即 $AC\times\dfrac{DF}{2}-AB\times\dfrac{DE}{2}=AB\times\dfrac{CG}{2}$，所以 $DF-DE=CG$。如果 D 点运动到 C 的右侧，则关系式变为 $DE-DF=CG$。细节留给大家补全。

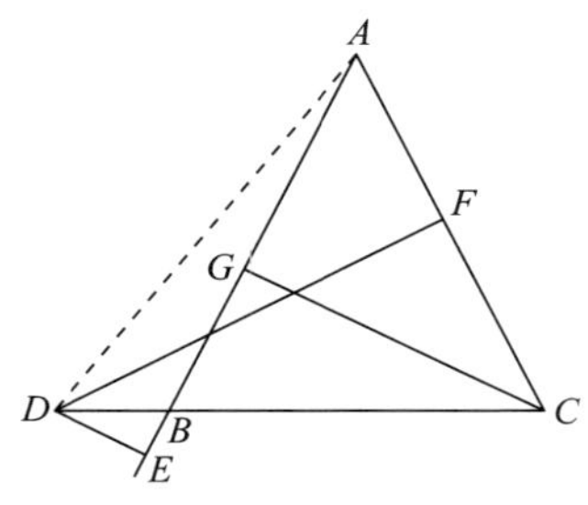

图 20.8

不要以为平面几何中没有分情况讨论。平静的水面下，往往不是有大鱼，而是有暗流。

我们来看一些比较“正常”的等腰三角形的例子吧！

例 6 **如图 20.9，已知在$\triangle ABC$ 中，$AB=AC$，D 在 AB 上，E 在 AC 的延长线上，DE 交 BC 于 F，且 $DF=EF$，求证 $BD=CE$。**

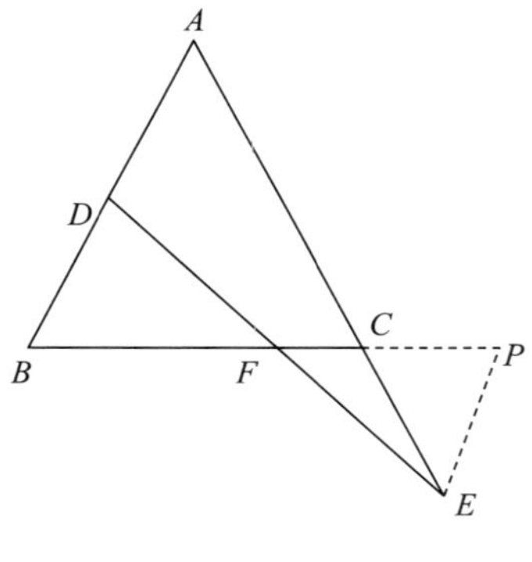

图 20.9

等腰三角形比较容易想到的条件就是边相等、角相等以及“三线合一”——规规矩矩、整整齐齐的东西是最好的，因为有对称的条件。然而，人家就不这么出题，那你就得换思路了。怎么换？

BD 和 CE 这两条线段不在同一个三角形中，却包含等量关系，那么是不是应该考虑全等？关键是，哪两个三角形全等？我们找全等的依据就是这两条线段的隶属关系。BD 在$\triangle BDF$ 中，CE 在$\triangle CEF$ 中，但肉眼可见，这两个三角形不可能全等，于是本题肯定要加辅助线。

当然，如果用梅涅劳斯定理的话，就是一句话的事情，但这个定理到了初中阶段还没有介绍。我在小学阶段求面积的相关内容中“犯规”讲过这个定理的应用，因为它实在是太方便了……那么，不用梅涅劳斯定理该怎么做？

在确定了需要加辅助线之后，接下来就是要考虑：加在哪里？F 是 DE 的中点，如果考虑取中，那么应该考虑 AE 或者 AD 的中点。但是无论取哪个中点，辅助线都无法和要求证明的两条线段联系起来，此路不通。

作平行线呢？作谁的平行线？要想明白这个问题，其实还是要搞清楚我们为什么要作平行线？作平行线，基本上就是为了把那些不在一个三角形中的线段挪到一个三角形中去。

于是，我们可以尝试过 E 作 EP 平行于 AB，交 BC 的延长线于 P。由于平行，$\angle P=\angle B$，且 $\angle DFB=\angle PFE$，$DF=FE$，于是可知 $\triangle DFB$ 全等于 $\triangle EFP$，推出 $BD=PE$。看，我们已经成功地把需要证明的两条线段转移到一个三角形中了。想证明这两条线段相等，必然要证明相对应的两个角相等。

等边证等角，等角证等边。

那么 PE 和 CE 对应的角分别是 $\angle ECP$ 和 $\angle P$，这两个角会相等吗？当然会了，关键是怎么证明。我们注意到，此时还有一个条件 $AB=AC$ 没有用上，考虑到等边对等角，那么应该有 $\angle B=\angle ACB=\angle ECP$，而由于平行，$\angle B=\angle P$，所以 $\angle P=\angle ECP$，即 $PE=CE$，命题得证。

例 7 如图 20.10，已知在△ABC 中，AD 是 BC 边上的中线，E 是 AD 上一点，且 $BE=AC$，延长 BE 交 AC 于 F，求证 $AF=EF$。

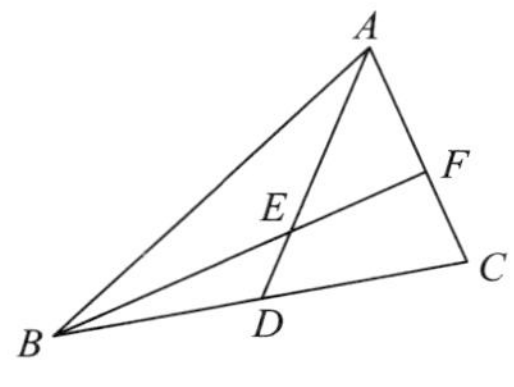

图 20.10

AF 和 EF 在同一个三角形内，所以我们的第一反应就是证明△AEF 是等腰三角形，于是考虑是否能证明$\angle FAE=\angle FEA$。

仔细观察上图，我们发现只有一个等角关系：$\angle AEF=\angle BED$。但是$\angle BED$ 和$\angle EAF$ 似乎隔得有点远……看来，这不是条好的路子，可以放弃直接通过角的关系解决问题的想法了。我们基本上能肯定，要加辅助线了。

下一个问题：加在哪里？既然有中线，很自然就要考虑“倍长”。于是我们把 AD 延长一倍到 P，连接 BP。由条件可知，△ADC 全等于△PDB。具体步骤留给大家补全。

这种想法近似于本能反应。在各种竞赛中，平面几何题目的套路非常多，但在中考难度的范围内，题目套路是非常少的。曾经有人给我留言，写下了一个加辅助线的口诀，差不多写了三四百字。我看了之后有点哭笑不得。说实话，这些方法确实面面俱到，比起我那十个字，可谓包罗万象。但是，你全背得下来吗？而且，其中很多方法在竞赛中才有用武之地，近似于“屠龙之技”。面对一般的中考题，我那十个字足以。

我们完全通过这种“本能反应”似的操作就得到了两个三角形全等的结论。既然全等，不如写一下等量关系。首先找谁？必然是 AC 和谁相等。为什么？因为条件中有 $AC=BE$。且根据全等关系可知 $AC=BP$，因此 $BP=BE$，于是可得△BEP 是等腰三角形，所以$\angle CAD=\angle P=\angle BED=\angle AEF$，故 $FA=FE$，命题得证。

等边三角形是一类特殊的等腰三角形：这是一种分不清谁是腰的等腰三

角形，因为三条边都可以作为腰。

出于这个性质，我们很容易推出以下结论：对于一个角为 30° 的直角三角形，其最短边的长度为最长边长度的一半。证明这一点采取的添加辅助线方法是，取最长边的中点，然后将中点和这条边对应的顶点相连。证明细节也留给大家自己完成。

此外，等边三角形的面积等于 $\frac{\sqrt{3}}{4}a^2$，其中 a 为等边三角形的边长；等边三角形内（含边上）任意一点到三边距离之和为定值，恰好等于三角形的高（通过面积法可以证明）。

我们通过之前的学习知道，图形的性质越好，从中得到的结论也就越多。等边三角形的条件是三角形中最强的，所以关于等边三角形的题目也非常容易出。

一般的三角形中，无论是计算角度，还是边长或者中线、高、角平分线的长度都不是件容易的事情，对还没有学过三角函数的初学者而言更是如此。但是等边三角形中涉及角度或者长度的问题大多可以计算出具体数值，换句话说，计算在等边三角形中是一件很重要的事情，这就是等边三角形区别于一般三角形的特性。

我们该如何判别一个三角形是不是等边三角形呢？三边相等，或三角相等，或一个角（注意，是任意一个角）为 60° 的等腰三角形，这些都是等边三角形。原理就这么多，关键看怎么应用。

例 8 如图 20.11，六边形 $ABCDEF$ 的 6 个内角都相等，且 $AB+BC=13$，$FA-CD=5$。求 $BC+DE$ 的值。

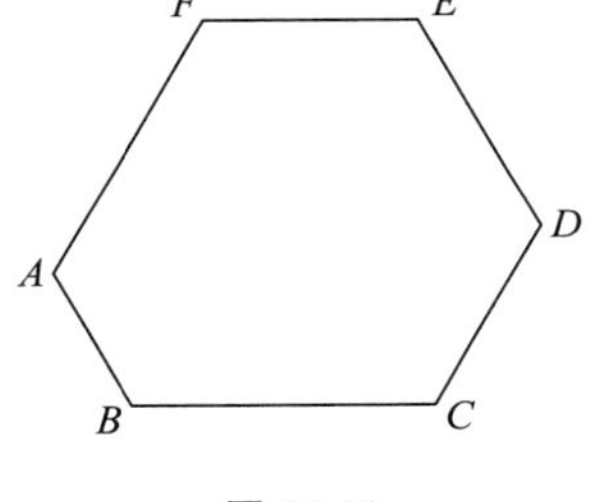

图 20.11

说好的等边三角形，怎么一下子又出来六边形了？说明肯定要构造等边三角形嘛。问题是怎么构造呢？还是那句话：找题眼。

$AB+BC=13$，$FA-CD=5$ 会是题眼吗？从方程的理论可知，2 个方程包含 4 个未知数，这肯定没有唯一解了。所以，想通过解方程解题，看起来并不靠谱。

那“6 个内角都相等”这个条件呢？我们知道，六边形的内角和为 720°，所以该六边形的每个内角为 120°。可这有什么用呢？虽然这个六边形不是正六边形（三个角相等的三角形一定是等边三角形，但是，六个角相等的六边形却不一定是正六边形哟），但是，它仍然是一个非常特殊的六边形。如果延长 EF、AB 以及 CD，会出来什么？没错！一个大等边三角形。并且很容易看出，这个六边形其实是由这个大等边三角形分别“砍掉”三个小等边三角形而得到的。

这时我们几乎可以确定，辅助线加对了——条件越来越强，性质越来越好。

我们把得到的大等边三角形记作 $\triangle PQR$，则 $\triangle RFA$、$\triangle EQD$、$\triangle BPC$ 都是等边三角形（图 20.12）。接下来开始处理剩下的两个包含数量关系的条件：$AB+BC=13$，$FA-CD=5$。由于 $\triangle BCP$ 是等边三角形，所以 $BC=BP$，因此 $AB+BC=AB+PB=AP=PR-AR=PR-FA$，整理后有 $PR=AB+BC+FA$。这时候，我们可以百分百确定这条路对了：这个等式里出现了 AB、BC 和 FA，并且这三条线段之和恰好等于 $\triangle PQR$ 的边长。

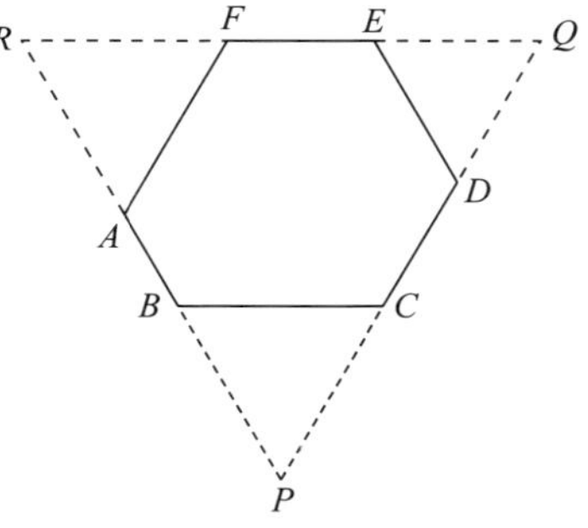

图 20.12

而我们最后的目标是求 $BC+DE$ 的值，对应到 PQ 边上的线段就是 $PC+DQ$，恰好等于 $\triangle PQR$ 的边长减去 CD 的长度——这不就是 $AB+BC+FA-CD$ 吗？所以答案就等于 18。

这种补形的办法不仅适用于等边三角形，对一切特殊图形也都适用，比如等腰直角三角形、正方形，等等。这需要你对图形有一定的敏感性（事实上在小学部分补全图形求面积中已经有所涉及）。我为什么一直提倡学生要经常徒手作图，而且要尽量画得准确？因为你在做这种日常训练的时候，也在提升自己对几何图形的敏感性。数学的学习是一个系统工程，不能“头疼医头，脚疼医脚”，否则都只能解决表面问题。“题感”是一种很“玄”的东西，但又是一种客观实在。所谓“题感”往往来自日常有目的性的训练，机械地重复在某种程度上也可以达到这种效果，但有意识的培养可以大大缩短训练的时间。

我们再来看一个关于等边三角形综合运用的例子。

例 9 **如图 20.13，在锐角 $\triangle ABC$ 中，最长的高 AH 等于中线 BM，也等于内角平分线 CD。求证：$\triangle ABC$ 是等边三角形。**

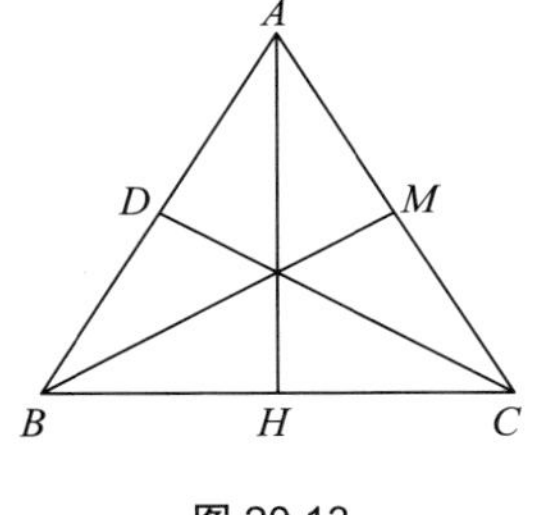

图 20.13

拿到这道题的时候，你可能感觉是在“老虎吃天——无从下口”。当然，我和很多读者的区别或许在于，我已经修炼到不会被稀奇古怪的条件吓倒了——大不了做不出来嘛！

很多孩子一看完题目就放弃了，因为他感觉根本无从下手——连这 3 条线是否交于一点都无从得知！事实上，你在看完整个推导过程后就会知道，这 3 条线是否交于一点根本无关紧要，尽管如此，大家在刚拿到题目的时候，真的会觉得非常不爽！而且，高、中线和内角平分线虽然长度都相等，但它们分别是从 3 个顶点引出的……假如它们是从同一个顶点引出的，那我们能马上知道，这是等腰三角形“三线合一”的那条线。可现在并非如此。

我们心里都清楚，这肯定是一个等边三角形，没跑！可这是为什么呢？这种感觉就像全世界都知道凶手是谁，但大家就是没证据！

没有头绪，那就先从看起来最好入手的地方入手。正如我之前提到的，一般说来，高总是相对容易入手的地方，而且，题目条件中说 AH 是最长的那条高，由三角形面积公式可知，BC 是三条边中最短的那条。又因为 M 是中点，所以根据辅助线的十字原则，我们很容易想到，是不是考虑有中位线？这时取 AB、BC 的中点是否合适？

显然不行：主要条件集中在三角形的“三条线”上，而不是在三角形的边上，所以围绕着原三角形转，一定是走偏了。要作中位线，也应该围绕着三条线和边构成的三角形来做文章。我们有两个选择：是在 $\triangle AHC$ 中还是在 $\triangle ACD$ 中作中位线呢？老办法：都试试。

如图 20.14，作 $MP \perp BC$，则 $MP//AH$，可以得到 $MP=\dfrac{AH}{2}=\dfrac{BM}{2}$，所以 $\angle MBC=30°$——这是一个非常好的信号，因为出来了一个很漂亮的角度！那么作 $MQ//CD$ 呢？我们发现貌似除了能得到 Q 是 AD 的中点以外，得不到其他更多的信息了。不过，别忘了此时仍然有 $QM=\dfrac{BM}{2}$。

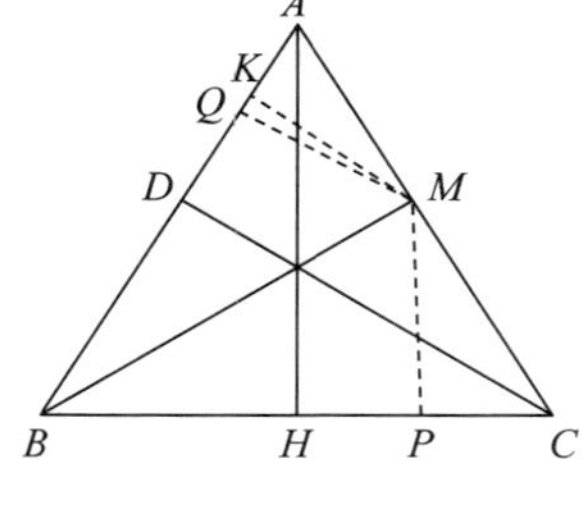

图 20.14

要是 MQ 也恰好垂直于 AB，那该多好啊！你是不是会有这种感觉？你为什么会这样想呢？因为这样一来，我们马上就能得到 $\angle ABM$ 也是 $30°$ 了啊！然后就可以出来一个 $60°$ 角，不是很好吗？但现在 MQ 并不垂直于 AB——没关系，我们可以过 M 作一条 AB 的垂线段 MK，根据“垂线段最短”原理可得 $MK \leqslant MQ = \dfrac{BM}{2}$，所以 $\angle ABM \leqslant 30°$，于是 $\angle ABC \leqslant 60°$。

由于 BC 是最短边，所以 $AC \geqslant BC$，而 $\angle ABC \leqslant 60°$，由“大角对大边”可知，$\angle BAC \leqslant 60°$。

有思路没有？如果我们能证明剩下的 $\angle ACB$ 也小于等于 $60°$，那三角形的三个角是不是必须都等于 $60°$ 了？所以，我们的努力方向就非常明确了。当然，如果没有其他的补充知识，对 99% 以上的学生来说，能走到这一步就算到头了——事实上，能够推到这一步的孩子已经是很优秀的学生了，孩子完全可以把脑袋向左上方扬起 45°，并得到一个大大的表扬！

其实，处理剩下的部分需要用一个引理：从三角形一个顶点向对边分别作高、角平分线和中线，则高最短，角平分线次之，中线最长（大家可以自己尝试证明）。

哦哦，一个引理好像不够，还要再来一个：在三角形中，较短的边对应的中线较长。（这又是为什么？）

这下够了。根据第一个引理，AB 边上的中线长度一定是大于等于角平分线 CD 的长度的，所以 AB 上的中线大于等于 AC 上的中线 BM，因此根据第二个引理，$AC \geqslant AB$，即 $\angle ABC \geqslant \angle ACB$，所以 $\angle ACB \leqslant 60°$。根据三角形内角和定理，如果一个三角形的最大内角不超过 $60°$，则该三角形的 3 个内角必然都等于 $60°$，否则矛盾！所以 $\triangle ABC$ 是等边三角形。

除去上述两个引理，本题其余部分的推导过程运用了各种手段，这是一个非常好的例子。这种题目对于破除学生看见陌生题型的恐惧感也大有好处，值得细细品味。

大型考试命题人的水平一般是比较高的。他们在出题之前往往都会研究一下当前流行的解题“套路”，然后针对这些套路搞一套反套路的题目。如果你总是拘泥于看见关键字就想该如何添加辅助线，一旦一种方法失效，往往就会陷入其中，无法自拔。因此，我们还是要夯实基础，正确对待平时训练中的套路——不能完全依赖套路，能跳出“反套路”的陷阱，这才是高手之道。

家长在每次指导孩子的时候，请务必按照“要不要加辅助线”“加在哪里”“加得对不对”的顺序发问，同时结合基本思路思考。如果孩子能按照这种方法思考，我相信，就算偏难一点的平面几何题，对孩子来讲也是不在话下的。

21 截长补短

初中平面几何的辅助线添加方法除了“十字原则”以外，还有一种比较常见的方法：截长补短。相关题目往往有着很明显的特征：在题设条件或要求证明的结论中包含“和”或“差”。这时候，不妨考虑“截长补短”。

我们先来看一个简单的例子。

例 1 如图 21.1，已知 AD 平分 $\angle BAC$，$AC=AB+BD$，求证：$\angle B=2\angle C$。

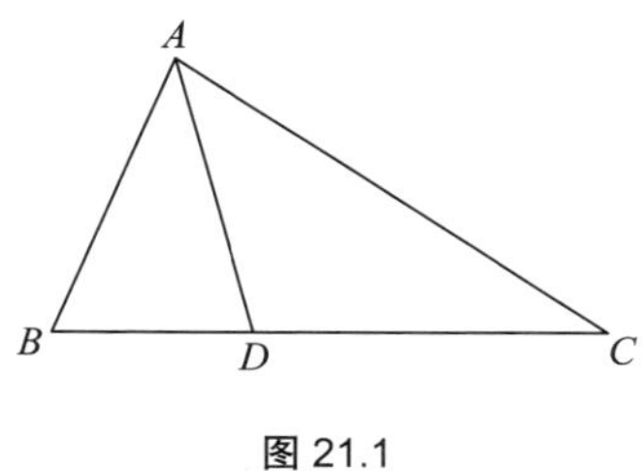

图 21.1

看见像 $AC=AB+BD$ 这种条件，图上简直仿佛有闪闪发光的几个大字：快使用截长补短法，哼哼哈嘿！

注意到 AD 是角平分线，所以 $\angle BAD=\angle CAD$，AD 是公共边，假如再来一条边就能出现三角形全等了。所以在 AC 上截取 AE，使得 $AE=AB$ 就成了必然选择（图 21.2）。

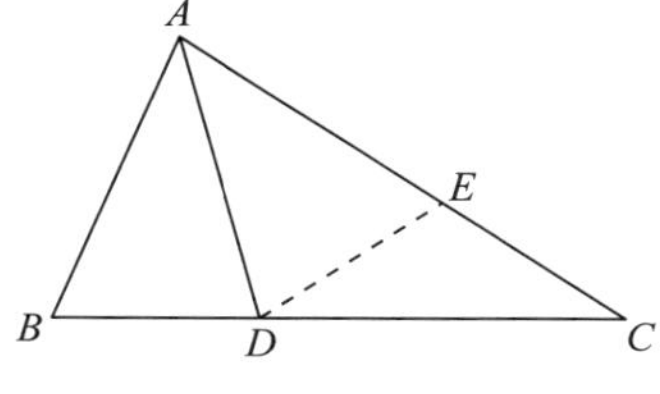

图 21.2

此时得到 $\triangle ABD$ 全等于 $\triangle AED$。等一下，最后求证的结论是什么？$\angle B=2\angle C$。做得一时兴起，干脆连结论都忘了。注意到 $EC=BD$，且 $BD=DE$，所以 $EC=DE$，$\angle C=\angle EDC$，而

$\angle B=\angle AED=\angle C+\angle EDC=2\angle C$，命题得证。

思路是不是很清楚？我不把这种方法归纳到常用的辅助线作法中，就是因为它实在太明显了，以至于没有归纳的必要性——对，它确实不配拥有姓名。当然，我们也可以把 AB 延长到 E，使得 $BE=BD$，连接 DE，也可以得到最后的结论。留给大家自行完成证明。

例 2 **如图 21.3，在四边形 $ABCD$ 中，已知 AC 平分 $\angle BAD$，$CE\perp AB$，$AE=\dfrac{AB+AD}{2}$，求证：$\angle ABC+\angle ADC=180°$。**

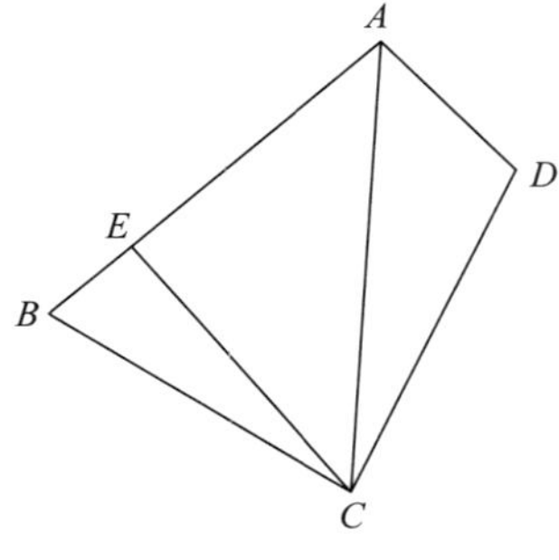

图 21.3

虽然这个条件中有和式，但似乎有些不一样——多了个 1/2。这时候该怎么截、怎么补呢？

我们不妨改写一下条件 $AE=\dfrac{AB+AD}{2}$，变成 $2AE=AB+AD$，再把等式移项，就变成了 $AB-AE=AE-AD$，即 $BE=AE-AD$，是不是就出来熟悉的等式形式，可以考虑截长补短了？在 EA 上截取 $EF=BE$（图 21.4）；然后，先证明$\triangle BEC$ 全等于$\triangle FEC$，再证明$\triangle FAC$ 全等于$\triangle DAC$，就可以得到最后的结果了。细节也留给大家。

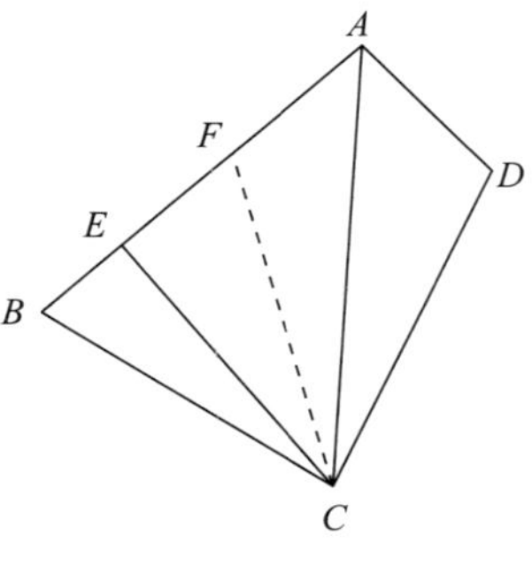

图 21.4

我们再来看一个有趣的情形。

例3 如图21.5，已知$\triangle ABC$是等边三角形，$\triangle BDC$是顶角为$120°$的等腰三角形，以D为顶点作一个$60°$的角，角的两边分别交AB于E，交AC于F，连接EF。求证：$BE+CF=EF$。

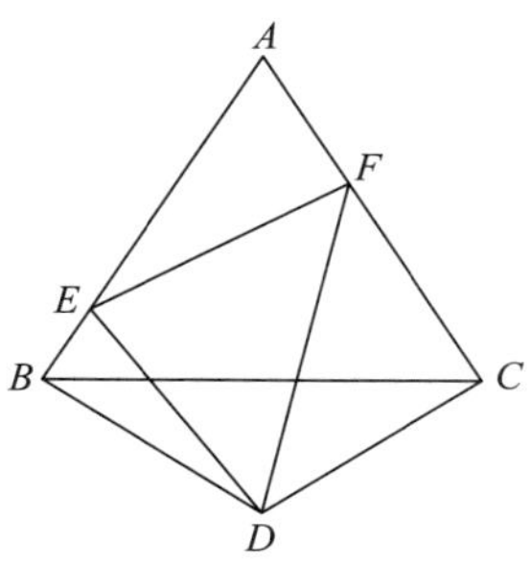

图 21.5

很显然，我们应该用截长补短的方法来添加辅助线。如果在EF上截取$EG=BE$，试图证明$FG=FC$，是不是一个好办法呢？（图21.6）要证明$FG=FC$，显然要证明$\triangle FGD$全等于$\triangle FCD$，而此时除了一条公共边DF，似乎再没有其他条件了。

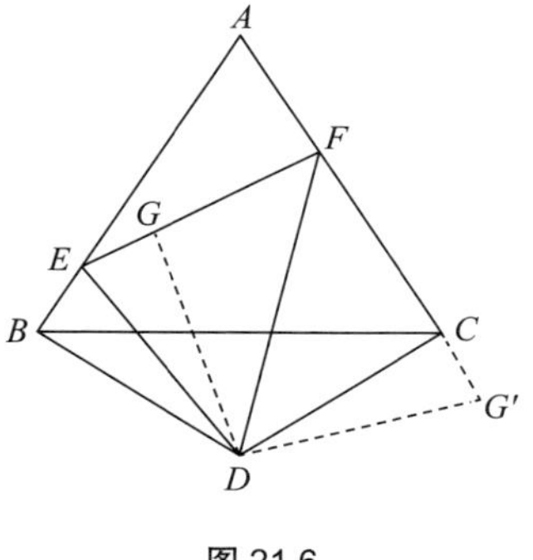

图 21.6

然而，如果我们能证明$\triangle BED$全等于$\triangle GED$的话，那么就能得到$BD=DG$，从而$DG=DC$。同时，由$\angle EDG+\angle GDF=60°=\angle BDE+\angle FDC$，且由全等已知$\angle EDG=\angle BDE$，所以可知$\angle GDF=\angle FDC$，证得$\triangle FGD$全等于$\triangle FCD$了。

注意，我说的是“如果”。事实上，我们在证明$\triangle BED$全等于$\triangle GED$的过程中发现，除了已知ED是公共边，以及$BE=EG$以外，是无法证明关键的夹角相等的，所以“截长”的路不通，我们只能选择“补短”的方法。

这是一道非常考验学生能力的题。很多时候“截长”和“补短”是互通的，然而在少数情况下是有困难的。这个例子就是少数情况。如果孩子在“截长”失败以后，作为家长可以提醒孩子，这时候该转弯就转弯，可以试试“补短”。

延长FC到G'，使得$CG'=BE$（图21.6），不难证明$\triangle EBD$全等于

$\triangle G'CD$，得到 $ED=G'D$，$\angle EDB=\angle CDG'$，于是$\angle FDG'=60°$，然后得到 $\triangle FED$ 全等于$\triangle FG'D$，于是 $EF=FG'$，命题得证。

截长补短方法需要注意的地方在于要认清特征，如果一种方法不行，要考虑换一种，千万别在一棵树上吊死。而且一般来说，“截长”不如“补短”安全:“截长”的前提是得证明被截的那条线段更长。如果条件中没有明确给出这一点，而你也没有证明的话，用“截长”的方法来证明其实不够严格。所以，“补短”往往是更好的选择，可以作为首选考虑。

我们来看难一点儿的例子。

例 4 **如图 21.7，在$\triangle ABC$ 中，AD 为$\angle BAC$ 的角平分线，M 为 BC 中点，$MF//AD$ 交 AC 于 F。求证: $2AF=AC-AB$。**

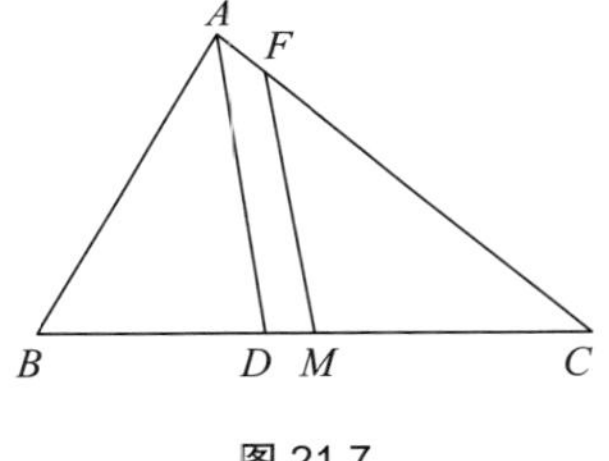

图 21.7

仿照之前的例子，我们还是先把式子改写一下，得到 $AC-AF=AB+AF$，这样写的好处是什么呢？因为 $AC-AB$ 的结果并不显然，但 $AC-AF=FC$，FC 是一条现成的线段，而且这样操作以后，AF 前面的系数 2 被去掉了，看着就神清气爽了。接下来就是处理 $AB+AF$，我们可以延长 BA，也可以延长 AB。应该往哪个方向延长呢?

假设延长 AB 至 E，使得 $BE=AF$，那么我们的目标就是证明 $AE=FC$。这时候，我们看起来要证明$\triangle AED$ 全等于$\triangle FCM$，然后……就没有然后了。AD 显然比 FM 长，所以这两个三角形不可能全等。我连图都懒得画了。

此时有两种可能：一是我们找错了全等三角形，二是这条路本来就是错的。如果你坚持是找错了全等三角形，那么不妨尝试换一组。然而其他貌似靠谱的三角形也没有了，所以这时候就该想想：这条路会不会走错了?

我们尝试延长 BA 到 E，使得 $AE=AF$，这样看起来就很舒服（图 21.8），因为 $\triangle AEF$ 是等腰三角形，所以 $\angle E=\angle AFE$；由于 $MF//AD$，所以 $\angle BAD=\angle AEF$……等一下！有没有发现什么不对的地方？

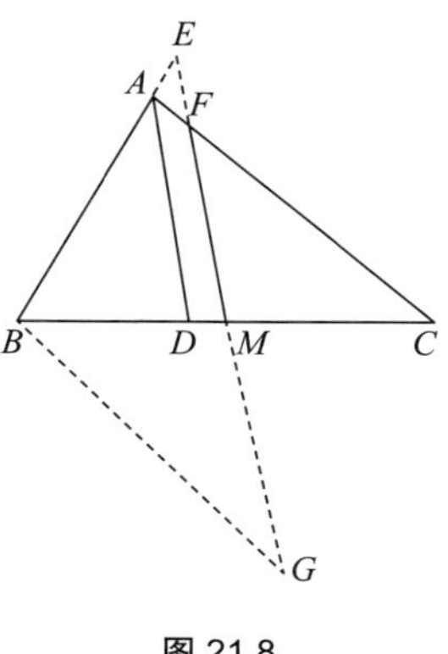

图 21.8

没错，E、F、M 三点是否共线？从图上看，三点一定共线，但是，我们连 EF 并不能直接得到这个结论！

在竞赛中，“三点共线”或“三线共点”是常规问题，然而在升学考试中，这就太难了。不过可以肯定的是，这个方向一定是对的，只是我们要想办法去规避三点共线问题。

既然三点共线是难点，我们就换个角度，先让三点共线，直接延长 MF 交 BA 的延长线于 E。这样可以吗？这样操作之后，$AD//FM$ 就可以很好地利用起来了，$\angle BAD=\angle E$，而 $\angle AFE=\angle MFC=\angle DAC$，可以推出 $\angle E=\angle AFE$，于是 $AE=AF$。之前的难点被巧妙地绕了过去。

让我们擦擦脑门上的汗，继续前进吧！

下一个问题是：哪来的全等三角形能包含 BE 和 CF 呢？$\triangle BEM$ 和 $\triangle CFM$ 全等？开什么玩笑，这绝对不可能啊！又一次陷入了僵局。我们不否定这条路，是因为想不到第三条路吗？非也，非也。在探索过程中出现了等腰三角形这样的强条件，往往是一个积极的信号，表明你很大概率走在一条正确的道路上。所以，我们现在要做的是破局。

再仔细地读题，角平分线和平行都用过了——中点！中点还没有用呐！我们很自然想到“倍长”：把 FM 延长一倍到 G 点，这样就出来一对全等三角形△BGM和△CFM。于是$FC=BG$，下一个问题自然是$BG=BE$吗？当然。因为全等的关系，$\angle G=\angle MFC=\angle E$，所以$BE=BG$，命题成立。

这道题目的截长补短法和之前讲过的有些不一样：直接“补短”之后出现的问题很难解决，所以我们绕了一小圈，利用其他办法来达到“补短”后的效果。这种题目难就难在既需要有截长补短的思想做指导，又不能拘泥于这个方法。至于后面的倍长FM属于常规操作，并不是特别难想到。

都是辅助线，但难度可大不一样哦！本题中如何“补短”的思路固然重要，不过如何规避证明“三点共线”的方法才更值得仔细品味——“马奇诺防线”再固若金汤，我们仍然可以避其锋芒，绕过去！

22 对称

接下来我们来看看对称、平移和旋转。

所谓“刚体运动”就是指图形在运动中其大小、形状不发生改变的运动——没错，就是仅仅改变一下图形所在位置而已。任意的刚体运动都可以分解成对称、平移和旋转三种形式。从刚体运动的定义可知，其对应到平面几何中的概念就是全等。接下来我们分别对这三种变换进行研究，首先看对称。

对称，是数学和物理中一种非常重要的思想方法，运用对称性解决问题是常用的手段。在大自然中，对称性无处不在。它往往也是我们解题的突破口。有些题目如果硬做会很费事，但是借助对称的话，三两下就能摆平。

不对啊，贼老师，你不是一直喜欢硬算吗?

你看，很多时候，人们学东西都是在生搬硬套。你只记得我喜欢硬算，却不记得我还说过：要用最自然的思路。如果我们能够在平时训练过程中培养起对对称性的敏感性，使其成为自然的思路，那为什么还要硬算呢？硬算，是没有办法的办法，是你绝地求生的最后一击。我们平时训练既要把计算练好，也要锻炼“眼力”，这并不矛盾。实在没办法的情况下，有硬算“兜底”，这样失分可以少一些。

对称、平移和旋转

关于对称性，初中阶段最常见的问题就是“将军饮马问题”。相传在古罗马时代，亚历山大城有一位精通数学和物理的学者名叫海伦。一天，一位罗马将军专程去拜访他，向他请教一个自己百思不得其解的问题：

将军每天从军营 A 出发，先到河边饮马，然后再去河岸同侧的 B 地开会，应该怎样走才能使路程最短？

如果要硬算的话，我们需要分别测量出 A 点和 B 点到河边的距离 a 和 b，然后设 A 点在河所在的直线的射影为 C（即 AC 垂直于河所在的直线），B 点的射影为 D，再测出 CD 的距离 c。设最佳点为 E，我们设 $CE=x$，则 $DE=c-x$，然后列出将军需要走的距离关于 x 的函数（图 22.1）。

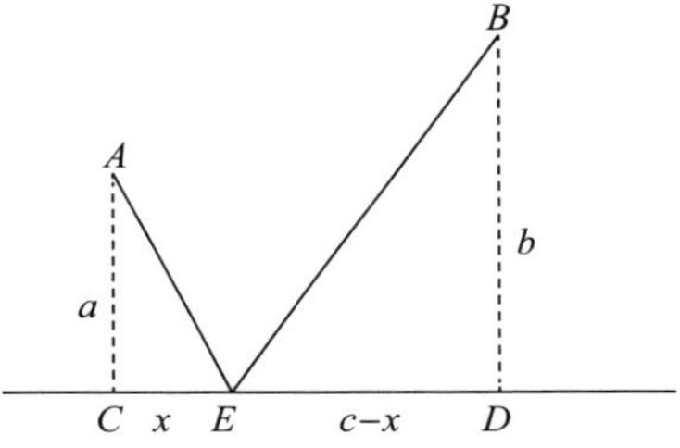

$$f(x)=\sqrt{a^2+x^2}+\sqrt{(c-x)^2+b^2}$$

图 22.1

要求出该函数在 x 取什么值的时候，函数才有最小值，这也太难为中学生了……

但是，如果我们用对称的想法，那就非常简单了。作 A 关于 CD 的对称点 F，然后连接 BF，则 BF 和 CD 的交点 E 就是我们要找的点（图 22.2）。

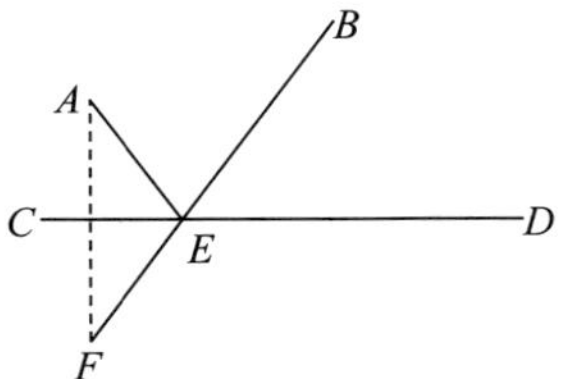

图 22.2

你说这是最短就是最短了？我们当然可以证明。E 不管取在哪里，$EA+BE$ 都等于 $EF+EB$，而两点之间线段最短，所以一定有 $EF+EB \geqslant BF$，所以当 $EA+BE=BF$ 时，一定是最短距离（图 22.3）。

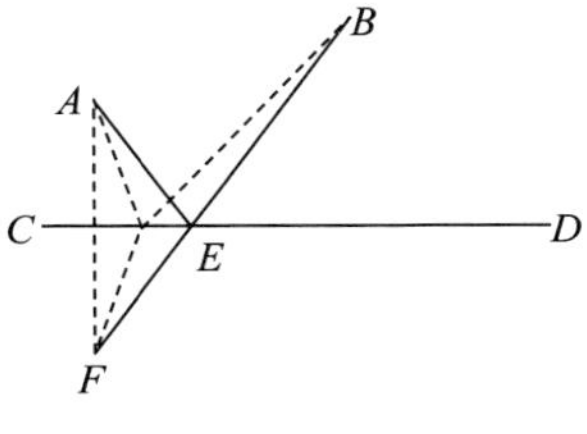

图 22.3

你看，对称是不是很有用？关键是，对称不光是一种做题技巧，还是一种思想。有人分不清“技巧”和“思想”：技巧就是工具，比如说，把钉子敲进木头里需要用榔头；而“思想”就是对数学的理解和认识，比如做一把椅子，就要想靠背怎么做，扶手怎么做，椅子腿怎么做……要有这样的想法。对称不光能提供榔头，还能帮你构想思路，你说这玩意儿好不好用？

再举个例子。二次函数是整个中学阶段数学的重点和难点了，无论是中考还是高考都离不开二次函数。但是，二次函数的本质是什么？从图象角度看，二次函数就是一个对称图形，对称轴就是二次函数的“灵魂”。如果没有对称的思想，你就很难把二次函数学好。二次函数的对称轴在解决无数题目中，都发挥出了巨大作用。你说，对称重要不重要？

他山之石可以攻玉，学习对称不只为了简单地解决几道题，更重要的是培养对称思想，这才是本章的目的。千万不要本末倒置，以为会做几道题就万事大吉，那样的话，真的是拣了芝麻，丢了西瓜。

事实上，运用对称方法最多的问题是关于三角形内的角格点问题。这种题目随处可见，比如下面这题。

如图 22.4，在$\triangle ABC$中，$\angle ABC=50°$，$\angle ACB=30°$，R为三角形内一点，$\angle RAC=\angle RCB=20°$，求$\angle RBC$的度数。

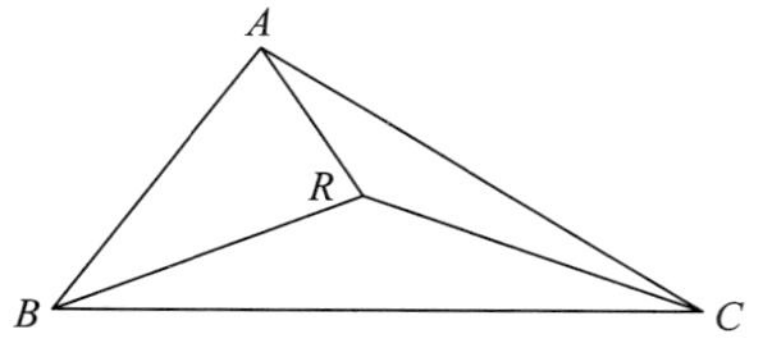

A
R
B
C

图 22.4

这类题目有着极强的迷惑性，初看都觉得要利用三角形的内角和是 180°，加加减减之后就能套出答案来。你只要自己动手操作一下就知道，想通过列方程的办法来解决角格点问题，未知数永远比方程多。角格点问题是运用对称方法最多的一类平面几何题，但这类题的难度过大，而且思路非常难找，很不自然，基本是一题一解，因此我就不详细展开了，在此只做一般介绍。我就是给各位提个醒，以后看见这种问题，一定要绕着走，千万别觉得很容易就上手做半天。

我们来看一些比较自然能联想到对称的题目。

例1 如图22.5，已知AD是五边形$ABCDE$的一条对角线，且$\angle EAD > \angle ADC$，$\angle EDA > \angle DAB$，求证：$AE+ED > AB+BC+CD$。

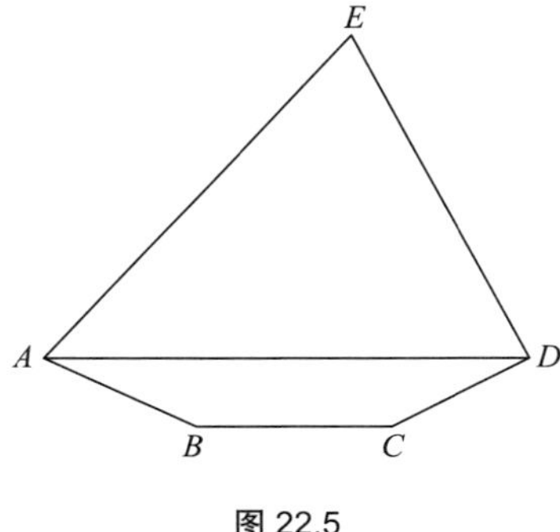

图 22.5

我们脑海中闪过的第一个念头就是“三角形两边之和大于第三边”。问题是，AD两侧都是折线段，这招看起来没有用。

于是，我们再回头看看题设条件。你会发现有些条件很有意思：为什么是$\angle EAD > \angle ADC$和$\angle EDA > \angle DAB$？这两组角看起来是不是很别扭？因为它们是呈对角状分布的，如果条件变成$\angle EAD > \angle BAD$，$\angle EDC > \angle CDA$看起来会不会舒服很多？

为了让题目看起来舒服一点，我们作$\triangle EAD$关于AD的中垂线a的对称图形$\triangle FAD$，此时发现$AE+ED$变成了$AF+FD$，此时两组角也从对角状变成邻居了（图22.6）。

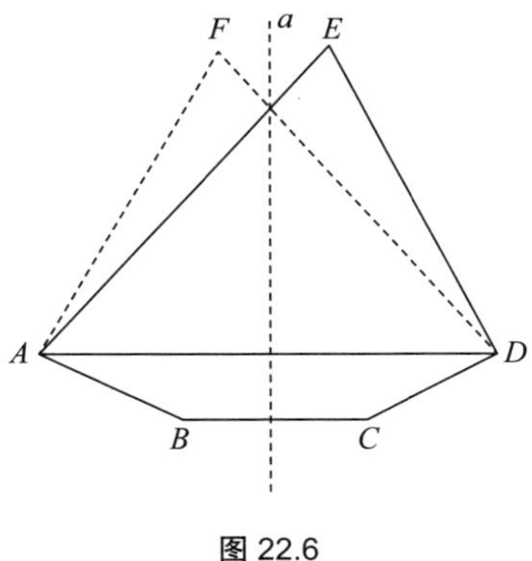

图 22.6

接下来，我们似乎还是没办法……不过，你为什么觉得相邻的角看起来会舒服一些呢？就是感觉。这种朴素的感觉如果再进一步，就能把题目解决了。为什么把角换过来，你就会感觉舒服？因为你觉得这下能比较角度的大小了。我们仍然发蒙，是因为发现好像并不能比较线段长度的大小。

为了能够比较线段长度，我们还需要再做一次对称：作四边形$ABCD$关于AD的对称四边形$AB'C'D$，我们发现整个四边形$AB'C'D$恰好都在$\triangle ADF$的内部，而原因就是$\angle FAD > \angle BAD$，$\angle FDA > \angle CDA$（图 22.7）。

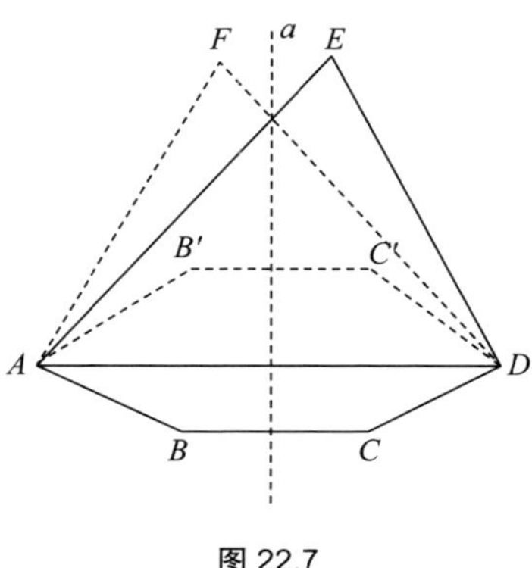

图 22.7

此时，我们从几何直观上就会觉得命题是对的：两条都往外凸（不是锯齿状的）的折线，外面的那条肯定比里面的那条要长。但怎么证明呢？我们手上的工具仍然只有“三角形两边之和大于第三边”，但折线该怎么处理？我们肯定需要一个“跳板”，而这个“跳板”一定可以利用上面结论，对不对？

如果把AB'和DC'延长交于P点，首先可以肯定P点一定落在$\triangle FAD$内。（为什么？）很显然，$\triangle PAD$的周长小于$\triangle AFD$的周长（图 22.8）。

这可并不显然哦，需要证明的。没错，这就是那种“这也要证啊?!”类型的题目。延长AP交FD于Q（图 22.9），因为$AF+FQ>AQ=AP+PQ$，且$PQ+QD>PD$，所以$AF+FQ+PQ+QD>AP+PQ+PD$，即$AF+FD>AP+PD$。又因为$PB'+PC'>B'C'$，所以$AP+PD=AB'+PB'+PC'+C'D>AB'+B'C'+C'D$，于是命题得证。

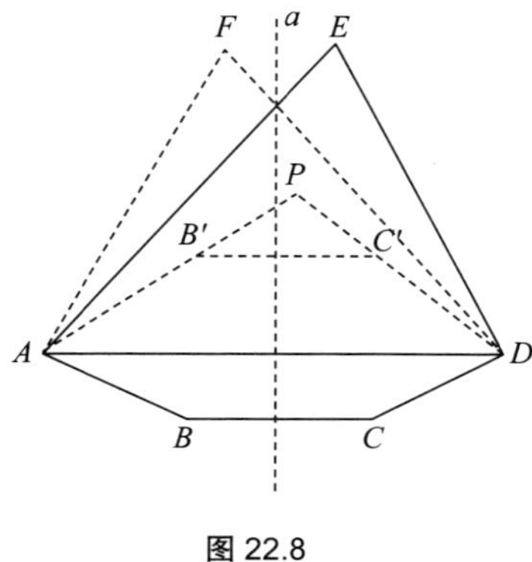

图 22.8

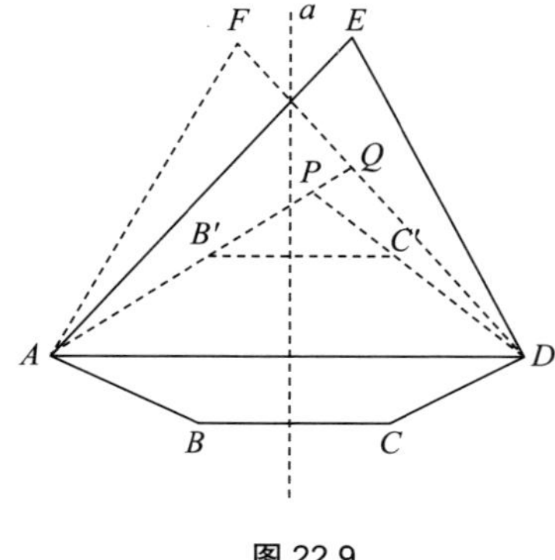

图 22.9

我们一开始凭借朴素的几何直觉，完成了第一次对称变换，第二次是从条件推出来的对称变换，最后利用了“三角形两边之和大于第三边”。题目有一点难度，但是很有意思，关键问题是，本题中的对称完全可以凭借题设条件和朴素的几何直觉推得，并不是那种完全“无中生有”的辅助线，大家可以细细品味一下。

作为对称方法的经典应用，“将军饮马问题”本身很简单，但只要稍微变形一下，题目也许就不那么容易做了。我们来看一个例子。

例2 如图22.10，在长方形 $ABCD$ 中，$AB=20$，$BC=10$，在 AC、AB 上各取一点 M、N，使得 $BM+MN$ 最小，求这个最小值。

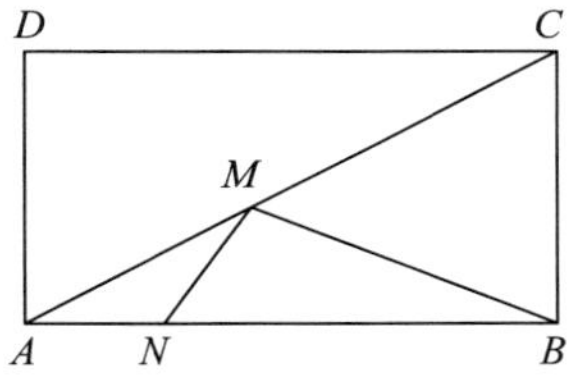

图22.10

当然，用函数方法硬算也不是不行，但只要稍加计算就会发现，和之前讲“将军饮马问题”时一样，我们将陷入“列得出函数，却求不出最值”（对初中生而言）的尴尬境地。所以，硬算也要建立在计算能力足够强的基础之上。当然，我说本题可以用“将军饮马问题”模型来解决，但并没有说，你一定能解决得了（贼老师真是欠打）。

与经典的“将军饮马问题”模型相比，本题中有两个动点，所以看起来不好处理。那么应该如何思考呢？

想一想代数里求不定方程的整数解问题。我们在处理不定方程的时候，由于方程未知数的个数多于方程的个数，所以这里是没有唯一解的。但是，如果只要求求正整数解，一般来说，解总是有限的（无解也算“有限”）。处理方法通常是先固定一个未知数，把它当作常数，然后把另一个未知数用固定的未知数表示出来。所以，考虑“动”的问题的普遍思路就是“化动为静”。

我们先把 N 固定住，这样就变成了一个标准的“将军饮马问题”模型，此时可以把 AC 看作河，N 点为将军的出发点，B 点为开会的地点。很显然，此时只要作 N 关于 AC 的对称点 P，然后连接 BP，则 BP 与 AC 的交点 M 就保证了 $MN+MB$ 是最小值（图 22.11）。

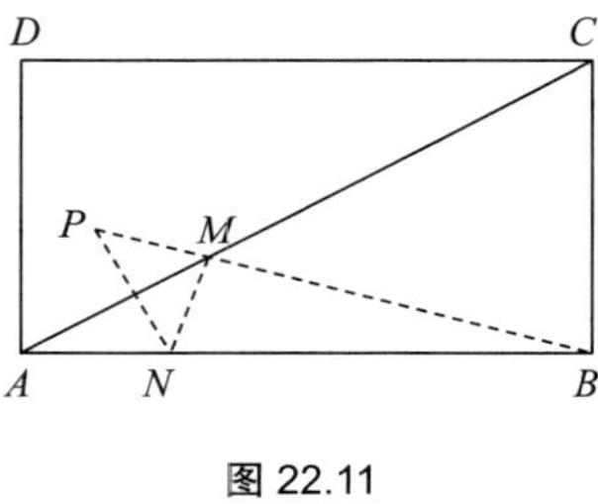

图 22.11

接下来，我们着手处理 N 是动点的问题。换句话说，我们要在无数个 N 关于 AC 的对称点里找到特殊的那一个，使得其与 B 的连线在所有连线中最短。这个特殊的点应该具有什么样的性质呢？

必然要有垂直，对不对？但问题是：和谁垂直？如果我们把所有可能的 N 关于 AC 的对称点连起来，其实就是 AB 关于 AC 的对称射线 AB'，因此最短距离就是从 B 点到 AB' 的垂线段的长度（图 22.12）。

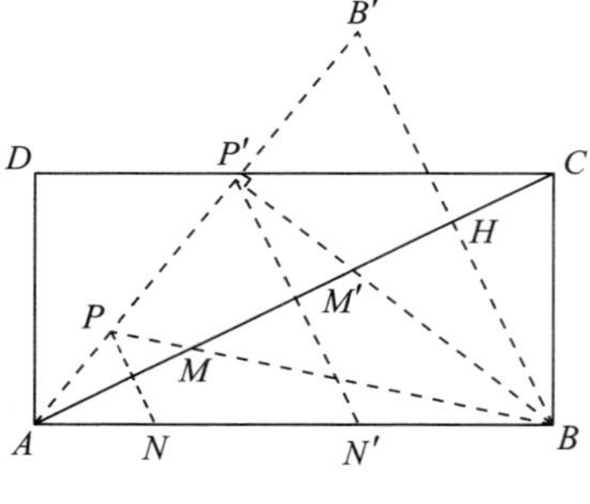

图 22.12

如何求长度？由于涉及的是求垂线段长度，因此可以试一试用面积法。作 AB 关于 AC 的对称线段 AB'，连 BB'，于是，只要求出 AB' 和它对应的高 BP' 就可以了。我们可以先求在 $\triangle AB'B$ 中，$B'B$ 与其上的高 AH（图 22.13）。显然，由于对称的关系，AC 是 BB' 的中垂线，因此记 BB' 和 AC 的交点为 H，由 $AB=20$，$BC=10$，得到 $AC=10\sqrt{5}$，所以 $BH=4\sqrt{5}$，$AH=8\sqrt{5}$，因此由三角形面积公式可知最短距离 $BP'=\dfrac{8\sqrt{5}\times 8\sqrt{5}}{20}=16$。

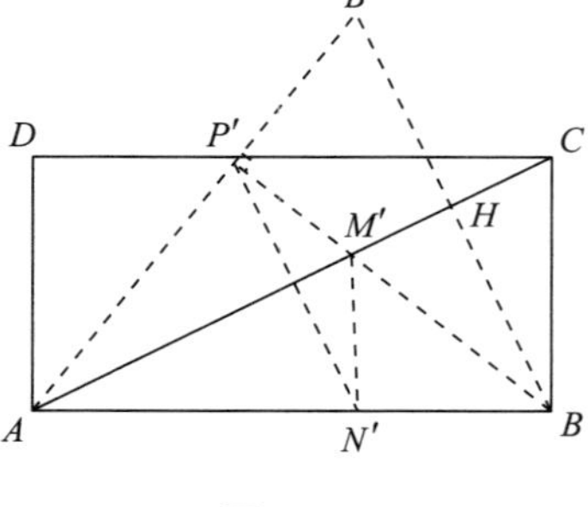

图 22.13

写作中有一种修辞手法叫“通感”（又叫“移觉”），是指在描述某一件事物时，采用形象的语言使感觉转移，将人的眼、耳、鼻、舌、身、意感受到的色、声、香、味、触互相交错，将本来表示甲类感觉的词语移用来表示乙类感觉。在这里，我们把代数中解不定方程的思想平移过来，多动点问题一般的解决思路就是看看能否先固定一个动点，然后转化成单动点问题，进行求解。这就使双动点问题变成了熟悉的“将军饮马问题”模型。像这样的联想可以在平时训练中多尝试一下。古语云：“他山之石可以攻玉。”如果你真的学好了数学，就会发现几何和代数的很多思想都是相通的，完全可以互相借鉴。我们再来看一个关于对称性的经典应用。

例3 **如图 22.14，已知$\angle AOB=30°$，$OA=7$，$OB=24$，在 OB 上取点 P，AC 上取点 Q，设 $d=PA+PQ+QB$，求 d 的最小值。**

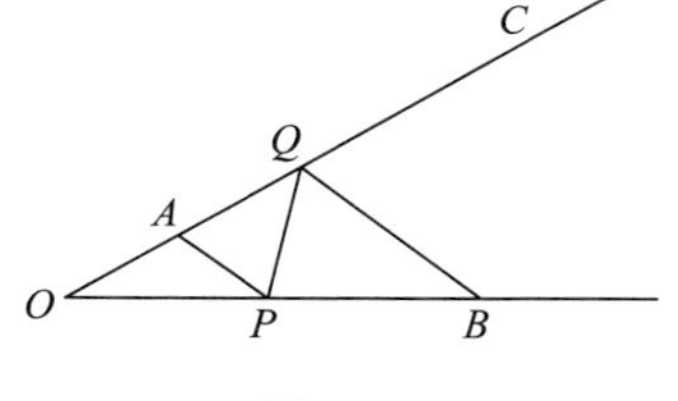

图 22.14

要是我就直接猜 25，理由是，这个数和条件里的两个数值组成了勾股数。当然，最后的答案确实是 25，我也没有“事后诸葛亮”——对数字敏感，绝对是有好处的。既然能用上勾股定理，那么就应该会出来直角三角形。但是，图中一个直角都没有，所以我们肯定要加辅助线，构造一个直角三角形，并且这个直角三角形的两条直角边的长度分别为 7 和 24。

你能不能想到这里？这是我的思路，而且我觉得这是一条非常漂亮的思路。我想再次强调，对数字敏感能帮助我们解决很多问题。千万不要小看这种感觉的培养，解题速度和你对题目的感觉息息相关，而对题目的感觉最初往往源于对数字的敏感：如果你对勾股数足够熟悉的话，那么你几乎可以“秒杀”高考选择题中经常出现的三角函数题。

更漂亮的思路还在后面！

这个直角三角形的两条直角边长度定了，那么斜边长度呢？如果你只答出斜边是 25，那还是差点儿意思。正确答案是：斜边确实是 25，但斜边的两个顶点恰好是一条长度为 $PA+PQ+QB$ 的折线的两个顶点，这样一条折线的最小值就是 25！

是不是很精彩？你再仔细体会一下为什么会是这样。我们必然要利用“两点之间线段最短”，那么根据猜测，最短距离是 25——这已经构造出来了，而最后一定是拿折线段和这条斜边去比较，才有意义。

应该怎么构造这个合适的直角三角形？OA 和 OB 之间的夹角只有 30°，不满足条件；不过，30° 和 90° 之间好歹还是有很大关系的：一个 30° 的角是 90° 的角的 $\frac{1}{3}$……除此之外呢？

“除此之外”可以按下不表，不过角度之间既然是 $\frac{1}{3}$ 的关系，再补上一个 60°，不就有直角了吗？问题来了：是在 OC 的上方还是 OB 的下方作一个 60° 呢？显然都不合适，因为这破坏了对称性。那该怎么作呢？把 60° 一分为二，分别在 OC 上方以及 OB 下方作一个 30° 角，这样看起来就完美了。

下一步就是怎么把这些线段归置到位的问题了。很显然，OA 应该被对称到 OF 上，变成 OA'；同理，OB 对称到 OE 上，变成 OB'，此时长度为 25 的线段就出现了，即 $A'B'$（图 22.15）。但是折线段呢？

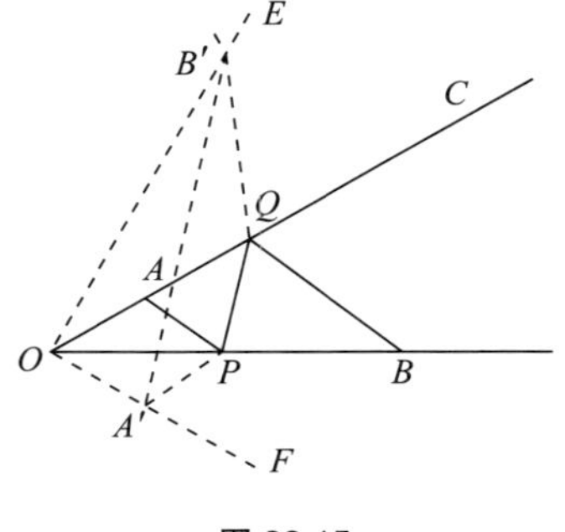

图 22.15

我们注意到，$QB'=QB$，$PA'=PA$，所以折线段 $B'QPA'$ 的长度就是 $PA+PQ+QB$，显然，折线段的长度一定是大于等于 $A'B'$ 的，当且仅当 B'、Q、P、A' 四点共线的时候取等号，此时最小值为 25。

例 4 **如图 22.16，在四边形 $ABCD$ 中，$AB=30$，$AD=48$，$BC=14$，$CD=40$，$\angle ABD+\angle BDC=90°$，求四边形的面积。**

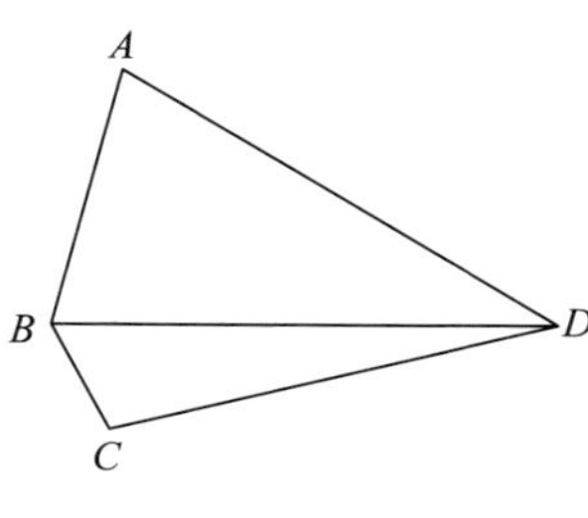

图 22.16

如果你对数字敏感的话，会发现什么？我们把 30 和 40 分在一组，14 和 48 分在一组，这是两组勾股数，而且两组勾股数的第三个数都是 50，这是巧合吗？一定不会是巧合，何况条件中还有 $\angle ABD+\angle BDC=90°$。

然而令人沮丧的是，这两组勾股数所在的边都不挨着。这该怎么利用勾股定理呢？再说了，这 AB 和 CD 看起来也不像互相垂直的样子啊！

所以，接下来的工作就是凑出两个直角三角形来，并且这两个直角三角形有一条公共的斜边，而这条斜边的长度为 50。我们注意到还有一组很诡异的角度和：$\angle ABD+\angle BDC=90°$。很自然，要把这两个角放一起，于是思路就来了：以 BD 的中垂线为对称轴，作 AB 的对称线段 DE，连接 BE（图 22.17）。显然，四边形 $EDCB$ 的面积和四边形 $ABCD$ 的面积是相等的。

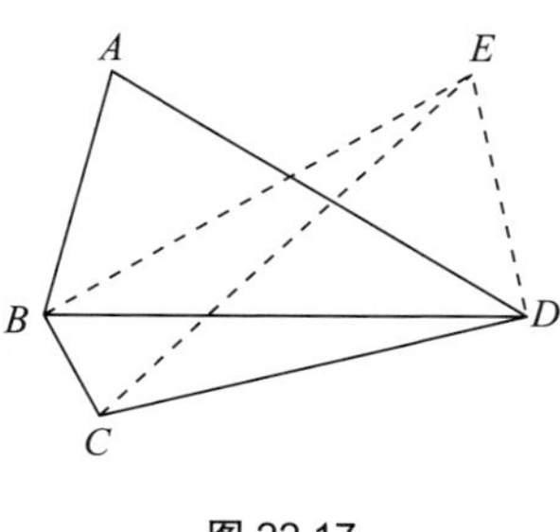

图 22.17

这时候有 $\angle EDC=90°$，而且 $DE=30$，$CD=40$，于是 $EC=50$；再由勾股定理的逆定理可知，$\angle EBC=90°$。此时，求四边形 $EDCB$ 的面积就变成求两个直角三角形的面积，而且直角三角形的直角边长都是已知的。细节留给大家来补充吧。

上面两个例子充分展示了对勾股数敏感的巨大好处，同时，我们对该如何联想到用对称的方法解决问题进行了剖析。从整个过程可以看出，联想、猜测对于解题的巨大作用。

关于对称的题目当然有很多，这里仅仅摘取了几个比较典型的例子。事实上，对称的思想超出了平面几何的范畴，甚至可以延拓到代数领域。因此，我们有必要提醒孩子，要把数学当成一个整体来看待，不要局限在一个小框框里。提升对数学的整体认识，才是最根本的提升。

23
平移

什么是平移？平移就是……你会发现自己脑海中浮现出平移的样子，但要给出一个比较准确的平移的定义，却很困难。这就像时间，我们都有“时间概念”，但应该如何定义时间？下定义也可以作为一种练习，一方面可以考察孩子对几何的理解水平，另一方面还能锻炼孩子的语言表达能力。这种练习除了让孩子费点心思，似乎没什么不良的副作用。

所谓平移，就是指将图形沿某一固定方向移动一定距离。不难看出，移动后的图形和原图形的对应线段的长度不变，位置平行。

也就是说，平移会产生大量的平行四边形——这就是平移的核心作用。当然，我建议孩子在做了一些练习之后，可以试着自行总结出这条规律。接下来，我们看一些平移的相关例子。和以往一样，讲解例题的重点不在于会做一道题，而在于回答一个问题：我们为什么会想到要采用平移？

例 1 **如图 23.1，两条长为 1 的线段 AB 和 CD 相交于 O，且 $\angle AOC=60°$。求证：$AC+BD \geqslant 1$。**

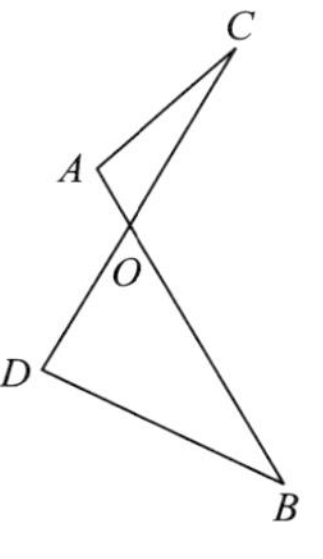

图 23.1

怎么去启发孩子思考呢？在平面几何的证明问题中，等式的结论多，不等式的结论少。而且从本题的结论来看，两条线段的长度之和大于第三条线段的长度，这就应该是突破口。

我们不把话说死，原因是最初的判断有可能不对，但你必须得有一个方向，无论这个方向是对是错——对了，我们就往下走；错了，判断出错后，回头。啥方向都没有比方向错误要可怕得多。关于三角形中的不等式，我们只学过一个结论：三角形两边之和大于第三边。所以，我们在第一时间往这个方向考虑就是必然的；万一做不下去，大不了再调整；调整半天做不出来，那就……做不出来呗，还能怎么办？凭什么孩子必须会做所有的数学题？

AB 和 CD 都是长度为 1 的线段，所以，针对结论中的“大于等于 1”，我们可以从这两条线段里随便挑一条，万一不对就换另一条。但现在的问题是，AC、BD 和 AB（或 CD）构不成一个三角形，那该怎么办呢？

没错，平移。如果能把这几条线段平移到一个三角形中，那题目就解决了。很显然，我们只能平移一条线段来构造三角形，然后证明第三条边的长度恰好等于 AB 的长度（或 CD 的长度，或等于 1）。假如我们直接构造一个三角形，令三角形的构造前提就是结论中的不等式成立，那么，这不就等于用结论证明结论，陷入循环论证的误区了吗？

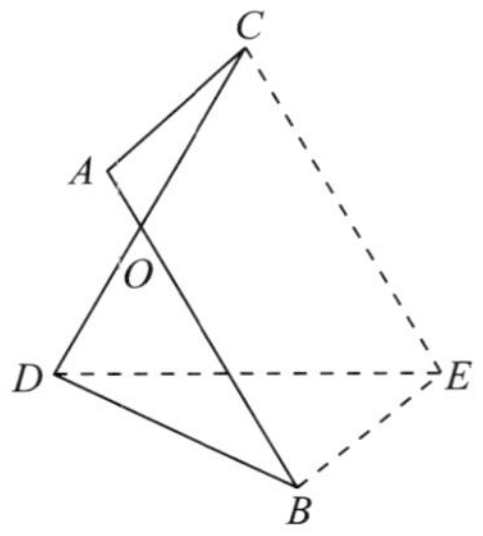

思路理清楚了，我们开始尝试。过 B 作 BE 平行且等于 AC，于是 $BECA$ 就是平行四边形（图 23.2），其中 $EC=AB=1$，$BD+AC=BD+BE>\cdots\cdots DE$？

图 23.2

为什么是 DE？DE 的长度也是 1 吗？别着急，再仔细审题就会发现，还有一个条件没用上：$\angle AOC=60°$。平移以后有 $\angle AOC=\angle DCE=60°$，且 $EC=AB$，于是 $\triangle CDE$ 是等边三角形。你看，问题不就解决了？

像这种特点很明显的辅助线添法，简直就是“福利”。接下来，我们来看一些不那么容易想到用平移的例子。

“化归”这两个字，我从小学讲到初中，从代数讲到几何。你要是问我：“数学中最重要的思想方法是什么?”那我的回答一定是“化归”——把不会的东西转化成会的东西。但是，很多家长和孩子都有一个问题:“怎么才能把不会的东西转化成会的东西呢?”这就是我们要结合定义和具体例子来讲解知识的原因。有些道理谁都懂，比如拳击比赛如何才能获胜？当然是尽可能多地打对方，同时让自己少挨打。等到你真自己上场和职业拳击手较量的时候，你试试！有这么简单吗？平时的训练要起到作用，比如怎么闪躲，怎么出拳，都要经过艰苦的训练。同样，说是“化归”，然而，在代数领域怎么化归，在几何领域怎么化归；碰到全等怎么化归，碰到相似又该怎么化归……还是有很多具体内容可以讲一下的。

事实上，平时做作业有两个用处：一是帮助你练习化归，学会转移知识，把书上的东西变成自己的；二是加强熟练度。所以“刷题”是必要的。但是，每个人应该根据自己的特点来刷，如果化归已经完成，熟练度也上来了，就没必要再刷同类题目了，否则纯粹是在浪费时间。永远不要问别人“我要不要刷题”“我要刷多少题”，因为每个人的需求量真的完全不一样。

我们来看一些具体的例子，帮助大家练习平移内容中的化归。

例2 **如图 23.3，在六边形 $ABCDEF$ 中，$AB//ED$，$BC//FE$，$CD//AF$，且 $BC-EF=DE-BA=FA-CD$。求证：六边形各内角相等。**

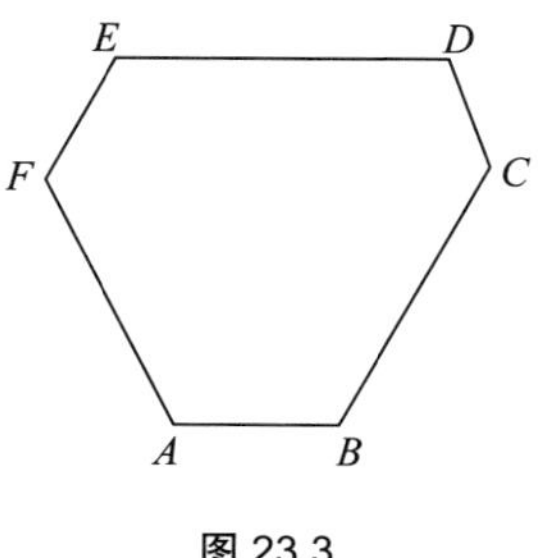

图 23.3

怎么化归？最容易想到的当然是如果六边形是一个正六边形，结论显然是对的。但是，满足这一结论的六边形不一定是正六边形啊！当然，我们正在讲平移，这就是一个提示，所以思路来得就比较自然。然而，假如这道题不放在本章节来讲，你能马上想到利用平移吗？这个问题背后的问题就是：我们能不能观察出需要利用平移的题目的特点，从而缩短思考时间呢？

一般来说，如果题目给出的条件有些奇怪的地方，那往往就是破题之处。像在例 1 中，证明的结论是一个不等式，这就相当于直接告诉我们，思路就是要把三条线段转化到一个三角形中。那么，本题中哪里不一样呢？没错，$BC-EF=DE-BA=FA-CD$。这个条件看起来很不一样：都是对边相减，且差相等；但减法的差却不能被直接看到。所以，我们首先就要考虑如何把这个差给找到——是不是需要平移了？

换句话说，平移是把题干或结论中不在一起的线段搞到同一个三角形（或其他图形）中的最佳手段。现在，你是不是觉得即便脱离了本章的提示，自己也能对需要平移的题目有个大致的判断了呢？

接下来的问题就是如何平移。我们以 BC 为例，因为等式是对称的，所以要平移肯定是大家一起动——至于先动谁、后动谁，这无关紧要，挑一个代表就行。接下来的问题是：过哪个点作 BC 的平行线呢？其实只有 A 和 D 两个选择，我们不妨过 A 作线段 AH 平行且等于 BC，然后再考虑把 EF 也挪过来，在 AH 上截一段 $AG=EF$，那么 GH 就是 $BC-EF$ 了（图 23.4）。

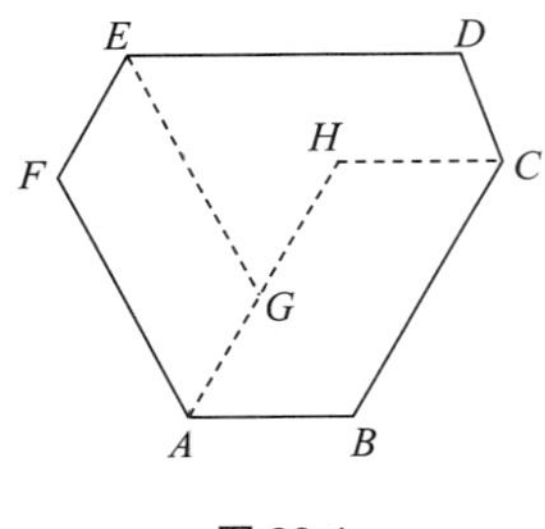

图 23.4

如法炮制其余的两个差，我们会很开心地发现，三条线段看起来能组成一个等边三角形！这绝对是走在一条正确的路上了。

现在需要解决的问题是：这三条线段确实能首尾相连吗？你想想，这是不是一个问题？过 C 的平行线，凭什么恰好就能过 H 点呢？H 点你是通过作 AH 平行且等于 BC 得到的，这时候要平移 ED，你怎么能保证过 C 且平行于 ED 的线段恰好过 H 点呢？

所以，我们应该换一种表述的方式：分别过 A、C、E 三点作 BC、ED、FA 的平行线，三条线段分别交于 G、H、K。很容易证得 $\triangle GHK$ 是等边三角形，而且该等边三角形周围是 3 个平行四边形

（图 23.5）。于是有$\angle HGK=\angle HAF=60°$，$\angle HAB=\angle KHG=60°$，所以$\angle FAB=120°$。同理可证$\angle FED=\angle DCB=120°$。而$\angle B=\angle AHC=180°-60°=120°$。同理可证$\angle D=\angle F=120°$，命题证毕。

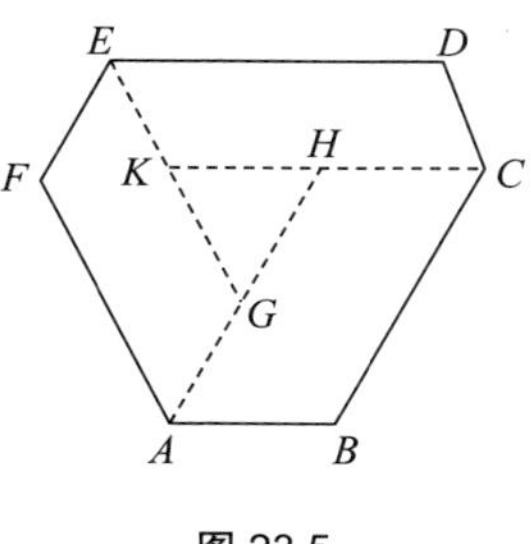

图 23.5

像这样的平移方法，隐藏得就比较深，需要我们深入挖掘才能找到线索。看着越不寻常的条件，往往越可能是题眼。

例 3 如图 23.6，$\triangle ABC$是等边三角形，$\triangle EDF$和$\triangle ABC$三边交于G、H、J、K、L、M，已知$HL=KG=JM$，且$LM^2+JK^2=GH^2$，求证：$DE\perp DF$。

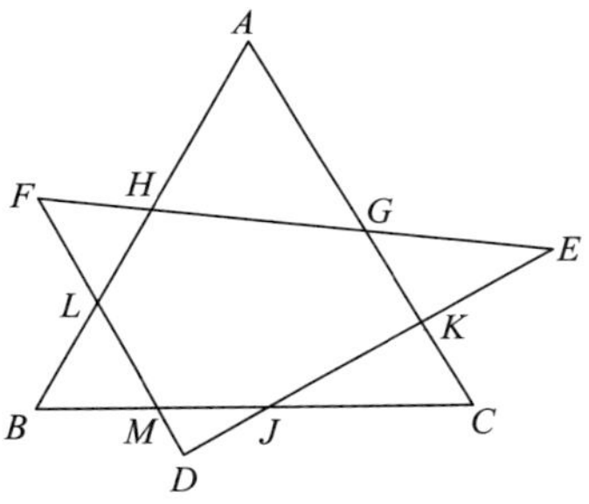

图 23.6

我们按照前面的思路来试着化归一下。友情提示：这次化归可比例 2 要容易得多哟。好，接下来请看贼老师的讲解。

本题的题眼在哪里？很显然，在$LM^2+JK^2=GH^2$条件上。两条线段的平方和等于第三条线段的平方。你的第一反应是什么？

勾股定理。

可LM、JK、GH这三条线段都不在一个三角形内，所以我们要……？

把它们平移到一起，构成直角三角形！

你看，思路是不是来得很快了？

接下来就是怎么平移的问题。一个自然的想法就是分别过 H 作 $HO//LM$，$GO//JK$，HO 和 GO 交于 O 点。我们碰到的第一个问题就是：HO 是否等于 LM？ GO 是否等于 JK？（图 23.7）

从图上看，它们显然是相等的，但这只能作为一种辅助的判断手段，不能用来作为证明的说辞。由图可知？你真敢这样写证明，会被老师狠狠地"踢屁股"的！回忆一下，我们之前说过，平移会构造大量的平行四边形。只要把线段的初始位置和平移后位置的对应点连起来，就能得到这种平行四边形。于是，我们从图上可以看出 $HOML$ 和 $GOJK$ 应该是平行四边形——问题是怎么证明呢？

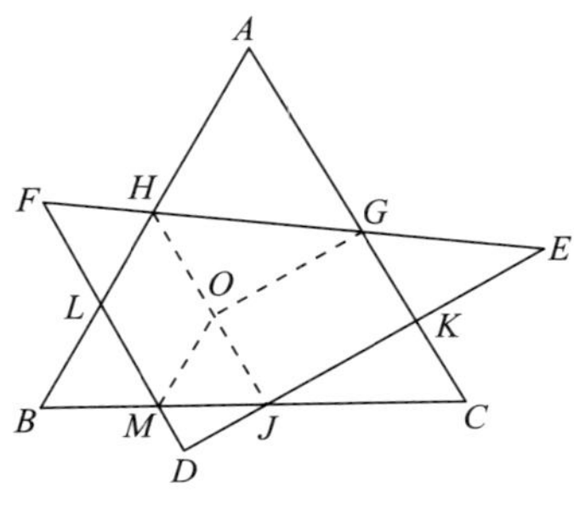

图 23.7

当然，此时应该把 OM 和 OJ 连起来。如果你的图画得够准，你就可以直接看出 $\triangle OMJ$ 是等边三角形。这是非常有用的几何直观，说明这样加辅助线很可能是对的。但随后问题就来了：对四边形 $HOML$ 和 $GOJK$ 来说，我们都只能找到一组对边平行，而且既无法证明这组对边相等，也无法证明另一组对边平行，怎么办？

我们要有一个基本的判断，这张图是没问题的，只是不能用作两条平行线而后相交的方式来实现平移，因为平移之后没有出现线段相等。

思路该怎么转换？正如前面提到的，既然构造一个平行四边形需要有两组对边分别平行或者一组对边平行且相等，那我就先弄一个平行四边形出来看看，然后再看能否证明另一个也是平行四边形……总比一个结论都得不到要强吧。

过 H 作 $HO//LM$，过 M 作 $MO//HL$，MO 和 HO 相交于 O，先把 $HOML$ 是平行四边形搞定；然后连接 OG 和 OJ，我们的目标是证明 $GOJK$ 是

平行四边形，这样一来，$\angle HOG$ 的两边和 $\angle D$ 的两边平行，如果再证得 $\angle HOG=90^\circ$，那就可以证得 $DE\perp DF$。

我们从 $HOML$ 是平行四边形出发，看看能得到什么结论。首先 HL 平行且等于 OM，通过 $HL=MJ$ 可知 $OM=MJ$——曙光！只差一个 60° 角或者第三条边与它们相等。应该找哪个条件？

没错，由于平行关系马上可知 $\angle OMJ=\angle B=60^\circ$，于是 $\triangle OMJ$ 是等边三角形。接下来的思路呢？我们是要证明 OG 和 JK 平行且相等，所以一定是通过 GK 和 OJ 平行且相等来转化。既然 $\triangle OMJ$ 是等边三角形，那么 $OJ=MJ=GK$，而 $\angle OJM=60^\circ=\angle C$，所以 $OJ//GK$，即 $OJKG$ 是平行四边形，于是 OG 平行且等于 JK。

再根据 $LM^2+JK^2=GH^2$，得到 $OH^2+OG^2=GH^2$，于是 $\angle HOG=90^\circ$，命题得证。

其实，也没有想的那么难，对吧？我之前讲过，为什么有很多孩子在平时测验或写作业时都做得不错，但一到综合性考试就抓瞎。排除抄作业和作弊等特殊因素以外，出现这种落差的最大可能就是，孩子平时在寻找思路时，会依赖所在章节的标题——标题本身就是一种解题的线索。比如，孩子学到了“直角三角形斜边上的中线”这一章，他在做课后练习或单元测验的时候，题中并没有给出斜边上的中线，但根据该章节内容，这时候最自然的辅助线必定是作某个直角三角形斜边上的中线，否则不是题不对文了吗？等到了期末考试或者中考和高考，这种提示就没有了。哪怕题目明面上给出一个直角三角形，但是可能要用勾股定理，可能要用全等，可能要用斜边上的中线，也可能要用射影定理甚至四点共圆……这时候想再找加辅助线的思路，看起来就不那么容易了。

我们结合一个具体例子来讲破解之法。

例 4 **如图 23.8，已知平行四边形 $ABCD$ 对角线上有点 E，连接 AE、CE，且 $AE=CE$，$BE \neq DE$。求证：$ABCD$ 是菱形。**

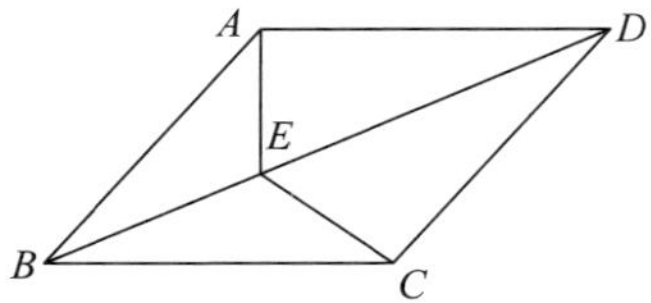

图 23.8

一拿到这道题目，90% 以上的人都会想着要找全等，这是很自然的一条思路。这里有两组很明显的全等三角形：$\triangle ABE$ 和 $\triangle CBE$，$\triangle ADE$ 和 $\triangle CDE$。不难发现，这两组全等的证明是等价的，换句话说，你无论证明哪组全等，难度是一样的。

如果结合最后的结论，即 $AB=BC$，就会发现一定不能用 SSS 作为判别条件，只能选择 SAS 作为判别条件，所以这时候命题就转化成了证明 $\angle AEB$ 和 $\angle CEB$ 相等了。

在平行四边形里，一般只有内错角相等（同位角往往要把某条边延长才会出现，同旁内角则考虑互补），而要证明的结论根本没办法被绕到内错角上去。

怎么办？别忘了添加辅助线的“十字原则”：取中、作平、连对角、延一倍。

取中？不合适，图中一个中点都没有，这一手显然不合适。

作平？在平行四边形中作平行线当然是非常合适的事情了。但问题来了：作谁的平？过哪个点作平？我们作辅助线的一个很重要的原则就是尽可能把那些好的性质集中在尽量少的点上。

本题中，性质比较特殊的条件显然应该是 $AE=CE$，所以我们首先需要考虑的是作 AE 或者 CE 的平行线是比较合理的。

接下来，过哪个点作 AE 的平行线呢？D，C 还是 B？D 是好点。为什么呢？因为如果我们作 DF 平行且等于 AE 后，可以得到两个平行四边形：$ADFE$ 和 $EFCB$，并且肉眼可见 $\triangle DFC$ 和 $\triangle AEB$ 是全等的（图 23.9）。如果你一开始挑了其他两个点，那是得不到这么多丰富的结论的。

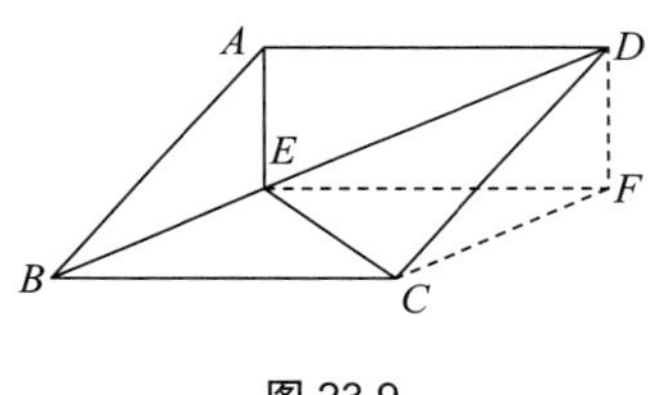

图 23.9

这时候我们注意到，由于四边形 $CFEB$ 是平行四边形（易证），则 $CF//DE$，而 $CE=AE=DF$，所以四边形 $CFDE$ 是一个等腰梯形，我们得到 $EF=CD$，而 $EF=BC$，所以 $CD=BC$，命题得证。

很多时候，指导者只是把辅助线直接甩给学生，虽然整个证明过程学生大多能听得懂，但最关键的“辅助线是怎么来的”这一步，很多学生听完了仍然是云里雾里。不要总是把辅助线当作灵光一闪的玩意儿，掌握好常见的辅助线添加方法，结合恰当的逻辑顺序，学生添加辅助线的能力才会不断提高。

24 旋转

我们来看最后一种刚体运动——旋转变换。图形绕着一个固定的点，按一定的方向旋转一定的角度，这样的变换就称为旋转变换。很显然，一个图形经过旋转变换以后，和原来的图形是全等的。特别是，如果旋转角度为180°，那么变换后的图形和原来的图形成中心对称。

在什么情况下，我们能利用旋转解决问题呢？假如你能提出这个问题，说明你的数学学习走上正轨了。我们先来看一些例子，然后请你自行总结关键点。当然，我会在最后揭开谜底。

例 1 **如图 24.1，已知点 E、F 分别在正方形 $ABCD$ 的边 BC、CD 上，$\angle EAF=45°$，且正方形和 $\triangle AEF$ 的面积比为 5∶2，求 $AB:EF$ 的值。**

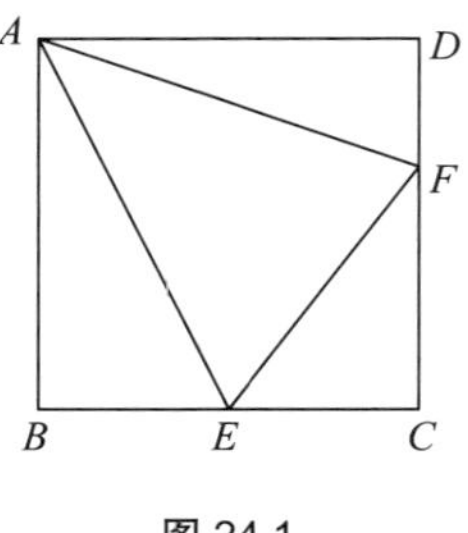

图 24.1

当然，我们可以用“暴力”解法，设 $BE=x$，$DF=y$，然后把 3 块小直角三角形的面积用 x 和 y 表示出来，再根据条件中的比例关系得到 $xy=\frac{1}{5}$。再由勾股定理求出 AE、EF 和 AF 的表达式，再利用余弦定理求出$\angle EAF$ 的余弦，这样又可以得到一组关系。但是，余弦定理貌似被踢出了初中数学课本，况且这种方法的计算量有点儿大，很多学生就算知道余弦定理，也未必吃得消。有兴趣的读者可以继续按这个思路做完，我就不展开讨论了。

这么一来，我们就只能靠纯几何办法了。回顾一下题设条件，显然，面积比是难以直接入手的条件，因为三角形的底和高都很难计算，所以应该考虑从 45° 下手。由于$\angle EAF$正好是$\angle BAD$的一半，所以$\angle BAE+\angle FAD=45°$。

一个比较自然的想法是作$\angle EAH=\angle EAB$，这样自然有$\angle HAF=\angle FAD$，并且$\triangle AHE$和$\triangle ABE$、$\triangle AHF$和$\triangle ADF$看起来是两对全等三角形（图 24.2）——我们有了一个很明确的目标，接下来就是试着证明这两对三角形全等。在$\triangle AHE$和$\triangle ABE$中，除了知道AE为公共边，以及$\angle EAH=\angle EAB$以外，再也找不到一对角或者一对边相等，所以无法证明二者全等。

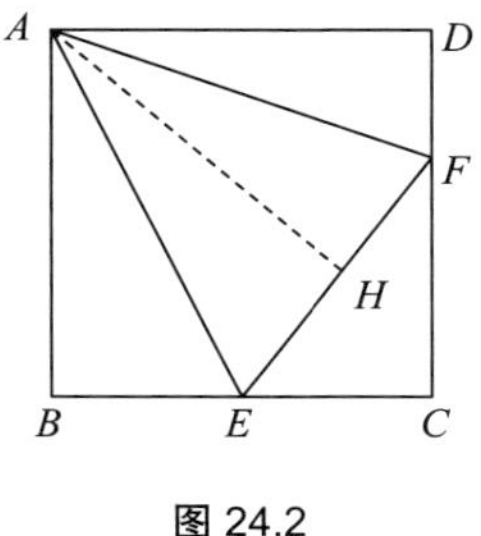

图 24.2

如果这时候调整策略，过A作$AH\perp EF$呢？我们又会发现可以得到$\angle AHE=\angle ABE$，AE为公共边，但仍然得不到更多对应相等的信息了。证明全等这条路被彻底堵死，怎么办？这时候要考虑，既然把$\triangle AEF$拆成两个小三角形做不到分别和已知的两个三角形全等，那么能不能找一个三角形和$\triangle AEF$全等呢？

显然，图 24.2 上没有这样的三角形，那么我们自然要考虑构造一个。由于$\angle EAF=45°$，因此可以作$\angle GAE=45°$，AG和CB的延长线交于G，这样看起来$\triangle AGE$和$\triangle AFE$就全等了（图 24.3）。

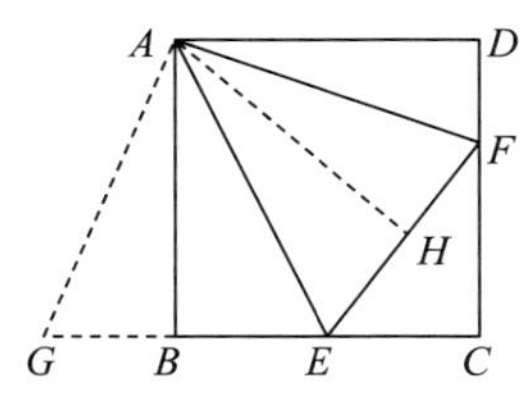

图 24.3

我们把已知条件写出来：$\angle GAE=\angle FAE$，AE为公共边，然后……然后……难道此路又不通了？别急，再看看。虽然此时无法证明$\triangle AGE$和$\triangle AFE$全等，但是注意到$\angle GAB+\angle EAB=\angle EAB+\angle FAD=45°$，所以有$\angle GAB=\angle FAD$，且$AB=AD$，$\angle ABG=\angle D$，因此$\triangle AGB$和$\triangle AFD$是全等的！于是得到$AF=AG$，进而有$\triangle AGE$和$\triangle AFE$全

等的结论。

像这样千辛万苦得到的全等，一定非常有用。最后要求的是 $AB:EF$ 的值，而 $\triangle AEF$ 和正方形面积之比为 2∶5，这个条件可转化成 $\triangle AGE$ 面积和正方形面积比为 2∶5，得到 $AB:GE=5:4$，也就是说，$AB:EF=5:4$。

例 2 **如图 24.4，在边长为 1 的正方形 $ABCD$ 的边 AB 上取点 P，边 BC 上取点 Q，边 CD 上取点 M，边 AD 上取点 N，如果 $AP+AN+CQ+CM=2$，求证：$PM\perp QN$。**

图 24.4

本题的题眼一目了然：$AP+AN+CQ+CM=2$。一般说来，这种看起来很怪的条件就是题眼。当然，如果一道题目从头到尾看着都很怪，那么它可能就是一道怪题吧……这个奇怪的条件该怎么用起来？

通常情况下，证明垂直关系，很容易想到的证明手段就是平移：把 QN 和 PM 平移到同一个三角形中去，或者找一条线段和 PM 或 QN 中的一条平行，并和剩下的那条有一个公共顶点，然后再看看能不能利用勾股定理的逆定理。这样想的理由如下：已知线段的长度关系——4 条已知线段长度之和恰好等于正方形周长的一半，而勾股定理是通过计算证明垂直的唯一路径，所以过 N 做 $NE//PM$，然后试图证明 $NE\perp QN$ 就是很自然的思路（图 24.5）。

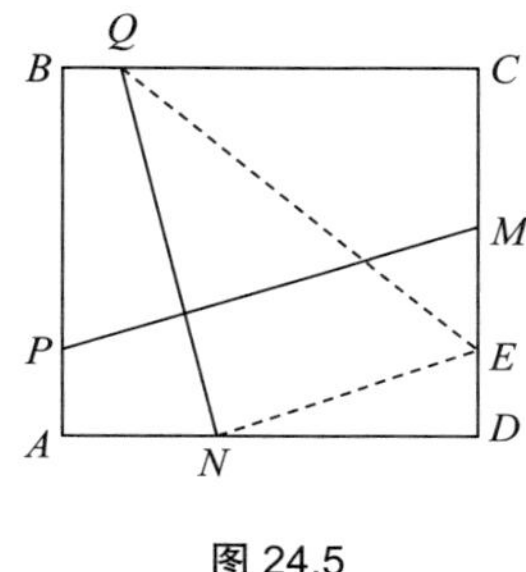

图 24.5

就是这么“暴力”。但是，你一旦开始计算，就会发现这条路的计算量也有点儿大。这里有 4 条线段之和，所以，有 3 条线段的长度其实是可以任意变化的。仅当 3 条线段的长度确定了，第四条线段的长度才能确定，此时你会发现 NE、EQ、QN 的长度的平方算出来的表达式会比较繁——即便做出来，恐怕也要算半天。

千万别误会，这和我一直强调的“把第一思路走下去”没有任何冲突。对于个人来说，第一选择总是有惯性的；但从我的角度来说，我要面对不同的学生，每个人的第一选择都有可能不同，何况，如果听了我的讲解，你能对 70% 以上的题目做到“第一反应就能找到最优解”，那不是更好吗？记住，硬算是没有办法的办法，这是保命用的。

我们来看看有没有更好的办法。还是从最奇怪的条件 $AP+AN+CQ+CM=2$ 入手，注意到 AP 和 AN 相邻，CQ 和 CM 相邻，从对称的角度来看，如果要把 4 条线段分组，你会怎么考虑？没错，很自然的想法就是 AP 和 AN 一组，CQ 和 CM 一组，于是我们不如把条件改写成 $AP+AN=2-CQ-CM$。考虑到 CQ 和 CM 所在的边分别是 CB 和 CD，而这两条线段和恰好是 2，所以得到 $AP+AN=BQ+MD$。

完了，完了，原来 CQ 和 CM 还能连一起，可 BQ 和 MD 怎么隔得这么远？我们要想着，如果把 MD 和 BQ 拼一起，AP 和 AN 拼一起，就会出来两条长度相等的线段。于是我们考虑延长 MD 到 E，延长 PA 到 F，使得 $DE=BQ$，$AF=AN$，可得 $PF=ME$。

如果连接 EF，就相当于把 $BQNA$ 绕着点 A 顺时针旋转了 90°！此时 QN 变成了 EF，而 ME 平行且等于 PF，所以 $PMEF$ 是平行四边形，从而 $EF//PM$，而由于旋转了 90°，所以有 $QN \perp EF$，证得 $QN \perp PM$（图 24.6）。

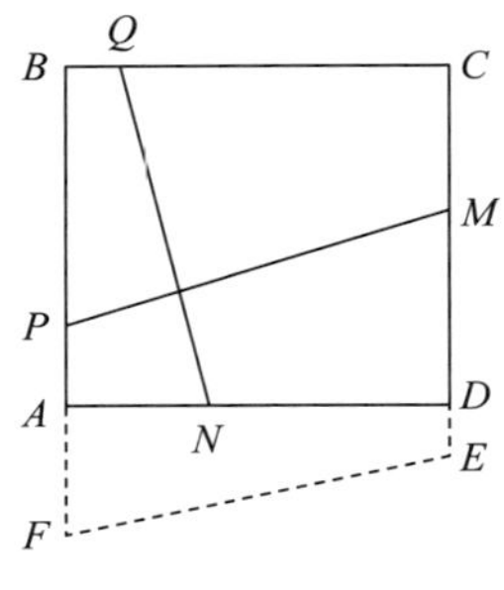

图 24.6

本题和上一个例子对比，我们有必要总结一下能够采用旋转变换的题目的特点：首先，这种方法比较难成为第一选择；其次，往往是在找全等的过程中，发现本质上是做了旋转；再次，这类题目的条件中的各个元素是分散的，通过旋转能将元素整合到一起；最后，相比构造全等，旋转直接得到的对应线段之间的夹角就是旋转的角度，这就省了很多事。一般而言，在正方形、等边三角形、等腰直角三角形等这些既有边相等，角度也很好的图形中，如果涉及的图形有共同的顶点，那么在其他办法无效的情况下，可以尝试用旋转变换。

你再对比一下两道题目，细细体会。当然，本题也可以采用平移方法：分别过 B 和 A 作 QN 和 PM 的平行线，细节留给读者完成。

上面的总结提供了一种思路：对于涉及等边三角形、等腰直角三角形、正方形的题目，采用旋转变换的可能性会比较大。当然，基于日常训练，如果你在第一时间反应不过来要采用旋转变换，其实问题也不大。只要在尝试其他方法失败后能联想到旋转变换即可，换句话说，除了后面将要提到的“手拉手”模型外，一般来说，旋转变换并不是首选方法。但是，如果你能想到用旋转变换，往往会简化解题过程。

例3 如图 24.7，在四边形 $ABCD$ 中，$\angle ABC=30°$，$\angle ADC=60°$，$AD=DC$。求证：$AB^2+BC^2=BD^2$。

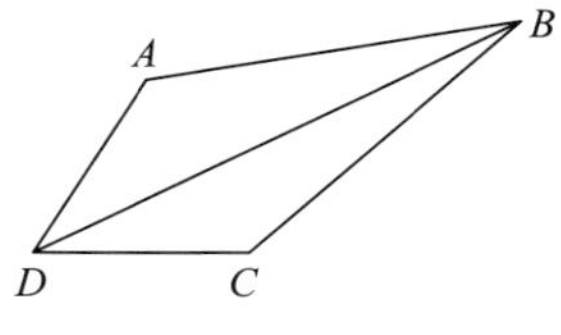

图 24.7

经过我这么久的熏陶，你肯定知道这是要用勾股定理了。而且很显然，这个直角三角形应该以 AB 和 BC 为直角边、以 BD 为斜边，关键是怎么构造出来。如果硬来，过 B 作 $BE\perp AB$，然后截取 $BE=BC$。这看来是最直接的想法，只要证明 $AE=BD$ 即可（图 24.8）。

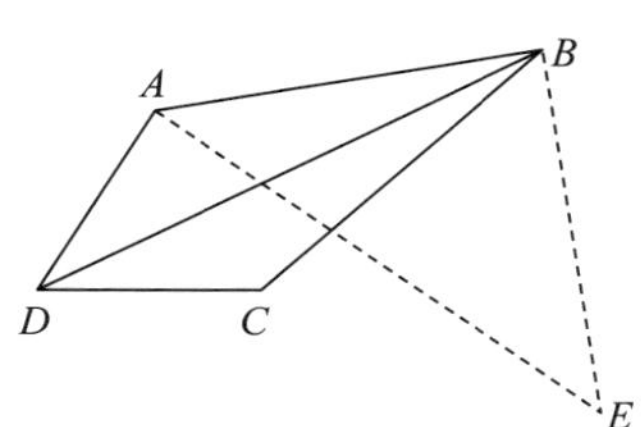

图 24.8

当我们把辅助线添加完以后，就会发现这其实是一个旋转变换：只要连接 AC 和 CE，就是用肉眼也能看出 $\triangle ACE$ 和 $\triangle DCB$ 应该是全等的（图 24.9）。这时候，旋转变换就成了验证你的思路的一个重要工具。

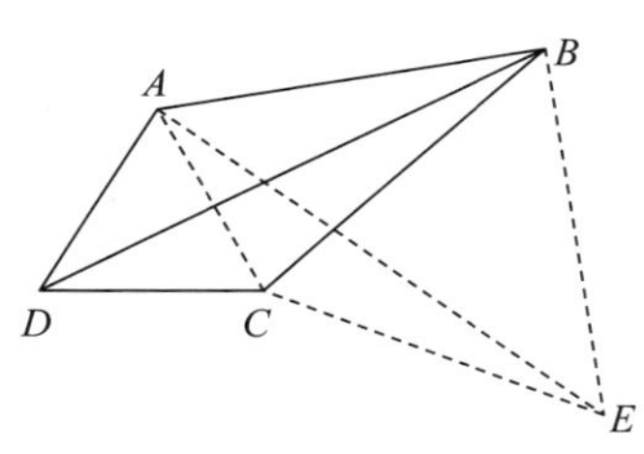

图 24.9

由于 $\angle ABC=30°$，所以 $\angle CBE=60°$，而 $BC=BE$，所以 $\triangle BCE$ 是等边三角形，于是有 $CE=BC$。我们的目标是证明 $AE=BD$，而下一个目标就是证明 $\triangle ACE$ 和 $\triangle DCB$ 全等，这等于告诉我们：要么证明两个对应角相等，要么证明 $DC=AC$，且 $\angle DCB=\angle ACE$。

理由是什么呢？因为全等判别定理就四种：SSS、SAS、ASA、AAS。我们的目标是证明一条边，所以第一种肯定不行，只能从后面三种考虑。而如果是两边相等，那么相等角必须是两边的夹角。因为 $AD=DC$，且 $\angle ADC=60°$，所以 $\triangle ADC$ 是等边三角形，马上得到 $AC=CD$，且 $\angle ACD=60°$，于是 $\angle DCB=\angle ACE$，可证得 $\triangle ACE$ 和 $\triangle DCB$ 全等，命题得证。

你看，纵使一开始没判断出要用旋转变换，但是在证明过程中，它仍然逐渐发挥了作用。

例 4 如图 24.10，以$\triangle ABC$的边AB、AC向外作正方形$ABDE$和正方形$CAFG$，连接EF，过A作BC的垂线，垂足为H，交EF于M，求证$EM=FM$。

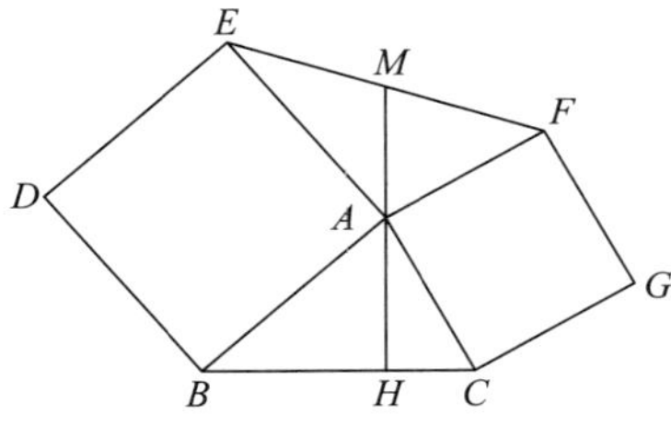

图 24.10

如果你能在不看任何提示的条件下，能独立做出这道题来，那么不仅是旋转变换，整个初中阶段的平面几何，你其实都算学得非常好了。当然，本题有很多种解法，我们就来看看用旋转变换怎么解决。

证明线段相等，比较容易想到的思路就是找到全等。但放眼过去，你要想证明$\triangle EMA$全等于$\triangle FMA$，这玩笑开得就有点儿大了。然而，图 24.10 中和EM、FM这两条线段相关的三角形就只有这两个，所以一定不是通过证明这对三角形全等。

当然，还有一对旋转变换得到的三角形：$\triangle FAB$和$\triangle CAE$，这两个三角形之间差了一个旋转 90°。会不会有用呢？似乎也没什么用，因为我们对线段EC和FB完全不感兴趣，虽然这两条线段垂直且相等。

现在，我们可以适当降低难度：如果给了提示，明确告知你从旋转变换的角度出发可以证明本题，你又会怎么考虑呢？作为家长，假如孩子尝试未果且毫无思路，请先不要和盘托出答案，我们应该逐步降低难度。比如面对本题，你就应该告诉孩子一个大致的方向，然后再让孩子进行尝试。

既然确定旋转变换是有用的，那么我们自然考虑怎么用这两个正方形。从之前的例子里不难看出，正方形的一个作用是可以提供一对全等三角形——一个三角形旋转 90° 来得到另一个三角形。

这时不难看出，我们有两种选择：第一种是把$\triangle EMA$和$\triangle MAF$分别按逆时针和顺时针旋转90°；第二种是把$\triangle ABH$和$\triangle AHC$分别按顺时针和逆时针旋转90°。哪种选择是对的？

没错，你猜对了——我也不知道。与其空想，不如动手试一试。我们发现，第一种选择得不到什么有用的结论；而在第二种选择中，我们将$\triangle ABH$旋转到$\triangle AEK$，将$\triangle AHC$旋转到$\triangle AFL$，显然$AK=AH=AL$，且四边形$EKLF$是一个直角梯形，A是KL的中点，而$KL//BC$，所以$MH\perp KL$，于是$MH//EK//FL$，所以M也是EF的中点（图24.11）。

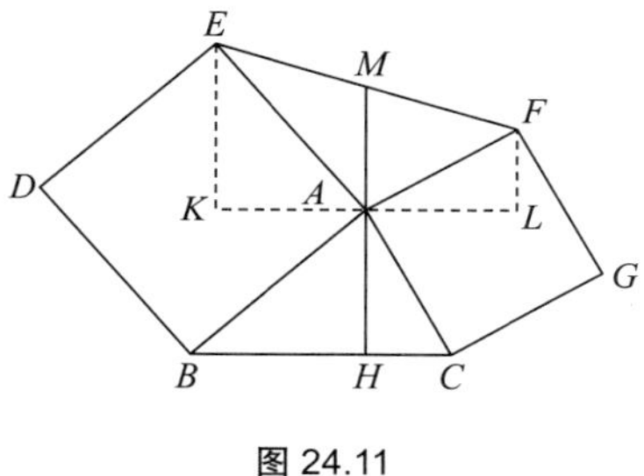

图 24.11

在不看答案的情况下，如果孩子能指出这个证明的漏洞，那也是相当有水准了。下面，我要公布答案了：没错，我们没有证明K、A、L三点共线！请自行尝试把证明补齐，这样证明就完整了。

总体来说，非“手拉手”模型的旋转变换的特点不如平移和对称变换那么鲜明，这类旋转往往作为辅助手段。当然，也存在一眼看去必然要使用旋转变换的情况——“手拉手”模型。

旋转变换中有一类所谓的“手拉手”模型。之前我讲过“套路”的作用，事实上“手拉手”模型还真是个一不错的“套路”，因为这种模型的使用条件非常明确，基本不会出现搞混的情况，所以其辨识度非常高：一般来说，如果出现拥有共同顶点的若干个等边三角形、等腰直角三角形或正方形，基本就没跑了。为什么呢？回忆一下三角形全等的四种判定方法：SAS、AAS、ASA、SSS。而如果以上三种图形出现，SAS 必然是跑不了的。

从图 24.12 不难看出等腰直角三角形和正方形之间的紧密联系，因此，我们可以把这两种情况同等对待。

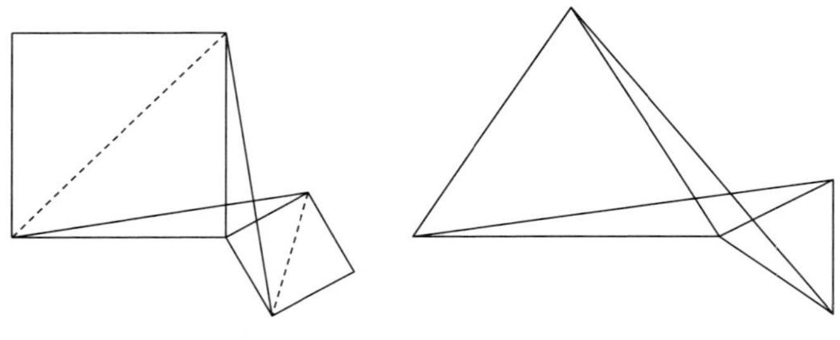

图 24.12

那么除了全等，我们还能从这样的“手拉手”模型中得到什么结论呢？其实，全等是从静态的角度来看待问题，如果从动态的角度来看待这个模型，就可以看出这两个全等三角形实际上可以被看成由一个三角形绕着公共顶点旋转得到的，换句话说，每一组对应边所夹的角度应该都是相等的。我们可以旋转一下小正方形（等腰直角三角形）或小等边三角形，你就会发现无论旋转到哪个位置，这一对全等是跑不掉的。

我不反对用套路，我只是反对搞不清楚条件就盲目地使用套路。但是，像“手拉手”模型这样有很明确的特征的“套路”，大多数情况下可以比较放心地使用。

我们首先来看一个经典的例子，经典到讲“手拉手”模型绕不开这个题。

例 5 如图 24.13，已知$\triangle ABC$和$\triangle CDE$都是等边三角形，AD交CE于N，交BE于F，BE交AC于M，求证：

1. $\triangle ACD$全等于$\triangle BCE$；
2. $\angle AFB=60^\circ$；
3. $\angle BMC+\angle DNC=180^\circ$；
4. $MN//BD$；
5. $\triangle MNC$是等边三角形。

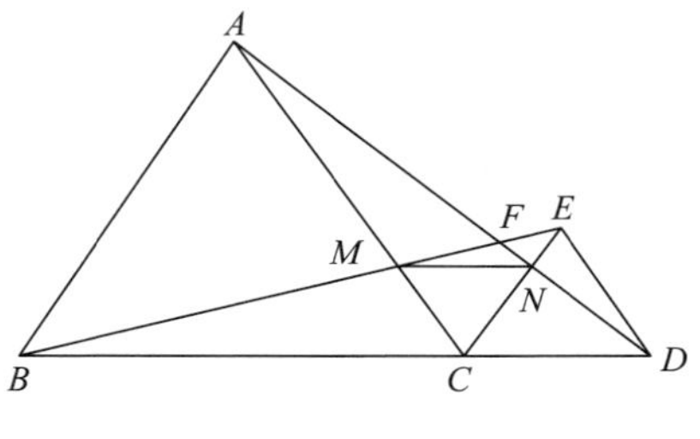

图 24.13

第一问非常简单，$CE=CD$，$BC=AC$，$\angle ACD=\angle BCE=120^\circ$，这就证明完了。事实上，图中还有几对全等三角形，证明过程作为练习留给读者。

第二问，事实上正如前面所讲，$\triangle EBC$和$\triangle DAC$可以看成由其中一个旋转 60° 得到另一个，因此$\angle AFB$必然为 60°。不过，这样写的话，证明过程往往不被认可，所以我们还是需要通过角度转换来证明。利用第一问中的结论，马上知道$\angle EBC=\angle DAC$，而$\angle AMF$和$\angle BMC$是对顶角，因此$\angle AFM=\angle ACB=60^\circ$。

第三问是证明两角之和为 180°，因为$\angle BMC+\angle EMC=180^\circ$，所以只要证明$\angle EMC=\angle DNC$即可。继续由第一问可知，$\angle MEC=\angle ADC$，$\angle ECM=\angle ECD=60^\circ$，由三角形的内角和定理可知$\angle EMC=\angle DNC$，证毕。

第四问可以利用第三问的结论，我们加上$EC=CD$，可以证明$\triangle EMC$全等于$\triangle DNC$，于是$CM=CN$，且夹角为 60°，所以$\triangle MNC$是等边三角形，$\angle MNC=60^\circ$，由内错角相等可知命题成立。

第五问……好吧，上一问中“搂草打兔子”，其实已经证完了。

本题这张图是“手拉手”模型的经典图，事实上，图中一共有 3 对全等三角形，我们在证明过程中找到了两对，你能把剩下的那一对找到吗？顺便多说一句，如果 B、C、D 三点不共线，你又能得到哪些结论呢？

我们再来看一看“手拉手”模型的一些具体应用，学习一下“套路”。

例 6 **如图 24.14，如果 $\triangle ABC$、$\triangle CDE$ 和 $\triangle EFG$ 都是等边三角形，且 D 是 AG 中点，求证：$\triangle BFD$ 是等边三角形。**

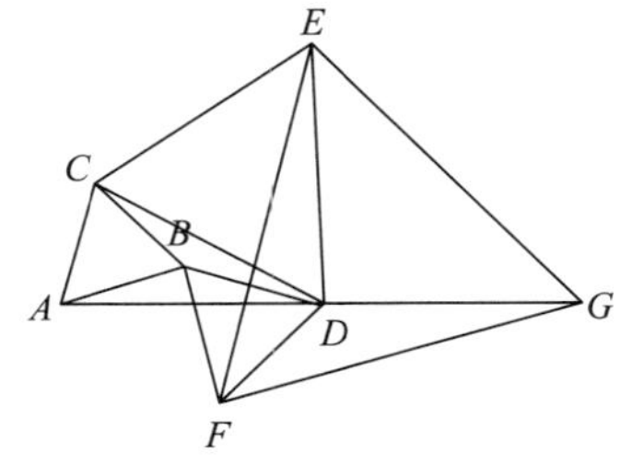

图 24.14

这何止“手拉手”啊，简直是“心连心”了。

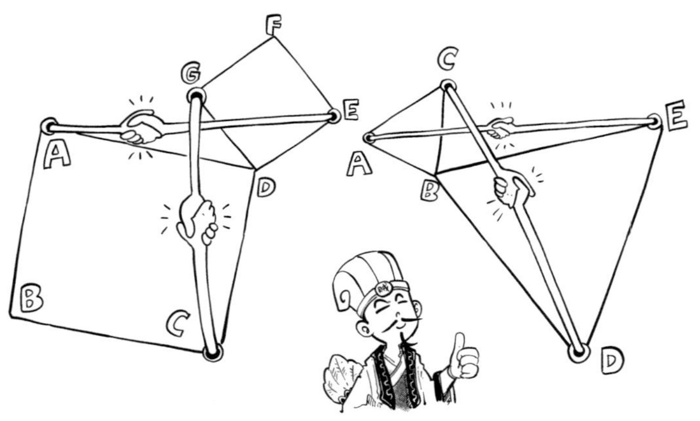

除了两个“手拉手”模型以外，题目中还有一个条件：D 是 AG 的中点。所以，我们首先得到的是 $AD=DG$。先思考一下题目中那些看起来“不正常”的条件，虽然不一定马上能知道它们有什么用，但不妨把结论放在脑海里，一会儿没准就能用上。当然，如果你觉得题设中所有条件都差不多，那就按照顺序推一下，并在图上把得到的直接结论尽量用容易区分的记号标注下来。

我们来处理“手拉手”模型：由 $\triangle ABC$ 和 $\triangle CDE$ 有公共顶点，马上可以知道$\triangle ACD$全等于$\triangle BCE$……等一等，$\triangle BCE$在哪里呢？既然还没有现成的三角形，那么首先就要把$\triangle BCE$补起来。

贼老师，你是知道答案了，才会这么做的。

非也，非也，我自己在做的时候，第一步也是这样来的。事实上，我当时也不知道对错，但这么明显的全等三角形，而且又符合模型的使用条件，不连一下实在是说不过去。这就是尝试，如果走下不去，大不了再换路子。但是从尝试的角度来说，这是一种最自然的思路。

于是，我们马上得到$AD=BE$。等等，似乎我们刚才得到过一个和AD相关的结论？没错，$AD=DG$，于是得到$AD=BE=DG$（图 24.15）。

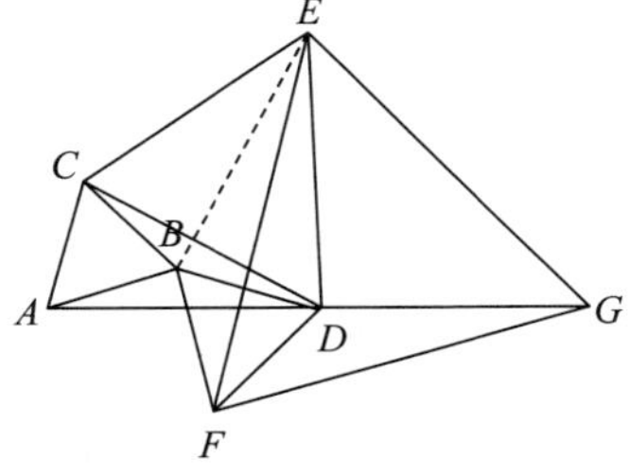

图 24.15

似乎还有一个等边三角形的条件没有用上。如果能注意到$EF=FG$，加上图作得准确，我们就很容易想到一个问题：$\triangle EBF$和$\triangle GDF$是否全等？当然全等啊！你把最后的结论拎出来看就知道，一定有$BF=FD$。而有两条边相等的判别三角形全等的办法只有两种：SSS 和 SAS。显然 SSS 不行，因为最后要你证的就是其中一组 S 相等成立；所以只剩下唯一的办法：SAS，即证明$\angle BEF=\angle DGF$。

这时候怎么证明？我们发现$\angle EFG=60°$，而如果$\angle BEF=\angle DGF$的话，也就意味着BE和DG所成的夹角为$60°$。这其实就是一个旋转变换，把$\triangle BEF$旋转到$\triangle DGF$，如果注意到$\triangle ACD$是由$\triangle BCE$旋转$60°$得到，那么马

上可以知道 BE 和 AD 的夹角为 $60°$，从而 BE 和 DG 的夹角也是 $60°$。

最苦难的一步终于熬过去了，剩下的无非是利用角度之间的关系，把细节补充完整。设 EF 和 AG 交于 K，EB 和 AG 交于 P，则 $\angle EPG=60°$（图 24.16）。而 $\angle PEK+\angle EPG=\angle EKG=\angle AKF=\angle EFG+\angle KGF$，所以有 $\angle PEK=\angle KGF$，得到 $\triangle BEF$ 全等于 $\triangle DGF$，于是 $BF=FD$，且夹角为 $60°$，命题得证。

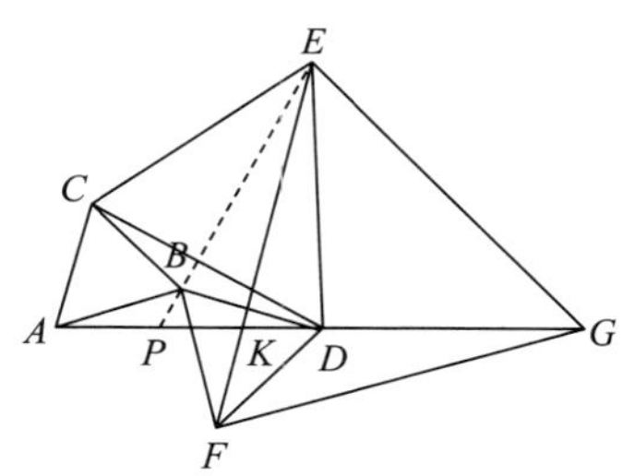

图 24.16

事实上，本题曾经是一道竞赛题，有一定的难度。特别是 BE 和 DK 的夹角为 $60°$ 这一步，算是本题的题眼了。然而，如果你确实深刻理解了“手拉手”模型的本质，并学会从结论出发倒推，就会发现假如针对等边 $\triangle BFD$ 和等边 $\triangle EFG$ 使用“手拉手”模型，马上就可以看出 $\triangle EBF$ 和 $\triangle GDF$ 之间的旋转关系，从而对应的角和边的关系也一目了然。如此一来，证明的目标被转化成证明 $BE=DG$，且 BE 和 DG 的夹角为 $60°$，而要证明这个结论，必然要通过其他两个等边三角形的“手拉手”模型。

你看，理解基本概念、掌握本质，重不重要？

我们再看一个“手拉手”模型的例子。这是 2006 年山东省的一道竞赛题。

例 7 **如图 24.17，在 $\triangle ABC$ 中，$AB=3$，$AC=4$，$BC=5$，$\triangle ABD$、$\triangle ACE$ 和 $\triangle BCF$ 都是等边三角形，求四边形 $AEFD$ 的面积。**

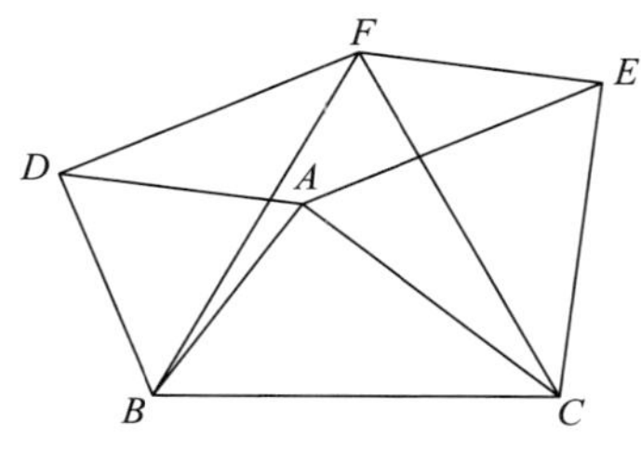

图 24.17

如果你能把图画准，不难看出四边形 $AEFD$ 是一个平行四边形，而 AD 和 AE 的长度是已知的，于是我们的目标就变成了求一条高。

然而，根据勾股定理可知$\angle BAC=90°$，从而$\angle DAE=150°$，也就是说，这是有一个内角为150°，两条邻边长分别为3和4的平行四边形，求它的面积就是非常容易的事情了。我们只需要过A向DF作垂线，利用锐角为30°的直角三角形三边关系，马上可以得到高为$\frac{3}{2}$，于是四边形面积就等于$\frac{3}{2}\times4=6$。

如果这是一道填空题，题目就完成了。没错，对待小题目就要这种态度，不能把小题目当大题目来做，像这种“肉眼观察法”“极限状态法”等，都是处理选择题和填空题的常用手段。有个成语叫“小题大做”，但如果填空题和选择题都要做得很严格，这在时间紧迫的考试中，是要被批评的行为。

如果是大题，此时就剩下证明四边形是平行四边形这一个难点了。利用“手拉手”模型马上可以知道，$\triangle DBF$全等于$\triangle ABC$，也全等于$\triangle EFC$，于是$EF=AD$，$FD=EA$，这道题目就做完了。

例8 **如图24.18，已知$\triangle ABC$、$\triangle ADE$、$\triangle DBF$都是等边三角形（顶点逆时针排列），且$\triangle ADE$、$\triangle DBF$都在$\triangle ADB$的内侧。求证：CD和EF互相平分。**

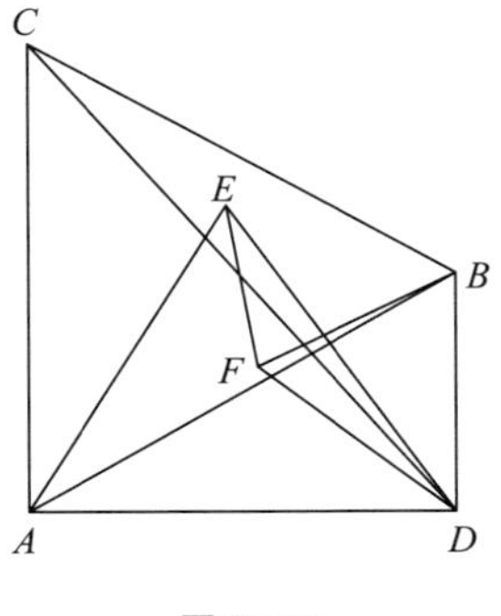

图24.18

讲道理，我自己读中学的时候，看见这种实线交叉来、交叉去的图，心里就会发凉。作为过来人，我想给家长一个忠告：一定要让孩子消除恐惧心理，不管碰到什么样的题目，如果孩子内心觉得烦了，那离失败就不远了。事实上，如果我们静下心来分析题目，就会有很大的收获。

这次还是采用题干加结论的综合分析法来看看。题干中有3个等边三角形“手拉手”，所以这里会有很多全等，也就带来很多线段和角的对应相等，具体用哪组，当然要根据结论决定。

结论是什么呢？ CD 和 EF 互相平分。我们知道，“线段互相平分”这几个字和平行四边形的对角线是紧密联系在一起的——这是一组充要条件，即平行四边形的对角线互相平分，对角线互相平分的四边形是平行四边形。这也应当作为一种“套路”积累起来。前面的半句很多人能想起来，后面这半句，能马上反应过来的人不多。注意啊，这是要作为“套路”去记忆，而不是作为“结论”去记忆。这其中的差别在哪儿呢？“套路”是要马上能想起来，“结论”是要清楚知道这是怎么回事。

所以，这时题目结论就转化成证明 $CEDF$ 是平行四边形上了。证明一个四边形是平行四边形有四种办法：两组对边分别相等，一组对边平行且相等，两组对边分别平行，对角线互相平分。在“手拉手”模型里，平行难得而相等易求。那我们就看看，能不能直接证得两组对边分别相等。

连接 CE，容易证明 $\triangle ACE$ 和 $\triangle ABD$ 全等，于是 $CE=BD=DF$；容易证明 $\triangle BDA$ 全等于 $\triangle BFC$，于是 $CF=AD=ED$，即 $CEDF$ 是平行四边形。

很多时候，人是被自己吓倒的。等边三角形的“手拉手”模型就讲到这里，我们总结出以下两个要点：

1.“手拉手”模型的实质是旋转变换，而且，以等边三角形为基础的“手拉手”模型旋转了 60°，以正方形为基础的“手拉手”模型旋转了 90°；

2.“手拉手”模型会带来大量的全等，因此，应该尽量往数量关系上靠。

这两点最好能让孩子自己来总结，尽量别干“把馍嚼碎了喂孩子”这种事。得让孩子自己学会和面、揉面、蒸馍，自己会啃大馒头，这样做收获才大。

外一篇
徒手作图

我经常会说，如果作图准确，会对学习平面几何大有帮助。怎么提高徒手作图的能力呢？我在第 2 章讲过一些该注意的问题，这次再结合新例子，专门来讲解一下。

徒手作图准确（注意“准确”二字）的好处是显而易见的，不但可以节约时间，还能增强孩子的“图感”。所谓“图感”就是对题目中文字条件并未给出，但通过图中有的线段、角度的数量关系和位置关系而做出的基本判断。图感好的人，更容易找到合适的“跳板”辅助证明。

几何徒手作图的要求和艺术绘画不大一样。我们并不要求直线必须画得笔管条直，圆必须画得和圆规作出的圆一样严丝合缝。几何徒手作图看重的是相对位置关系的准确性，比如画等边三角形，那么每个角就应该是 60° 左右，三条边看起来要相等；还有，比例关系要尽量准确，中点看起来就像中点，三等分点就像三等分点。经过作图训练之后，你会发现看图就有感觉了，对于一些隐含在图中的关系，你能很快挖掘出来，而这些往往是解题的关键。

我以一个具体例子，结合“手拉手”模型给大家具体讲解一下。

例 如下图，已知等边$\triangle ABC$和等边$\triangle ADE$，F、G、H分别是AD、BE、AC的中点，求证：$\triangle FGH$是等边三角形。

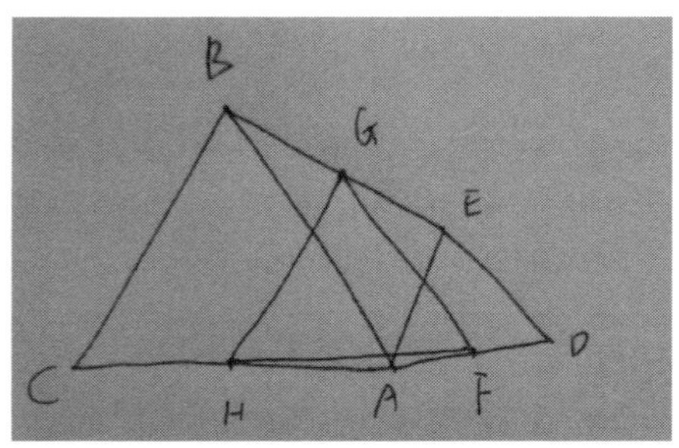

为了更直观地反映我这张草图的准确度，我拿量角器量了一下。

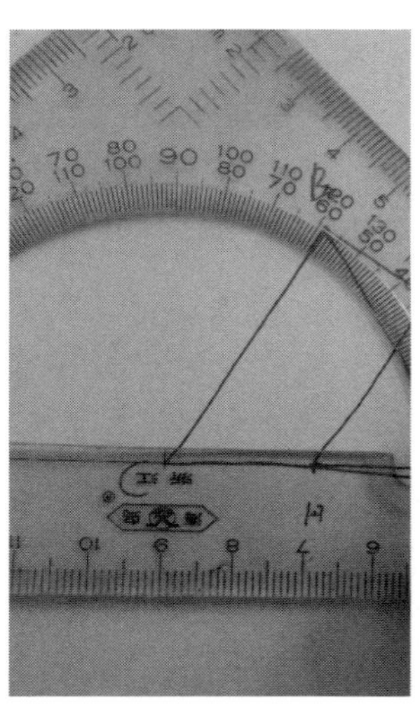

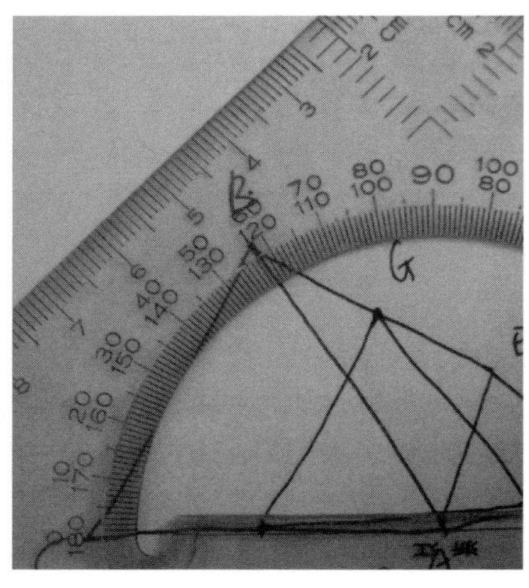

基本上，60° 角的地方误差不到 2°。一开始练习的时候，可以画一些特殊的角，比如 30°、45°、60°、120°、135° 和 150°；然后，可以练习画线段的中点、三等分点、平行线以及线段间的垂直关系，等等；作图后，不妨用量角器和直尺去量一量，看看自己画的误差有多少，慢慢修正，这样的话提高会很快。

家长也很容易从旁监督、指导，你就让孩子徒手画那些特殊的角或者比例线段，然后用尺子和量角器进行检验，甚至，家长可以和孩子比赛，看谁画得更准确，增强学习的趣味性。

我们回到题目中来。正如之前说的，理解“本质”是很重要的事，“手拉手”模型的本质就是旋转变换。放在这个观点下看问题，连等边三角形都变得动态起来：我们可以把一条线段绕着某个端点旋转 60°，然后把另一个端点和其旋转后得到的点连起来，就得到了一个等边三角形。

结合“手拉手”模型，我们很自然地想到：题目要求证明的结论是不是就是旋转得来的呢？从这个角度出发，下一个自然的问题就是：H、G、F 中哪个才是旋转的支点？

如果有以某个点为公共顶点的一对全等三角形，那就容易判断了。然而，我们观察了 3 条边，发现只有$\triangle HAF$ 是以目标等边三角形的一边构成的三角形——不过也有好处：我们这就知道，支点不是 H 就是 F。那么究竟是哪个呢？不急，我们先把另一个和$\triangle HAF$ 全等的三角形找到。所以，要不要作辅助线的问题解决了：肯定要作，不然没有全等三角形出来。可是，作在哪里？

题中有那么多中点，我们很自然会想，要不要取个中点试试，因为中点相连就有中位线，而三角形中的中位线简直是平面几何的解题神器，它既有位置关系平行又有数量关系（$\frac{1}{2}$），我们都爱用它。

取 AB 的中点 P，将其和其他几个中点相连，马上得到 $PG=\frac{1}{2}EA=AF$，$PH=\frac{1}{2}BC=AH$，且 $\angle HAF=\angle BAC+\angle BAE+\angle EAD=120°+\angle EAB$，而 $\angle GPH=\angle BPH+\angle BPG=120°+\angle BAE$，即 $\angle HAF=\angle GPH$，所以$\triangle GPH$ 全等于$\triangle FAH$，于是 $GH=HF$，且两个三角形可以看成是旋转 60° 的关系，于是 $\angle GHF=60°$。

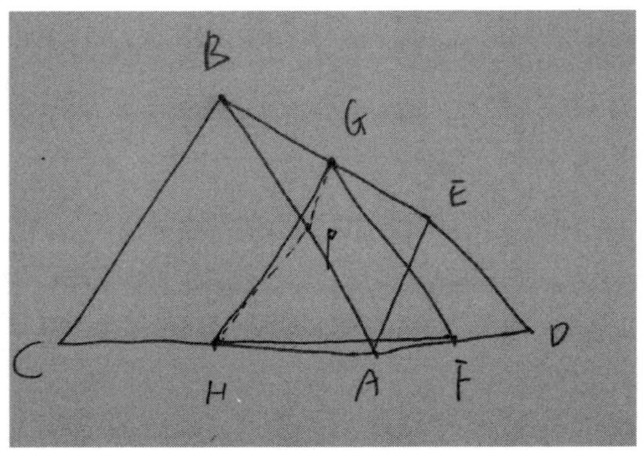

一是徒手作图，二是理解“手拉手”的本质，你学会了吗？

25 相似三角形

数学的精确性在于，只要把条件稍微改一改，很多结论就要发生变化了。

很多家长问过我这样的问题："贼老师，怎么能够让孩子融会贯通呢？"这就涉及对数学本质的理解了。很多家长觉得学好数学就是要多做题，甚至有些数学老师也这样认为，这其实是有很大误区的。数学中的定义和定理是经过长期的打磨而得到的关于数学性质的精准描述，而很多学生恰恰就容易忽略这些东西。比如全等，全等的核心在于形状和大小都要相同。因此，全等的各种判别定理中一定要有一条边对应相等的条件，否则就不能保证两个图形是全等图形。

如果我们就把三角形全等判别条件中的边的条件去掉，会变成什么样呢？也就是说，两个三角形对应的角都相等。我们会得到如下两个图形（图 25.1）。

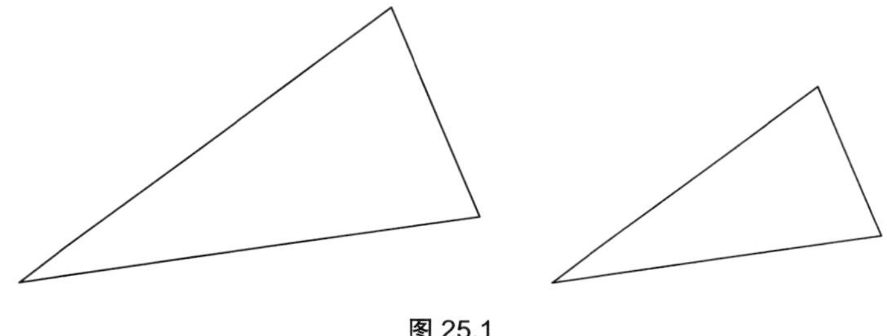

图 25.1

可以看到，这两个图形的形状相同，但大小不同。如果我们拿尺子量一下对应的三条边，就会发现边长对应成比例。我们把对应边成比例、对应角相等的两个三角形称为相似三角形。特别地，如果比例为 1，那么此时就变成全等的情形。事实上，在平面几何中，相似是比全等要一般得多的情形，因为限制越少，就越容易满足条件，题目也就越灵活。

我们该如何判别两个三角形相似呢？有如下定理。

- 判别定理 1：如果一个三角形的两个角和另一个三角形的两个角对应相等，那么这两个三角形相似。
- 判别定理 2：如果一个三角形两边与另一个三角形两边对应成比例，且对应的夹角相等，那么这两个三角形相似。
- 判别定理 3：如果一个三角形的三边和另一个三角形三边对应成比例，那么这两个三角形相似。

如果像小和尚念经一般死记硬背这些定理，那你就很难做到融会贯通。既然相似和全等之间有这么紧密的联系，我们就应该引导孩子去找判别方法之中的联系。

首先来看判别定理 1。这很容易联想到全等判别定理中的 ASA 和 AAS，无非是去掉了边对应相等的条件。而两个三角形中如果有两个角相等了，那它们的第三个角自然就相等。

判别定理 2 其实是 SAS 的翻版，只是把原来的边对应相等改成了对应成比例，但是夹角必须要对应相等。

至于判别定理 3，自然是 SSS 的一般情况。

你看，这不就把特殊和一般的关系给整明白了？有了这些联系，我们就会特别重视相似三角形中平行这种位置关系，为什么呢？因为平行会带来很多的角相等，无论直接证明，还是间接转化，都对证明两个三角形相似会大有帮助。垂直关系当然也非常有用，但是和平行比起来显然要逊色一些。

有一个很有意思的问题：我们该如何证明相似三角形的判别定理呢？在平面几何中被称为“定理”的东西，自然是要证明的。事实上，这个定理的证明要用到平行线分线段成比例定理，而平行线分线段成比例定理是用面积法证明的（具体证明细节留给读者）。

精彩啊！环环相扣！

那么能不能倒过来，用相似三角形的判别定理去推出平行线分线段成比例定理呢？还是留给读者自己试一试。（结论是不能，因为逻辑上会有问题。）

我们从以上描述可以看出，在相似三角形的问题中，作平行线为辅助线，这个方法的地位可是相当尊贵啊！

事实上，我们可以直接得到以下的结论：平行于三角形一边的直线和三角形其余两边相交，构成的三角形和原三角形相似。这是全等三角形中所没有的内容。那么，还有没有遗漏掉的全等三角形判别定理？如果有的话，又应该怎么改写呢？（提示：HL 判别定理）

作为相似三角形的第一个应用例题，我觉得还应该先来讲一讲角平分线定理。

例 1 **如图 25.2，已知△ABC 中，AD 是∠BAC 的角平分线。求证：$\frac{AB}{AC}=\frac{BD}{DC}$。**

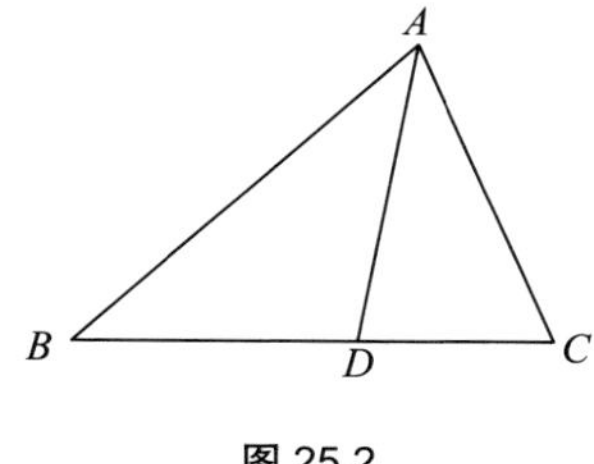

图 25.2

题目很简单，但里面的技巧很有用。相似有两大核心：线段成比例和角相等。抓住了这个，就抓住了相似的实质。在本题中，我们要求证的目标是比例，所以很自然地想到要用相似三角形的办法。图中一共 3 个三角形，其中哪两个看起来会相似呢？很遗憾，一对相似都没有。这意味着什么？要加辅助线。怎么加？既然没有相似，肯定就要构造相似。怎么构造？想一想添加辅助线的十字原则：取中、作平、连对角、延一倍——此时应该选用哪个方法比较合适？

没有中点，没有中线，没有四边形，似乎只剩下作平了。过哪个点作哪条线的平行线？因为 AD 是角平分线，所以我们希望把 $\angle BAD=\angle CAD$ 给用起来，因此，作一条平行线能和这两个角中的一个相等，以此为跳板是一种看起来比较靠谱的尝试。

过 C 作 $CE//AB$，交 AD 的延长线于 E。由于 $\angle E=\angle BAD$，并且 $\angle ADB=\angle EDC$，所以 $\triangle ABD$ 相似于 $\triangle ECD$（图 25.3）。注意！相似三角形的书写规范和全等的情况一样，必须注意“对应”这两个字！在相同位置上的字母所代表的角一定相等。

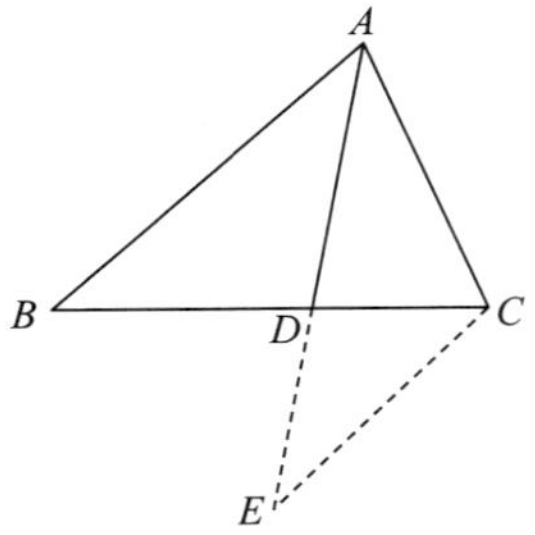

A
B
D
C
E

图 25.3

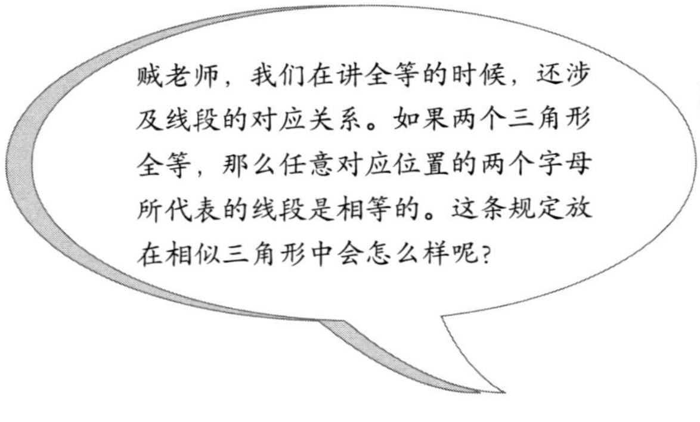

贼老师，我们在讲全等的时候，还涉及线段的对应关系。如果两个三角形全等，那么任意对应位置的两个字母所代表的线段是相等的。这条规定放在相似三角形中会怎么样呢？

那就是对应的线段互相成比例咯！

比如 $\triangle ABC$ 和 $\triangle DEF$ 相似，只要相同位置的线段取出来，比如 AB 就要对应 DE，AC 就要对应 DF，就会有 $\dfrac{AB}{AC}=\dfrac{DE}{DF}$，或者 $\dfrac{AB}{DE}=\dfrac{AC}{DF}$，或者 $\dfrac{AC}{AB}=\dfrac{DF}{DE}$，只要注意好对应，那么有一系列的比相等。回到题目：既然两个

三角形相似，我们可以得到 $\frac{BD}{DC}=\frac{AB}{CE}$，此时离我们最后的目标只一步之遥：我们只要证明 $AC=CE$ 即可。

很显然，由于 $\angle E=\angle BAD=\angle CAD$，于是 $AC=CE$，至此我们就完成了角平分线定理的证明——这是相似三角形中一个非常重要的定理。从今往后，再碰到有角平分线的条件，我们除了有角度的数量关系，还有线段的成比例关系。

但是对于学生来说，这未必是什么好事。性质越多，选择就越困难。初中阶段平面几何和代数学习的最大区别在于：代数题目考察的知识点是比较直观的，而平面几何题目越到后面性质越多，患上选择恐惧症简直成了必然。比如说，在没有学到角平分线和比例相关的性质时，涉及角平分线相关的线段证明，我们往往会考虑“角平分线上任意一点到角的两边距离相等”这条性质，但现在除了这个选择，你还可以采用比例关系转化……这就是几何越学越难的原因。

代数的难在于综合，几何的难在于选择。

例 2 **如图 25.4，已知长方形 $ABCD$ 的对角线相交于 O，$\angle ADC$ 的平分线交 BC 于 E，交 AC 于 F，$\angle BDE=15°$。求证：$\frac{OE}{OF}=\frac{OC}{OE}$。**

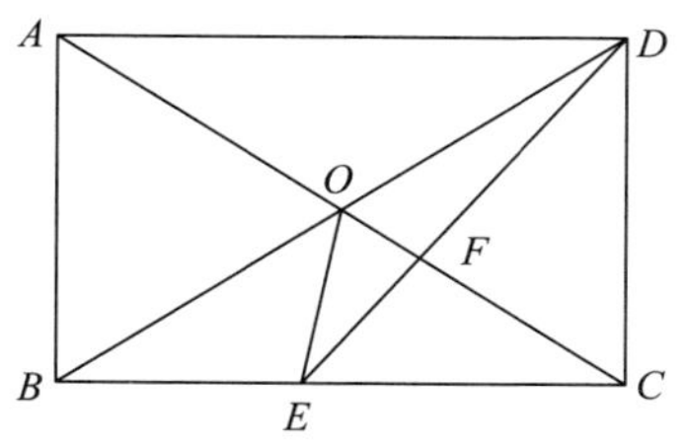

图 25.4

这看起来有点儿相似三角形的样子了。与上一个例子中的几条线段共线不同，本题中的线段都能构成三角形。我们从结论出发，如果这两个比相等，那么应该是要证明 $\triangle EOF$ 和 $\triangle COE$ 相似，比较合理。由于 $\angle EOC$ 是公共角，因此再证明有一个角相等即可。

思路明确了，剩下的就好办了：无非是证明$\angle OEF=\angle OCE$或者$\angle OFE=\angle OEC$。此时我们再回头看看题目中的条件。由于有$\angle BDE=15°$这样具体的条件（在初中平面几何里，一般只有30°、45°、60°、90°、120°、135°和150°被视为特殊角），因此我们考虑是不是可以通过直接计算这些角的度数来得到。

由于DE是$\angle ADC$的角平分线，因此$\angle EDC=45°$，且$\triangle DCE$是等腰Rt△；而因为$\angle BDE=15°$，所以$\angle ODC=60°$，从而$\triangle ODC$是等边三角形，因此$\angle OCD=60°$，得到$\angle OCE=30°$。

那么$\angle OED$是否也等于30°呢？我们首先看$\angle OEB$的度数，但发现这并不好计算；再考虑是否能计算出$\angle EOD$，然后计算$\angle EOC$的大小即可。

别忘了，$\triangle DCE$是等腰Rt△，所以有$OC=CD=EC$，又因为$\angle OCE=30°$，所以在等腰$\triangle OCE$中有$\angle EOC=75°$，于是$\angle OED=30°$，因此$\triangle EOF$和$\triangle COE$确实相似，命题成立。

以上两个例子是利用平行线和相似三角形方法的最简单的例子，但是，再难的题无非是由这两种基本情况不断拼接起来的。

在本例中，家长可以指导孩子寻找合适的相似三角形的技巧：通过划去每边比式中的一个相同字母，每边剩下的3个字母就是目标相似三角形的表示字母。比如，$\frac{OE}{OF}=\frac{OC}{OE}$，等式两边的相同字母都是 O，左右各划去一个 O 后，左边剩下 O、E、F，右边剩下 O、C、E，然后再根据角对应相等，马上可以找到目标是证明$\triangle EOF$ 和$\triangle COE$ 相似。

贼老师，如果两边分子和分母中没有相同字母，或者划去相同字母却构不成三角形，或者构成的三角形看着明显不相似，怎么办？

例 3 **如图 25.5，四边形 $ABCD$ 是梯形，E 是 AD 上一点，CE 的延长线与 BA 的延长线交于 F，$ME//FB$，ME 与 CD 的延长线交于 M，BM 与 AD 交于 N。求证：$\angle AFN=\angle DME$。**

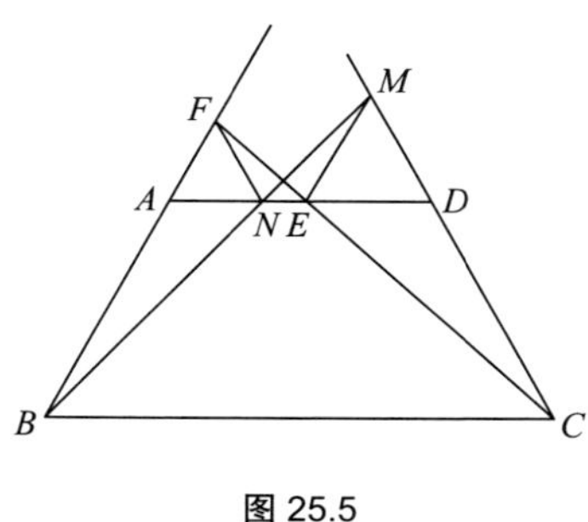

图 25.5

这道题中的等价命题还是很明确的：由于 $ME//FB$，因此只要能证明 $FN//MC$，我们就得到了要证明的结论。一般情况下，证明平行肯定首先考虑角。所以，如果孩子在这个时候开始找各种同位角和内错角，请你不要生气，这说明他是有想法的。我在这里就不模拟这个过程了，直接说结论吧：通过角度的加加减减，是没有办法证明 $FN//MC$ 的。这时候就要换思路：会不会是用比例来证明平行呢？

我们不妨设 FC 和 MN 的交点为 G（留给你来作图），如果要证明 $MC//FN$，那么证明 $\frac{FG}{GC}=\frac{NG}{GM}=\frac{FN}{MC}$ 中的任意一组即可。应该怎么挑选现成的合适的比例关系呢？我的办法是：都写出来。我们有

$$\frac{FA}{FB}=\frac{FE}{FC}=\frac{AE}{BC},\quad \frac{MN}{MB}=\frac{MD}{MC}=\frac{ND}{BC},$$

$$\frac{GN}{GB}=\frac{GE}{GC}=\frac{NE}{BC},\quad \frac{ME}{FB}=\frac{EG}{GF}=\frac{MG}{GB}。$$

然后对比目标结论，看看有哪些线段是重合的，我们发现$\frac{FA}{FB}=\frac{FE}{FC}=\frac{AE}{BC}$，$\frac{MN}{MB}=\frac{MD}{MC}=\frac{ND}{BC}$这两组中没有一条线段和想要证明的结论重合，所以这两组关系可以扔了，还剩下两组。注意到由$\frac{EG}{GF}=\frac{MG}{GB}$和$\frac{GN}{GB}=\frac{GE}{GC}$，推出$\frac{FG}{GC}=\frac{NG}{GM}$，即得到 $FN//MC$，于是命题得证。

你可能要跳脚了："这算什么方法?！地毯式搜索吗?"是的。但这总比坐在那里发呆，不知道从哪里落笔要好得多。这也是我常说的话：笔头要勤。特别是对初学者来说，想要尽快地掌握知识点，一定要勤思考、勤动笔。光看不写，永远不会有思路。

接下来我们尝试着进行知识迁移的训练。在首次举办的八省联考数学科目考试中，从倒数第三题可以看出，给一个全新概念——本题考了大名鼎鼎的高斯－博内（Gauss-Bonnet）定理——然后根据要求答题会成为必考项。那么怎么才能把这类题答好呢?

其实也很简单：具备很强的知识迁移能力，就是在极短的时间内找到新概念和以往知识储备中的联系，并把自己熟知的结论迅速推广到新的情形。既然相似和全等看起来关系这么紧密，那么全等中的结论能不能平移到相似中呢？具体一点来说，能不能把全等三角形中关于三条线（中线、角平分线、高）的相关结论，直接平移到相似三角形中呢?

若两个三角形相似，对应的三条线（高、中线、角平分线）成比例吗?

这问题并不难回答，甚至可以说很简单，但是，这种训练是很有必要的。学习的第一步是模仿，只不过不同的孩子模仿的次数、能力等都有差异。到了一定阶段以后，有的孩子就连模仿都很难做好了。资质是一方面原因，而缺乏相应的训练也会导致这种情况。孩子做完证明之后，家长需要引导孩子，让他们找出相似和全等之间的联系，这个联系比证明这些结论要重要得多。

从这个方向走过来倒是容易，那么倒回去呢？

例 4 **如图 25.6，已知△ABC 和△$A'B'C'$ 中，AD 和 $A'D'$ 分别是中线，且 $\dfrac{AB}{A'B'}=\dfrac{AD}{A'D'}=\dfrac{AC}{A'C'}$。求证：△$ABC$ 和△$A'B'C'$ 相似。**

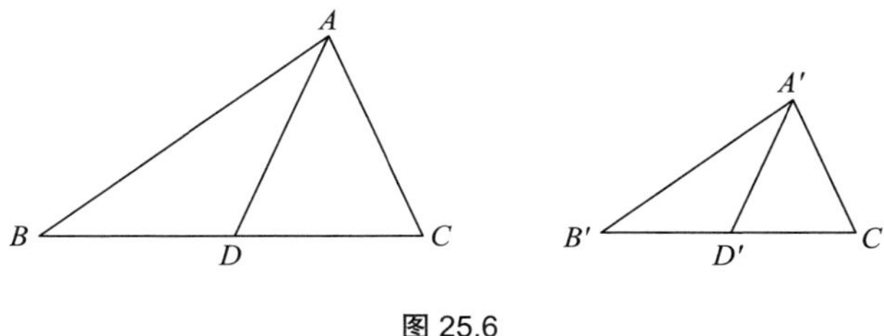

图 25.6

这是边长对应成比例了。还记得在边长对应相等的情况下，全等的证明过程吗？如果孩子全忘了，那么家长应该好好“惩戒”他一下——别说模仿，就连最基本的记忆都没做好，谈何学好数学？在证明全等的时候，由于没有办法证明 SSS，所以我们走的是 SAS 的路子，用的办法就是倍长中线。

困难是类似的：我们似乎很难证明第三条对应边的比例和已有的比例相等。既然困难类似，那么我们考虑方法会不会相同？

分别把 AD 和 $A'D'$ 延长一倍，只要把证明全等时的边长“相等”改成“比相等”，就得到了△ABE 和△$A'B'E'$ 相似，于是∠E=∠E'，∠BAE=∠$B'A'E'$，而∠E=∠DAC，∠E'=∠$D'A'C'$，所以∠BAC=∠$B'A'C'$，证毕（图 25.7）。

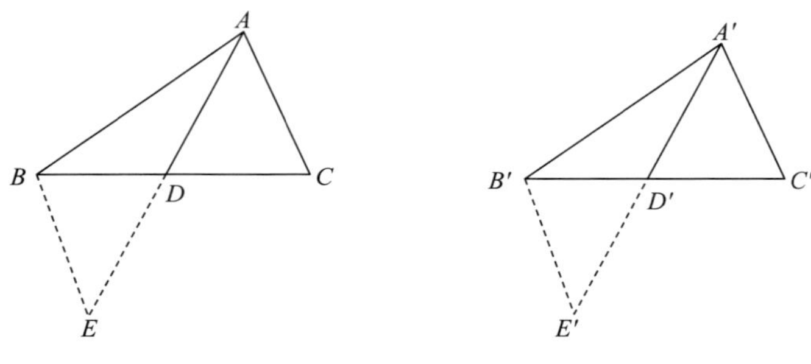

图 25.7

如果把 AD 和 $A'D'$ 改成高，题目也非常容易证明，直接用 HL 定理的相似版本，马上可以得到结论。

如果 AD 和 $A'D'$ 是角平分线呢？假如孩子提笔就开始写，那么家长可以得意地指出："你倒是看清楚了，再落笔啊！"

有什么不对吗？要注意，我们在证明两个三角形有一对对应角的角平分线相等，继而两个三角形全等的情形时，条件是这样的：$\angle B=\angle B'$，$\angle C=\angle C'$，$AD=A'D'$！明白问题在哪里了吧？没错，这里没有采用对应边相等，而采用的是角相等。但现在的问题是：

已知$\triangle ABC$和$\triangle A'B'C'$中，AD和$A'D'$分别是角平分线，且$\frac{AB}{A'B'}=\frac{AD}{A'D'}=\frac{AC}{A'C'}$。求证：$\triangle ABC$和$\triangle A'B'C'$相似。

你看，是不是就掉进坑里了？那该怎么证明呢？讲道理，题目如果改成"$\frac{AB}{A'B'}=\frac{AD}{A'D'}=\frac{AC}{A'C'}=1$，求证这两个三角形全等"，也是非常难的。如果全等都证明不了，那么证明相似就更够呛了。所以，有兴趣的家长和孩子不妨先证明全等的情形，再考虑相似的情形。

事实上，我一直强调，数学题有的是形似神不似，有的是神似形不似。

角平分线的情形看起来和高、中线的情形很像，如果仅看图，就更容易被迷惑。然而，一个是证明角平分线与边长比例相同的三角形相似（如上例），一个是证明两条角平分线相等的三角形是等腰三角形，它们都充分说明了，平移“技巧”的时候一定要注意使用范围，千万不要想当然。所以，我们要胆大心细、仔细甄别，才能做到不张冠李戴，不白白走一堆冤枉路。

接下来，我们将用一点篇幅展开讨论平行线分线段成比例定理，以及相似三角形的应用。首先来看看关于平行线分线段成比例定理的逆定理。

定理：若 $\frac{OA}{OB}=\frac{OC}{OD}$，求证 $AB//CD$。

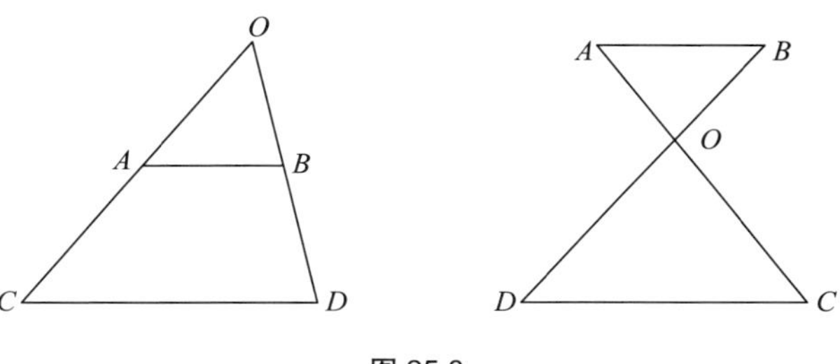

图 25.8

想一想，我们是如何判定两条直线平行的？没错，通过同位角、内错角和同旁内角的关系。还有没有其他的办法呢？并没有。所以，我们打算从角入手。由于 $\frac{OA}{OB}=\frac{OC}{OD}$，且 $\angle O$ 为公共角，所以 $\triangle OAB$ 相似于 $\triangle OCD$，且 $\angle OAB=\angle C$，所以 $AB//CD$。我们也可以类似得到图 25.8 右侧的情况。

这个逆定理是判别直线平行的一种新办法。当然，我们其实有一种更棒的观点来看这个事情。

接下来这段内容，如果孩子能够完全理解的话，那就值得期待一下孩子的学习成果了。

在小学平面几何部分，我为了解决面积比的问题引入了梅涅劳斯定理。只不过，我当时只给出了定理的应用方法，没有给出定理的证明。现在，大家应该已经完全具备了相应的理解能力，因此我们首先来证明一下该定理。

梅涅劳斯定理

如果一条直线与$\triangle ABC$的三边BC、CA、AB或其延长线交于D、E、F点，那么$\dfrac{AF}{FB}\cdot\dfrac{BD}{DC}\cdot\dfrac{CE}{EA}=1$（图 25.9）。

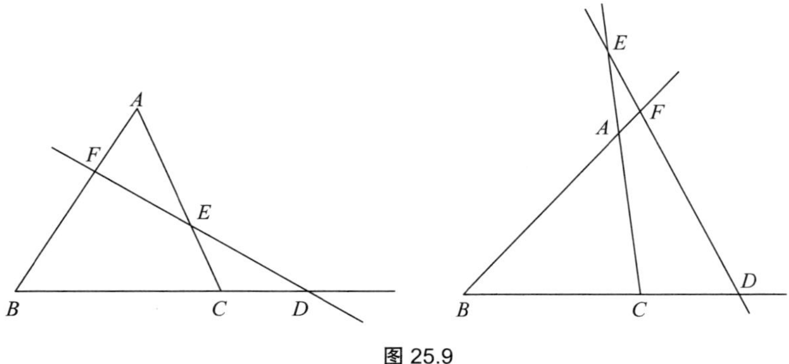

图 25.9

证明的思路怎么来？由于结论以比的形式呈现，因此我们很自然地想到要用平行线分线段成比例定理或者相似三角形的办法。但是，图中既没有平行线，也没有相似三角形，那就自然要想想该怎么加辅助线。

3 个比相乘等于 1，这是不自然的。那么，什么样的比乘积等于 1 是自然的呢？$\dfrac{a}{b}\times\dfrac{b}{c}\times\dfrac{c}{a}=1$，这个就很自然。所以我们想，能不能找到 3 条线段来代替上面的 a, b, c 呢？因为三角形相似看起来太难构造了，所以要考虑作平行线。而作完这条平行线以后，必须能把这些比给联系起来，所以过 B 作 $BG\perp FD$ 于 G，过 A 作 $AH\perp FD$ 于 H，过 C 作 $CK\perp FD$ 于 K，马上得到 $\dfrac{AF}{FB}=\dfrac{AH}{BG}$，$\dfrac{BD}{DC}=\dfrac{BG}{CK}$，$\dfrac{CE}{EA}=\dfrac{CK}{AH}$，把 3 个式子相乘，命题得证。具体步

骤留给大家自行完成。图中的第二种情况可以用类似的办法证明，也留作练习给大家。

接下来，我们来看一些有意思的东西。还是看图 25.9 左边的图，如果按住直线 FD 的左端，把直线 FD 的右端向上翘起，会发生什么事情？FD 和 BD 的交点 D 会向右移，对不对？如果不断把右端向上翘起，那么 D 会持续右移，当 FD 翘到一个极限状态的时候，FD 和 BD 就不再相交了——此时 FD 和 BD 就平行了。

那么梅涅劳斯定理会变成什么样呢？$\frac{AF}{FB}\cdot\frac{BD}{DC}\cdot\frac{CE}{EA}=1$ 是否还成立呢？连 D 点都没了，还怎么成立？

理论上是这样。不过我们可以把 D 点看作无穷远点，也就是说，两条平行线在无穷远处相交。但这句话仍然很空洞——无穷远，那是多远？远到 $BD=DC$ 那么远。这个结论在有限的情况下是不可能成立的，因为 $BD=BC+CD$，所以 $BD>CD$；但是，当 D 在无穷远的时候，BC 就可以被忽略了。此时由于 $BD=DC$，可得 $\frac{AF}{FB}\cdot\frac{CE}{EA}=1$，也就是说 $\frac{AF}{FB}=\frac{EA}{CE}$。所以，我们用梅涅劳斯定理推出了平行线分线段成比例定理，是不是很有意思？

可惜的是，我们并不能这么干。因为证明梅涅劳斯定理的前提是平行线分线段成比例定理，最后又要证明平行线分线段成比例定理，这就陷入了循环论证的套路。因此，我们不能用这个看起来超“炫”的办法来证明平行线分线段成比例定理，除非你能够不用平行线分线段成比例定理来证明梅涅劳斯定理。

好拗口的绕口令，好难的数学啊！

不过，虽然我们不能用这个方法来证明平行线分线段成比例定理，但这并不妨碍我们用无穷远的观点来看待该定理。顺便说一句，梅涅劳斯定理最主要的作用还是在于证明三点共线，我在这里就不多展开讲了。至于比例计算的应用，大家可以参见本书小学篇的相关内容，在那里有较为详细的举例说明。

例 5 **如图 25.10，设 P 是 $\triangle ABC$ 内一点，连接 AP、BP、CP 并延长，分别交 BC、AC、AB 于 D、E、F。求证：$\frac{PD}{AD}+\frac{PE}{BE}+\frac{PF}{CF}=1$。**

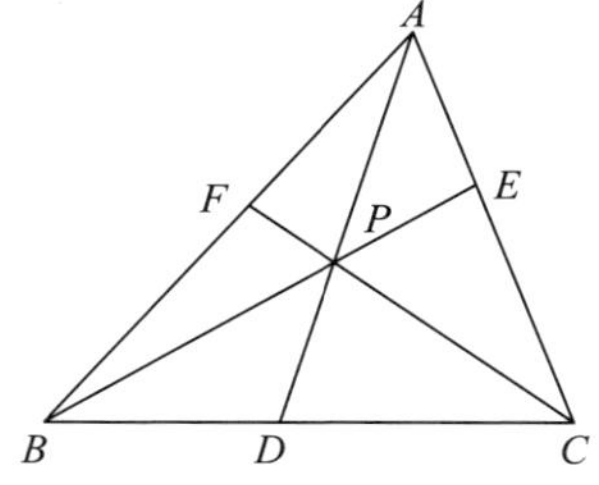

图 25.10

这种三个比相加的形式看起来就让人头疼。如果考虑去分母，那么左边会是乘积和，每个乘积又包含三个量，看起来还是非常复杂。能不能做一些形式上的简化？我们不妨先移项得到一个等价结果：$\frac{PE}{BE}+\frac{PF}{CF}=\frac{AP}{AD}$。然后，要么把左边合并成一项，要么把右边拆成两项。还有其他选择吗？就算有，也没有这条思路来得直接。

我们考虑把左边两项合并成一项看看。但是，合并成一项的前提是什么？这就是考你对代数的理解了——没错，同分母！

那我们能不能考虑通分呢？试一试通分，得到 $\frac{PE\times CF+PF\times BE}{BE\times CF}$……这是个啥？根本无法化简，如果是本题涉及一个圆内接四边形什么的，我们没准还能再蹦跶两下，但考虑到这种方法和图没有任何联系，此路不通。

有没有其他共同分母的可能呢？由于 $\frac{PD}{AD}$ 所在的位置和其他两式比起来略显突兀，我们不妨再仔细观察 $\frac{PE}{BE}$ 和 $\frac{PF}{CF}$ 这两个比式，有没有可能找到一座桥梁把它们联系起来呢？这座桥梁当然应该是个比，如果整个式子难以确定，那么有没有可能先确定分子或者分母呢？

顺着这个思路，我们经过仔细排查，“嫌疑线段”BC就慢慢浮出了水面！

考虑过P作$MN//BC$（图25.11），得到$\frac{PE}{BE}=\frac{PN}{BC}$，$\frac{PF}{CF}=\frac{PM}{BC}$，于是相加可以得到$\frac{PE}{BE}+\frac{PF}{CF}=\frac{MN}{BC}$，而$\frac{MN}{BC}=\frac{AM}{AB}=\frac{AP}{AD}$，从而完成了证明。

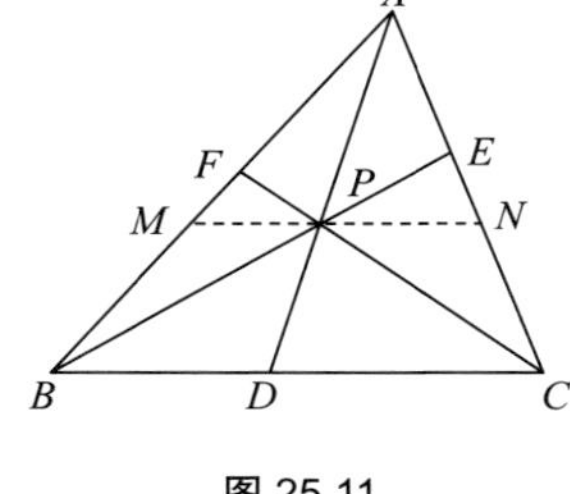

图 25.11

哈哈！第一条思路就找对了，是不是出乎意料？运气不可能一直那么坏，总会有好起来的时候，对不对？

很多时候，只要题设条件或者证明的结论看起来不那么“友好”，我们就容易慌，心里一慌，原本会做的东西也就做不出来了，克服恐惧心理是很重要的。比如我随便写一个式子：

$$\frac{\mathrm{e}}{\pi}\int_{-\infty}^{+\infty}\frac{\cos x}{1+x^2}\,\mathrm{d}x,$$

看起来可怕吧？实际上，这就是1。

很多基本的内容如果以本来面目呈现，我们并不会害怕；但是它们改头换面之后，我们就会觉得好难。因此，从心理上破除对所谓难题、怪题的恐惧感，也是非常有必要的。有能力的家长不妨改写一下一些条件或者结论，让它们看起来不那么友好，这其实对孩子有很大帮助。经过一定训练之后，孩子这种畏难心理会大大缓解。

例6 如图25.12，设P是$\triangle ABC$的高AH上任意一点，CP和BP分别交AB、AC于E、F。求证：AH是$\angle EHF$的角平分线。

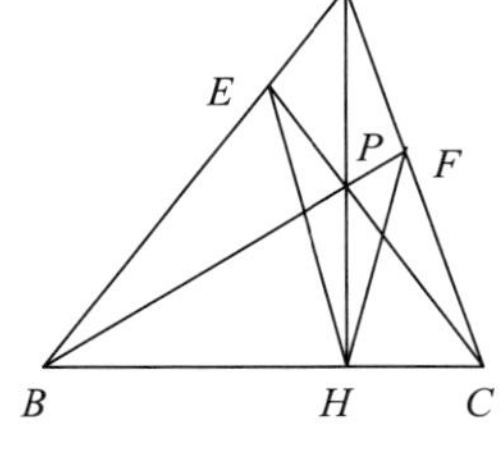

图 25.12

你看，这又是一道很奇怪的题目。三角形是任意的，P 点是任意的，而且最后，这条高还是另一个角的角平分线。任意，任意，越任意越可怕。然而，其实你只要多读两遍，题目就做出来了。

问题是，我们只要作一条直线平行于 BC，延长 HE 和 HF 交该直线于 K 和 L，然后证明 $\triangle HKL$ 是等腰三角形，不就得了（图 25.13）？并且，此时已经有 AH 是 KL 边上的高，于是接下来证明 A 是 KL 的中点即可。这条思路是不是还是挺自然的？

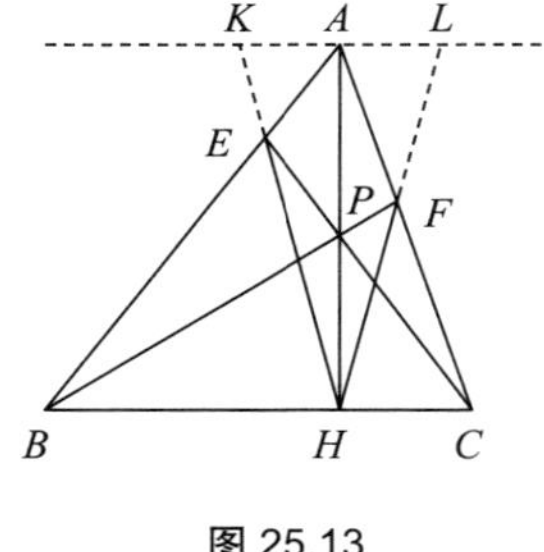

图 25.13

如果证明相等，我们通常都是走全等的路线。盘点一下现在手上的条件，已知有直角相等和一条公共边，会不会有全等呢？

肯定不可能。为什么？如果要再证明一对角相等，那么无论是 $\angle KHA=\angle LHA$ 也好，还是 $\angle HKA=\angle HLA$ 也好，都已经默认了 AH 是 $\angle KHL$ 的角平分线；如果要证明边相等，$AK=AL$ 是我们的目标，而如果能证明 $KH=LH$ 的话，那直接就出现等腰三角形了，为什么还要绕一圈走全等呢？

所以，这时候就要考虑可不可以采用比例的转化——现在有平行线的条件，而且在图里有很多比例关系。通过 $\dfrac{a}{c}=\dfrac{b}{c}$，就可以推出 $a=b$，有没有这种可能呢？

只要你试几组比例（一定要让孩子自己动手试），就会发现一个问题：没有跳板。我们不能在 KA 和 LA 有关的比例中找到一个跳板，把两边的比给联系起来。所以，虽然看起来有不少比例关系，但还是不够，还要再找一些比例。既然已经延长了 HE 和 HF，接下来自然是延长 CE 和 BF 了（图 25.14），这样，一下子就会出来很多的比例关系，从而有可能“套”出我们要的结论来。

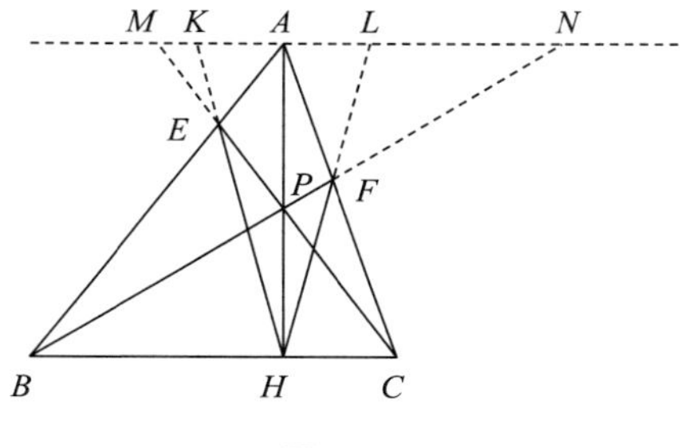

图 25.14

我们有 $\frac{AK}{BH}=\frac{KE}{EH}=\frac{MK}{HC}$，$\frac{AL}{HC}=\frac{LF}{FH}=\frac{LN}{BH}$，得到 $\frac{AK}{MK}=\frac{LN}{AL}$。显然，这不是我们要的结果，所以还需要再找一块跳板。我们发现 $\frac{BH}{HC}$ 是一个非常重要的比，因为这是连接 $\frac{AK}{MK}=\frac{LN}{AL}$ 的关键。那么，还有没有其他的比例和 $\frac{BH}{HC}$ 相等呢？

事实上，有一个跳板被漏掉了：$\frac{AP}{PH}$。想想也觉得不科学啊，文章都是围绕着 AH 这条高做的，结果 AH 竟然在“打酱油”？我们注意到 $\frac{AN}{BH}=\frac{AP}{PH}=\frac{AM}{HC}$，得到 $\frac{AM}{AN}=\frac{HC}{BH}$。然而，之前的比例关系中并没有 AM 和 AN！

这不是什么问题，我们通过 $\frac{AK}{BH}=\frac{MK}{HC}$ 以及 $\frac{AL}{HC}=\frac{LN}{BH}$，马上得到 $\frac{AK}{AM}=\frac{BH}{BC}$，$\frac{AL}{AN}=\frac{CH}{BC}$。把等式 $\frac{AK}{AM}=\frac{BH}{BC}$ 和 $\frac{AN}{AL}=\frac{BC}{CH}$ 乘起来以后，结果恰好就是 $\frac{AK}{AL}=1$，即 $AK=AL$。

说到底，就是一点比例线段知识，外加一点点小学的比例知识。你说气人不气人？还是那句话：难题，都是一点一点拼凑起来的。我们来看一个关于相似三角形的经典应用。

例 7 **如图 25.15，设 P 是 $\triangle ABC$ 内一点，过 P 分别作直线平行于 $\triangle ABC$ 的各边，得到 3 个小三角形面积分别为 4、9、49。求 $\triangle ABC$ 的面积。**

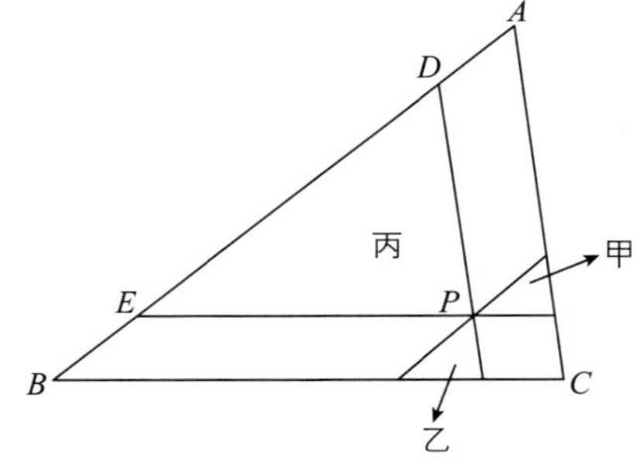

图 25.15

首先补充一个定理：如果一个角的两边平行于另一个角的两边，那么这两个角相等或者互补。

从几何直观上，这肯定没问题，严格的证明可以通过平行四边形的定义来得到：在平行四边形中，角的数量关系要么相等，要么互补。

事实上，根据上述定理，图中这 3 个小三角形都和 $\triangle ABC$ 相似。方便起见，这 3 个小三角形分别记为甲、乙、丙。

我突然想“插播”一个古老的问题。约公元前 3 世纪，古希腊天文学家、数学家，地理学之父埃拉托色尼记录了希腊提洛斯岛（传说是太阳神阿波罗的出生地）发生的一场瘟疫。当居民们向太阳神阿波罗祈祷时，阿波罗说：“把正方体的祭坛加到 2 倍，瘟疫才能停止。”当时的人们哪里知道什么是倍立方啊！而且，问题被限定用尺规作图法（用圆规和不带刻度的直尺）来完成。这可难坏了当时的工匠们，有人尝试把祭坛的边长变成原来的 2 倍，可此时体积是原来的 8 倍。所以，新祭坛的边长要做到原祭坛边长的 $\sqrt[3]{2}$ 倍。当然，现代代数理论告诉我们：光用尺规作图法，是做不到的。

我在这里讲这个故事，其实是为了谈谈量纲分析的概念。我们知道，线是一维的，面是二维的，体是三维的。很多时候，这可以作为我们的检验标准。比如，已知某些线段的长度（用字母表示），假如最后求的也是线段长度，那么结果应该是已知字母的某种组合，并且，所有字母的幂的代数和是 1 次；假如最后求的是面积，那么字母的幂的代数和应该是 2 次；假如最后求的是体积，那么就应该是 3 次。这在物理学里叫作量纲分析。

而若两个图形相似，那么其边长比就是相似比，所有对应线段的比都等于相似比。特别需要注意的是：对应线段包括但不限于中线、高、角平分线。比如说，$\triangle ABC$ 相似于$\triangle A'B'C'$，D 是 AB 的三等分点（靠近 A），D' 是 $A'B'$ 的三等分点（靠近 A'），那么 CD 和 $C'D'$ 的比就等于两个三角形的相似比。面积比应该是多少呢？根据面积公式，面积比应该等于对应底边比乘以对应高的比，所以，应该等于相似比的平方。

量纲分析思想比这道题目重要得多，甚至，关于倍立方体的那个传说也比这道题目重要得多——一个是思想方法，一个是数学史，前者帮助孩子提高认识，后者帮助孩子提高兴趣，都是很“有用”的玩意儿。而和这两点相比，本题实在有些不值一提了。

有了量纲分析的想法，题目做起来就很容易了。记$\triangle ABC$ 的面积为 S，甲的面积和$\triangle ABC$ 的面积之比的算术平方根就等于 $\frac{AD}{AB}$，乙的面积和$\triangle ABC$ 的面积之比的算术平方根就等于 $\frac{EB}{AB}$，丙的面积和$\triangle ABC$ 的面积之比的算术平方根就等于 $\frac{ED}{AB}$，这 3 个比值加一起恰好等于 1（为什么？），即

$$\frac{2}{\sqrt{S}}+\frac{3}{\sqrt{S}}+\frac{7}{\sqrt{S}}=1$$

于是 $S=144$。

家长或教师若想要把数学教好，除了会做题，还要了解数学史和其他学科知识，这些知识也会对辅导和教学有所帮助。毕竟，家长要是能真正激发孩子对数学的兴趣，就能彻底从“伴读”中解脱了。

例 8 如图 25.16，$\triangle UVW$ 和 $\triangle XYZ$ 的边分别交于 A、B、C、D、E、F，若 $\dfrac{AB}{UV}=\dfrac{CD}{VW}=\dfrac{EF}{WU}$。求证：$\dfrac{BC}{XY}=\dfrac{DE}{YZ}=\dfrac{FA}{ZX}$。

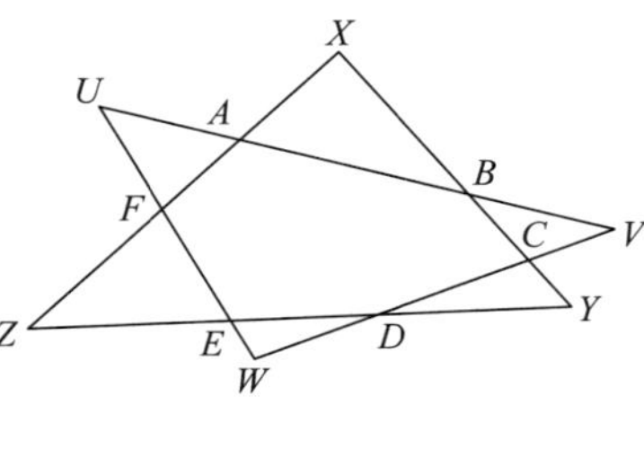

图 25.16

像这样的对称结论，一般只要证明其中一个等式，剩下的部分有可能就“同理可证”了。怎么破题呢？

首先，我们要有一个基本的判断：涉及比例问题，要么就是三角形相似，要么就是平行线分线段成比例。这道题属于什么情况呢？我也不知道。毕竟我是教数学的，不是算命的，不能未卜先知，我能做的也就是根据条件一点点往下推。

条件中有 3 个比例相等，然而平行的条件一个都没有，3 条短线段分别是 3 条较长线段的一部分，没有一组平行关系，所以，会不会是两个三角形相似的可能性更大一些？但是，3 条较短的线段根本没有组成三角形，于是考虑把这 3 条线段拼在一起，是不是就可以得到一个与$\triangle UVW$ 相似的小三角形了？

位于不同地方的线段要拼成三角形，很自然要考虑平移。过 A 作 $AP/\!/EF$，且 $AP=EF$，连 BP，得到了$\triangle ABP$（图 25.17）。于是$\angle PAB=\angle U$，且根据题设可知 $\dfrac{AB}{UV}=\dfrac{AP}{UW}$，所以$\triangle ABP$ 相似于

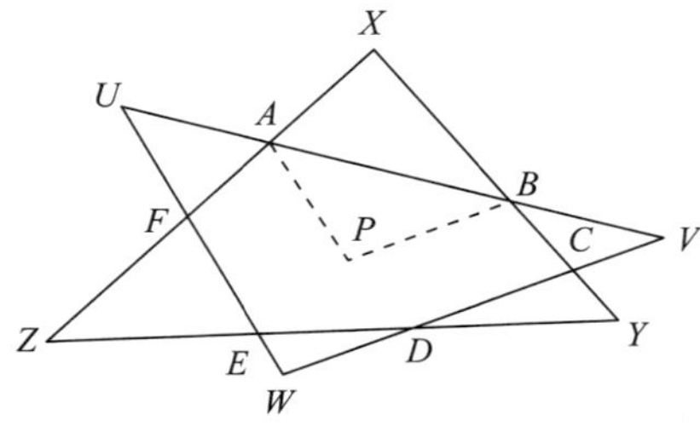

图 25.17

$\triangle UVW$，我们得到 $\frac{BP}{VW}=\frac{AB}{UV}$，所以 $BP=CD$，这是我们能直接得到的结论。

对比最后要证明的结论：$\frac{BC}{XY}=\frac{DE}{YZ}=\frac{FA}{ZX}$，这看起来就像是我们再平移出一个三角形，使得这个三角形和 $\triangle XYZ$ 相似即可。那这个三角形又该怎么找？仿照前面的步骤，我们还能平移出一个 $\triangle QED$ 出来，使其与 $\triangle XYZ$ 相似。

为什么挑 ED 这条边呢？因为这样得到的三角形和 $\triangle PAB$ 看起来不会“打架”——对于我们凡人来说，几何图形中的交叉线越多，视觉上就越容易让人烦躁，最好能做到所有线段泾渭分明。你要选 AF 去作三角形和 $\triangle XYZ$ 相似，这不能叫“错”，但在视觉上会让人感觉不舒服。像这些细节问题，我很难系统地一一讲到，大家只能在日常训练中细细体会。而高手和普通学生之间的差距，在很大程度上就体现在这种细节上。

下一个该考虑的问题应该是什么？没错，如果 P 和 Q 是同一个点，那该多好啊！假设 $\triangle PED$ 相似于 $\triangle XZY$，我们有 $\frac{PE}{XZ}=\frac{ED}{ZY}=\frac{PD}{XY}$，再对照结论，可以推出 $PE=AF$，$PD=BC$，而且我们发现，倒推上去的话一样成立。这时，我们的目标就变成了：证明 P 和 Q 是重合的，并且 $PE=AF$，$PD=BC$。

从辅助线的添加方法来看，由于 AP 平行且等于 EF，所以四边形 $APEF$ 是平行四边形，马上得到 $AF=EP$，这相当于给了我们一个强烈的提示：四边形 $BCDP$ 也是平行四边形。由于 $\triangle ABP$ 相似于 $\triangle UVW$，所以 $\angle ABP=\angle V$，于是 $BP/\!/VW$，而之前已证 $BP=CD$，所以 $BCDP$ 确实是平行四边形（图 25.18）。

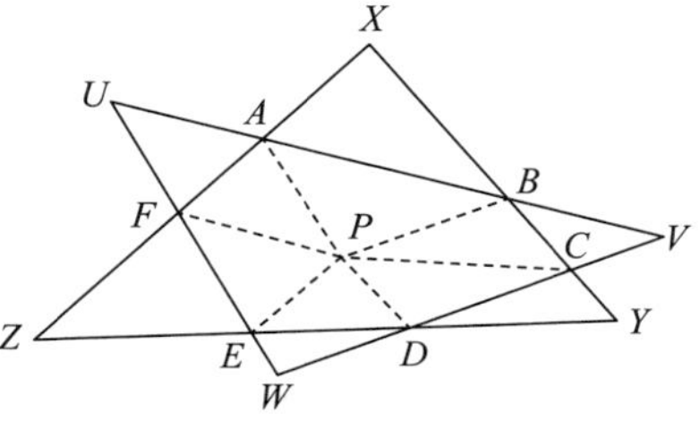

图 25.18

分析到这里，可千万别绕进去啊！我们还没有证明$\triangle PED$相似于$\triangle XZY$呢！我们只是证明了如果这两个三角形相似，那么最后的结论成立。不过，证明这两个三角形相似，已经非常容易了。由于$PE//XZ$，所以$\angle PED=\angle Z$，$PD//XY$，所以$\angle PDE=\angle Y$，从而$\triangle PED$相似于$\triangle XZY$，因此原命题成立。

例 9 如图 25.19，AD是锐角$\triangle ABC$的高，E是AD上一点，且$\frac{AE}{ED}=\frac{CD}{DB}$，过$D$作$DF\perp BE$于$F$。求证：$\angle AFC=90°$。

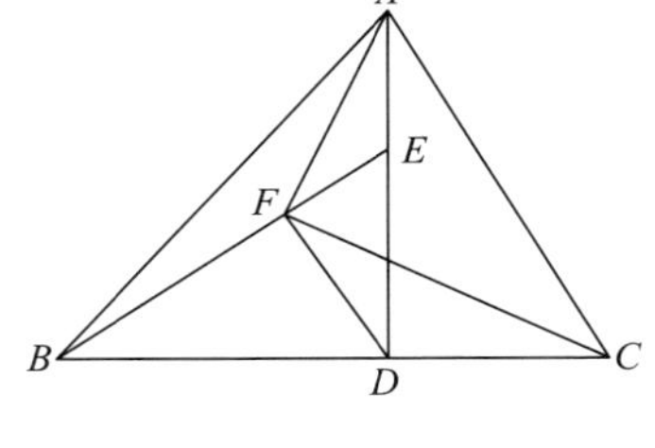

图 25.19

由于题设条件中出现了比例关系，因此勾股定理的逆定理就往后挪了。如果题设条件中出现了直角三角形斜边上的高，那往往会带来很多相似。所以我们大致确定了思路：通过相似来证明。

由于DF是$\mathrm{Rt}\triangle EBD$斜边上的高，由射影定理的变形可知$\triangle EBD$、$\triangle EDF$和$\triangle DBF$都是相似的。如果把所有对应的比例式都写出来，似乎有点多。有没有办法精简一下？

$\frac{AE}{ED}=\frac{CD}{DB}$中有两条线段涉及上述 3 个三角形：$ED$和$DB$。于是我们把它改写一下，变成$\frac{AE}{CD}=\frac{ED}{DB}$，此时可以把这 3 个相似三角形中和$\frac{ED}{DB}$相等的比都写出来看看，于是又得到$\frac{AE}{CD}=\frac{ED}{DB}=\frac{EF}{FD}=\frac{FD}{BF}$。注意到$\frac{AE}{CD}=\frac{EF}{FD}$这组看起来能推出$\triangle AEF$相似于$\triangle CDF$的结论，此时还缺点东西：要么是一对夹角相等，要么是还有一边成比例。而$\angle EFD=\angle EDB=90°$，所以我们得到了$\angle AEF=\angle EDB+\angle EBD=\angle ADC+\angle EDF=\angle FDC$。这两个三角形确实相似。

我们最后的目标是证明$\angle AFC$是直角。已知$\angle EFD=90°$，由于$\triangle AEF$相似于$\triangle CDF$，所以$\angle AFE=\angle CFD$，所以$\angle AFC=\angle AFE+\angle EFC=90°$，证毕。

条件和结论的提示并不是每次都能在一开始就被发现，我们往往需要通过已知条件来推出一些结论，随时看看能否和目标挂上钩，一边推，一边调整，这是常态。

例 10 **如图 25.20，$\triangle ABC$ 和 $\triangle DEF$ 都是等边三角形，BC 和 EF 有共同的中点 G。求证：$AD \perp CE$。**

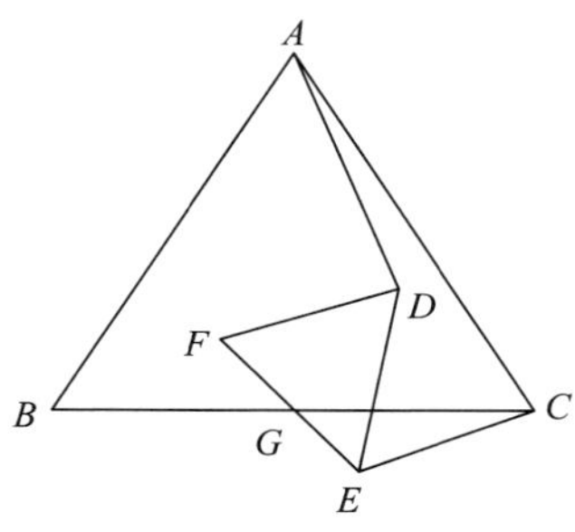

图 25.20

其实，这种题目用解析几何来做就非常方便，当然，如果你会复数的话那会更快。我们只要计算出直线 AD 和 CE 的斜率，然后乘积等于 -1 即可。所以只要“算功”过关，一条辅助线都不用加就能解决这道题。解析几何实实在在是“懒人福音”。

那么用纯几何方法怎么做呢？你怎么判断出要用到相似三角形呢？

其实这里需要用相似的提示，还是非常明显的，因为所有等边三角形一定都相似（全等）。我们可以再发散一点思路：所有等腰直角三角形也都相似（全等）——联想是一个好习惯。何况，题中还有一个公共的中点，等边三角形中的中点可是特别有用的，因为一旦连起中点，就会出来一个性质非常好的直角三角形：其中有一个角是 30°。

连接 AG 和 DG，注意到 $\dfrac{AG}{CG}=\dfrac{DG}{GE}$（为什么？），且 $\angle AGD=\angle CGE$（都是 $\angle DGC$ 的余角），所以有 $\triangle AGD$ 相似于 $\triangle CGE$（图 25.21）。

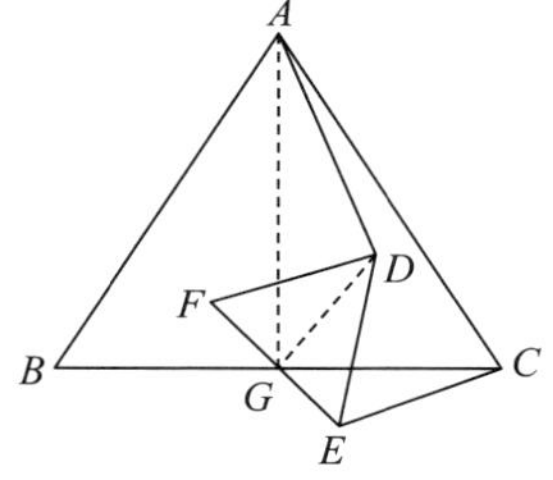

图 25.21

如果注意到 $\triangle CGE$ 和 $\triangle AGD$ 中两组对应线段的夹角都是 90°（$AG\perp GC$，$DG\perp GE$），那么第三组对应线段必然也是垂直的。当然，我们也可以延长 AD 与 EC 相交，利用两个三角形相似进而得到对应角相等的结论，通过角度的加加减减得到这个结论，细节留给读者自行补充。

所以不要怕摸不着头脑，怕的是只看不动手。只要把已知条件推起来，边看边走，很多题目并没有你想象中的那么难。

例 11 $\triangle ABC$ 中，a、b、c 分别是$\angle A$、$\angle B$、$\angle C$ 的对边，已知：$\angle A:\angle B:\angle C=4:2:1$，

求证：$\dfrac{1}{c}=\dfrac{1}{a}+\dfrac{1}{b}$

一直以来，我希望学生最终达到的目标是能在脱离既定背景的情况下解题，也就是说，在不被告知题目属于哪个章节的情况下，仍然能很快地把题目做出来。当然，要做到这一点并不是特别容易。尤其是到后来，知识点越学越多，比如条件中有角平分线，到底是要用角度的等量代换，还是用比例？证明平行到底是用角相等，还是用比例？有的看起来明明是三角形的题目，最终却要用四点共圆来证；有的看起来明明是等量结果，解题靠的却是相似。所以，我们首先要学会的就是做判断，大概用什么工具去解决什么问题，然后逐步地进行调整。

再次说明，我提供的思路都是依照我个人的思考习惯，并不代表最优解法，甚至因为本人水平有限，有时候还会走点儿弯路。但是，我还是愿意把这些过程真实地记录下来，因为这对广大学生理解题目是很有意义的。不要怕试错，也不要怕走弯路。

看到这道题，我的第一反应就是用三角函数应该比较好做，因为$\dfrac{180^\circ}{7}$、$\dfrac{360^\circ}{7}$、$\dfrac{720^\circ}{7}$这 3 个内角的三角函数性质非常好——可惜，三角函数超纲了，初中的三角运算不涉及积化和差或者和差化积，只能作罢。于是，我只好从

结论入手。像这种倒数和的结论在初中阶段的平面几何证明问题中是比较少见的，因此，第一步一定要改写。

我们把 $\frac{1}{c}=\frac{1}{a}+\frac{1}{b}$ 改写成 $\frac{a}{c}=\frac{a+b}{b}$，写成这样的好处是，式子变成了比例的样子，也就有了找相似的可能。而这对相似三角形可以是分别以 a, c 和 $a+b$, b 为两边的两个三角形。

注意到 a 和 c 的夹角为 B，而原三角形中最长的一条边是 a，现在需要的是一条长为 $a+b$ 的边，所以必须加辅助线。要得到一条长度为 $a+b$ 的边，自然而然要考虑延长 BC 或 CB 到某点 D，使得 BD 或 CD 的长度为 $a+b$。但是，延长线无法和 AC 边构成三角形，所以这条路走不通。同理，如果延长 AC 或 CA，也很容易得到一条长度为 $a+b$ 的线段，但它也无法和 b 这条边构成三角形。

只能另辟蹊径。如果你注意到 $\angle B=\frac{360^\circ}{7}$，这时候就该恍然大悟了：两边夹一角，为什么我们只关注了边？是不是应该考虑构造一个大小为 $\frac{360^\circ}{7}$ 的角，并且这个角的另一边长为 $a+b$？

我们可以作 $\angle ACD=\frac{360^\circ}{7}$，也可以作 $\angle BCD=\frac{360^\circ}{7}$，应该选哪个呢？都试试！只要一动笔就知道，$\angle ACD$ 是正确的选择：只有 CD 才有可能截出长度为 $a+b$ 的线段，并且构造一个和 $\triangle ABC$ 相似的三角形。

但又有了一个问题：作 $\angle ACD=\frac{360^\circ}{7}$，且 $CD=a+b$，我们如何保证 A、B、D 三点共线呢？事实上，无论是三点共线还是三线共点，都是解决平面几何问题时要尽量回避的东西，所以思路是这个思路，但我们要换个说法：作 $\angle ACD=\frac{360^\circ}{7}$，且 CD 和 AB 的延长线交于 D，只要证明 $CD=a+b$ 即可。

此时$\triangle ABC$和$\triangle ACD$相似已经没有问题了，但AD和CD的长度我们还不知道——当然，关键是CD的长度。通过简单的计算可知，$\angle D=\angle BCD$，于是$BC=BD=a$，看起来我们距离最终目的又近了一步——我们已经知道AD的长度了。如果用角平分线定理，自然可以求出CD的长度，但这不是我们要的$a+b$。

唾手可得，却求之不得！

别急，别急，既然已经知道最后要求的是$a+b$，那我们把这条线段截一段等于b，然后证明剩下的等于a（或者反过来）不就好了？但问题来了：截$CE=a$好呢，还是$CE=b$好呢？显然是后者好，因为马上可以得到$\triangle CEB$和$\triangle CAB$全等——谁都喜欢全等，如果你选前者，就得不到这个结论。所以$\angle BEC=\dfrac{720°}{7}$，再通过简单的计算，我们可以得到$\angle DBE=\angle DEB=\dfrac{540°}{7}$，所以$DE=BD=a$，这样就完成了证明（图 25.22）。

作$\angle DCB=\angle ACB$

则$\triangle BCD$是等腰三角形

$BD=a$

在CD上取$CE=b$

则$\triangle ACB\cong\triangle ECB$

$\angle EBC=\dfrac{2}{7}\times 180°$

$\Rightarrow \angle DBE=\angle DEB=\dfrac{3}{7}\times 180°=\dfrac{540°}{7}$

$\therefore DE=DB=a$

$\Rightarrow CD=a+b$

而$\triangle ABC\sim\triangle ACD$

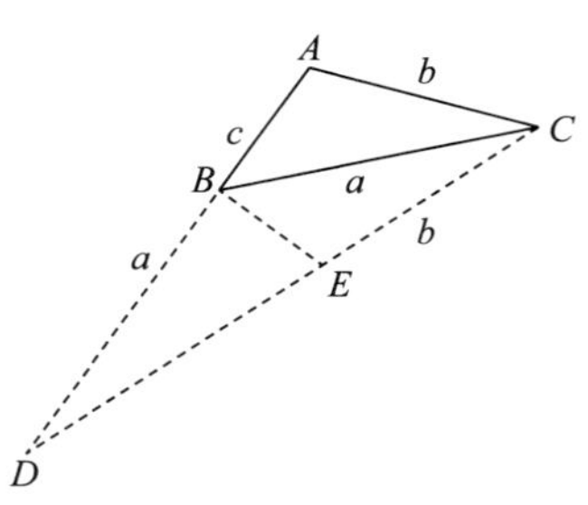

图 25.22

$$\Rightarrow \frac{a+b}{b}=\frac{a}{c}$$
$$\Rightarrow \frac{1}{a}+\frac{1}{b}=\frac{1}{c}$$

整个解题过程充分展示了如何利用结论聚焦考察的知识点，以及如何试错。想得到这样的锻炼，需要在日常训练中不断加以揣摩和总结，同时，还要努力形成自己的解题风格和习惯。最忌没有方向，四处乱撞。做题完全成了“靠天吃饭”，那一定是行不通的。

26 中位线

如果要评选“三角形中最重要的辅助线”（没有之一），那么中选的就应该是中位线。正如我们一开始就讲到的，平面几何的核心问题是什么？是位置关系和数量关系。一般说来，一条辅助线对这两种关系只能顾上一头，但中位线却可以两者兼顾。你说它重不重要？

中位线是指三角形任意两条边中点的连线。它有什么性质呢？中位线平行于第三边，且长度为该边的一半——位置关系，平行；数量关系，一半。你说这个性质好不好？怎么证明这个定理呢？

如图 26.1，在$\triangle ABC$中，D和E分别为$\triangle ABC$两条边上的中点，过C作$CF//AB$，交DE的延长线于F，容易证明$\triangle ADE$全等于$\triangle CFE$，于是有$CF=AD=DB$，$DE=EF$，所以$FCBD$是平行四边形，有$DF//BC$；又因为$DF=2DE$，所以$DE=\frac{BC}{2}$。

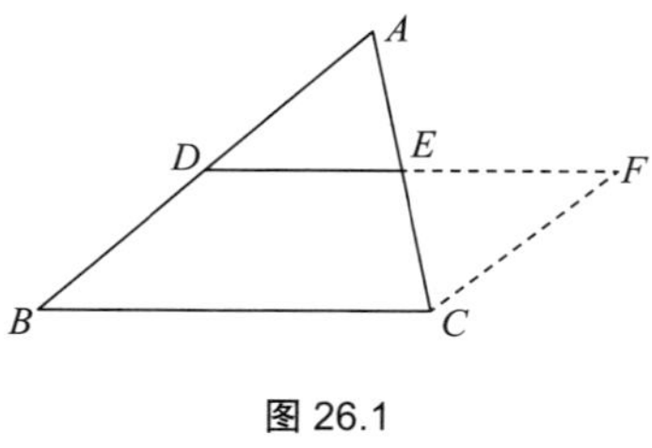

图 26.1

定理的证明很简单，貌似没什么可讲的，但是其应用非常广泛。假如你在三角形的相关问题中看到一边的中点，而且经过分析觉得需要加辅助线，那么添加辅助线的方法很可能是取另一边的中点，作中位线——多取一点，能多两个条件，多么划算！

我们来看一些例子。

例 1 如图 26.2，已知△ABC 中，∠B 和∠C 的角平分线为 BE 和 CF，$AH \perp CF$ 于 H，$AG \perp BE$ 于 G，求证：$HG // BC$。

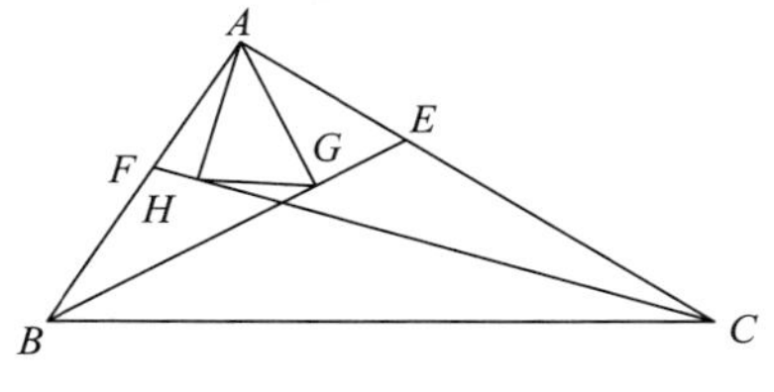

图 26.2

像这种“前不着村，后不着店”的线段关系，是最让学生发怵的条件。如果没有任何提示，那确实需要费力思考一下。我们注意到 CF 和 BE 是两条角平分线，而 AH 和 AG 又分别是 CF 和 BE 上的高，你能想到什么？三线合一。三线合一与什么有关？等腰三角形。然而，图中一个等腰三角形也没有。所以，我们首先要考虑把等腰三角形找到。

如图 26.3，延长 AH 和 BC 交于 P，延长 AG 和 BC 交于 Q，于是△ACP 和△ABQ 都是等腰三角形。由三线合一的性质马上可知，H 和 G 分别是 AP 和 AQ 的中点，于是 HG 是△APQ 的中位线，因此 $HG//PQ$，命题得证。

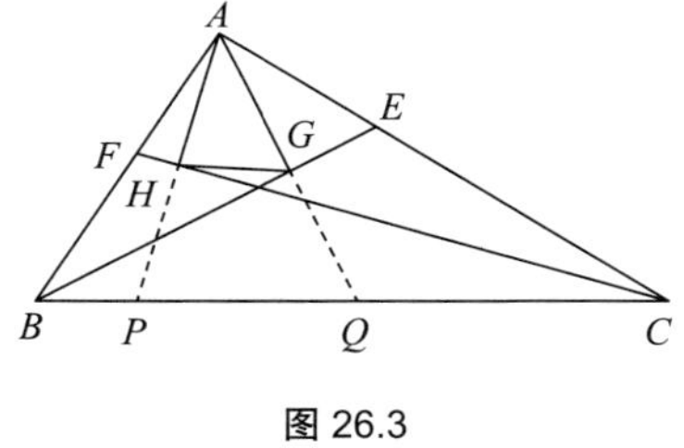

图 26.3

每次看完我的讲解，有的家长可能会觉得：“好简单啊。”但是，一轮到自己做的时候，又会陷入困境。其实，解决平面几何题的关键就是“灵魂三问”：“要不要加辅助线？”“加在哪里？”“加得对不对？”

我故意把这道题目“要不要加辅助线？”这一问给省去了，所以可能导致了“题目很简单”的错觉。果真如此吗？其实，本题中线段 HG 的位置很让人难受。如果把题目中的 HG 用 EF 来替代，看起来就会舒服许多，因此，本题的第一个难点就在于：图不常见。

第二个难点在于：怎么把三线合一用起来？在图 26.3 中，添加辅助线后出现的等腰三角形都是“平躺”着的，并不符合我们的视觉习惯，我们更习惯于三角形的顶角是竖着的情况。并且，如果你告诉孩子要找等腰三角形，他或许才能马上想到“三线合一”这个性质；或者说，假如题目条件写成“CF 是 $\angle ACB$ 的角平分线，且 $CH \perp AH$”，或者点明了“CH 是 AH 边上的高”，孩子才会想到是不是有等腰三角形。

“思维定式”这个东西是一把双刃剑。有了它，我们在面对熟悉的情形时，可以很快地解决问题；但在面对陌生的情况时，它往往会让我们陷入熟悉的窠臼，难以自拔。

在之前的内容中，我始终强调要做逆命题证明的练习，即把题设和结论对换。这种做法在一定程度上有利于破除思维定式；同时，假如题设和结论对换以后，题目不成立了，那么也能锻炼我们“举反例”的能力。想要破除“一听就懂，一做就蒙”的困局，就一定要做这样的训练。

插一句，在加辅助线的“十字原则”里，“连对角”这三个字是专门给四边形准备的。对角线是四边形中非常特殊的线，尤其是在特殊四边形中，对角线有着非常好的性质。这个我们稍后再讲。即便在一般的四边形中，连对角也经常是破题的重要办法。但是，本章主要还是讲“取中”，就先委屈一下连对角，先让它当个配角吧。

例 2 **如图 26.4，已知四边形 $ABCD$ 中，E、F 分别是 BC 和 AD 的中点，延长 BA 和 EF 交于 G，延长 CD 和 EF 交于 H，且 $\angle BGE=\angle CHE$。求证 $AB=CD$。**

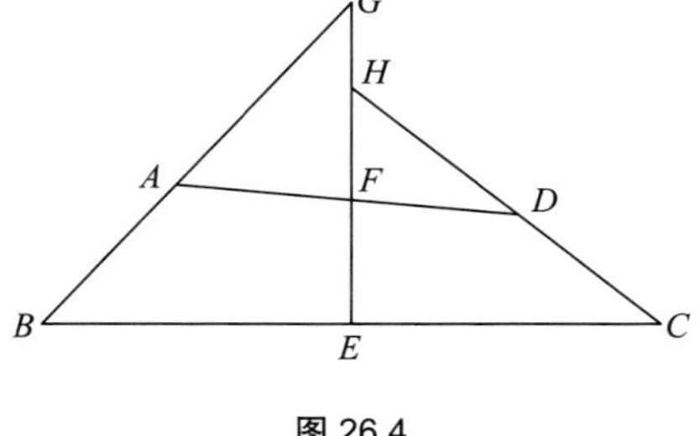

图 26.4

这道题目有 N 种做法，还有 M 个变种，这里我只讲我认为思路最自然的那种做法。

从图上看，本题绝对有“想逼死强迫症”的嫌疑——G 和 H 不是同一个点，看着真是太不舒服了！当然，如果 G 和 H 重合的话，GF 就既是角平分线又是 AD 的中线，题目未免太容易了。

怎么思考呢？很自然的想法就是找全等三角形，全等的判别至少需要三组元素相等。然而，无论怎么构造与 AB 和 CD 相关的三角形，光是“角相等”就很难弄出来，更别提“边相等”的事了。看起来，所有包含 AB 边和 CD 边的三角形没有一对能全等的，所以，这个方向不对（建议大家把图中包含 AB 和 CD 的三角形都找出来，自己看一看）。

题目中还有一个很奇怪的条件：$\angle BGE=\angle CHE$。两个角相等该怎么用呢？很自然的想法就是把这两个角放一起，可以考虑过 G 作 $GK//HC$，这样就把$\angle CHE$ 转移到$\angle EGK$ 了。但是，你只要作了这条辅助线就会发现，这个方法不靠谱。虽然“作平”也是“十字原则”之一，但是在这里真的不适用，因为你用不上 E、F 这两个中点。辅助线要能把已知的条件都能串起来，那路子才是对的；如果添加了辅助线以后，反而削弱了已知条件，那你直接“毙”了这种方法就行，不用多看一眼。

所以，轮也该轮到连对角线了。注意，到这里只有 $ABCD$ 是四边形，所以不妨连接 AC。为什么不连 BD？我也不知道为什么……总之万一连接 AC 行不通，就再连 BD 试试呗。连完 AC 以后，两个角相等的条件能用了吗？用不上。中点的条件能用吗？也用不上。所以又错了？这种时候别着急，再仔细看看。

如果再取 AC 的中点 M，这时候是不是就能把 E、F 都用起来了？中位线可是个好东西啊！因为既有位置关系，又有数量关系。由于 ME 和 MF 分别是$\triangle ABC$ 和$\triangle ACD$ 的中位线，并且把中点 E、F 都用上了，因此这条路差不多就对了（图 26.5）。

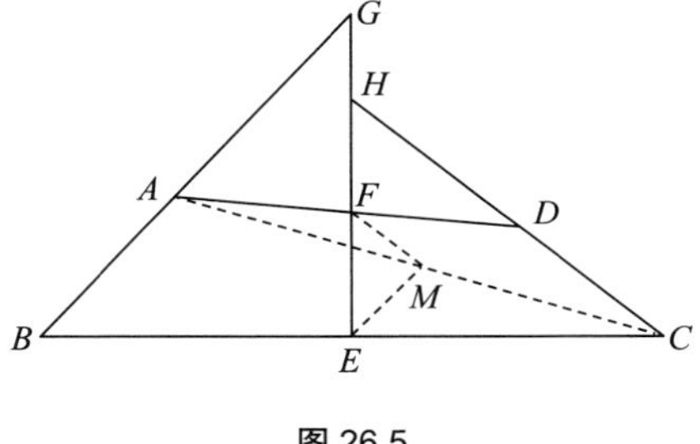

图 26.5

我们分别来看看如何运用位置关系和数量关系。由于 $FM//HC$，所以 $\angle MFE=\angle CHE$，而 $\angle MEF=\angle BGE$，由于 $\angle BGE=\angle CHE$，所以 $\angle MEF=\angle MFE$，于是 $FM=EM$。又因为 $FM=\frac{CD}{2}$，$EM=\frac{AB}{2}$，推出 $AB=CD$。

如果我们把条件中的 $\angle BGE=\angle CHE$ 改为结论，把 $AB=CD$ 当作条件，用同样的方法也可以反推证明。

本题的证明方法有很多，但上述方法，我认为是最自然的。对于所有加辅助线的方法，我们一个个试下来，从逻辑上非常顺。我在这里顺便给各位一个建议：在平面几何问题的日常训练中，不一定要追求“最简单”的做法，而要追求“最逻辑”的做法。没有逻辑，或者跳步太多的做法，对初学者来说，绝对不是什么太好的训练。对刚接触平面几何的孩子来说，越是容易讲通的办法，才是好办法。

例 3 **图 26.6，已知 $\triangle ABC$ 中，分别以 AB、AC 为斜边作等腰直角三角形 $\triangle AMB$ 和 $\triangle ANC$，P 是 BC 中点。求证：$PM=PN$。**

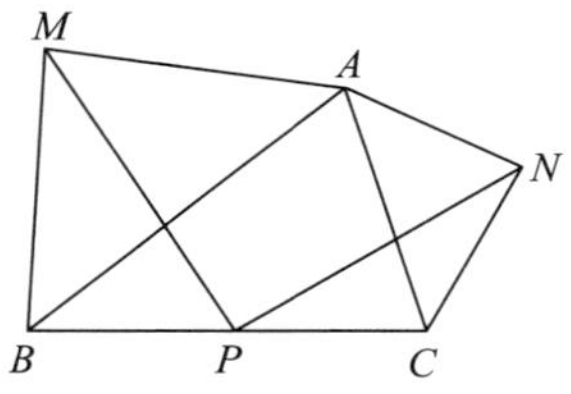

图 26.6

目之所及，并无全等，所以考虑加辅助线。看着孤零零的中点 P，且有直角三角形的条件，再想到直角三角形斜边上中线的丰富性质，自然想到取中。由于 P 是 $\triangle ABC$ 中的点，所以要么取 AB 的中点，要么取 AC 的中点。我们不妨假设取 AB 的中点 E，连接 PE，于是得到 PE 平行且等于 AC 的一半……然后又动不了了。我们要想一想，加辅助线的目的是什么？是不是为了构造全等三角形？现在虽然取了中点，有了中位线，但是全等的三角形呢？

所以，我们接下来要考虑 PE 能否和 PM 或 PN 构成三角形。我们发现，连接 ME 或 NE 都能得到和这两条目标线段相关的三角形。还是同样的问题：到底连哪条？还是无论连哪条线段结果都一样？想是想不出来的，一定要动手！这是我多次强调的事情。我们不妨先连接 NE 试试看，这样得到 $\triangle PNE$，考虑到全等三角形一定是成对出现的，所以很自然还要取 AC 的中点 F，连接 PF 和 MF。假如你想证明 $\triangle PNE$ 和 $\triangle PMF$ 全等，劝你趁早死了这条心，肉眼可见它们是不全等的。

这就是动笔的好处，能让你最快地排除掉错误的那条路。当然，或许已经有家长摸索出规律了："一般来说，贼老师首先讲的那条路，肯定是错的……"

我们改为连接 ME 和 NF（图 26.7）。由于 $PE=\dfrac{AC}{2}$，而 $\triangle ANC$ 是等腰直角三角形，所以 $NF=\dfrac{AC}{2}$，于是 $NF=EP$，同理 $ME=PF$。貌似很快能找到全等了。下一个目标应该是证明 $\angle PEM=\angle PFN$。由于 $\angle MEB=\angle NFC=90°$，所以只要证明 $\angle BEP=\angle CFP$ 即可。事实上，由于平行的关系，这两个角都等于 $\angle BAC$，所以 $\triangle MEP$ 确实和 $\triangle PFN$ 全等，于是 $PM=PN$。

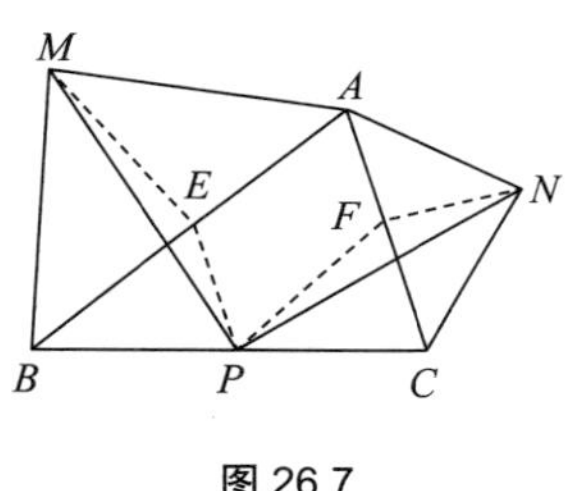

图 26.7

在本题中，等腰直角三角形是一个很强的条件，如果我们把它减弱成普通的直角三角形，那么很显然，结论是不成立的。假设我们希望把等腰直角三角形改为普通的直角三角形之后，结论仍然成立，那需要加上什么条件呢？如果孩子能够把这个问题想出来，那他就很厉害了（比如，可以加上条件 $\angle MAB=\angle NAC$）。当然，家长也可以让孩子思考：如果把等腰直角三角形的条件改成等边三角形，那结论是否还正确呢？

像这种训练的要求就非常高了，不是每个孩子都适合去做的：大部分孩子经过提示可以做一些比较难的题；少部分孩子可以不需要提示，就做出比较难的题；只有极少数孩子可以做到能改编题目。想自己出题或者改编题目，要求你对基础知识有深刻的认识，并且，要把握好度：能够让题目"多一个条件浪费，少一个条件不够”。此外，出题者还必须前后验证，看看这些条件之间是否可以互推出来，而且，要做到每个条件都是独立的，不能由其他条件推出来才行。

如果孩子的期许是满足中考要求即可，那么针对如本题这类题目，只要能独立做出来，应付中考中的平面几何问题应该绰绰有余了；如果孩子想在竞赛之路上一试身手，不妨做一些自己出题或改编题目的训练。

例 4 **如图 26.8，在 $\triangle ABC$ 中，D 为 AB 的中点，分别延长 CA、CB 到 E、F，使得 $DE=DF$。过 E、F 分别作直线 CA、CB 的垂线，相交于 P，求证：$\angle PAE=\angle PBF$。**

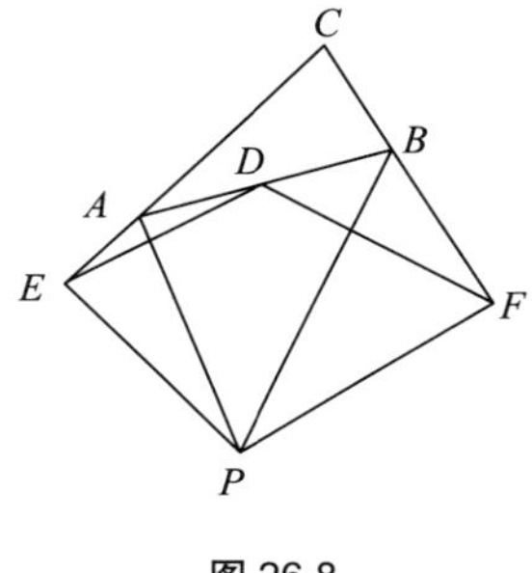

图 26.8

结合最后要证明的结论来看，很自然的思路就是想法证明 $\triangle PAE$ 和 $\triangle PBF$ 全等。然而，只要你的图画得不是那么特殊，也就是说，不要让 $\triangle ACB$ 为等腰三角形，那么这两个三角形必然不会全等。所以，一定是通过其他办法。

思路该怎么找呢？一般来说，破题之处必然是那个看起来最不寻常的条件，比如，像 $DE=DF$ 这样的条件可是很少见的，不如就从这里入手。由于 D 是中点，因此 $DA=DB$。这时候，很多孩子会想：$\triangle ADE$ 和 $\triangle BDF$ 会不会全等？还是“看图说话”。事实上，在肉眼能辨别的情况下，只要 $\triangle ABC$ 不是等腰三角形，这两个三角形也不会全等。于是我们再次陷入困境。

怎么破局？我们来看另外几个条件，D 是 AB 的中点，$PE\perp AE$，$PF\perp BF$，怎么把这几个条件联系起来呢？由于图中一对全等三角形都没有，因此必然是需要构造出一对全等三角形，并且这两个三角形一定要包含 DE、DF 或者 AD、DB，同时又要把垂直和中点都利用起来。辅助线该怎么加？这时候就该回忆一下加辅助线的“十字原则”了：取中、作平、连对角、延一倍。有中点的时候，我们往往考虑再取一个中点——中位线是最好的辅助线，我之前说了，它体现了平面几何的核心问题所研究的数量关系和位置关系，所以，三角形中的中点问题，我们往往会通过找中位线这个“神器”来处理。

以 AB 为边的三角形有两个：$\triangle ABC$ 和 $\triangle ABP$。那么应该在哪个三角形中找中位线呢？如果取 AC 的中点 M，BC 的中点 N，因为 $DM\neq DN$，此时 $\triangle DME$ 和 $\triangle DNF$ 肯定不会全等。于是只剩下在 $\triangle ABP$ 中找中位线了。于是改取 AP 的中点 M，BP 的中点 N，于是有 $DM=\dfrac{BP}{2}$，$DN=\dfrac{AP}{2}$（图 26.9）。但令人失望的是，我们得到的是 $\triangle ADM$ 和 $\triangle DBN$ 这样一组没有用处的全等，没办法通过这组全等来得到最后想要的结论——还有两组垂直关系没有用上啊。

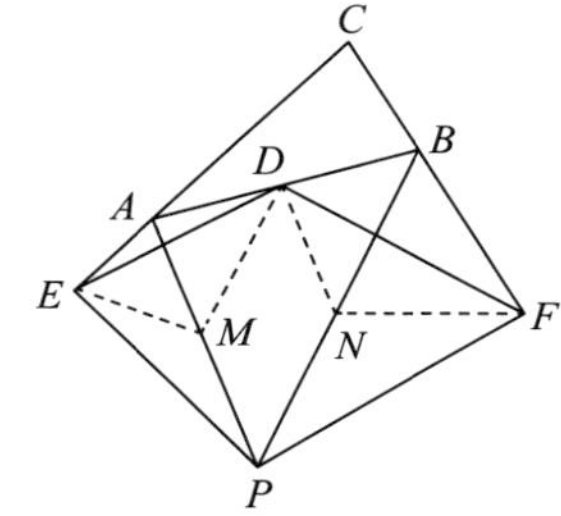

图 26.9

是时候换换思路了。既然包含 AD 和 DB 的三角形都没用，那么包含 DE 和 DF 的呢？这时候，我们还需要连 EM 和 NF 才能构成三角形。而一旦把这几个点连接起来，我们就知道八九不离十了。为什么？因为所有条件就像一颗颗散落的珍珠，被串了起来：$\triangle AEP$ 和 $\triangle BFP$ 是直角三角形，M、N 是斜边上的中点，所以 $EM=\dfrac{AP}{2}=DN$，$NF=\dfrac{BP}{2}=DM$，于是得到了 $\triangle DEM$ 和 $\triangle FDN$（注意字母次序！）全等。

这时候，貌似距离我们最后的目标……还是挺远的啊！但是注意到 $\triangle AME$ 和 $\triangle BNF$ 都是等腰三角形，而我们的目标是证明它们的两个底角相等，所以只要证明其顶角相等即可。而由刚才证明的 $\triangle ADM$ 和 $\triangle DBN$ 以及 $\triangle DEM$ 和 $\triangle FDN$ 这两组全等三角形可知，$\angle AME=\angle DME-\angle AMD=\angle DNF-\angle DNB=\angle BNF$，于是得证。

这道题的难度较大，如果孩子在得到一次提示之后就能做出来，那他已经非常优秀了。这里建议，你可以提示孩子先取 AP 或 BP 中的一条线段的中点，然后看看孩子能否把其余的步骤都推出来。家长在辅导孩子的时候，并不需要自己每道题目都会做。事实上，作为指导者，我们最大的优势在于可以从“上帝的视角”来审阅题目。像这个例子就属于比较难的全等三角形的应用题（本题为 2003 年全国初中数学联赛题），我们完全可以先看了答案，然后再来思考怎么指导孩子。

整个解题过程中有几处关键的地方：一是要想到分别取 AP、BP 的中点；二是要想明白，为什么要证明 $\triangle DEM$ 和 $\triangle FDN$ 全等？三是要想到先证明 $\angle AME=\angle BNF$。我们不需要具备自己独立做出每道题目的能力，但一定要具备看出关键之处的能力，这往往是当辅导者和当学生的最大区别。同时，在引导的过程中，一定要让孩子学会抓住本质，只要能抓住最核心的步骤，指导过程看起来会显得非常平滑，而不会显得突兀。

27 直角三角形

我们再看另一类特殊的三角形：直角三角形。

说到直角三角形，最重要的当然就是勾股定理，这个在前面小学部分学面积知识时已经证明过了，这里不再赘述。值得一提的是这个定理有 500 多种证法，除了之前的拼正方形的办法以外，你还可以自己尝试一些新的方法，这个也是一种非常不错的锻炼，供学有余力的或者好奇宝宝类型的娃尝试。

除了勾股定理的证明以外，勾股定理的逆定理证明更有意思，即求证若两边平方和等于第三边的平方，则该三角形为直角三角形。虽然方法有很多——但是并不那么明显，是个值得思考的问题。

由于三角在初中阶段已经被弱化得不剩什么了，因此直角三角形的计算特点一下子就凸显出来了。如果说三角形这部分和代数结合的最紧密的，那就是直角三角形。勾股定理的存在使得直角三角形特别容易和代数运算挂钩，特别是在判断三角形形状上。比如常见的类型就是通过因式分解来得到边长之间的关系，从而确定三角形的形状。

我们来看一个例子。

例 1 设 a，b，$c>0$，且 $a+b+c=32$，$\dfrac{b+c-a}{bc}+\dfrac{c+a-b}{ac}+\dfrac{a+b-c}{ab}=\dfrac{1}{4}$。

求证：以 a、b、c 的算术平方根为边长，恰好能构成一个直角三角形。

有些人可能马上就能领会到，本题的等价命题是证明 $a+b-c=0$ 或者 $b+c-a=0$ 或者 $c+a-b=0$；而且从条件的对称性可以看出，最后很可能要出现 $(a+b-c)(b+c-a)(c+a-b)=0$ 这种形式。当然，这道题更多的是在考察计算技巧，而不是几何知识。只不过，利用勾股定理可以帮助我们找到一个合理的方向。自然，我们考虑把

$$a+b+c=32 \tag{1}$$

代入

$$\frac{b+c-a}{bc}+\frac{c+a-b}{ac}+\frac{a+b-c}{ab}=\frac{1}{4} \tag{2}$$

可以得到

$$\frac{32-2a}{bc}+\frac{32-2b}{ac}+\frac{32-2c}{ab}=\frac{1}{4}$$

但在进一步通分以后，我们就知道要考虑换路子了。为什么呢？（此处建议读者自己思考原因之后，再看后面的解答。）

因为式 (2) 两边同乘以 abc 后，左边最高次为 2 次，右边最高次为 3 次，在这样的轮换对称式中出现这种次数不对称的情形，可不是什么好兆头——“齐次”才是大家喜闻乐见的形式。同理，如果对式 (2) 直接通分，即等式两边同乘以 abc，一样会出现之前的问题，所以直接硬算不太可能是正确的方法。

现在的问题就在于：如何找到一个齐次的形式？事实上，我们可以把式 (2) 左边三项看成是 -1 次的式子求和，而右边常数则为 0 次；而式 (1) 左边

是一次式，右边常数也为 0 次式。此时，冒出一个大胆的念头：把两个式子乘起来，左右两边不就都是 0 次了吗？

$$\frac{(b+c)^2-a^2}{bc}+\frac{(a+c)^2-b^2}{ac}+\frac{(b+a)^2-c^2}{ab}=8$$

这时，如果左右两边同乘以 abc，两边就都是三次式了，起码从形式上形成了对称。这种方法的正确率比前面的方法大得多。而且，式子两边去分母以后，你瞬间就能明白：本题考的似乎是因式分解啊！我们把等式两边同乘以 abc，然后作因式分解，可以得到 $(a+b-c)(b+c-a)(c+a-b)=0$。也就是说，这三个因式中至少有一个为 0，因而以 a，b，c 的算术平方根为边长能构成一个直角三角形。

一般情况下，判别三角形形状的问题，答案多半是等腰三角形、直角三角形、等腰直角三角形、等腰三角形或直角三角形，总之就是“等腰”和“直角”这两个条件的各种排列组合。而且，主要用到的解题工具就是因式分解。

除了勾股定理以外，直角三角形还有什么特殊的性质呢？直角三角形的三条边中有两条构成了直角，我们称之为“直角边”；第三条边称为“斜边”。我个人认为，直角三角形最重要的一条性质是：其斜边上的中线长度等于斜边长度的一半。

这条性质为什么如此重要呢？首先，中线意味着中点，我们熟知的利用中点的办法就是作中位线，所以，直角三角形的这条性质有可能延展成我们熟悉的添加辅助线的方法；其次，这条性质包含了特殊的数量关系——中点本身就暗含数量关系，况且现在又告诉我们，这条中线的长度等于一条边长度的一半，这是很大的福利了；最后，针对任何一个直角三角形，我们都可以利用其斜边上的中线，把该直角三角形变成两个等腰三角形，这样会出来两组“角相等”的条件，而且还把边的关系转化成了角的关系。

此外，还有关键的一点：如果把两个直角三角形拼成一个长方形，由长方形的对角线长度相等且互相平分，我们也能很容易得到这条性质。这条性质的证明方法当然有很多，比如还能作外接圆，等等，这里就不罗列细节了。

这样用联系的观点看问题，是很重要的一种思考方式。一个武林高手对一个普通士兵，能轻易地取胜；一千个各自为政的武林高手对一千个组织有效的普通士兵，双方可能打成平手；十万个这样的武林高手对十万人的正规军队，那么武林高手们必败无疑。同样地，每个定理单独地看都不起眼，但是当你能把掌握的定理综合运用，就像手握百万雄师而不是带了一群乌合之众，那么一定攻无不克战无不胜。但是，很多孩子恰恰带的都是“乌合之众”，他们能很清楚地背出每个定理和概念，却缺乏综合运用的能力，因为他们并没有学会用联系的观点来指导学习。

千万别忘了判断一下逆定理是否成立，即如果一个三角形某一边上的中线等于该边长度的一半，那么该三角形是直角三角形。（成立）一定要养成这个好习惯啊！

我们来看一些具体的例子。

例 2 **如图 27.1，在梯形 $ABCD$ 中，$AB//CD$，$\angle A+\angle B=90°$，E、F 分别是 AB、CD 的中点。求证：$EF=\dfrac{AB-CD}{2}$。**

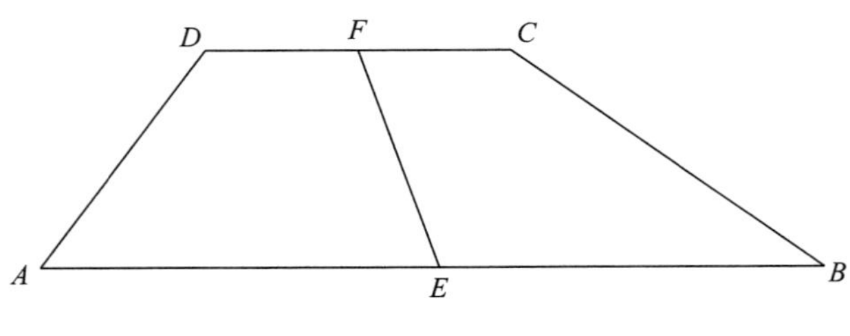

图 27.1

看到这张图，你是不是想到中位线的经典题了？但是，这又是一起典型的“形似神不似”的案例。在之前的例子中，CD 和 AB 没有位置关系，但 AD 和 BC 之间有数量关系。在本题中，这些关系统统没有，题目只是看起来有那么点儿像，实际差别还是很大的。

在否决了连对角线、取中点的方法之后，我们开始考虑本题真正的解决方案。题眼在哪里？在我看来，就是最后的结论。为什么呢？还不是因为结论的形式看起来很特别。而且，如果注意到等式右边有一个 $\frac{1}{2}$，那么就应该想到，这要么跟中位线有关，要么跟直角三角形斜边上的中线有关。这就是所谓的“发散性思维”结合“套路”——我们需要快速地扫描自己的知识储备，然后在第一时间筛选出最有可能的工具。

那么究竟是哪一个呢？由于还有 $\angle A+\angle B=90°$ 的条件，因此首选利用直角三角形斜边上的中线。但是，图中并没有直角三角形，所以第一步就是构造直角三角形。我们采用平移的办法，过 C 作 $CG//AD$，于是马上得到一个 $\mathrm{Rt}\triangle CGB$，此时发现：代表着 $AB-CD$ 长度的线段自然就跳出来了，恰好就是 BG，而 BG 又是 $\mathrm{Rt}\triangle CGB$ 的斜边，接下来就是取 BG 的中点 H，再证明 $EF=CH$ 即可（图 27.2）。

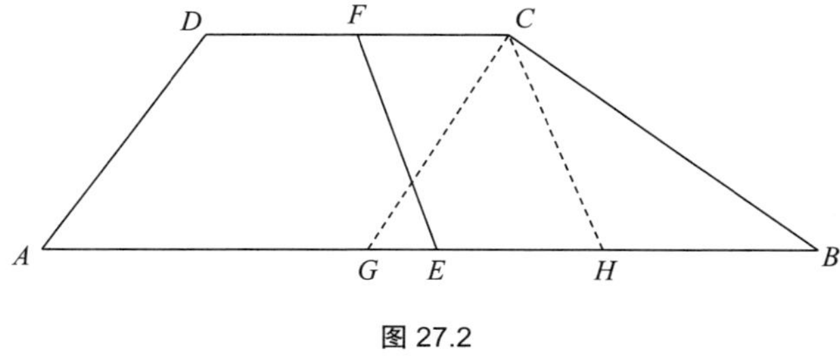

图 27.2

肉眼可见，四边形 $EHCF$ 应该是个平行四边形，所以我们努力的方向就比较明确了。由于 $EH//FC$，而 $FC=\frac{CD}{2}$，$EH=\frac{AB}{2}-BH=\frac{AB}{2}-\frac{AB-CD}{2}=\frac{CD}{2}$，

所以 $EHCF$ 确实是平行四边形，因此命题得证。

事实上，过 F 分别作 AD 和 BC 的平行线是最漂亮的做法，但是我觉得，这样按本文的方式来讲，从逻辑上更自然一些。

直角三角形和其他三角形的相关问题相比，其最大特点就是计算类的题目比较多。如果学了三角函数或解析几何的方法，你会发现直角三角形这一条件实在是太“友好”了。然而，如果限制在平面几何范围内解决问题，这类题目还是有些麻烦。单纯从几何直觉来说，你认为对直角三角形来说，“三条线”（中线、高和角平分线）中的哪一条最重要？注意是“直觉”，要跟随你的心走……走着，走着，你是不是觉得应该是高？理由就是，作高以后，就会出来 3 个相似的直角三角形（如果是等腰直角三角形的情况，那就是两个小全等三角形，然后它们还与大三角形相似）。在 Rt$\triangle ABC$ 中，$CD\perp AB$，我们可以看到$\triangle ABC$、$\triangle ACD$ 和$\triangle CBD$ 都是相似三角形（图 27.3）。

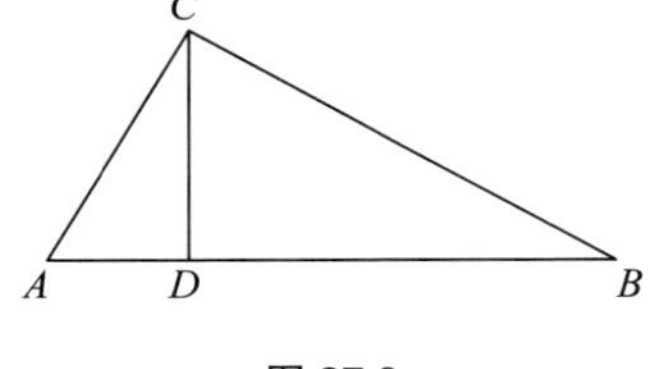

图 27.3

根据相似的比例关系，可以得到 $AC^2=AD\cdot AB$，$BC^2=BD\cdot AB$，$DC^2=AD\cdot DB$。我们把这样一组关系称为“射影定理”。很自然，如果一个三角形仅满足其中一个条件，那么它会是直角三角形吗？如果仅满足其中两个条件呢？如果满足全部三个条件呢？

当看见这句话的时候，很多学生或家长就是停留在脑海中想啊，想啊……其实这是不对的。正确的做法是应该提笔，“空想”对大多数人来说要求太高了。

我们不妨假设 $AC^2=AD\cdot AB$，由于$\angle A$ 为公共角，所以马上可得$\triangle ACD$ 相似于$\triangle ABC$，可是这样就能得到$\angle A$ 和$\angle B$ 互余，或者 $CD\perp AB$ 的结论吗？显然，我们能举出很多反例，使得$\triangle ACD$ 相似于$\triangle ABC$，但两个三角形

没有一个是直角三角形。同理可知，从 $BC^2 = BD \cdot AB$ 也无法推出三角形是直角三角形的结论。那么 $DC^2 = AD \cdot DB$ 呢？这个条件看起来和其他两个条件不一样，DC 所处的位置有着明显的不同。我们发现，因为缺角相等的条件，这个条件更弱，连相似关系都没有。因此，仅凭一个等式成立，我们是无法推出$\triangle ABC$ 是直角三角形的这一结论的。

那么，如果有两个条件成立，这会是直角三角形吗？我们不妨先看 $AC^2 = AD \cdot AB$ 和 $BC^2 = BD \cdot AB$ 成立的情况。此时，我们把两个等式相加，得到 $AC^2 + BC^2 = AB^2$，由勾股定理的逆定理知，此三角形为直角三角形。

那么如果考虑 $DC^2 = AD \cdot DB$，$BC^2 = BD \cdot AB$ 呢？我们把两个等式相减，得到 $BC^2 - DC^2 = BD^2$，于是得到$\angle CDB = 90°$；再根据$\triangle CBD$ 相似于$\triangle ABC$，得到$\angle ACB = 90°$。所以，无论哪两个等式成立，都可以推出$\triangle ABC$ 是直角三角形。

例 3 **如图 27.4，已知$\angle B = \angle C = 90°$，$\angle BAD$ 和$\angle ADC$ 各自的角平分线交于 BC 上一点 E，$EF \perp AD$。**
求证：$EF^2 = CD \cdot AB$。

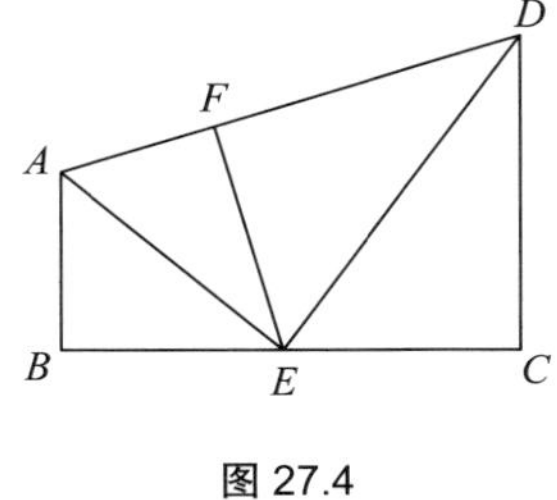

图 27.4

首先要做的一定是尽量把这些四分五裂的线段挪到一个三角形里，否则，解题难度实在太大。如何转移？我们注意到，题设条件中有角平分线，并且角平分线上有点分别向角的两边做垂线，这个性质就非常棒了。在初学角平分线性质的时候，我们曾经专门强调：当看见条件中有角平分线上有一点向角的一边作垂线时，加辅助线的方法往往就是把另一条垂线给补上。

由于 DE 是角平分线，且 $EC \perp CD$，$EF \perp AD$，所以 $DF = DC$；同理 $AF = AB$。而 $\angle EAD + \angle EDA = \dfrac{\angle BAD + \angle CDA}{2} = 90°$，即$\angle DEA$ 是直角。再由

射影定理可知：$EF^2 = FD \times AF$，命题得证。

当然，我们还可以证明$\angle BFC$也是直角。你还能找到其他什么结论吗？试试把能找到的结论的证明都写出来，这也是一种非常有益的训练。

例 4 **已知 Rt$\triangle ABC$ 中，$\angle C=90°$，$\dfrac{BC}{AB}=\dfrac{AB}{4AC}$，求$\angle A$ 的度数。**

这道题没给图，那首先就要作图。你可以自己先画一画。如果平面几何的题目没有配图，那就一定要先作图。

根据条件，我们改写一下就能得到$AB^2 = 4BC \cdot AC$。$BC \cdot AC$是什么？直角三角形面积的 2 倍。所以，这时候作斜边上的高是一个很自然的想法。过C作$CH \perp AB$，$CH \cdot BA = CB \cdot AC$，于是$CH = \dfrac{AB}{4}$（图 27.5）。

当然，如果用三角函数的话，剩下的步骤就是用牙齿啃也能啃下来了。但是，现在限定要用平面几何的办法，我们就要考虑一下该怎么办了。事实上，在直角三角形中，给出了 3 条边外加斜边上的高，一共 4 条线段，只要知道其中任意两条的长度，其余两条一定都能解出来。然而，能直接求角度的直角三角形只有含 30° 的直角三角形，以及等腰直角三角形，而本题中的高和斜边的比值显示，不可能是以上两种特殊情况。怎么办？

在没有办法的情况下，我们考虑“暴力”破解。设$CH=1$，有$AB=4$；设$BC=x$，有$AC = \dfrac{4}{x}$；再来用一次勾股定理，$BC^2 + AC^2 = 16$，就能解出x了。我们再“偷偷”用一下正弦的知识，可知$\angle A=15°$（前提是你得知道 15° 角的正弦值）。

那么，纯粹的平面几何做法是怎样的呢？我们想想，斜边上的高是斜边长度的$\dfrac{1}{4}$。在直角三角形中，还有什么线和斜边有数量关系？没错，就是斜边上的中线啊。斜边上的中线不就等于斜边的一半吗？一个是斜边的 $\frac{1}{4}$，一个是斜边的 $\frac{1}{2}$，你硬说这条高和这条中线之间没有关系，我是不信的。取 AB 的中点 E，于是 $CE=2CH$，而 $\angle CHE=90°$，所以 $\angle CEH=30°$，而 $CE=EA$，得到 $\angle A=15°$（图 27.5）。

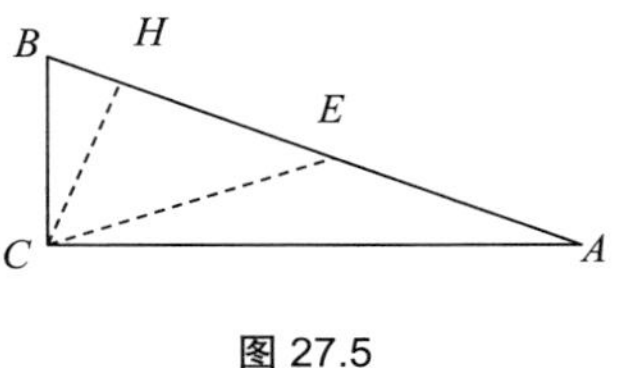

图 27.5

题目做完了吗？我就多余一问，肯定没做完啊！你凭什么认为∠A 就是较小的那个角呢？所以答案应该是：$\angle A=15°$ 或 75°。这才是真的做完了。

例 5 **如图 27.6，在四边形 $ABCD$ 中，AC 和 BD 互相垂直，若 $AB=5$，$BC=12$，$CD=13$，求 AD 的长度。**

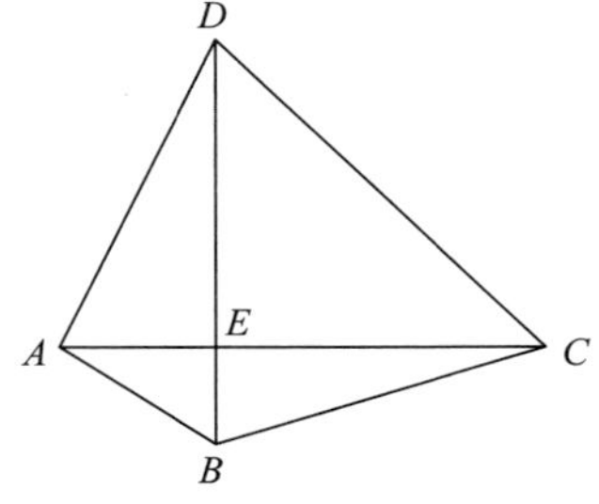

图 27.6

坑人啊！AB、BC 和 CD 的长度是一组勾股数，但从位置关系上看，它们竟然组成了一段折线，并未构成直角三角形。所以，我们首先想到的就是构造直角三角形。怎么把这一组勾股数给弄到一个三角形里去呢？平移。一旦平移，我们就发现问题来了：平移的目的是构造直角三角形，但不管如何平移 AB、BC 和 CD，都无法保证恰好能构成一个直角三角形。我们无法从 $AC\perp BD$ 的条件中得到这三条线段之间的夹角关系！

这时候面临着两种可能：第一，这条路错了；第二，路是对的，但还有什么情况，我没想到。大概率是第二种可能。因为把散落的线段拼起来的首选方法就是平移，并且，平移能保持相对位置关系。但是，题目中这三条已知长度的线段的相关夹角一个都没有，就算你把它们移在一起了，又有什么用？

圈子不同，何必强融？

这道题最难的一点就在这里——迷惑性实在太强。太多人都喜欢玩套路，而不是从本质的角度出发，所以“道高一尺，魔高一丈”，出题人喜欢搞一些“反套路”的题目。无论从哪个角度来看，这道题貌似都没有不把这三条线段组成直角三角形的理由，但是，它们偏偏就不能组成直角三角形。

有了这个判断之后，我们决定换一条思路。既然有 AC 和 BD 垂直，而且还已知那么多线段的长度，所以勾股定理还是要的，但要从中心突破。我们设 AC 和 BD 的交点为 E，于是 $ED^2+EC^2=169$ (1)，$EB^2+EC^2=144$ (2)，$EB^2+EA^2=25$ (3)，而目标要求的是 ED^2+EA^2。我们只要把式 (1) 和式 (3) 相加，再减去式 (2)，即可得 $ED^2+EA^2=50$，于是 $AD=5\sqrt{2}$。

不要陷入“思维定式”的陷阱，就算陷进去了，记得爬出来就好。

例 6 **如图 27.7，在直角梯形 $ABCD$ 中，$\angle ABC=\angle BAD=90°$，$AB=16$。对角线 AC、BD 交于 E 点，过 E 作 $EF\perp AB$，O 为 AB 中点，且 $EF+EO=8$。求 $AD+BC$。**

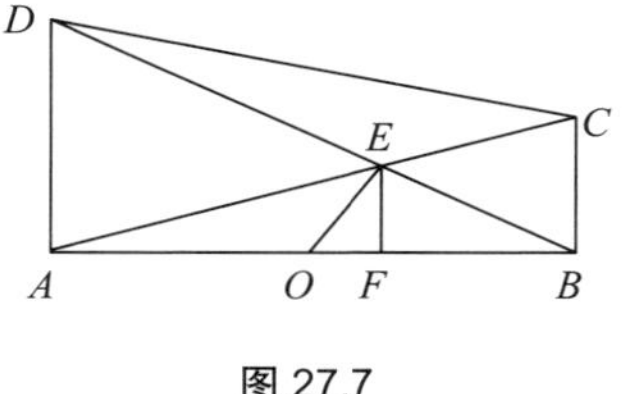

图 27.7

题设条件和最后要求的结论同时出现线段和，这种情况不多见。你的第一反应是什么？如果你在辅导孩子，这就是体现家长教学水平的时候了。我一直以来的想法是：家长可以不懂细节，但要把握大概的方向。碰到这种题，我们往往会有两种考虑，一是把 $AD+BC$ 当整体来计算，找到某条线段来代替 $AD+BC$；另一种就是分别计算 AD 和 BC 的长度。

整体解法如果存在，一般来说，它的技巧性会很强，步骤少，也比较难想到；而分别计算 AD 和 BC 是较普通的办法。如果孩子能一眼看出整体解法，那就用第一种方法；如果看了半分钟也没有关于整体解法的思路，那就老老实实用普通的方法。普通方法不丢人，只要能做出题目，那都是好方法，不要为了追求“炫技”而浪费时间。如果真想做这样的训练，可以在解出题目来以后进行。

最常规的想法就是：既然 $EF+EO=8$，就设 $EF=x$，$EO=8-x$，由勾股定理可以把 OF 表示出来。但是，OF 的表达式带根号，不好运算，那我们不妨设 $OF=y$，等到最后解方程的时候再把 y 用 x 具体表示出来。这样做有几个好处：一来节约书写时间，二来降低出错概率。你看，如果你学好了因式分解，有了换元思想，这个技巧感觉就十分自然了。因式分解就是这样，考试不会单独考它，但它经常会在我们意想不到的地方“刷”一把存在感。

由于 $AD//BC//EF$，因此会有很多的平行关系。由于最后的结论是求 $AD+BC$，因此我们考虑用平行线分线段成比例定理，有

$$\frac{EF}{BC}=\frac{AF}{AB}=\frac{8+y}{AB}, \quad \frac{EF}{AD}=\frac{BF}{AB}=\frac{8-y}{AB}$$

此时发现

$$\frac{AD}{EF}+\frac{BC}{EF}=\frac{AB}{8-y}+\frac{AB}{8+y}=\frac{256}{64-y^2}=\frac{256}{64-(8-x)^2+x^2}=\frac{16}{x}$$

两边同乘以 EF，即 x，可以得到 $AD+BC=16$。

是不是很平凡的做法？但是很有效。

例 7 **如图 27.8，在 $\triangle ABC$ 中，$\angle ABC=5\angle C$，$\angle A$ 的平分线垂直 BD 于 H，$DE\perp BC$，若 M 是 BC 的中点。求证：$EM=\dfrac{BD}{2}$。**

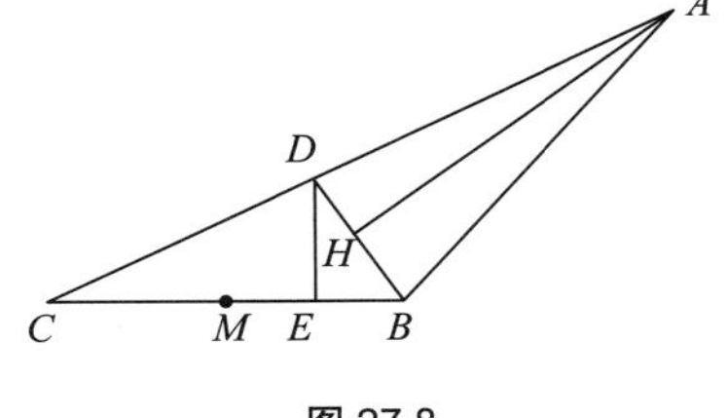

图 27.8

这就是在考察综合运用知识的能力了。首先来看 $\angle ABC=5\angle C$ 这个条件，这很有可能是题眼，但暂时动不了。$\angle A$ 的平分线又搭上了垂直的条

件，所以 AH 就是三线合一，即 $\triangle ABD$ 是等腰三角形。如果你不能在第一时间反应过来，说明你对等腰三角形的理解过于肤浅。

而最后要求证明的结论 $EM=\dfrac{BD}{2}$，预示着有可能出现中位线，或是斜边上的中线。然而，$\triangle ABD$ 并不是直角三角形，M 也不是斜边上的中点。虽然图中有两个直角三角形，但它们的斜边分别是 DC 和 BD，于是，中点 M 最有可能还要连接出中位线。

如果能从题眼直接突破，那当然最好；如果不能直接突破，就把这些容易推出来的结论先扫一遍，然后把这些结论写在图的旁边，千万不要空想。

接下来就是取 CD 的中点 P（图 27.9），连接中位线 PM，$PM//BD$ 且 $PM=\dfrac{BD}{2}$，于是最后转化为证明 $\triangle PME$ 是等腰三角形即可。所以，我们的目标变成证明 $\angle PEM=\angle EPM$。这时候肯定要考虑那个 5 倍角关系的条件了。

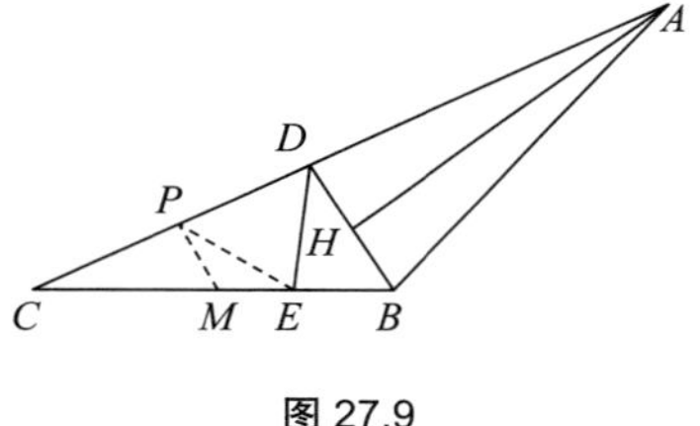

图 27.9

我们的目的是把这两个角给计算出来：因为 $\angle ABC=5\angle C$，所以有 $\angle CAB=180°-6\angle C$，所以 $\angle ABD=\angle ADB=3\angle C$，于是 $\angle DBC=2\angle C$；由于 P 是 $\mathrm{Rt}\triangle DEC$ 斜边上的中线，所以有 $\angle PEM=\angle C$，且 $\angle PMC=\angle DBC$，而 $\angle PMC=\angle PEM+\angle EPM$，于是 $\angle PEM=\angle EPM$，命题得证。

在直角三角形的题目中，无论涉及边还是涉及角，计算量往往会比较大。这类题目侧重讨论数量关系，在学习的时候，一定要给孩子指出这点。

下面来看一道平面几何的综合题。如果我把这道题放在某一章（文末揭秘）中，相信不少同学花点儿时间就可以把它解决掉。但是，如果没有此类暗示信息，恐怕绝大多数同学要遇到很大困难。这就是我之前提到的：为什么有的同学平时单元测验的成绩还不错，但一到了期中和期末考试这种综合性考试时，就经常翻车？就是因为在综合性大考中，题目再也没有这种“无意间”的提示。

例 8 如图 27.10，P 为 $\triangle ABC$ 内一点，$\angle PAC=\angle PBC$，$PM\perp AC$ 于 M，$PN\perp BC$ 于 N，D 是 AB 的中点。求证：$DM=DN$。

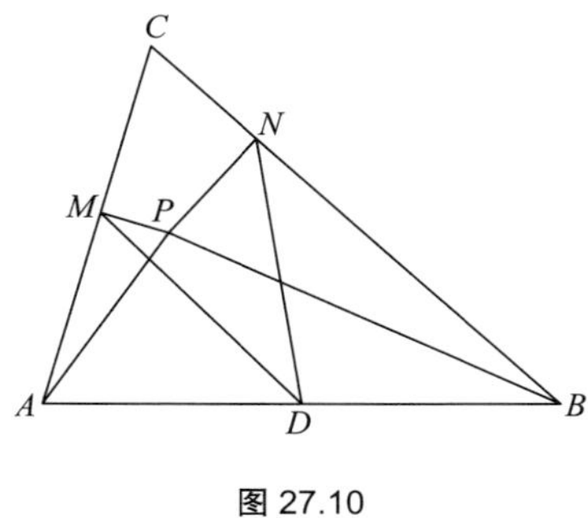

图 27.10

事实上，做完这道题后，我真是大喜过望：这不就是我想找的例子嘛！拿到题目以后，我觉得这张图很熟悉，第一感觉像 A、M、N、B 四点共圆，其中 D 是圆心。我有这个想法，是因为 D 是中点，所以 $AD=DB$；求证的结论已经告诉我们 $DM=DN$，而且从作图效果来看，似乎 AD、DB、DN、DM 四条线段是等长的。如果这个思路是对的，那么很自然，根据若三角形一条边上的中线等于这条边长度的一半，则该边所对的角为直角，即 MB 应该垂直于 AC，AN 垂直于 BC，但是条件中说了 $PM\perp AC$，于是过 M 就有了两条不同的直线垂直于 AC……要么是欧几里得错了，要么是我错了——我觉得，大概是我错了。

应该怎么转换思路呢？是不是用不上直角三角形斜边上的中线这个定理了？不，我认为一定用得上。虽然这个中点不在图中任何一个直角三角形里，但是有直角、有中点，没有道理不用斜边上的中线这么有用的工具。

于是我考虑在 $\triangle PMA$ 中取 PA 的中点 E，$\triangle PNB$ 中取 PB 中点 F（图 27.11）。这是非常自然的想法。

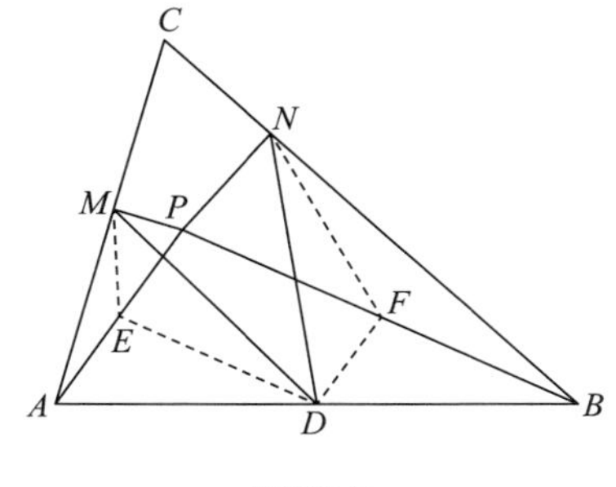

图 27.11

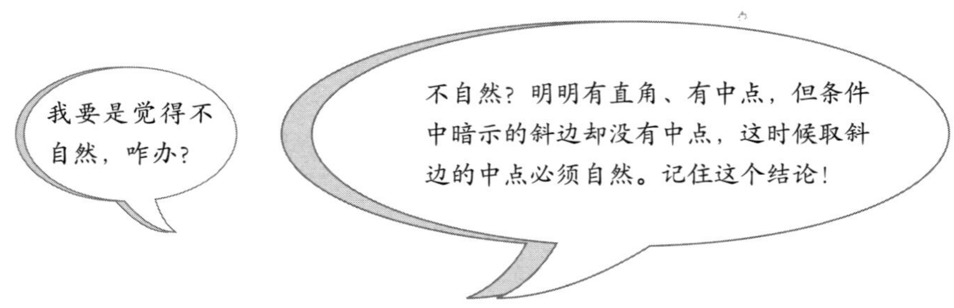

取完中点之后，其实这道题就做完了。$\triangle APB$ 的 3 个中点都出来了，不连起来还能干什么？一直以来我始终强调，中位线是最好的辅助线之一，因为它既包含数量关系，又包含位置关系。现在就差 3 个中点跟你喊了："快把我们连起来！"

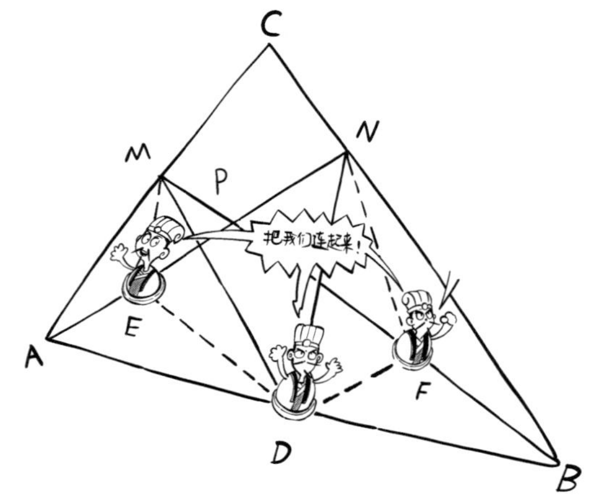

此时 $ME=\dfrac{AP}{2}=DF$，$NF=\dfrac{PB}{2}=ED$。接下来要做的事情，闭着眼睛都能想到了：证明 $\angle MED=\angle NFD$，否则无法得到 $\triangle MED$ 和 $\triangle DFN$ 的全等。你说，题设条件中 $\angle PAC=\angle PBC$ 的条件是不是就用得上了？我们注意到，四边形 $PFDE$ 是平行四边形，所以 $\angle PED=\angle PFD$，而 $\angle MEP=2\angle MAE=2\angle PAC=2\angle PBC=\angle NFP$，把这两个等式相加，可得 $\angle MED=\angle MEP+\angle PED$，

同理$\angle NFD=\angle NFP+\angle PFD$，得到$\angle MED=\angle NFD$，本题证毕。

没错，如果我把这道题放在“直角三角形斜边上的中线”或者“中位线”的相关章节里，我相信很多学生能迅速地证明出来。因为题设条件并不涉及这两条线，所以章节标题或讨论主题就是一个很明确的提示：你要能构造出这两条线，题目就做完了。这张图里一共就只有两个现成的直角三角形，取了这两个三角形斜边上的中点，中位线就暴露了，题目是不是也能迎刃而解了？

然而，如果把这道题目放到“直角三角形”的相关章节里，思路就没那么明显了。因为直角三角形的特殊性质不少，除了斜边上的中线，还有勾股定理、弦图等非常管用的工具，这时候定位知识点，就没那么容易了。如果这道题出现在一张综合试卷里，它肯定会难倒很多学生。4 条辅助线超出了一般学生的能力极限。一道平面几何题要加这么多条辅助线！哪怕孩子加对了，他也会有点不自信。当然，最主要的问题还是，孩子没有一个明确的方向，或者说，他要快速地在自己掌握的三角形知识里，找到合理的辅助线添加方法。这就要求孩子对数量关系和位置关系这两个核心概念有深刻的理解才行。

作为家长，你并不需要自己能直接把这道题做对——当然，你自己能做对最好。我希望你能够在看完答案之后，帮助孩子学会快速定位到相关知识点，而不要直接告诉他取这两个中点。在数学辅导过程中，家长当“事后诸葛亮”（看完答案再讲题）并不是一个可耻的行为，但是，如果家长只会从头到尾地叙述，那叫照本宣科，实在没有什么作用。平面几何问题最“坑人”的地方在于，只要辅导者照本宣科，几乎没有孩子听不懂；但只要换一道题，孩子大多还会“干瞪眼”。说到底，孩子就是缺乏在这么多公理和定理中，找到能有效解决问题的工具。如果想摆脱看着章节标题做题的窠臼，就一定要从题目本质入手，“倒逼”出工具，而不是漫无目的地进行搜索。

（二）四边形

28 一般的四边形

三角形是整个初中阶段平面几何的根本，学好了三角形，那么其他内容学起来会轻松许多。这就像你学好了因式分解，那么整个中学阶段的计算就能基本过关了一样。之前，我用了相当大的篇幅介绍了三角形的相关内容，也补充了一些定理。接下来，我们要进入四边形的学习。很快你就会发现，学好了三角形有多么重要。

我们在初中阶段研究的四边形都是凸四边形（图 28.1a），图 28.1b 中的这种凹四边形，初中阶段基本不涉及。

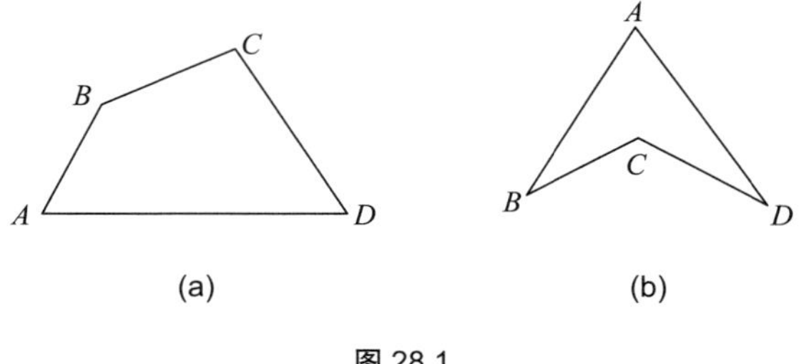

图 28.1

事实上，我们可以很直观地感受到凸四边形的特点：每个顶角都是朝外凸出，而不是朝内凹进。但是，有没有一个严格的定义来规定什么是凸四边形呢？假设数学书上说："凸四边形就是每个角都朝外鼓起，而不是朝内塌进去的那种四边形。"你估计早就气得直接把书扔了："什么玩意儿！"可真让你自己来想它的定义，估计你也想不出一个比这更好的说法。是不是很头疼？其实，每个数学的基本定义都是前人智慧的结晶。你会发现，很多东西都可以在大脑里构想，就是组织不起语言来描述清楚。

我的天啊！这该死的凸四边形的严格定义，究竟是什么呢？

取四边形内任意两点，如果这两点的连线不会和四边形的边相交，那么这个四边形我们称为凸四边形。

定义是不是很巧妙？反正，我当年读到这个定义的时候，真是拍案叫绝。虽然这个定义在初中阶段不涉及，不过，我主要是为了说明一个“好定义”的重要性。我们在初中阶段学习的四边形都是特殊的四边形，几乎不会研究一般的四边形——当然，如果非要研究的话，思路也很明确：拆成两个三角形来处理即可。

我们来看一些关于一般的四边形的例题。事实上，四边形越普通，相关题目往往就越难，因为能用上的四边形性质越少。

例 1 **在四边形 $ABCD$ 中，$\angle BAD$ 是直角，$AB=BC=2\sqrt{3}$，$AC=6$，$AD=3$，求 CD 的长度。**

因为 $AB=BC$，所以 $\triangle ABC$ 是个等腰三角形，这是一个好现象，起码有一点是我们熟悉的知识——等腰三角形三线合一。连接 AC，过 B 作 $BH\perp AC$ 于 H，于是 $AH=\frac{AC}{2}=3$（如图 28.2）；因为 $AB=2\sqrt{3}$，由勾股定理可知 $BH=\sqrt{3}$；由于 Rt$\triangle ABH$ 的边 BH 等于斜边 AB 的一半，所以 $\angle BAH=30°$。而 $\angle BAD=90°$，所以有 $\angle CAD=60°$，且已知 AD 是 AC 的一半，由此可知 $\angle ADC=90°$，于是 $CD=3\sqrt{3}$。

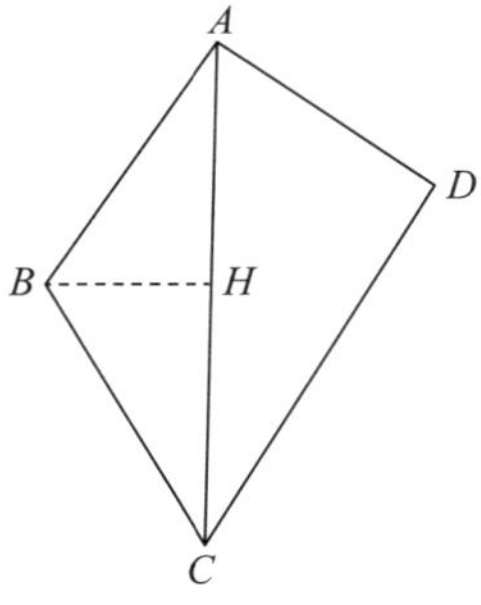

图 28.2

思路是不是还挺自然的？

例 2 **如图 28.3，四边形 $ABCD$ 中，$\angle A=60°$，$\angle B=\angle D=90°$，$AD=8$，$AB=7$，求 $BC+CD$ 的值。**

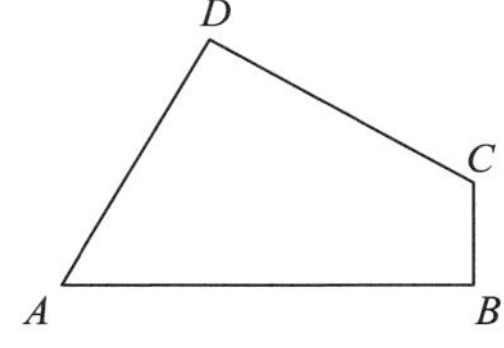

图 28.3

我们考虑先连接 AC 或 BD，连完就发现，坏了……构不成特殊三角形！当然，你要能用上正弦定理和余弦定理，硬算是没有问题的：直接以 B 点为坐标原点，求一下其余几个点的坐标，题目不就做完了？但是，这在初中阶段属于“封禁技能”，你压根儿没机会用。

既然连对角线行不通，那么就想有没有其他的办法。注意到 $\angle A=60°$，$\angle B$ 是直角，所以我们可以把四边形 $ACBD$ 看成是一个含 60° 角的直角三角形被截去一部分之后得到的图形。于是延长 AD 和 BC 交于 P，恢复直角三角形，由于 $AB=7$，所以 $AP=14$，$DP=6$；而 $BP=7\sqrt{3}$，$CD=2\sqrt{3}$，$BC=3\sqrt{3}$，所以 $BC+CD=5\sqrt{3}$。

“教条主义”要不得，不能死守着“连对角线”不放。不过对于初学者来说，判断取舍的界限确实有些模糊，但这就是练习的意义所在。我们需要通过一些练习来积累“题感”，判断究竟是自己走对路了但没走下去，还是根本就走错路了。把同类题目练上三五道，就应该转换类型，不要因为做顺手了，就逮着一只羊薅羊毛，否则你还是会有短板的。

例 3 **求证：若经过凸四边形中一组对边中点的直线与两条对角线所成的角相等，则这两条对角线等长（图 28.4）。**

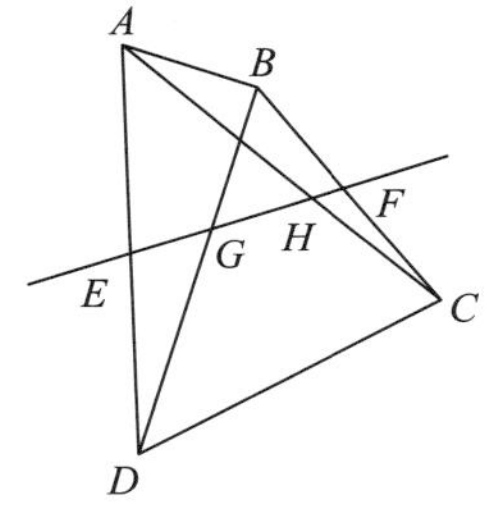

图 28.4

如果你觉得两个例子完全不一样，那说明你还没有看出这两道题“神似”的地方。“任意的四边形”“中点”“对角线”，还要怎么像？难道只有一模一样的，才叫像吗？你什么时候能很好地区分“神似”和“形似”，那么平面几何学得才算略有小成了。

中点是一定要取的，毕竟已经有两个中点的条件了。问题是取哪里的中点？取在对角线上？我们不妨取 BD 的中点 K，下一步自然就是连接 EK 和 FK，得到 $EK//AB$，且 $EK=\dfrac{AB}{2}$，$FK//CD$，且 $FK=\dfrac{CD}{2}$。我们确实得到 $KD=KB=\dfrac{BD}{2}$，但无论哪条线段都和 AC 没有关系，而且长度为 AC 的一半的线段也没有出现。所以，取 BD 的中点这条路不对。其实对应来看，取 AC 的中点肯定也不对。所以我们要换一条路。

剩下的选择就是取 AB 或 CD 的中点，因为这样才能把两条对角线转移到同一个三角形里。我们不妨取 CD 的中点 P 先试试看，下一步自然就是连接 PE 和 PF（图 28.5），由于 $PE//AC$，$PF//BD$，可得 $\angle PEF=\angle PFE$，所以 $PE=PF$，于是 $AC=BD$。

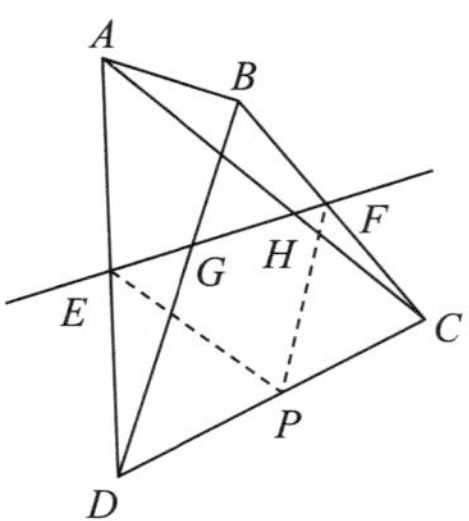

图 28.5

你看，中点落单了就首选中位线没错吧？贼老师诚不汝欺也。

例 4 **已知四边形 $ABCD$ 的面积为 32，AB、CD、AC 的长都是整数，且它们的和为 16。问：这样的四边形有几个？求这样的四边形边长的平方和的最小值。**

我们设 $AB=x$，$CD=y$，$AC=z$，则 $x+y+z=16$。动不了了……就连四边形 $ABCD$ 的面积为 32 这个条件似乎都没办法处理。不要慌，四边形处理不了，咱可以处理三边形——啊不，三角形！

既然 AC 是对角线，那么四边形 $ABCD$ 已经天然地被分成了两个三角形 $\triangle ABC$ 和 $\triangle ACD$，于是这两个三角形面积和等于 32。我们考虑面积公式，现在 AB 和 CD 是天然的底，仅缺底上对应的高，于是设 AB 对应的高为 h，CD 对应的高为 g，有 $\frac{xh}{2}+\frac{yg}{2}=32$。

字母越设越多，很多孩子就开始怕了。事实上，我们在小学阶段的应用题就讲过“设而不求”的思想，其实，字母设多了根本没必要怕。不妨往好的方面想想，你不设未知数也做不出来，设了未知数也做不出题来，还能再差到哪里去？但是万一你设了未知数，结果就做出来了，那不就成功了？

很多家长自己在做学生的时候就有这种畏惧心理——字母多了就不会处理。之前有人问过我一道题，我大概设了六七个参数，到最后全部约掉了才把题目做了出来。当提问的人看到我的解答时，懊悔不迭，说自己本来想法都对，可就是胆子小，设了一个 x 就不敢往下走了。所以，这种畏惧心理完全没必要——有什么事还能比做不出题来更糟呢？就算做不出来又怎样呢？

于是有 $xh+yg=64$，但是 $h, g \leqslant z$，而 $x+y=16-z$，即 $64=xh+yg \leqslant (x+y)z=(16-z)z$，但是当且仅当 $16-z=z$ 时，$(16-z)z$ 取得最大值，最大值为 64，因此 $z=8$，而 $x+y=8$。考虑到 x, y 都是整数，于是共有 4 组解，所以这种四边形共有 4 个。

至于第二问，另外两条边可以由勾股定理求得，我们就算采用穷举法也不过尝试 4 次就能解决问题。不过，这显然不是我们想要的方法。

由于$x+y=8, z=8$，因此 4 条边的平方和可以表示为$x^2+x^2+64+y^2+y^2+64$，已知$x+y=8$，再把$y=8-x$代入，此时就变成一个二次函数求最小值的问题，做起来就非常简单了。

综上所述，针对一般的四边形问题，将四边形分成两个三角形的思路在很多时候都可以奏效。

例 5 如图 28.6，已知四边形 $ABCD$ 中，$AB=BC=CD$，$\angle A=80°$，$\angle D=40°$，求$\angle B$ 的度数。

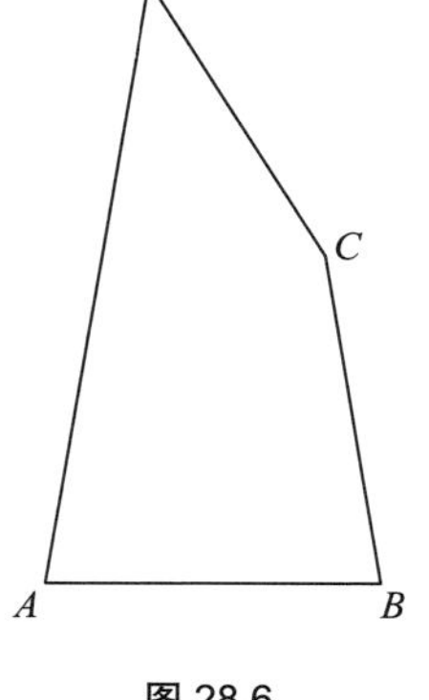

图 28.6

如今很多家长真的是“技能满点”，比如在碰到这类题目时，无论是求角度也好，还是求长度也好，他们自己就会直接用制图软件解决……通过计算机作图，能马上得到$\angle B=80°$。真的，当今的制图软件实在太好用了，特别是针对“角格点”问题，只要把图画完，答案就出来了。不过我们要的是过程。但等我向家长们讨要解题过程时，大家就开始聊天气了，真让我哭笑不得。但是我坦白，我也是先用三角方法做出答案，然后再用平面几何的方法搞定这道题的。我们一起来看看，本题该如何用纯几何方法作答。

首先当然考虑连接 AC 或 BD，无论从“连对角”的角度出发，还是从将四边形变成两个三角形的角度出发，这都是第一选择。无论连接哪条对角线，都会出现一个等腰三角形，然而，我们会沮丧地发现：无论从哪个等腰三角形，都推不出题设条件以外的角度信息——如果设未知数的话，你会发现未知数比方程数多了一个。

这个时候再用加加减减的办法是行不通了，只能考虑换其他路线。由于题设中有 3 条线段相等，而且最后要求的结果是一个角度，因此，我们的努力方向应该是通过边来转化角。题设给出的两个具体的角度只是作为辅助，主力应该是放在边的关系上。通过边的关系就能直接得到角的度数，这种情况只有等腰直角三角形、含 30° 角的直角三角形、等边三角形，以及已知一个角的度数的等腰三角形。

从题设条件中很难看出，作垂直能得到等腰直角三角形或含有 30° 角的直角三角形，因此这两个选择就暂时放一放，我们主要把精力放在构造等边三角形或已知一个角的度数的等腰三角形上。

那么，这两种方案先考虑哪种呢？当然是等边三角形，因为它最特殊，而且边的关系也最简单。事实上，除了等边三角形和等腰直角三角形，其他等腰三角形的边和角的关系并不是很好利用。好吧，等边三角形在哪里？

我们有三个选择来构造一个等边三角形：分别以 AB、BC、CD 为边作等边三角形。你觉得选哪条边的可能性最大？显然是 AB。我们会发现，只有以 AB 为边、第三点 E 落在四边形之内的等边 $\triangle ABE$ 能完全被包含在四边形内，其他等边三角形似乎都与四边形的边有交点。我之前也提到过，添加的辅助线与已知线段的交点越少，那么走对路的可能性就越大，特别是，如果由此产生的交点没有什么特殊性质，那一般来说，添加辅助线的路子都不太对。

我们作等边 $\triangle ABE$，连接 DE（图 28.7），由于 $\angle CDA+\angle DAB+\angle EBA=40°+80°+60°=180°$，于是根据四边形内角和定理，我们知道 $\angle C+\angle CBE=180°$，于是 $DC//BE$。而 $BE=AB=CD$，所以 $EBCD$ 是平行四边形，又因为 $CD=CB$，所以 $DCBE$ 是菱形。于是 $DE=AE$，而 $\angle EAD=\angle DAB-\angle EAB=80°-60°=20°$，所以 $\angle ADE=20°$，于是 $\angle CBE=\angle EDC=20°$，所以 $\angle CBA=80°$。

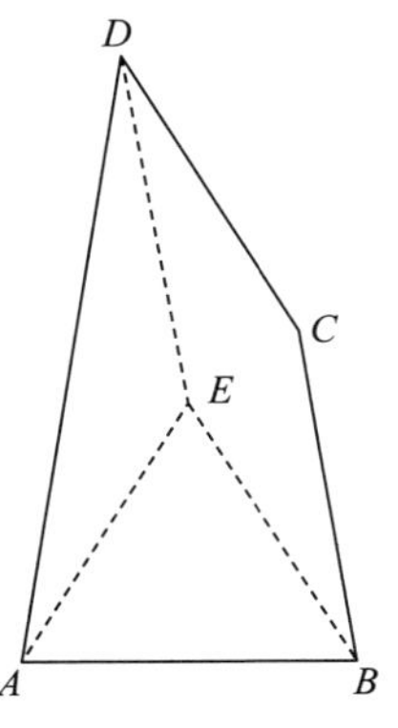

图 28.7

本题的难度达到了全国初中数学联赛的水平，很值得玩味。虽然并不是所有一般的四边形问题都要靠“连对角”来解决，但是，思考的顺序从“连对角”开始，并没有毛病。对于那些三角方法运用纯熟的人来说，当然可以用更高级的工具把答案先搞出来，然后再反推出平面几何的思路，这也是一种很好的教学方法——反正，我经常这么干。

例 6 如图 28.8，已知在四边形 $ABCD$ 中，$AB=BD$，$\angle BAD=60°$，$\angle BCD=120°$。证明：$BC+DC=AC$。

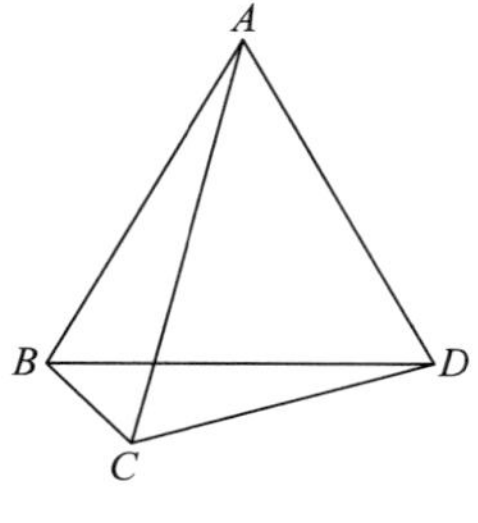

图 28.8

题目难度取决于你用什么工具：如果用托勒密定理，那就是一句话的事情；如果利用圆内接四边形，那也是三言两语就能解决。但是，现在假设你没有这些工具，那该怎么办？

我们之前讲过，像这种结论是加法等式形式的题目，很明显是在暗示采用“截长补短”的方法。我们不妨在 CA 上截取 $CE=BC$，连接 BE，看起来 $\triangle ABE$ 和 $\triangle DBC$ 全等。但除了 $AB=BD$ 以外，我们再也找不到任何一组相等的条件了——无法证明全等，很尴尬啊。我们的预想是证明 $\triangle BCE$ 是等边三角形，这样很容易推出 $\angle ABE=\angle CBD$，再用一记 SAS 证明 $\triangle ABE$ 和 $\triangle DBC$ 全等，就搞定了。然而，由于不能用四点共圆，因此无法得到 $\angle ACB=60°$。我们截出来的只是一个普通的等腰三角形。这条路走不通。

再试试“补短”——没错，一般来说，能“截长”必能“补短”，但是偶尔也有行不通的时候，所以千万不要试了一种方法，发现不对之后就彻底放弃，不妨再试试另一种方法，如果“截长”和“补短”都不对，那在考虑换个办法。

延长 DC 至 F，使得 $CF=BC$，因为 $\angle BCD=120°$，所以 $\angle BCF=60°$，于是得到 $\triangle BCF$ 是等边三角形（图 28.9）。这里只多作了一个等腰三角形，就出现等边三角形了。看见这个，我们心里就有底了，马上得到 $\triangle ABC$ 全等于 $\triangle DBF$，于是 $BC+CD=CF+CD=DF=AC$，证明完毕。

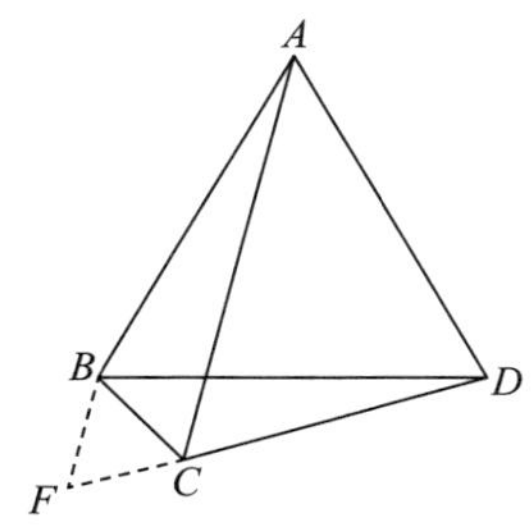

图 28.9

例 7 **如图 28.10，在四边形 $ABCD$ 中，$AB=BC$，$\angle ABC=60°$，P 为四边形 $ABCD$ 内一点，且 $\angle APD=120°$。求证：$PA+PD+PC \geqslant$ BD。**

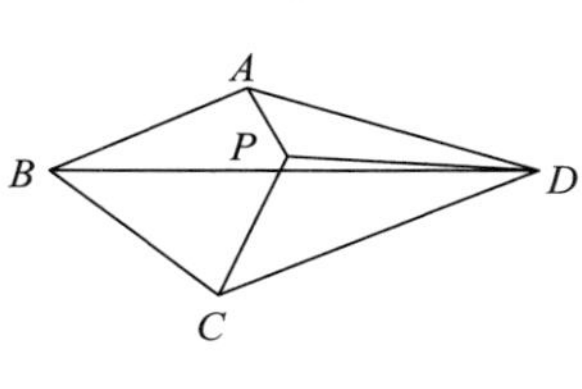

图 28.10

题你可以不会做，但你不能没有方向。真的，找到正确的方向其实并不难。

首先，这是一道几何不等式的证明题，我们有的工具就是“三角形两边之和大于第三边”，或者“两点之间线段最短”。证明结论里有 3 条线段求和的形式，显然，很可能要构造一条折线段，这条折线段和 BD 或与 BD 等长的某条线段有相同的端点，且其长度等于 $PA+PD+PC$。如果你连这个大方向都没想到，说明你压根儿就没掌握基本概念。

事实上，把条件和结论转化成自己熟悉的问题，这种化归能力就是解决问题的核心能力。很多孩子在第一步就倒下爬不起来了，原因就是他们不会转化。曾经有个孩子问我：“老师，一条直线和一条抛物线相切，这个条件该怎么用？”我说：“这不就是联立方程，然后判别式为 0 吗？”像这种基本的转化，你都要反应很久才能转过来，那你怎么可能快速做题呢？本题也一样，如果孩子连上述的大方向都找不准——判断标准是，读题完毕后，这个方向基本上就应该能找到——那就说明他的基本功确实够呛。

接下来就是构造问题。如果你对费马点有所了解，那你可能一下子就把这道题做出来了。如果没有这个知识储备，又该怎么考虑呢？

注意到$\angle APD=120°$，联系上一个例子，我们以AD为其中一边向外做等边$\triangle QAD$（图 28.11），马上得到$PQ=PA+PD$，而$PQ+PC \geqslant QC$，将$PQ=PA+PD$代入不等式，得到$PA+PD+PC \geqslant QC$，下一个问题自然是QC是否等于BD。

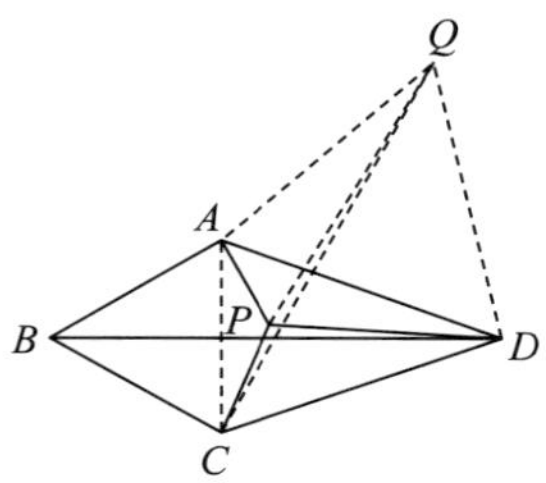

图 28.11

连接AC，由$\triangle ABC$是等边三角形可知$AB=AC$，所以$\triangle ABD$全等于$\triangle ACQ$，于是$BD=CQ$，证明完毕。

一要会化归，二要多积累。做题千万不要做一道、忘一道。很多时候，你以前做过的题都可能是你做下一道题时的灵感源泉。

29 特殊的四边形

根据从一般到特殊的规律，我们接下来讨论特殊的四边形。初中阶段主要研究的特殊的四边形有哪些呢？平行四边形（包括长方形、菱形和正方形等）、梯形、圆内接四边形，等等。其中，圆内接四边形的相关内容，我们将放在圆的相关章节中讲解。

与特殊的三角形一样，特殊的四边形的定义往往是解题利器。平行四边形是“入门级”的特殊四边形。所以，我们先来看看什么叫“平行四边形”：两组对边分别平行的四边形是平行四边形。当然，这个定义算得上耳熟能详，毕竟我们从小学阶段就开始接触平行四边形了。那么通过这个定义，我们可以得出哪些结论呢？

- 平行四边形的对边相等；
- 平行四边形的对角线互相平分；
- 平行四边形的 4 条边长的平方和等于对角线长的平方和。

这时候，我们应该怎么展开思考？不妨想想怎么证明这些结论。没错，首先要找这些性质与三角形之间的联系。证明“等量”的常用办法是什么？是全等。所以，证明前两个性质的关键就在于找到合适的全等；而证明第三条性质会涉及平方和，这时就要让孩子明白：该使用勾股定理了。

如果你顺利地证明了这三条性质，下一个问题该怎么问？当然是逆命题：如果一个四边形的对边相等，或者对角线互相平分，或者 4 条边长的平方和等于对角线长的平方和，那这个四边形是平行四边形吗？事实上，前两个结论的逆命题也非常容易证明，但最后一个结论的逆命题，证明起来难度陡然提高，甚至超出了大部分初中生的能力范围。然而，这个命题你可以不会证，但我不允许你放弃思考。

逆命题是平面几何学习中一类非常重要的训练方式，同时，这对加深孩子对基本定义的理解也大有帮助，属于“一箭双雕”“一石二鸟”“搂草打兔子”的典范哟。

平行四边形的定义，是平面几何问题中最考验你对基本概念掌握程度的地方。你看，两组对边平行意味着两个对角相等、邻角互补，且对角线互相平分。这就是把四边形中最重要的元素——边、角和对角线都涵盖了。而在判别一个四边形是否是平行四边形的时候，无非是把这三种元素排列组合，形成四类基本条件：(1) 一组对边相等；(2) 一组对边平行；(3) 一组对角相等；(4) 一条对角线平分另一条对角线。然后，我们从这四类基本条件中任选两个即可。我们可以重复选取。事实上，在任何可以重复选取的情况下，该四边形都是平行四边形；那么在不能重复选取的情况下，四边形又是怎样的呢？

- 选取 (1)(2)：可以举出反例——等腰梯形；
- 选取 (1)(3)：可以举出反例——筝形；
- 选取 (1)(4)：可以举出反例——筝形；
- 选取 (2)(3)：这个是平行四边形；
- 选取 (2)(4)：这个也是平行四边形；
- 选取 (3)(4)：可以举出反例——筝形。

成立情况的证明并不难，大家可以作为练习试一试。

总有人问我："什么叫把定义吃透？"像这样把正的、反的都玩转了，我认为对定义的理解就算初步过关了。应该说，在初中平面几何的所有定义中，关于平行四边形的内容是最丰富的。吃透了定义，就学好了一半。

例 1 **如图 29.1，已知平行四边形 $ABCD$ 中，BD 是其对角线，P_1，P_2 … P_{n-1} 是 BD 的 n 等分点，连接 AP_i 并延长交 BC 于 E，连接 AP_{n-i} 并延长交 CD 于 F。求证：$EF//BD$。**

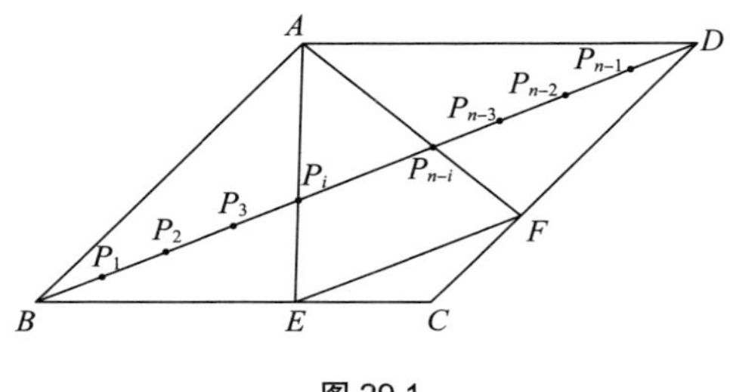

图 29.1

又是一堆从来没见过的条件，怎么破题呢？我们注意到，只要 n 等分点的序号之和等于 n，那么 EF 就和 BD 平行，所以一定有通用的办法，使得对于任意一组符合上述条件的等分点，结论都成立。而最后的结论是 EF 和 BD 平行，考虑我们手上的工具，若想证明平行，要么是找角相等，要么是找比例线段。

除了一个平行四边形以外，本题中一个关于角的条件都没有，所以，很可能要通过比例相等来推出 EF 和 BD 平行。于是，我们的目标很自然地放在了 $\frac{CE}{CB}=\frac{CF}{CD}$ 是否成立上。但我们没办法把 $\frac{CE}{CB}$ 和 n 等分点挂上钩，所以一定要转化。

注意到 $\frac{BP_i}{P_iD}=\frac{BE}{AD}$，$\frac{DP_{n-i}}{P_{n-i}B}=\frac{DF}{AB}$，而 $\frac{BP_i}{P_iD}=\frac{DP_{n-i}}{P_{n-i}B}$，（为什么？）所以有 $\frac{BE}{BC}=\frac{CF}{CD}$，于是命题成立。

你看，平行四边形中这么丰富的数量关系和位置关系就是一把双刃剑：虽然办法多了，但选择也多了，如何从海量的条件中选出正确的思路，这一能力非常重要。

例 2 **如图 29.2，在平行四边形 $ABCD$ 中，$AB \neq BC$，已知对角线长度比 $AC:BD=k$，AC 是 $\angle DAM$ 的角平分线，BD 是 $\angle CBM$ 的角平分线，求 $AM:BM$。**

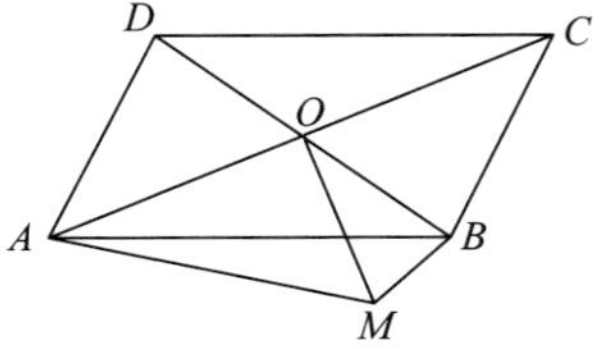

图 29.2

涉及比例问题，要么找相似三角形，要么找平行线，这是一个大概的思路。这次走哪条路呢？估计用相似三角形的可能性更大一些，因为 AM 和 BM 不平行，而且，我们目测也没什么线段和这两条线段平行，所以不妨优先考虑找相似三角形。

由于题目中有角平分线的条件，那么和角平分线主要性质有关的结论有哪些呢？首先，$\angle DAO=\angle MAO$，$\angle MBO=\angle CBO$；O 点到 AD、AM 的距离相等，到 BM、BC 的距离相等。由于 AO 和 BO 并不是三角形内的角平分线，因此这里用不上角平分线定理。

从 $\angle DAO=\angle MAO$，$\angle MBO=\angle CBO$，我们能推出什么结论呢？根据三角形外角的性质有 $\angle AOB=\angle DAO+\angle ODA=\angle DAO+\angle OBC=\angle MAO+\angle MBO$，所以根据四边形内角和的性质以及三角形外角定理有 $\angle AMB=360°-\angle MAO-\angle AOB-\angle MBO=360°-2\angle MAO-2\angle MBO=360°-\angle DAM-\angle CBM$。

而根据三角形内角和定理可推出 $\angle DOA=180°-\angle MAO-\angle MBO$，所以 $\angle DOA$ 恰好是 $\angle AMB$ 的一半，于是很自然冒出一个想法：OM 会不会是 $\angle AMB$ 的角平分线呢？因为只要它是角平分线，那么马上可以得到 $\triangle ODA$ 和 $\triangle MOA$ 相似，同理 $\triangle COB$ 和 $\triangle OMB$ 也相似了。而 AC 和 BD 的比值可以通过 $OA:OB$ 或 $OC:OD$ 来转换，于是我们的目标就放在了证明 OM 是 $\angle AMB$ 的角平分线上。

这时候通过角度的加加减减来“套”出想要的结果，一定会失败——毕竟我们已经不是初学者，应该具备这种感觉。而之前 O 点到 AD、AM 的距离相等，到 BM、BC 的距离相等这两个结论此时就显得十分亮眼了：因为只要证明 O 到 AM 和 BM 的距离相等，就可以得到 OM 是 $\angle AMB$ 的角平分线了。而 O 到 AD 和 BC 的距离相等，所以 O 到 AM 和 BM 距离相等是个直接推论，即 OM 是 $\angle AMB$ 的角平分线得证，从而我们得到了所要的相似。于是

$$\frac{AM}{AO}=\frac{AO}{AD}$$
$$\frac{BM}{BO}=\frac{BO}{BC}$$
$$\frac{AD}{BC}=1$$

得出 $\frac{AM}{BM}=\frac{AO^2}{BO^2}=k^2$。

例 3 如图 29.3，在凸四边形 $ABCD$ 的边 AB 和 BC 上取点 E、F，DE 和 DF 三等分 AC 于 P 和 Q。$\triangle AED$ 和 $\triangle FCD$ 的面积都等于四边形 $ABCD$ 面积的 $\frac{1}{4}$。

求证：四边形 $ABCD$ 是平行四边形。

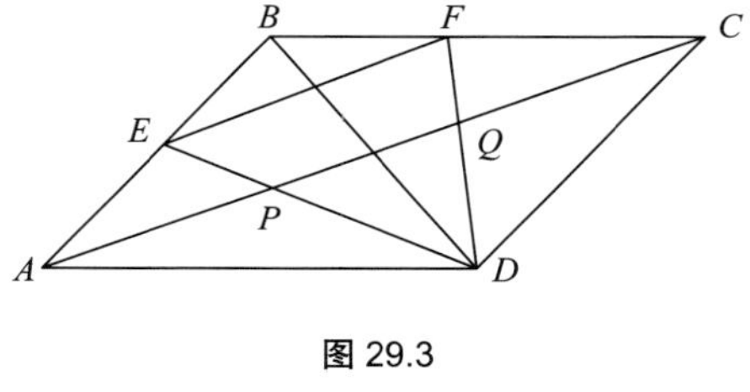

图 29.3

我们有那么多关于平行四边形的判别方法，路应该怎么走？

首先可以考虑把与角有关的方法都排除掉，毕竟题目中一个和角有关的条件都看不到啊！接下来，我们是往平行的路上靠，还是往对边相等的路上靠呢？

一般来说，三角形面积相等的条件要么能证明等高，要么能证明同底，换言之，依靠这种条件证明平行和相等都有可能。我们注意到，$\triangle AED$ 和 $\triangle FCD$ 面积相等，但它们既不同底，又不等高。我们瞪着眼看，从面积相等

的条件中是得不出什么结论的。既然面积相等的条件不能提供有用的结论，那不妨先看看其他条件能不能转化成面积相关的条件。题目除了要求证明四边形 $ABCD$ 是平行四边形的结论以外，还有一个条件是 DE、DF 和 AC 的交点为 AC 的三等分点。

n 等分点意味着什么？线段被 n 等分，而对应的三角形面积也随之被等分。记三等分点为 P、Q，可以得到 $\triangle APD$、$\triangle PQD$、$\triangle CQD$ 面积相等。如果你能看出 $\triangle APD$ 和 $\triangle CQD$ 恰好在 $\triangle AED$ 和 $\triangle FCD$ 中，你能得到什么结论呢？没错，$\triangle AEP$ 和 $\triangle FQC$ 的面积相等。又因为 $AP=QC$，于是得到这两条边对应的高也相等，即 E、F 到线段 AC 的距离相等，所以 $EF//AC$。

我一直有个观点：并不是每位学生都能独立把每道题目做完。大多数学生如果能做到这一步，我觉得已经很棒了。那么更厉害的学生，比如我（脸并没有红），接下来又是怎么思考的呢？

由于 $\triangle AED$ 和 $\triangle FCD$ 的面积都是四边形面积的 $\frac{1}{4}$，而且结论其实告诉我们四边形 $ABCD$ 是平行四边形，于是可以反推出 E、F 分别是 AB 和 BC 的中点，因此 EF 是 $\triangle ABC$ 的中位线，符合之前的结论 $EF//AC$，所以接下来，我们希望通过面积来证明 E、F 是中点。

你看，把结论当作条件来用，比起自己“苦哈哈”地盲目探索，是不是要方便得多？并且，接下来的目标就比较明确了。正面强攻并不是唯一的出路，如果直接做有难度，不妨把结论当已知条件，看看能推出什么等价命题，这也是打开思路的一种方法。对于一些开放性的问题，如果能够猜出结果（甚至拿尺子或量角器量出结果），对于解题更是大有裨益。

那么如何证明 E、F 是中点呢？先看我们已经得到了哪些结论。由于 $EF//AC$，所以 $\frac{BE}{AE}=\frac{BF}{FC}$；由 $\triangle AED$ 和 $\triangle FCD$ 的面积相等，推出 $\triangle BED$ 和

$\triangle BFD$ 的面积也相等，（为什么？）所以 $\triangle BAD$ 和 $\triangle BCD$ 的面积也相等。于是，$\triangle BAD$ 的面积等于四边形 $ABCD$ 面积的一半，而 $\triangle AED$ 的面积为四边形 $ABCD$ 面积的 $\frac{1}{4}$，所以 E 是 AB 中点。同理 F 是 BC 的中点。

讲道理，学生能做到这里已经颇为不易了，能把 E、F 是中点证明出来的绝对是前 10% 的学生。不过我们还差最后一步。目前为止，我们还是没有证明出对边平行或对边相等的结论来。而且，面积相等这个条件太弱，不配合边或高的相等，很难推导出边的关系。

这时，我们需要整理一下手中已有的结论：E、F 是中点；P、Q 是三等分点，换个角度看，P 就是 AQ 的中点，E 是 AB 的中点，所以 $EP//BQ$，即 $PD//BQ$，同理 $BP//QD$，所以四边形 $BPDQ$ 是平行四边形；设 AC 和 BD 相交于 O，于是 $BO=OD$，$OP=OQ$，从而得到 AC 和 BD 互相平分，证毕（图 29.4）。

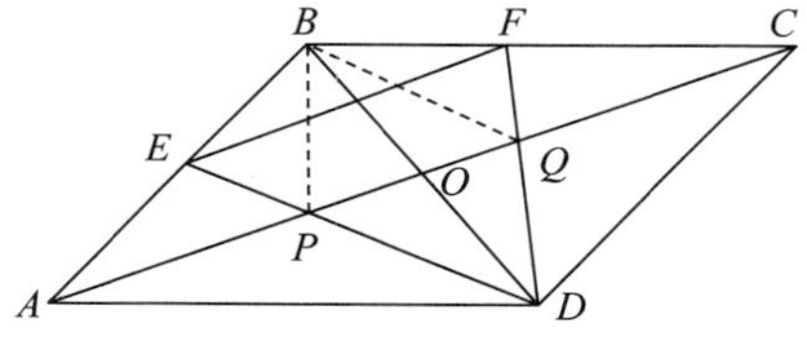

图 29.4

本题类似于“棋力”测试，孩子可以用这道题来检测四边形相关内容的学习水平，家长也可借此对孩子的相关能力进行大致的判断。

例 4 **如图 29.5，已知 E、F、G、H 是任意凸四边形 $ABCD$ 四边中点。求证：$EFGH$ 是平行四边形。**

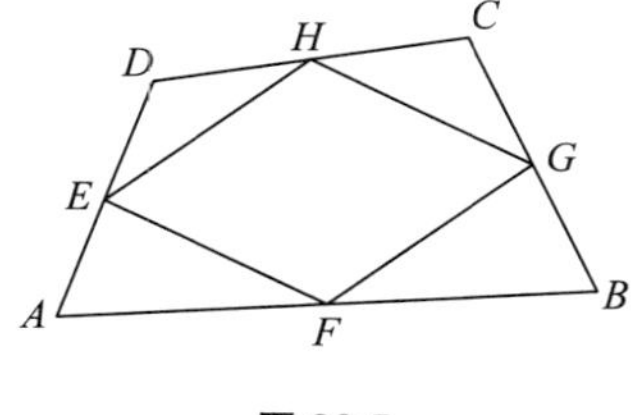

图 29.5

很多学生一看见“任意”两个字，头就开始大了。为什么？因为图形越“任意”，其特性就越弱，可利用的条件就越少。但是，题设中有 4 个中点，这算比较让人欣慰的事情。我们该如何证明 $EFGH$ 是平行四边形呢？

我们把所有平行四边形的判别条件浏览一遍：对角相等、对边平行、对边相等、对角线互相平分。走哪条路呢？既然有这么多中点，那就会出现中位线，但 EH、HG、GF、EF 并不是任何一个三角形的中位线，于是我们先尝试让这 4 条线段转化为三角形的中位线。

加辅助线的“十字原则”：取中——现在 4 个中点都取完了，还怎么取呢？作平——作哪条线段的平行线呢？连对角——连接 AC 后发现 EH 和 GF 分别是 $\triangle ACD$ 和 $\triangle ACB$ 的中位线，且都平行于 AC，长度等于 AC 的一半，于是 EH 平行且等于 GF（图 29.6），结论得证。

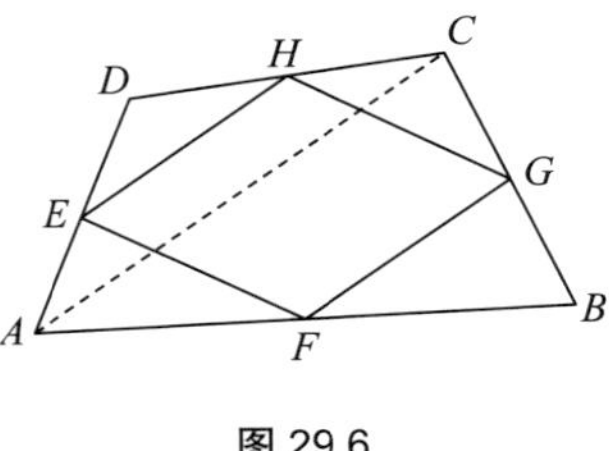

图 29.6

事实上，先把四边形分解成三角形，再利用中位线，这种例子非常多。这类题目的特点往往就是有大量的中点。并且，这些中点还构不成三角形，需要你添加辅助线，才能用上中位线。在四边形中，对角线的地位往往非常“尊贵”。

例 5 **如图 29.7，设四边形 $ABCD$ 为凸四边形，在对角线 AC 上取两点 K 和 M，在 BD 上取两点 P 和 T，使得 $AK=MC=\dfrac{AC}{4}$，$BP=TD=\dfrac{BD}{4}$。过 AD 和 BC 的中点 S 和 R 连一直线，求证：该直线通过 PM 和 KT 的中点。**

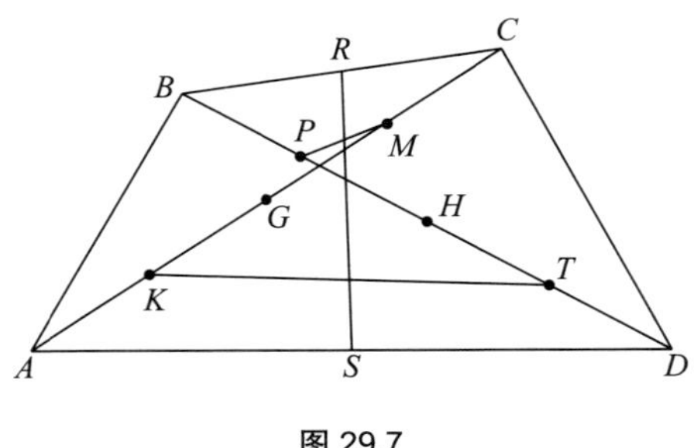

图 29.7

然而我们发现，图中的四等分点 K、M、P、T 并不能直接作为某条线段的中点，因为整条线段 AC 和 BD 的中点并没有被标注出来。所以，我们取 AC 的中点 G，BD 的中点 H，连接 HS、GS、GR、HR，通过中位线的性质很容易知道四边形 $RGSH$ 是平行四边形（图 29.8）。

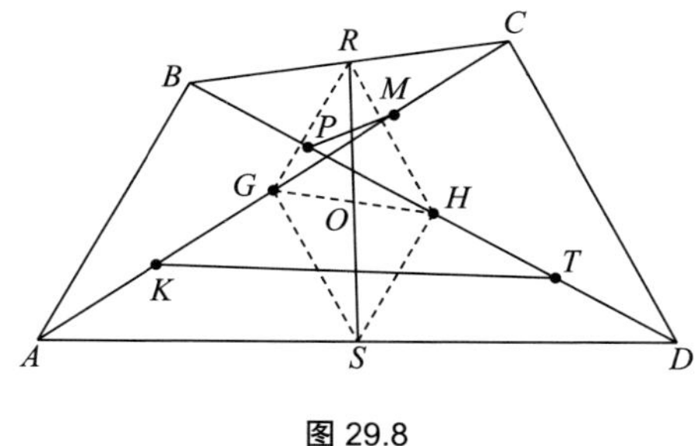

图 29.8

按照之前的办法，把结论先用起来看看：如果 RS 能平分 PM 和 KT，会怎么样呢？此时此刻，我耳边响起一句诗："我本将心照明月，奈何明月照沟渠。"RS 是平分了这两条线段，但这两条线段并没有平分 RS，平分 RS 的另有其"线"，是谁呢？是 GH。我们记 GH 和 RS 的交点为 O，虽然 PM 平分不了 RS，但看起来 PM 似乎可以平分 RO，换言之，四边形 $PRMO$ 会不会是平行四边形（图 29.9）？

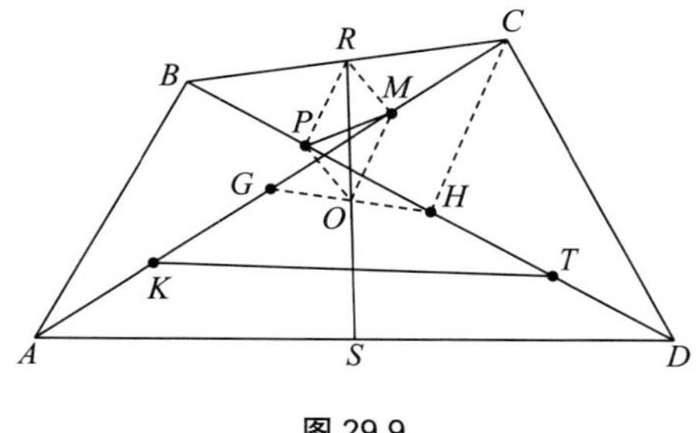

图 29.9

因为这里的中位线实在太多，所以有平行四边形也很正常。在$\triangle BCH$中，PR是中位线，所以平行于CH，同理在$\triangle CGH$中，OM是中位线，平行于CH，我们得到$PR//OM$。同理可得$RM//OP$，于是四边形$PRMO$是平行四边形，PM被RO平分。至于KT被OS平分，同理亦可证。

接下来这个例子，如果没有之前的铺垫，直接做会比较难。但是，如果有了这方面的训练，那么做起来就会容易很多。

例6 如图29.10，在任意五边形$ABCDE$中，M、N、P、Q分别为AB、CD、BC、DE的中点，K、L分别是MN和PQ的中点。求证：$KL//AE$，且$KL=\dfrac{AE}{4}$。

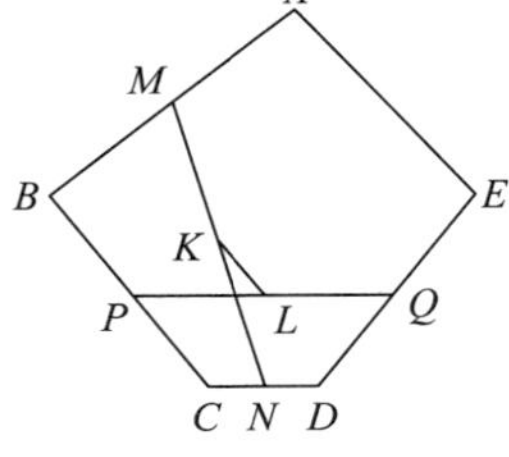

图29.10

不是说好讲四边形吗？怎么又变五边形了？

今天非治治你这个“稍微一变就不会”的毛病。KL平行且等于$\dfrac{AE}{4}$，你想到了什么？

是不是找一条线段，让它对于AE来说是某个三角形中对应的中位线，同时KL又是它在某个三角形中对应的中位线？

我们连接BE，取BE的中点F，连接MF、FN，于是MF就是$\triangle ABE$的中位线，MF平行且等于AE的一半，接下来，只要证明KL是$\triangle MNF$的中位线即可，也就是证明L是FN的中点（图29.11）。

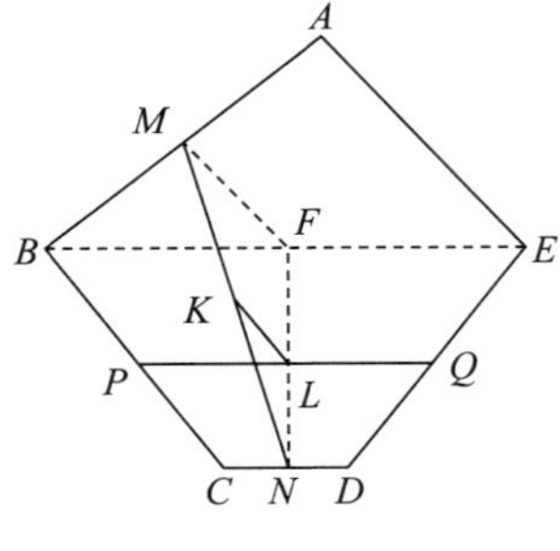

图29.11

而 L 已经是 PQ 的中点，我们只要证明四边形 $FQNP$ 是平行四边形即可，这恰恰就是本章例 4 的结论。由此倒推回去，我们就完成了定理的证明，是不是很容易？细节留给大家作为练习。

可以说，以上这几个例子把“连对角”方法和中位线的运用展现得淋漓尽致了。如何从“貌离神合”的题目中抓取关键信息，以合理的逻辑顺序作辅助线，而不是“东一榔头，西一棒子”地盲目尝试？希望大家把这几道题目“吃透”，再加上适量的练习，相信会有进步的。

30
长方形和菱形

我们现在要讨论的是两类特殊的平行四边形：长方形和菱形。既然是特殊的平行四边形，那么首先它们是平行四边形，换句话说，平行四边形有的性质，它们都有；它们有的性质，平行四边形却不一定有。我们还是先从定义入手。

长方形（也称矩形）从我们上小学开始就一直和我们打交道。只不过，那时候我们只用求其面积——这是最初级的应用。现在，我们需要从逻辑推导的角度来重新认识长方形。

古语云："没有规矩，不成方圆。"矩形中的"矩"就是古人画直角或方形时所用的曲尺。当然，我们不能说"四四方方"的图形就是"矩"形，必须给出数学上的精准定义，就像凸四边形的定义一样。

长方形是有一个角为直角的平行四边形。所以，我们很容易推出以下结论：

- 长方形的四个角都是直角；
- 长方形的两条对角线长度相等。

第一个结论的证明用平行线公理即可，第二个结论的证明只需用到一次全等。

自然，我们要考虑如下的逆命题：如果一个四边形的四个角都是直角，或者，一个四边形的两条对角线长度相等，那么这个四边形是长方形吗？第一个逆命题是成立的，证明也非常容易；第二个逆命题显然不一定成立。我们很容易找到反例：两条对角线长度相等却没有互相平分，这样的四边形一定不是长方形。那么，能否对第二个逆命题做一点修改，让它成立呢？

这种引导方式很见功力，因为“循序渐进”这四个字其实是很难做到的。像这种修改命题使之成立的问题，就是一种开放性问题——没有标准答案，也不知道是否存在答案，需要你自己去探索。

对角线互相平分且长度相等的四边形是不是长方形呢？答案是肯定的。因为对角线互相平分，意味着四边形是平行四边形；而对角线长度相等，则可以用 SSS 证明如图 30.1 中的 $\triangle ABC$ 和 $\triangle BAD$ 是全等三角形，因此 $\angle DAB=\angle CBA$，而 $AD//BC$，所以 $\angle DAB$ 和 $\angle CBA$ 互补，因此 $\angle DAB$ 和 $\angle CBA$ 都等于 90°，从而四边形是长方形。

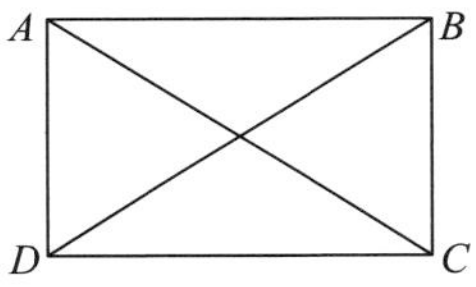

图 30.1

由于长方形还可以看成是两个直角三角形拼成的图形，因此，它也必然继承了直角三角形中的一些优良传统，比如可以利用勾股定理。所以，很多处理直角三角形问题的办法就能被平移到长方形的问题中了。我们来看一个命题：

在平行四边形中，若存在一点到两组对角顶点的距离的平方和相等，则此平行四边形为长方形。

既然题设提到了距离的平方和，那么大概率需要用到勾股定理。既然题中没有垂直，那最简单的垂直就是过这一点作高。

我们不妨设这条高把一组对边分别分成 a、b 和 c、d 四条线段，高分为

h 和 g 两段（图 30.2），由上述命题和勾股定理可知：$a^2+h^2+g^2+d^2=b^2+h^2+c^2+g^2$。由平行四边形的条件可知 $a+b=c+d$。剩下就要利用代数的技巧了，得到 $a^2-b^2=c^2-d^2$，而 $a+b=c+d$，两个式子相除，得到 $a-b=c-d$，继而得到 $a=c$ 且 $b=d$。

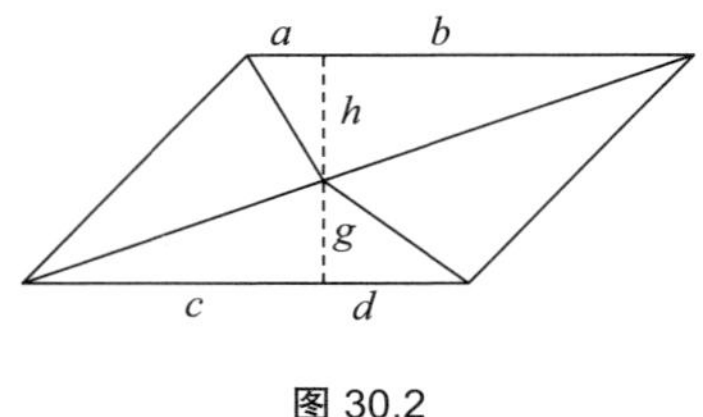

图 30.2

而线段 a 和线段 c 是平行的，所以图 30.2 中高的左侧那个貌似直角梯形的图形竟然应该是一个平行四边形，而且它又有一个直角，所以高的左侧其实就是一个长方形。同理，高的右侧也是一个长方形。因此，四边形的 4 个顶角都是直角，所以这个四边形是长方形。

看看，这个思路是不是非常清爽？这就是“从定义出发，平移知识”的功效。

例 1 **如图 30.3，P、Q 分别是长方形 $ABCD$ 的边 BC、CD 延长线上的点，AP 和 CQ 相交于 E，且 $\angle PAD=\angle QAD$。求证：长方形 $ABCD$ 和 $\triangle APQ$ 面积相等。**

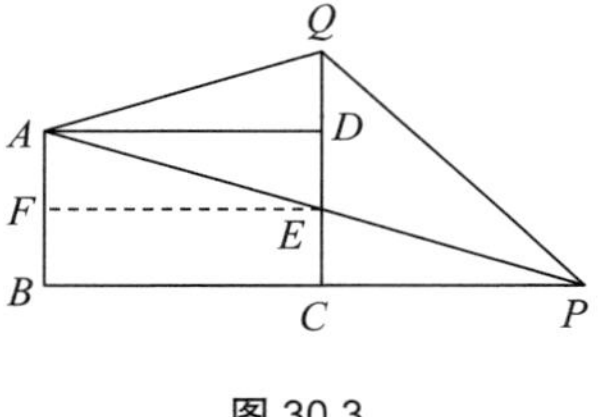

图 30.3

很显然，由于题设没有给出任何数值，且已知条件还是角度相等，所以通过直接计算面积具体各是多少，这条路行不通。基本上，我们要考虑等积变换了。首先能直接推出的结论是 $\triangle AQE$ 是等腰三角形，因为 AD 具有三线合一的性质——它既是高，又是角平分线，所以 $DQ=DE$。于是，我们把结论变成证明梯形 $ABCE$ 的面积与 $\triangle AQD$ 与 $\triangle QEP$ 的面积之和相等。

但是，“$\triangle AQD$ 和 $\triangle QEP$ 的面积之和”看起来非常不舒服，所以能不能再砍掉一点，变成“1 对 1”的比较？顺着这个想法，砍掉 $\triangle AQD$ 或 $\triangle QEP$ 中的哪个更合适呢？如果再过 E 作 $EF//BC$，交 AB 于 F，则 $\triangle AEF$ 和 $\triangle EAD$

是全等的，因此它和$\triangle AQD$也是全等的，于是又抵消了一块，只要证明长方形$EFBC$的面积和$\triangle QEP$的面积相等即可——一点点消去面积相等的部分，这也是一种很常见的处理面积问题的办法。

接下来，我们就尝试表示长方形$BCEF$和$\triangle QEP$的面积。前者等于$EF \cdot EC$，后者等于$QE \cdot \dfrac{PC}{2}$；而$QE=2DE=2QD$，所以可以把$\triangle QEP$的面积改写为$QD \cdot PC$或$DE \cdot PC$。

从直觉上，我们应该选择使用$DE \cdot PC$的表达式，因为DE和PC与EF和EC挨得更近一些。我们把最终要证明的表达式$DE \cdot PC=EF \cdot EC$改写一下，变成$\dfrac{PC}{EC}=\dfrac{EF}{DE}$。根据之前的经验，式子两边各消去分母中的重复字母，余下的字母就能表示目标相似三角形，即$\triangle PCE$和$\triangle FED$相似，而$\triangle FED$又和$\triangle ADE$全等，即可证明$\triangle ADE$和$\triangle PCE$相似，而由于$AD \parallel PC$，相似的结论显然成立，因此命题得证。

因为长方形“遗传”了直角三角形的大量性质，所以与长方形相关的计算问题十分丰富，值得我们细细品味。我们接着来看一些例子。

例 2 **如图 30.4，已知平行四边形$ABCD$中，AC、BD相交于O，P是平行四边形外一点，$\angle APC=\angle BPD=90°$，求证：平行四边形$ABCD$是长方形。**

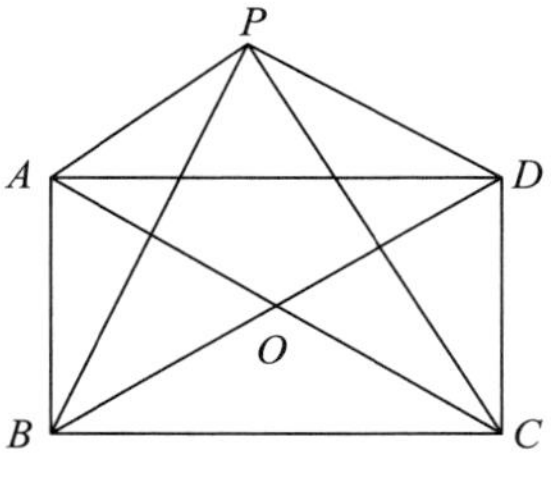

图 30.4

我们只要证明平行四边形$ABCD$中的一个内角是$90°$或其对角线长相等即可。由于题设条件中有很明显的角度关系，所以不如考虑用角的加加减减得到一个直角。

由$\angle APC=90°$可知，$\angle PAC+\angle PCA=90°$，而$\angle PAC=\angle PAD+\angle DAC$；由$AD \parallel BC$，有$\angle DAC=\angle ACB$，于是，如果能证明$\angle PAD=\angle DCP$，那么

就完成了证明。

但是从$\angle APC=90°$这条线索来看，我们得不到更多的结论了，于是我们把目光放到$\angle BPD=90°$这条线索上。我们发现，通过$\angle BPD=90°$可以推出和前面类似的结果，但是，我们无法把这两个条件推出的结论联系起来，换句话说，想利用“倒角”的方法是无法完成证明的。

于是我们考虑能否通过证明“对角线长度相等”来达到目的。如何证明$AC=BD$呢？O分别是$\text{Rt}\triangle PAC$和$\text{Rt}\triangle PBD$斜边上的中点，连接PO，PO是这两个直角三角形斜边上共同的中线，于是$PO=\frac{AC}{2}=\frac{BD}{2}$，所以$AC=BD$，即平行四边形$ABCD$是长方形（图 30.5）。

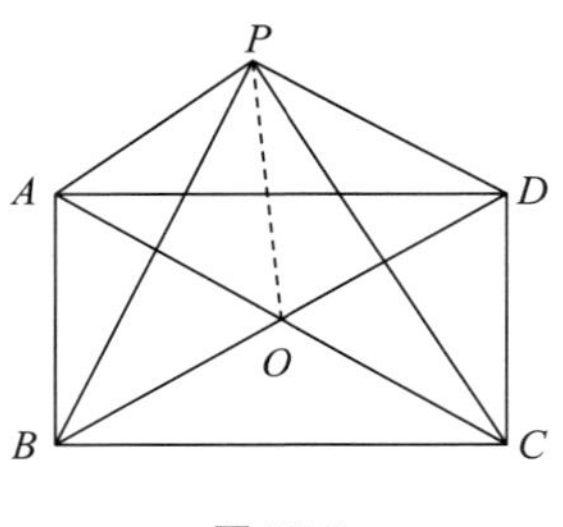

图 30.5

例 3 **如图 30.6，在长方形$ABCD$中，已知$AD=12$，$AB=5$，P是AD边上任意一点，$PE\perp BD$于E，$PF\perp AC$于F，求$PE+PF$的值？**

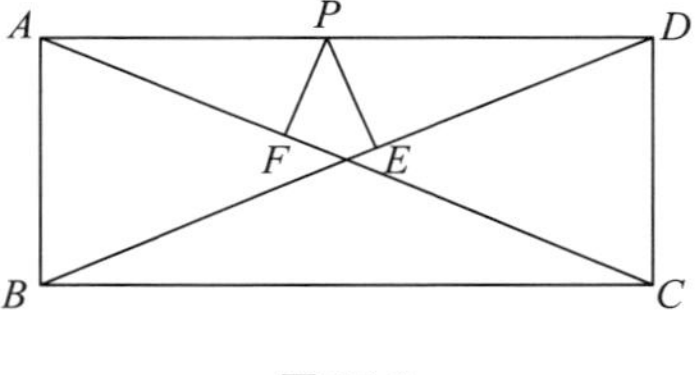

图 30.6

长方形与直角三角形的相关问题类似，会出现大量的计算。如果本题为填空题，那么我们不如考虑极限状态，当P运动到A时，P到AC的距离为0，此时P到BD的距离即为$PE+PF$的值：$\frac{60}{13}$。

碰到这种求定值的问题，我们往往能利用极限位置先求值，然后再想办法证明结论。这是我一直以来强调的方法之一，千万不要一换环境，就没思路了。

事实上，$PE+PF$就是顶点到对角线的高的长度和，所以，我们很自然考虑利用面积。由于$AC=BD$，所以$\triangle PAC$和$\triangle PBD$是两个等底的三角形（图 30.7），而$\triangle PDC$的面积等于$\triangle PBD$的面积，所以$\triangle PAC$和$\triangle PBD$的面积之和恰好等于$\triangle DAC$的面积，根据面积公式，$PE+PF$的值就等于D到AC的距离。

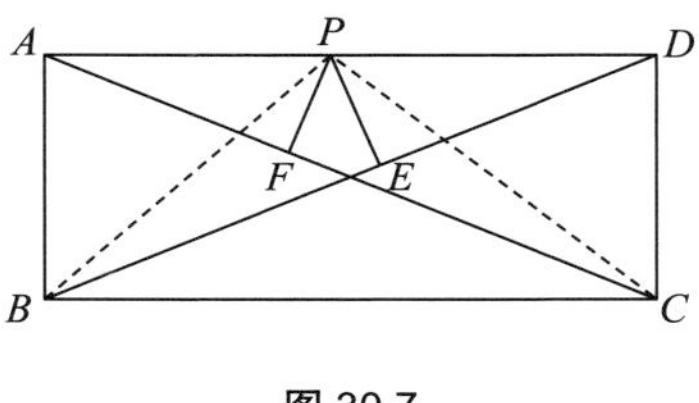

图 30.7

我们再来看一道计算题。

例 4 如图 30.8，在长方形$ABCD$中，$AB=6$，$BC=8$，折叠纸片使得A和C重合，求折痕EF的长度。

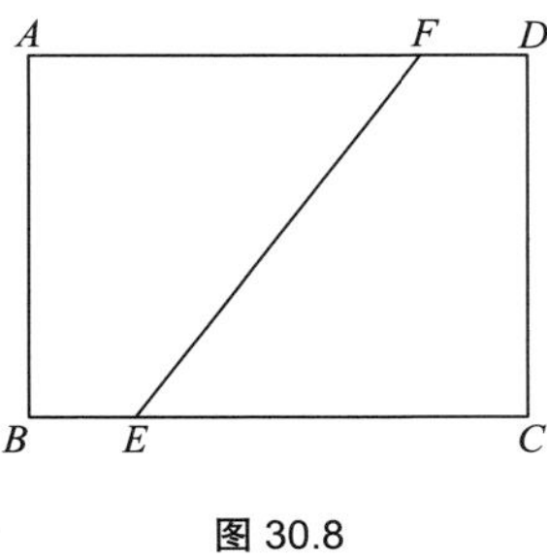

图 30.8

一看到勾股数，就把对角线先求出来，这是基本套路。我们一定要养成边读题，一边直接推结论的习惯，这样可以节约时间，避免回头重复读题。在本题中，我们能直接得到的结论就是对角线长为 10。

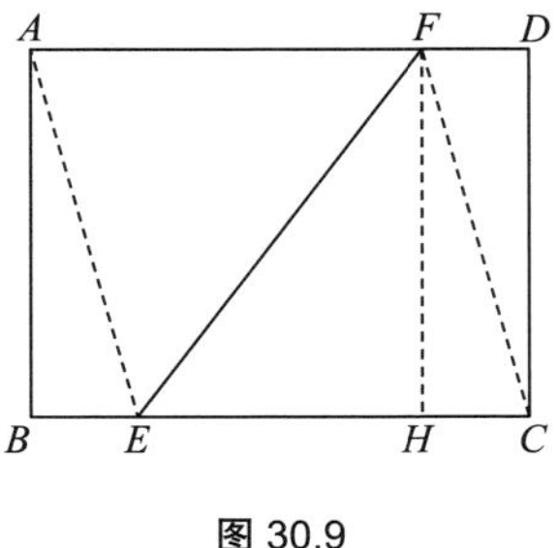

图 30.9

连接AE、FC，很显然，折痕EF把长方形分成了两个全等的图形，因此$DF=BE$，$AF=CE$，但这些条件足够解出EF的长度吗？（图 30.9）我们可以过F作$FH\perp BC$，这样$DF=CH=BE$，如果知道DF的长度，我们就可以知道EH的长度，从而算出EF。但很显然，我们并不知道DF究竟有多长。

一定是漏掉了什么！

BE和DF相等是怎么得来的？是把A和C粘在一起才得到的。这样得到的$BE=DF$和直接给出$BE=DF$有什么不一样的地方呢？由于A和C重合，因此我们还能得到$FA=FC$，这可是“一般”的$BE=DF$做不到的事啊！

此时，我们可以设 $DF=x$，$FA=8-x$。根据勾股定理，以 DF 和 CD 的平方和列出 FC 的平方数的表达式，且 $FA=FC$，于是列出方程 $x^2+6^2=(8-x)^2$，解得 $x=\frac{7}{4}$。于是有 $EH=CE-CH=8-\frac{7}{4}-\frac{7}{4}=\frac{9}{2}$，于是 $EF=\frac{15}{2}$。

像 $FC=FA$ 这种条件，我们称为“隐含条件”。挖掘隐含条件往往有个提示：当你把能直接推出的结论推完以后，发现仍然缺少条件，这时候就要考虑是否存在隐含条件了。

我们接着来看一些计算题。

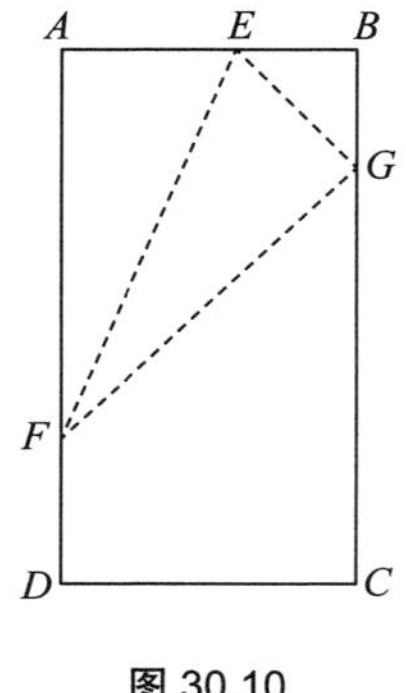

图 30.10

例 5 如图 30.10，在长方形 $ABCD$ 边 AB 上有一点 E，$\frac{AE}{EB}=\frac{3}{2}$，$DA$ 边上有一点 F，且 $EF=18$，沿 EF 对折后，A 落在 BC 上的点 G，求 AB 的长度。

这又是一道和翻折有关的题目。事实上，“翻折”是一类非常考验学生图形想象力的题目。翻折之后往往会出现与全等有关的隐含条件。除了平面几何，翻折也经常出现在高考的立体几何试题中，题目难度一般来说都比较大。所以，我强烈建议大家有精力好好研究一下翻折类问题，为以后的学习做准备。

我经常鼓励自己：题不会做，起码先写个解吧？

解：既然 $\frac{AE}{EB}=\frac{3}{2}$，可以设 $AE=3x$，$EB=2x$，$AB=5x$（这是一个设未知数的基本技巧，尽量避免分数，这样便于计算）。因为翻折，不难证明 $\triangle AEF$ 全等于 $\triangle GEF$，且已知 $EF=18$。其他已知条件暂时没有了。

我们可以由勾股定理计算出 $AF=FG=\sqrt{324-9x^2}$。此时，我们发现 EB 还没有用起来，由于 $EG=AE=3x$，同样由勾股定理可得 $BG=\sqrt{5}x$。注意到

$\angle EGB$ 和 $\angle FGC$ 互余，所以考虑过 F 作 $FH \perp BC$ 于 H（图 30.11），这样就有 $\triangle FGH$ 相似于 $\triangle GEB$，而 $FH=5x$，于是有

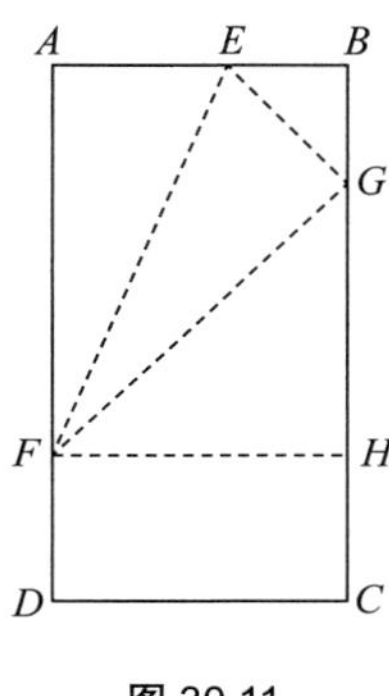

图 30.11

$$\frac{EG}{FG}=\frac{BG}{FH}$$

代入各边表达式可以列出方程

$$\frac{3x}{\sqrt{324-9x^2}}=\frac{\sqrt{5}x}{5x}$$

解得 $x=\sqrt{6}$，于是 $AB=5\sqrt{6}$。

从这一解法你就能体会到，我是一个多么懒的人……真的，我就是"压榨"出题设条件中的最后一滴油，不谈任何技巧。我能想到过 F 作 BC 的垂线，只是因为原来的已知条件已经不足以支撑起一个方程，所以不得不加这条辅助线而已，而加这条辅助线是最容易想到的能构造相似的方法。

事实上，如果在直角梯形中嵌入一个直角三角形，而且这个直角三角形的垂心在梯形连接两个直角的那条腰上，那就会出现一组"天然"的相似三角形，这是一张经典图。所以，这样加辅助线并不是一个多么"不自然"的办法。

例 6 **P 是长方形 $ABCD$ 内一点，若 $PA=3$，$PB=4$，$PC=5$，求 PD 的长度。**

这道题不用勾股定理，简直天理难容：一道题目出在了长方形里，而且给出的 3 条线段长度还是勾股数，如果你在这样的条件下还想不到勾股定理，我觉得就没办法聊什么"学好"数学的问题了。注意，我并不是说，你要看一眼就能做出题来，甚至，你最后做不出这道题，其实都没关系！但

是，这么明显的思路放在那里，你却一点儿都看不出、想不到，那真的就让一切随缘吧……的确，能在脑海中构造“七维流形”，这不是靠训练能做到的；然而，面对如此明显的条件，你都不能在第一时间反应出要用什么工具，那就太不应该了。至于怎么用，那另当别论。

很容易想到的思路是把 PA、PB、PC 放在一个三角形里，直接就会有直角出来。尤其是在学习了正方形之后，我们应该更容易有这样的想法，但这个思路是错的。为什么呢？因为边长为 3, 4, 5 的直角三角形，其任意两条边的夹角都是固定的。而一般说来，我们要构造新的三角形，基本采用平移或旋转的办法，但是，平移不会改变线段夹角，旋转就更不会了！PA、PB、PC 这三条线段，无论你转哪一条，看起来都不像能构成一个直角三角形。

这样来用勾股定理，确实走不通——那就换一条路。P 在长方形内部，所以 PA、PB、PC、PD 可以视为某些直角三角形的 4 条斜边，直角边可以由过 P 的两条分别平行于 AB 和 BC 的线段来提供。我们过 P 点分别作 AB 和 BC 的平行线，由此得到的四条线段长度分别设为 a, b, c, d（图 30.12）。

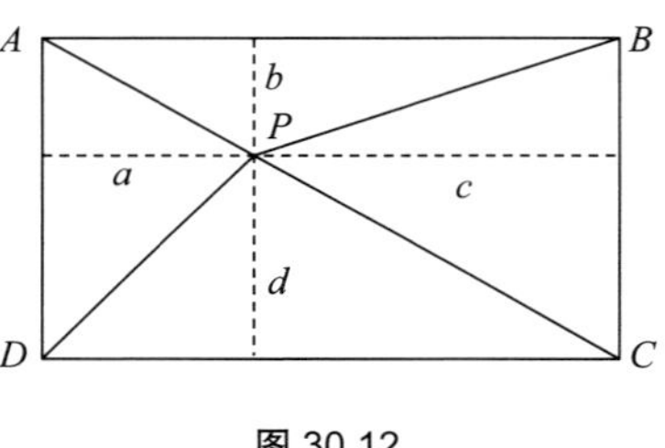

图 30.12

我们有：

$$a^2+b^2=9$$

$$b^2+c^2=16$$

$$c^2+d^2=25$$

现在的问题是求 $a^2+d^2=$？ 通过简单的加减法可以得到 $a^2+d^2=18$ 。于是 $PD=3\sqrt{2}$ 。

长方形中的求极值问题也是一类常见问题，我们来看一个例子。

例 7 **如图 30.13，已知长方形 $ABCD$ 中，$AB=4$，$BC=6$，点 M 为长方形内一点，E 为 BC 上任意一点，求 $MA+MD+ME$ 的最小值。**

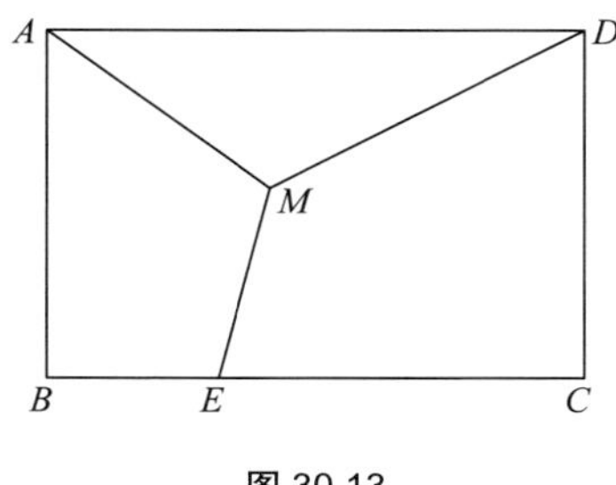

图 30.13

一看见“最小值”或“最大值”，我的本能反应就是用函数求导——当然，都已经用了求导了，那么引入多元函数求偏导也不是什么大不了的事嘛……

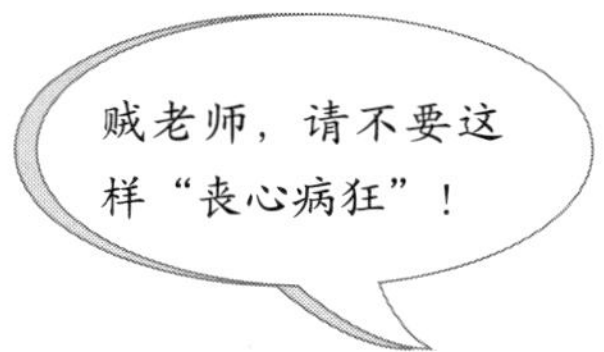

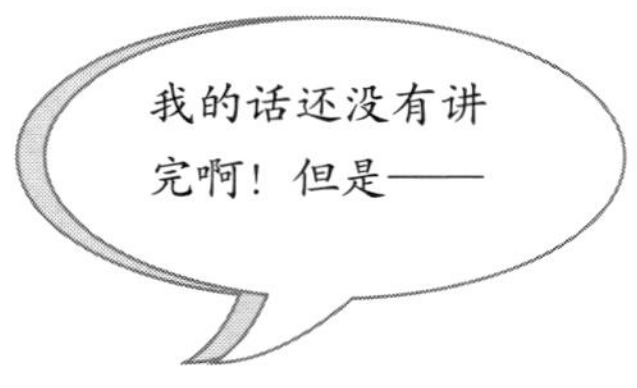

我们只要稍微用一点点几何的思想，就可以大大简化计算过程。显然，当 $ME\perp BC$ 时，ME 最短，因此我们可以在不改变 AM 和 DM 长度的前提下，使得线段的长度和变小。而当 M 位于 AD 的中垂线上时，$MA+MD$ 也一定是最小值。因此，我们可以构造一个一元函数，并求出极值。对初中生来说，这种做法仍然是“犯规”了。不过，对称的思想还是有助于解决问题的。

接下来，我们从初中生的角度来考虑怎么做这道题。求线段之和的最小值，一定是利用“两点之间线段距离最短”这条公理来解决的。还是那句话：允许做不出题，不允许没有方向。所以，我们的目标就是把这三条线段给“抻直”。

当然，“抻直”是终极目标，现在要做的是先把这三条线段连成一条折线。这该怎么处理呢？事实上，旋转变换一直是处理这种问题的利器。为什么？首先，旋转变换是一种全等变换，可以在保持线段长度的情况下，把线段挪到某个需要的位置。在旋转变换中，一般会考虑把图形旋转 $60°$ 或 $90°$，因为在这种旋转过程中，会有等边三角形或等腰直角三角形出现。

事实上，这一技巧最经典的应用场景是锐角三角形的费马点问题，即在锐角三角形内找一点 P，使得该点到 $\triangle ABC$ 三个顶点的距离之和最小。理论上，我们当然可以用解析几何以及求导来解决，但是，如果用平面几何的方法，会显得格外优雅！把 $\triangle PBA$ 绕点 B 逆时针旋转 $60°$，得到 $\triangle QBA'$ 和等边 $\triangle QBP$，此时 $PB=PQ$，$PA=A'Q$，这样就把 $PA+PB+PC$ 拉成了一条折线（图 30.14）。

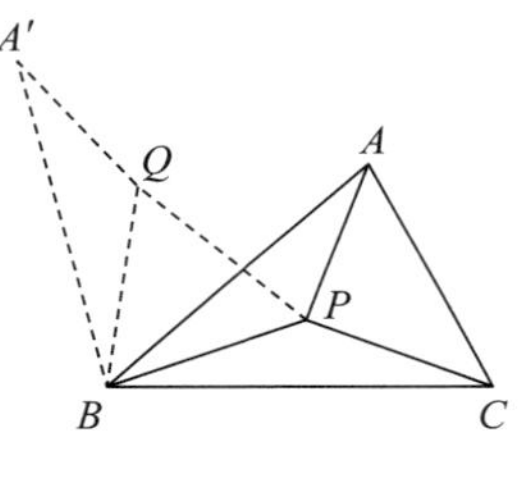

图 30.14

我们在这里可以如法炮制，$\triangle MAD$ 绕点 A 逆时针旋转 $60°$，得到 $\triangle AM'D'$ 和等边 $\triangle AM'M$，于是散射状的三条线段瞬间被拉成折线（图 30.15）。

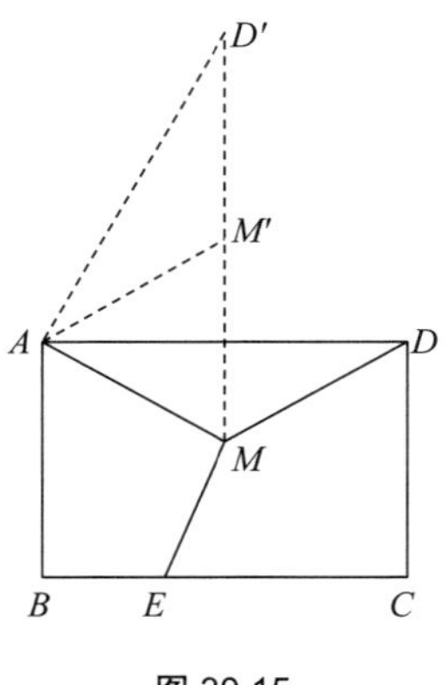

图 30.15

两条线段用对称，三条线段用旋转，这就是套路。

显然，$D'M'ME$ 这条折线段的长度一定不小于直线段 $D'E$ 的长度。在折线段取最小值的时候，D'、M'、M、E 四点在同一直线上。接下来问题就变成了 $D'E$ 的最小值是多少。

这时候，之前的想法仍然可以用上：若 D' 固定，则当所有 BC 上的点与

D' 连线最短时，必然是在 $D'E\perp AD$ 的时候（图 30.16）。

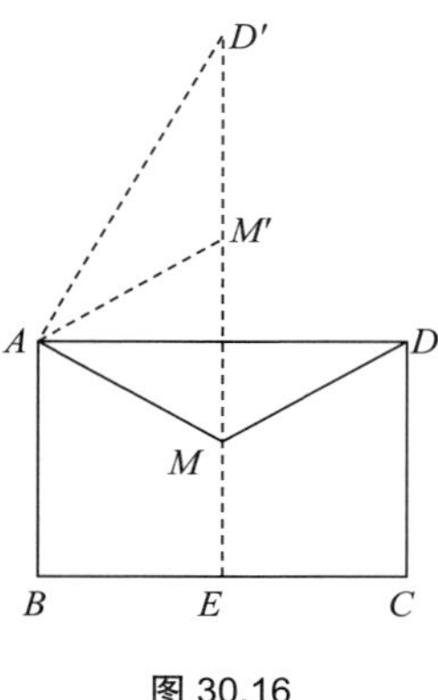

图 30.16

此时，由于 $D'E$ 是直线，且 $\triangle AM'M$ 是等边三角形，因此 $\angle D'M'A=\angle AME=120°$，不难证明必有 $AM=MD$（过 M 做 AD 的平行线，然后利用全等三角形证明即可），于是 $M'A=MA=M'D'=M'M$，所以 $\angle D'AM=90°$ 且 $\angle D'=30°$，$\angle MAD=30°$ 于是 $AM=MD=2\sqrt{3}$，$ME=4-\sqrt{3}$，得到 $D'E$ 最小值为 $M'D'+M'M+ME=2\sqrt{3}+2\sqrt{3}+4-\sqrt{3}=4+3\sqrt{3}$。

想解决这样求线段和的极值问题，可以将零散的线段转化成一条首尾相连的折线。通常，对称是首选方法；如果对称的方法失效，那么可以考虑旋转，特别是，如果你能联想到费马点的相关内容，那可能会大大缩短思考时间。

接下来，我们研究一下菱形。菱形也是一种特殊的平行四边形，同样继承了平行四边形的“优良传统”，当然，它也有自己的特点。

菱形是指四边相等的四边形。很显然，它也是一种平行四边形，且因为对边都相等，所以这个定义可以得到一个等价命题：邻边相等的平行四边形是菱形。

菱形有以下几条性质：

- 对角线垂直平分；
- 每条对角线都平分一组对角；
- 菱形的两条对角线都是其对称轴。

你们抢答的时候到了！接下来该考虑什么了？没错，逆命题是否成立，即对角线互相垂直平分的四边形是否是菱形？每条对角线平分一组对角的四边形是否是菱形？两条对角线都是对称轴的四边形是否是菱形？

答案都是肯定的，证明的方法都是用全等三角形，这个证明并不困难，留作大家的练习。

我们从定义也可以看出，菱形和长方形定义上的差异，无论从边或者对角线的位置关系还是数量关系区别都比较大，但是其实都是很强的条件。

例 8 **如图 30.17，菱形 $ABCD$ 中，$\angle B=60°$，延长 BA、BC，交过 D 点的任一直线于 E、F，AF 和 EC 的交点记为 M。求证：$\frac{CA}{CM}=\frac{CE}{CA}$。**

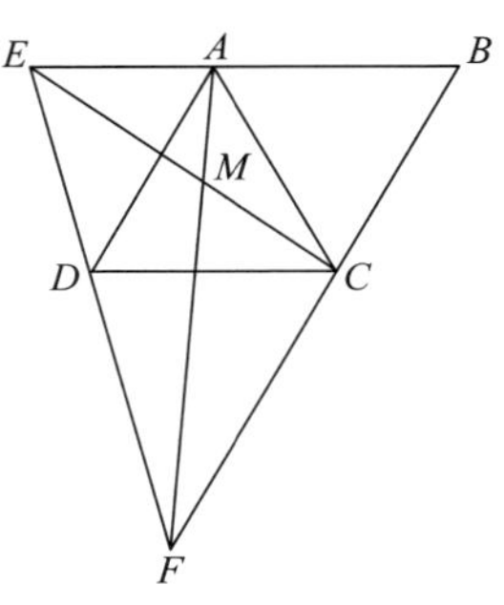

图 30.17

事实上，我们的目标很明确，就是证明△CAM 和△CEA 相似。题设中四边形 $ABCD$ 是菱形，这是一个强条件，但是，过 D 的任一直线是一个很弱的条件，因此我们需要把这两者结合起来。

既然目标是证明两个三角形相似，那我们就要想法证明$\angle CAM=\angle CEA$ 或$\angle CAE=\angle CMA$。我们先看看，有没有“中间角”能把要证相等的两个角给联系起来。很遗憾，找不到这样的跳板。所以一定要通过其他的相似三角形，才能把中间角给找到。接下来的目标就是找对应边成比例且夹角相等的三角形。

图中有哪些“肉眼可见”的相似三角形呢？首先，因为四边形 $ABCD$ 是菱形，所以△AED 相似于△CDF，马上可以得到 $\frac{AD}{AE}=\frac{CF}{CD}$；又因为$\angle B=60°$，因此△$ABC$ 和△ACD 都是等边三角形（有一个角为 60° 的菱形特别招人喜欢，出题人也非常乐意拿它们出题，就是因为会出现等边三角形，继而出现包含 30° 和 60° 角的直角三角形等大量性质极好的图形），所以$\angle BAC=\angle BCA$，因此$\angle CAE=\angle FCA$。我们再把 $\frac{AD}{AE}=\frac{CF}{CD}$ 改写成 $\frac{AC}{AE}=\frac{CF}{AC}$，就可以得到△$ACF$ 相似于△CAE，于是$\angle CAF=\angle CEA$，从而得到△CAM 和△CEA 相似，结论成立。

对于大多数初中生来说，长方形有天然的亲切感，因为这是孩子自小学阶段就开始接触的图形。虽然菱形的性质也很好，但孩子在小学阶段几乎没有接触过菱形（正方形除外）。如果菱形的性质放在小学阶段讲，很多孩子的知识储备恐怕远远不够。所以作为初学者来说，在初小衔接阶段，菱形接受起来往往有一定难度。孩子对菱形相关知识的掌握情况可能不如对长方形那样顺畅，这也是正常现象，大家要有点耐心。

例 9 如图 30.18，如果把两个全等的长方形交叉重叠放置，那么重叠的公共部分的边界是否是一个菱形？请说明理由。

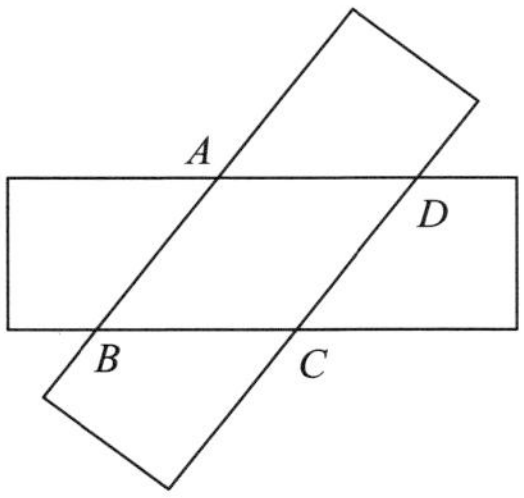

图 30.18

设公共部分边界的端点为 A、B、C、D，要判断四边形 $ABCD$ 是否为菱形，要么从边出发，要么从对角线出发。如果从对角线出发，就要说明 AC 和 BD 互相垂直平分，那就要证明被对角线分割出来的 4 个小三角形都是全等的。但问题是，已知条件中没有任何相等的边，所以这条路就算走得通，貌似也不能当成首选。

接下来就要考虑证明四边相等了。这时必然要构造全等，而且是不依赖于被对角线分割出来的小三角形的全等。焦点要放在哪里？没错，其实与证明对角线垂直平分的时候一样，焦点在于没有相等的边，所以这时就要好好想想，哪里可以找到相等的边？

四边形 $ABCD$ 是平行四边形，这没有问题，于是只要证明平行四边形 $ABCD$ 的邻边相等。在这个图形中，有没有现成的相等线段呢？长方形的对边相等。所以过 D 作 $DH\perp AB$ 于 H，过 B 作 $BG\perp AD$ 于 G，很容易证明$\triangle ABG$ 全等于$\triangle ADH$，于是 $AB=AD$，所以四边形 $ABCD$ 是菱形（图 30.19）。

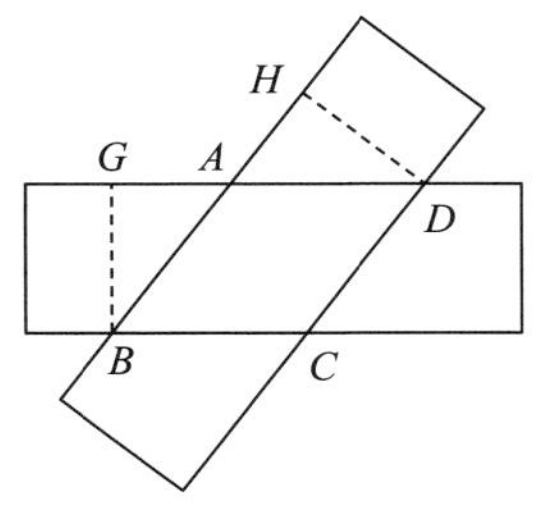

图 30.19

题目很简单，但思考过程很有意思。如果你上来就找到证明邻边相等这条路，那么恭喜你；如果你跑偏了，想先证明对角线垂直平分，那就要知道该如何在最短时间内绕回正确的路上来。

例 10 如图 30.20，在△ABC 中，∠ACB=90°，AD 是∠CAB 的角平分线，CH 是 AB 边上的高，$DE\perp AB$。求证：四边形 $CDEF$ 是菱形。

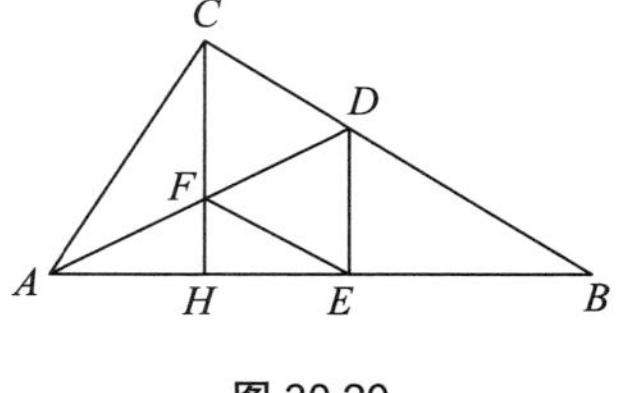

图 30.20

这题绝对是经典老题。我们来一起研究一下。

最容易得到的结论就是 $CF//DE$，所以走证明四边形 $CDEF$ 是“邻边相等的平行四边形”的路线是首选。D 是角平分线上的点，且 $DE\perp AB$，$CD\perp AC$，有 $CD=DE$。这时只要再证明四边形 $CDEF$ 是平行四边形，题目就证毕了。现在的努力方向就是证明 $EF//CD$ 或 $CF=DE$。

由于 $CD=DE$，因此只需证明 $CD=CF$ 即可得到四边形 $CDEF$ 是平行四边形，从而完成证明。看起来似乎通过“倒角”就能得到这一结论，即证明∠CFD=∠CDF。

因为 $CF//DE$，所以∠CFD=∠FDE，由△ADC 与△ADE 全等可知∠FDE=∠CDF，因此∠CFD=∠CDF，证明完毕。

我们再来看一个例子。

例 11 如图 30.21，P 是边长为 1 的菱形的对角线 AC 上一个动点，点 M、N 分别是 AB、BC 边的中点，求 $MP+NP$ 的最小值。

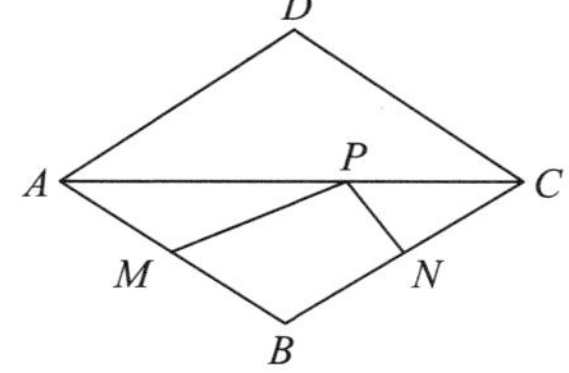

图 30.21

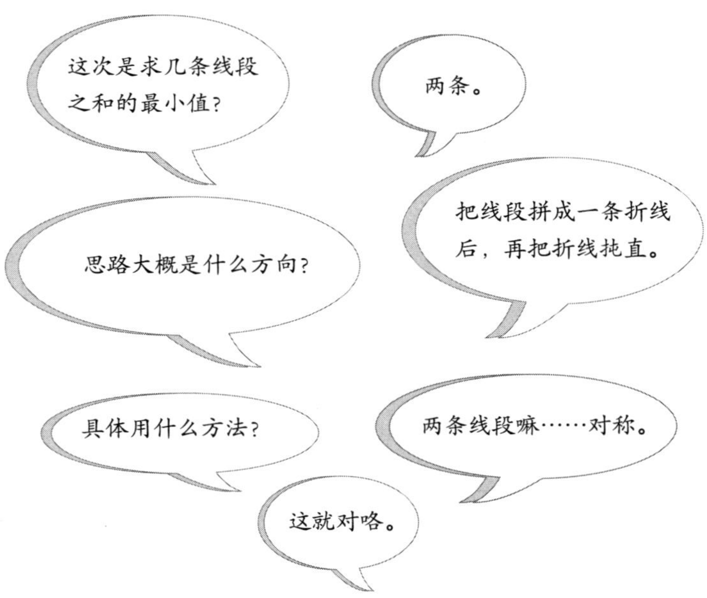

接下来无非就是怎么利用对称的问题了。菱形当然是轴对称图形，对称轴就是其两条对角线，因此，很自然的想法就是关于 AC 作对称（图 30.22）。我们发现，M 关于 AC 的对称点就在 AD 上，记为 M'，显然 M' 也是 AD 的中点；于是 $PM+PN$ 的最小值就变成了 M' 和 N 之间的最小距离。由于 M 和 N 都是中点，因此 $M'N//CD$，所以 $M'N$ 的最小值就是 1。

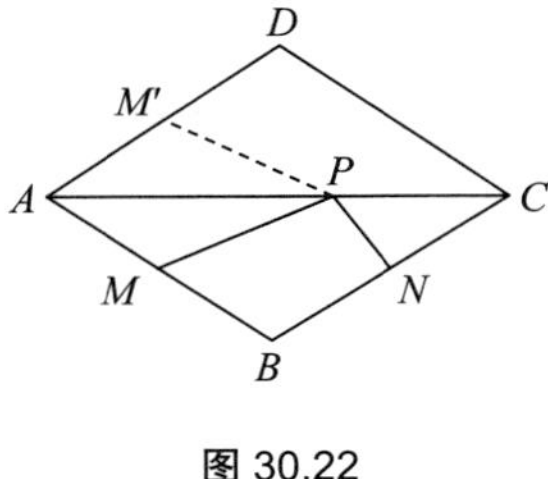

图 30.22

我们从以上几个例子可以看出，如何从菱形的基本定义出发来解决问题，以及如何把其他章节的知识点和新学的内容结合起来。虽然题目都是“陈年老题”，但解题思路都非常值得借鉴。

31 正方形

性质最好的四边形是正方形。什么是正方形？既是长方形又是菱形的四边形就是正方形。所以正方形具有长方形和菱形的一切“优良品质”，包括四边相等、邻边互相垂直、对角线垂直平分，等等。

呐，做人真的很矛盾。一般的四边形的性质那么糟，能用的工具那么少，我们一看到题目就觉得没啥工具用；正方形的性质那么好，按道理能用的工具应该很多，但一拿到题目，却不知道该怎么用了。好难啊。条件少的时候，思路很集中，但突破很难；条件多的时候，看起来处处都能突破，但真的一上手，却发现千头万绪，不知从何处下笔。

这就体现了我一直强调的“判断方向”的重要性。做数学题的时候，一定先要有一个大致的判断，先选哪条路，再选哪条路，不能盲目地东摸摸、西试试。面对平面几何问题，一定要紧紧围绕条件和图形的基本性质做文章。平时也要积累一点思路，找到适合自己的“打法”——这真的很重要。至于具体用什么方法解决，其实没有任何限制，但一定要有方向。我在书里讲的思路，都是我自己认为最自然的想法。事实上，除了核心的知识点以外，无论是解法还是教法，都不是一成不变的。然而，想实现“因材施教”，全部依靠学校里的老师是不现实的；有的家长有这份心，而且能够指点一二，也能勉强实现；否则，基本就要靠孩子自己去体悟了。

可以说，正方形是四边形中的集大成者，把正方形的问题弄通透了，四边形的问题基本都能通透了。因此，我们将多花一些力气讲解一下正方形。

例 1 如图 31.1，正方形 $ABCD$ 中，E 为 CD 的中点，$EF\perp AE$，则$\angle 1$ 和$\angle 2$ 的大小关系如何？

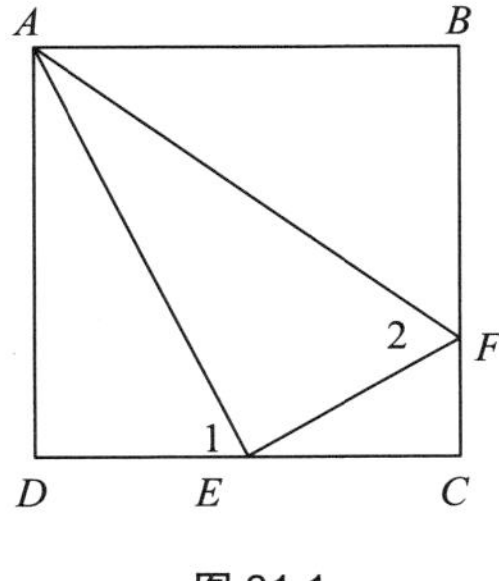

图 31.1

常备量角器是多么明智的做法！用量角器一量就知道答案了——相等。我们来看该怎么严格证明。

由于$\angle FEA=\angle D=90°$，但 $AF>AE>AD$，所以$\triangle ADE$ 和$\triangle AEF$ 不可能全等，只能证明二者相似。我们的目标是证明“角相等”，况且此时已经有两个直角了，所以这时候的目标就是证明 $\frac{AD}{DE}=\frac{AE}{EF}$。而由 E 是中点可知 $\frac{AD}{DE}=2$，那我们就看看能不能证明 $\frac{AE}{EF}=2$。

当然，我们需要借助其他的相似图形。最直接看到的相似图形就是$\triangle ADE$ 和$\triangle ECF$,（为什么？）于是 $\frac{EF}{AE}=\frac{CE}{AD}=\frac{1}{2}$，就有 $\frac{AE}{EF}=2$，可证得$\triangle ADE$ 和$\triangle AEF$ 相似，答案为$\angle 1=\angle 2$。

这是我能想到的最直接的办法。有没有其他想法呢？

由于 E 是中点，所以延长 AE 和 BC 相交于 P——中线倍长，也是很常见的办法，因为这样可以得到$\triangle ADE$ 全等于$\triangle PCE$，所以 $AE=EP$。而 $EF\perp AE$，由三线合一的逆定理可知，$\triangle AFP$ 是等腰三角形，且$\triangle AEF$ 全等于$\triangle PEF$。当然，不难证明$\triangle ECP$ 全等于$\triangle EDA$；但是在$\triangle PEF$ 中，EC 是斜边 PF 上的高，所以$\triangle ECP$ 相似于$\triangle FEP$，即$\triangle AEF$ 相似于$\triangle ADE$，于是也可以得到$\angle 1=\angle 2$。

正方形的问题出现“一题多解”的情况，是很容易的，因为这种图形的性质真的很好。所以，我们在日常训练中摸索出一套适合自己的思路就非常重要，否则像没头苍蝇一样乱试，白白浪费时间。我在这里给出一题多解，绝不是因为我提倡这么做。恰恰相反，老读者应该知道我是反对学生盲目地搞一题多解的——这应该是数学老师的工作。大多数学生没有精力去玩一题多解，找到合适自己的习惯和方向更重要。

我也想讲讲正方形的“手拉手”问题。在此之前，先回忆一下：等边三角形的“手拉手”模型的本质是什么？是旋转变换。所以，正方形的“手拉手”模型的本质同样是旋转变换，模型中也会出现很多全等三角形，而这些全等三角形是在旋转 90° 后得到的。

这就是知识的平移——在不同的知识点中找到相似的东西，尽快掌握新知识点的规律。家长可以对孩子提出上述问题，让他们去找新知识点和旧知识点的联系。通过类比等边三角形的情况，我们马上知道应该怎么抓正方形“手拉手”模型的要点。

例 2 **如图 31.2，在正方形 $ABCD$ 内任取一点 E，连 AE、BE，在 $\triangle ABE$ 外分别以 AE 和 BE 为边作正方形 $AEMN$ 和 $EBFG$，连 NC、AF，求证：$NC//AF$。**

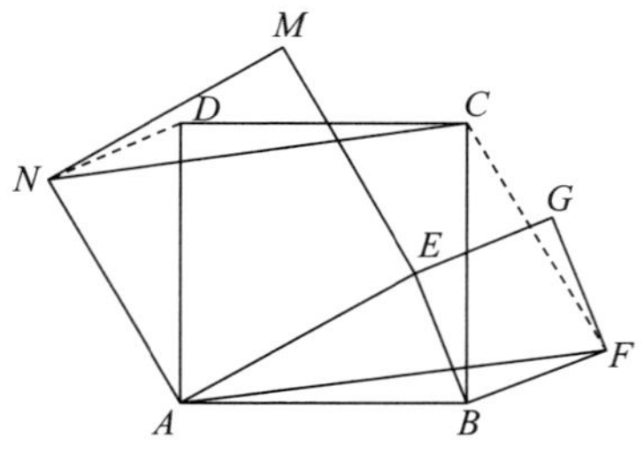

图 31.2

在我持之以恒的熏陶下，大家应该已经会自觉地准确作图了吧？我们发现 NC 不仅和 AF 平行，而且还相等，所以，最后结论等价于证明四边形 $NCFA$ 是平行四边形。

这是一个很有意思的现象：原题明明只要证明平行，我们却能多得到一个结论，简直就是“买一赠一”啊。再回忆一下，在讲解等边三角形的“手拉手”模型时，我们还强调过一点：“手拉手”模型得到的大多是数量关系的结论，很少得到位置关系的结论。因此，证明题中的四边形是平行四边形，恐怕更有可能要走“两组对边相等”这条路。

目标很明确：证明 $NC=AF$，$CF=NA$。如何证明 $NC=AF$ 呢？首先要找两个能把 NC 和 AF 包括进去的全等三角形，但尴尬的是，NC 不属于任何三角形。不过，好在还有一个三角形肯收留 AF——$\triangle ABF$。所以，很自然要想到加辅助线，构造一个包含 NC 的三角形，使得这个新三角形和$\triangle ABF$ 全等。连 AD 就是必然选择了。尴尬的是，我们似乎只能找到 $CD=AB$，其余的角和边相等的关系并不是那么直接。

如果孩子这时候想放弃，家长就应该指出：“两组对边呢？你才考虑一组，为什么不试试另一组呢？”

没错，证明 $NA=CF$ 会不会容易一些呢？再次重申，“手拉手”模型的本质是旋转变换，所以$\triangle NDA$ 是由$\triangle EBA$ 绕着 A 点逆时针旋转 90° 得到的，而$\triangle EAB$ 是由$\triangle FCB$ 绕着 B 点逆时针旋转 90° 得到的，因此这 3 个三角形全等，我们马上得到 $NA=CF$。

这时候有意外的发现！我们还希望得到$\triangle NDC$ 全等于$\triangle FBA$，已经有 $CD=BA$，$DN=BF$ 两组条件了，这时候再来一个夹角即可。（想一想，这里为什么不能用 SSS？）于是目标变成证明$\angle NDC=\angle FBA$，由前面的旋转全等可知$\angle NDA=\angle FBC$，而$\angle ADC=\angle CBA=90°$，所以两个夹角相等。于是两个目标三角形$\triangle NDC$ 和$\triangle FBA$ 全等，我们完成了证明。

例 3 如图 31.3，正方形 $ABCD$、$DEFG$、$FHLK$ 有公共顶点，P 为 AK 中点。求证：$PE\perp CH$，且 $PE=\dfrac{CH}{2}$。

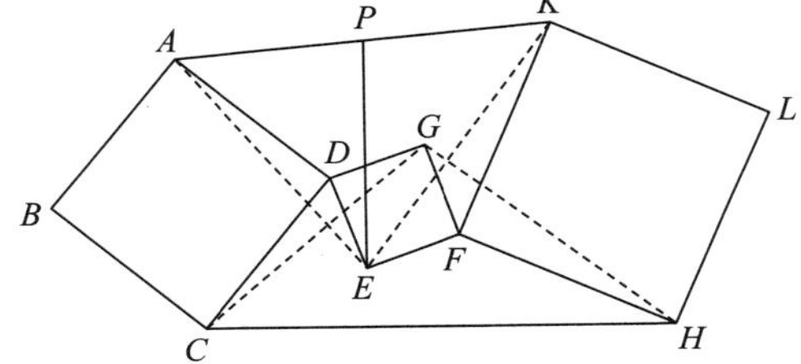

图 31.3

图看起来非常复杂，但如果

把正方形两两分开看，就是两组“手拉手”模型，我们这就放心多了。首先要做的，就是把能直接推出的结论先写出来：$\triangle ADE$ 全等于 $\triangle CDG$；$\triangle GFH$ 全等于 $\triangle EFK$；于是 AE 垂直且等于 CG，KE 垂直且等于 GH。

这样明显的结论必须先写出来，一般肯定能用得上。接下来对比要证明的结论。与经典“手拉手”模型的一些结论进行比较，我们发现，出题人的意图其实很明显——这是一个经典结论的变型：常见的结论中应该没有 $\frac{1}{2}$，可现在结论中 PE 是 CH 的一半。所以，一个自然的思路就是找到 $CH/2$ 或 $2PE$ 的“替代品”，使结论变成一个经典“手拉手”模型的结论。

一个很自然且较直接的办法就是取 CH 的中点 J，由于 AE 垂直且等于 CG，而我们的目标又是证明 PE 垂直且等于 CJ，所以把这一结论当作条件来看，目标就很明确了：我们应该证明 $\triangle APE$ 全等于 $\triangle GJC$。

令人遗憾的是，除了 AE 和 CG 垂直且相等以外，其他对应相等的边或角都很难找。另外半边就不用看了，两边一定是对称的——如果你无法证明 $\triangle APE$ 全等于 $\triangle GJC$，那么一定也无法证明 $\triangle KPE$ 全等于 $\triangle GJH$。这种证明意义上的对称和图形对称不是一回事，但在解题时却非常有用，它能快速帮你排除错误的思路，缩短找到正确路线的用时。可惜，这种“证明意义上的对称”很难有系统的理论加以描述，你只能根据自己的体会来理解了。

既然构造一半不行，那么还有一个办法：倍长。延长 EP 到 M，使得 $MP=PE$，这样一来，目标就变成了证明 ME 垂直且等于 CH（图 31.4）。既然如此，且

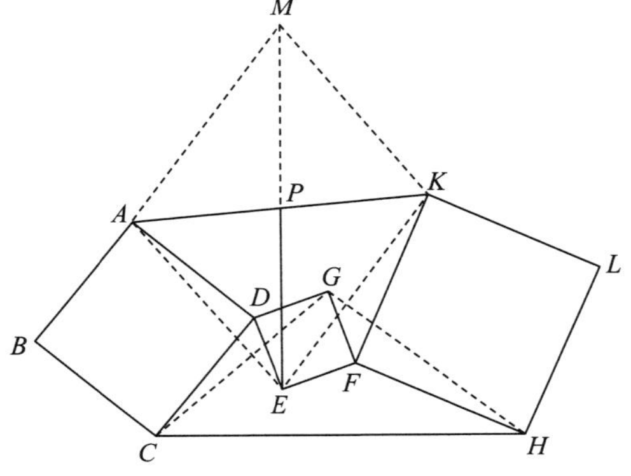

图 31.4

已有 AE 垂直且等于 CG，最终目标就变成了证明$\triangle AME$ 和$\triangle GHC$ 全等。

我们注意到，由于 P 是 AK 的中点，且 P 是 ME 的中点，因此四边形 $MKEA$ 是平行四边形，因此有 $AM=KE$；而 $KE=GH$，于是得到了第二条边对应相等。接下来全力以赴对付$\angle MAE=\angle CGH$ 即可。

“倒角”在“手拉手”模型中是非常常见的解题思路。我们不妨试试看，能否通过倒角得到$\angle MAE=\angle CGH$。由于$\angle CGH=\angle DGF-\angle DGC+\angle FGH=90°-\angle DGC+\angle FGH$，而$\angle MAE=\angle EAD+\angle DAM$，然后……过不去啊！推不出 $90°-\angle DGC+\angle FGH=\angle EAD+\angle DAM$ 这一步啊！

这说明得换个地方倒。注意到 $AE\perp CG$，$KE\perp GH$，于是在它们交叉形成的小四边形里，有$\angle CGH+\angle AEK=180°$；而在平行四边形 $MKEA$ 中，$\angle AEK+\angle EAM=180°$，得到$\angle CGH=\angle EAM$，因此$\triangle AME$ 和$\triangle GHC$ 全等。这就可以证明 $PE=\dfrac{CH}{2}$。

由 $AM//EK$，而 $EK\perp GH$，$AE\perp GC$ 可以看到，两个全等三角形对应的两组边都相互垂直，因此第三组对应边必然相互垂直。我们可以延长 AE 交 CH 于一点，然后通过倒角，可证明第三组对应边确实相互垂直。这部分内容留给读者自行补全。本题的综合程度虽然很高，但思路总体来说还是很自然的。辅助线看着挺多，可题做起来并不困难。

试探，是解题的“灵魂”，不敢试探的孩子不是好孩子。

例 4 **如图 31.5，已知在梯形 $ABCD$ 中，$AB//CD$，以 AD、BC 为边分别向外作正方形，K 是线段 EG 的中点。求证：$KD=KC$。**

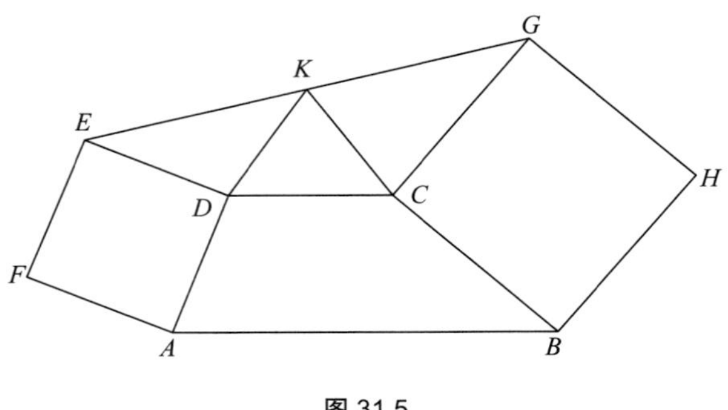

图 31.5

事实上，这就要求证明$\triangle KDC$是等腰三角形，不妨考虑走证明$\angle KDC=\angle KCD$的路线。但是倒角无法证明这两个角相等（请大家自行尝试），因此要换条路子。

事后应当让孩子总结一下：倒角到了哪一步，才发现倒不出来的？为什么要花这么长时间才发现这条路有问题？这样多总结，才能不断提高自己的认知。

倒角失灵，三线合一的逆定理马上成为备选。一定要养成这样的习惯：看到要证明的结论，一定要在短时间内想清楚首先要试什么，其次要试什么；同时，及时判断路线是否正确，不要“眉毛胡子一把抓”，否则只会浪费时间。

现在应该作$\angle DKC$的角平分线，还是过K作DC的高，还是取CD的中点呢？这是一个很自然的问题。既然要证明三线合一，而底边现在还是“光秃秃”的，那么肯定要往底边作一条线。而这条线必然是高、中线或角平分线的其中一个，所以我们必然面临选择。我们当然要选择中点，因为K是EG的中点，这样才有可能利用中位线的性质。而其他两个选择似乎和K是中点这一条件的关联不大。万一作EG的中线这条路失败，我们再考虑高或角平分线——当然，我会优先选择高，毕竟题中有正方形，还有那么多直角。

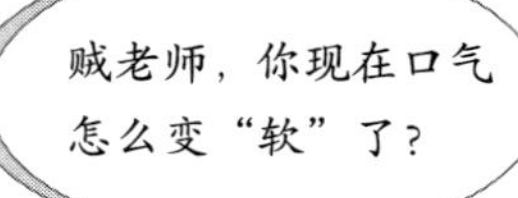

平面几何学到这个阶段，我们能用的工具太多，思路也就多起来，所以我也只能说哪种方法“可能”成功；如果一时选错了，之后可以再调整。你现在是不是有点儿怀念没有那么多工具可选的“好时光”了？

作 CD 的中线 KP，则 $CP=DP$（图 31.6）。如果想证明$\triangle KPD$和$\triangle KPC$全等，那么必然要证明 $KP\perp CD$，这样才有$\angle KPD=\angle KPC$，继而用 SAS 方法——其实这是唯一的路，因为有两条边相等的全等判别方法只有 SSS 和 SAS，显然 SSS 在此处不适用。

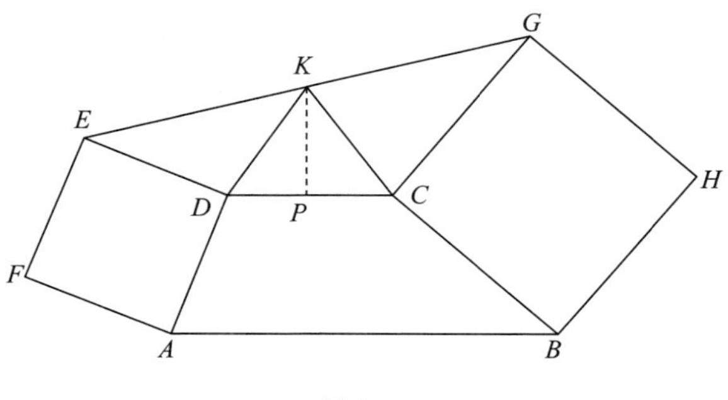

图 31.6

此时，在$\triangle KDC$内已经做不出什么文章了，我们需要把眼光向外扩一扩。很显然，四边形 $CDEG$ 也帮不上什么大忙：这是一个不规则的四边形，CD 和 EG 的中点看来没什么用处。一直到这个时候，你是不是还没发现我们似乎遗漏了什么？

这两个正方形是干什么用的？正方形这么强的条件，目前为止竟然一点儿忙都没帮上，是不是太不正常了？注意，KP 是 CD 上的中线，但并不是某个能用得上的三角形的中位线，因此我们不如希望 KP 能成为某个梯形的中位线，这样也会出现平行的关系。

于是，我们需要往两头延长 CD，构造一个梯形，使得 KP 是这个梯形的中位线。而 KP 显然垂直于 CD，所以我们要构造一个直角梯形：过 E 和 G 分别作 $EJ \perp CD$ 于 J，$GM \perp CD$ 于 M，这样就得到了直角梯形。

但问题又来了：我们只知道 P 是 CD 中点，但它是不是 JM 的中点呢？我们只要证明 $DJ=CM$，那么 P 就是 JM 的中点，也就能得到 $KP \perp CD$ 的结论了。

显然，$\triangle EJD$ 和 $\triangle GMC$ 不一定是全等的（除非梯形 $ABCD$ 是等腰梯形），但既然有正方形，我们就可以很容易构造和这两个三角形全等的三角形：分别过 D 和 C 向 AB 引垂线，垂足分别为 J' 和 M'，不难证明 $\triangle DEJ$ 和 $\triangle DAJ'$ 全等，$\triangle GCM$ 和 $\triangle BCM'$ 全等；于是 $DJ=DJ'$，$CM=CM'$，而 DJ' 和 CM' 是平行线 CD 和 AB 之间的垂线段，二者自然是相等的，所以 $DJ=CM$，至此我们就完成了证明（图 31.7）。

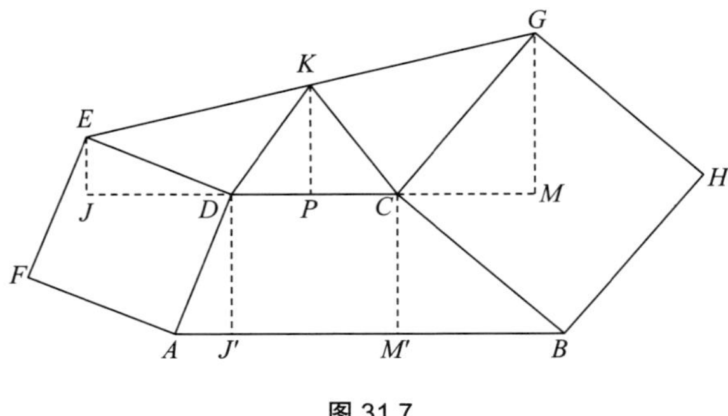

图 31.7

当然，如果孩子的几何感觉好，上来就能走上这条路，那当然最好；如果走了弯路，但最后能绕回正确的道路上来，那想来也是极好的。

例 5 **如图 31.8，正方形 $AEDB$、$ACFG$ 有公共顶点，P、M、Q、N 分别是 AD、BC、AF、EG 的中点。求证：四边形 $PMQN$ 是正方形。**

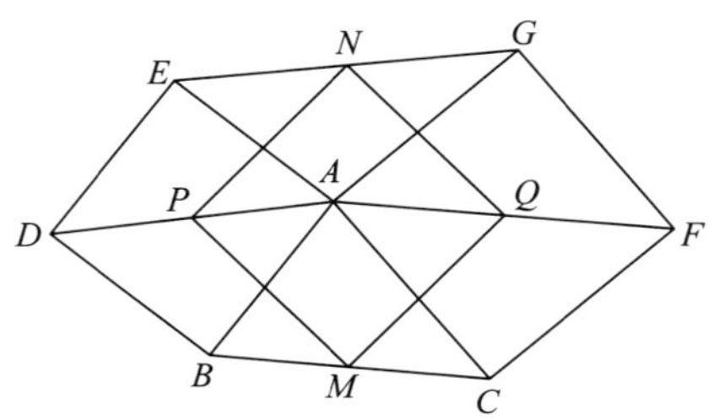

图 31.8

如何判别正方形？有两条路线：一是从边的角度，一是从对角线的角度。从边的角度来说，需要 4 边相等且一组邻边垂直；从对角线的角度来说，需要对角线长度相等，且互相垂直平分。那么该走哪条路呢？对啦，试试才知道！

既然题中有那么多中点，首先应该想到的就是作中位线，而中位线带来的位置关系是平行，所以很有可能是通过对边平行证得四边形是平行四边形，然后利用边的关系再证明它是正方形。看起来，这种方法比利用对角线的关系，要自然一些。

由于 P、M、Q、N 都是中点，我们不妨先来看 PN。P 是 AD 中点，N 是 EG 中点，然而 AD 和 EG 构不成三角形——游戏结束。

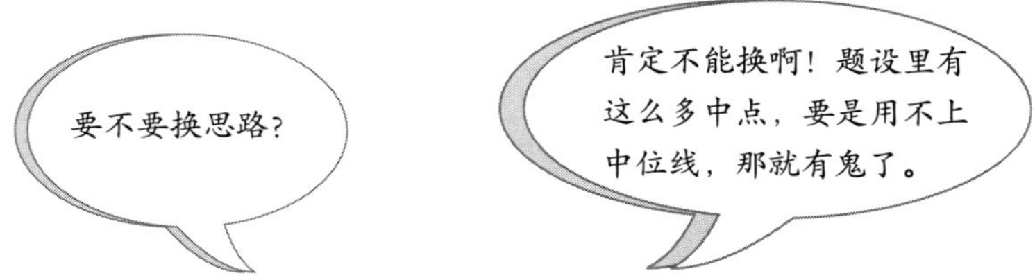

然而，我们把剩下 3 条边 PN、MQ、NQ 都看一遍之后，仍然发现没有一条是某个三角形的中位线……事出反常必有妖。我们关注了中点，但是，正方形的条件却没有被利用起来。由于 P 是 AD 的中点，而 AD 是正方形的一条对角线，那么 P 也是另一条对角线 EB 的中点，连接 EB 是必然的选择——“取中”和“连对角”这两种方法都被包含了。

连接 EB 以后，P 和 N 分别是 EB 和 EG 的中点，这时候就有中位线了，

PN 平行且等于 GB 的一半；同理，QM 也平行且等于 GB 的一半，证得四边形 $PMQN$ 是平行四边形（图 31.9）。

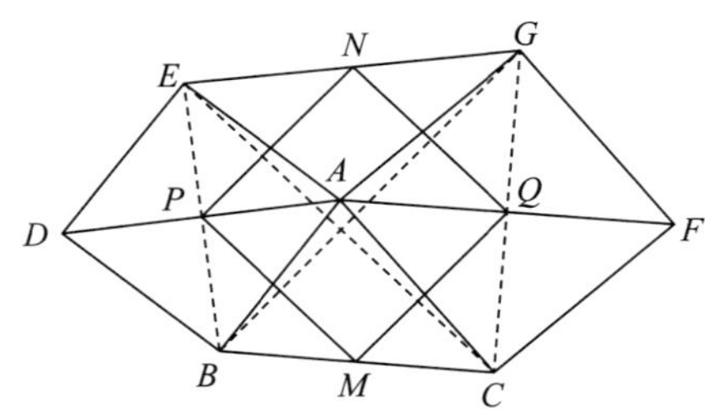

图 31.9

一个平行四边形怎么才能成为一个正方形呢？要有一个角是直角，且其邻边相等——正方形既是矩形，又是菱形。于是，命题可以等价于证明 BG 和 EC 垂直且相等。这个套路我们在三角形“手拉手”模型中碰到得太多了：想要证明两条线段长度相等且夹角为一个定值，大多数情况都要通过旋转来解决。

现在的目标是证明两条线段的夹角为 90°，于是，我们要在图中找到两个全等三角形，其中一个三角形是由另一个旋转 90° 后得到的，而且这两个三角形要分别包含 BG 和 EC 这两条线段。不难发现，这两个三角形是 $\triangle EAC$ 和 $\triangle BAG$。这对全等的证明很容易，留作大家自己练习。

当然，这道题还可以开发出很多结论，比如，连接 DF 并取其中点 K，则 $\triangle KEG$ 和 $\triangle KBC$ 都是等腰直角三角形。证明这个结论的难度比原题还要大一些，有兴趣的读者可以自己试一试。

我们一直在讲，平面几何题有的“同形不同意”，有的“同意不同形”。其实，本题还可以做一些改变，变成完全不同的题目，比如：

如图 31.10，$\triangle ABC$ 和 $\triangle ADE$ 是两个不全等的等腰直角三角形，固定 $\triangle ABC$，将 $\triangle ADE$ 绕点 A 旋转。求证：不论 $\triangle ADE$ 旋转到什么位置，EC 上总存在一点 M，使得 $\triangle BMD$ 为等腰直角三角形。

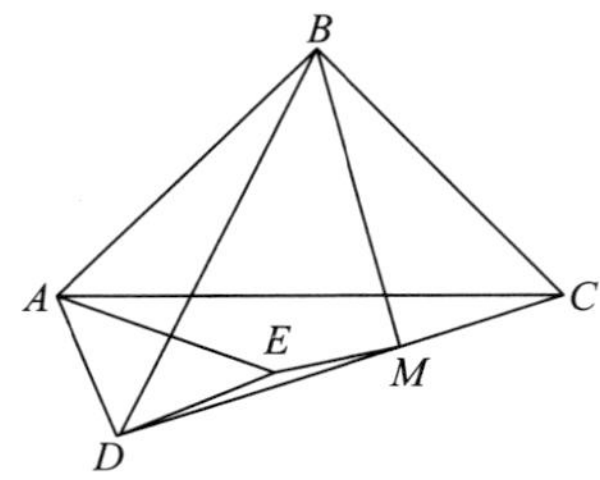

图 31.10

（本题为 1987 年全国高中数学联赛题，但并没有你想象的那么难，留给大家自己练习吧。）

例 6 如图 31.11，正方形 $ADEF$、$AGCB$ 有公共顶点 A，作 $AH \perp FG$ 于 H，延长 HA 至 K，使得 $AK=FG$，作 $AS \perp BD$ 于 S，延长 SA，使得 $AR=BD$。求证：四边形 $RCKE$ 是正方形。

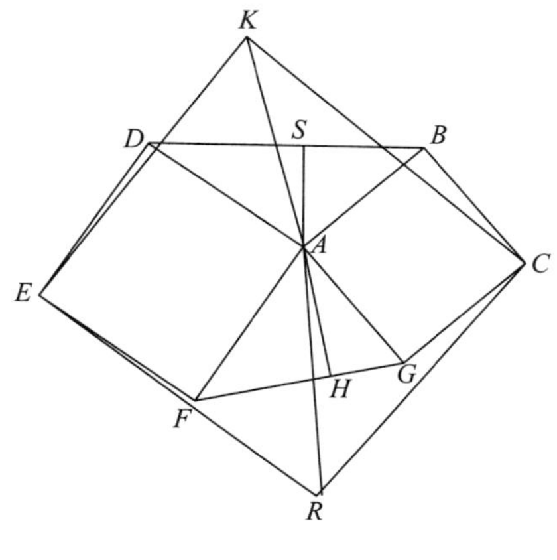

图 31.11

方法还是利用正方形的定义——要么走边，要么走对角线。如何证明 $EK=KC=CR=RE$，并且 $\angle EKC=\angle KCR=\angle CRE=\angle REK=90°$？或者，如何证明 KR 和 EC 相等并且互相垂直平分呢？

不妨先从边来看一看。想证明边相等，最自然的方法就是找全等。在这张图中，正方形 $ADEF$ 和正方形 $AGCB$“手拉手”了，可以肯定会出现全等三角形。不难看出，$\triangle ADG$ 和 $\triangle AFB$ 全等，于是 BF 和 DG 互相垂直且相等。

从图 31.12 看，DG 应该和 KC 以及 ER 平行且相等，BF 和 KE 以及 CR 平行且相等，所以只要证明四边形 $DKCG$、$DGRE$、$KEFB$、$BFRC$ 是平行四边形即可。我们不妨先尝试证明 $DKCG$ 是平行四边形。同样的问题又来了：是证明 KG 和 CD 互相平分呢？还是证明 DK 平行且等于 CG 呢？

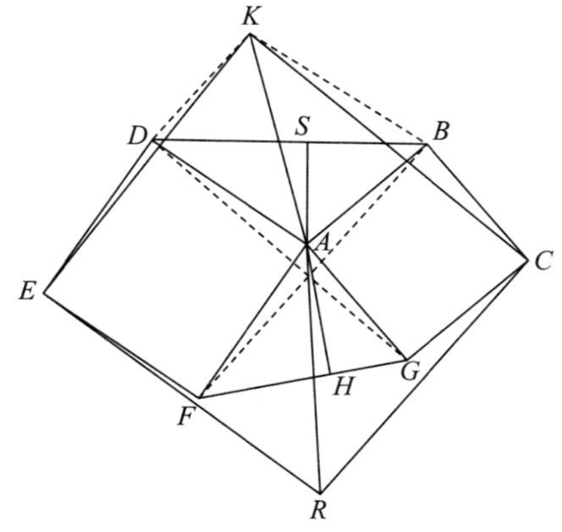

图 31.12

如果连接 KG 和 CD，我们会发现两条线段的交点落在了一个看着很不舒服的位置上，所以这条路不如先放一放；而 DK 平行且等于 CG 貌似还挺靠谱的，毕竟 CG 平行且等于 AB，而四边形 $ABKD$ 看起来也像平行四边形。如何证明四边形 $ABKD$ 是平行四边形呢？——这道题的思路感觉就是一个绕口令，一直在判断四边形是不是平行四边形……那么，这次是要通过边还是通过对角线呢？

事实上，由 $AK=FG$，$AD=AF$，$\angle KAD$ 和 $\angle AFG$ 都是 $\angle FAH$ 的余角，由 SAS 不难证明 $\triangle KAD$ 和 $\triangle GFA$ 全等，于是得到 $KD=AG=AB$；同理，$\triangle KAB$ 和 $\triangle FGA$ 全等，因此 $KB=AF=AD$，于是四边形 $ABKD$ 确实是平行四边形。由此可证四边形 $DKCG$ 是平行四边形，所以 KC 平行且等于 DG；同理可证 ER 平行且等于 DG，得到 KC 和 ER 平行且相等；同理可证 KE 和 RC 也平行且相等，而且 DG 和 BF 是垂直且相等，于是证得 KC 和 KE 垂直且相等，因此四边形 $RCKE$ 是正方形。

事实上，本题是由一道“陈题”改编来的，原题如下：

以 $\triangle ABC$ 的边 AB、AC 为边向外作正方形 $ABDE$ 和正方形 $CAFG$，连接 EF，过点 A 作 BC 的垂线，并交 EF 于 M。求证：$EM=FM$，且 $AM=\dfrac{BC}{2}$。

如果你做过原题，早已知道原题的结论，那你可以直接“秒掉”例 6：AK 和 BD 互相平分，所以四边形 $ABKD$ 是平行四边形。

这道题的整个分析过程对教学或自学都有借鉴意义，不过，更重要的意义在于弄清我们该如何做题。原题其实有很多的变型，可以推出很多有意思的结论，但万变不离其宗，基本思路都是旋转变换或全等。

我们常说一句话：题是做不完的。事实上，好学生做了“基本款”题型之后，一碰到变型题马上就能解决，所谓“闻一知十”，概莫如是。

我们还常说一句话：数学是不需要记忆的，因为只要学到位了，任何结论都可以被推出来。这句话在理论上一点儿问题都没有！可实际上呢？任何数学考试都是限时的，所以，题目“能做出来”和“能在规定时间内做出来”，其实还不太一样——前者凭的是数学基本功、综合运用知识等能力，后者不但需要一定的知识水平，还需要足够的应试能力。

很可惜，不是所有学生都能当数学家。对很多学生而言，最大的希望是在数学考试中取得好成绩。因此，我们还是有必要强调解题速度的。做一些积累，储备一些经典例子，对于提高解题速度非常有帮助。特别是，不要觉得书上没有的定理就不能直接用，那是对需要详细证明过程的大题而言，对于那些不需要过程的选择题和填空题，如果你在日常有一定的积累，就很有希望能快速解决这些小题目。

有的学生可以在“基本款”题型的基础上，自行改编题目——当然，只有少数学生能达到这个水平。很有意思的一点是，这种有能力推导、改编题目的学生，往往在脑海中积累了大量类似的“基本款”题型；没有能力推导的学生，往往是啥也没记住，做练习就像狗熊掰棒子一样，一边掰，一边扔。我所说的“把数学当成语文来学”，确实在某种程度上会破坏数学的美感，而且我的本意可不是让你死记硬背所有的题型。然而，从现实应试的角度来说，熟悉一些经典题型，记住一些现成的有用的结论，对一些学生来说也是一个不错的选择。

（三）圆

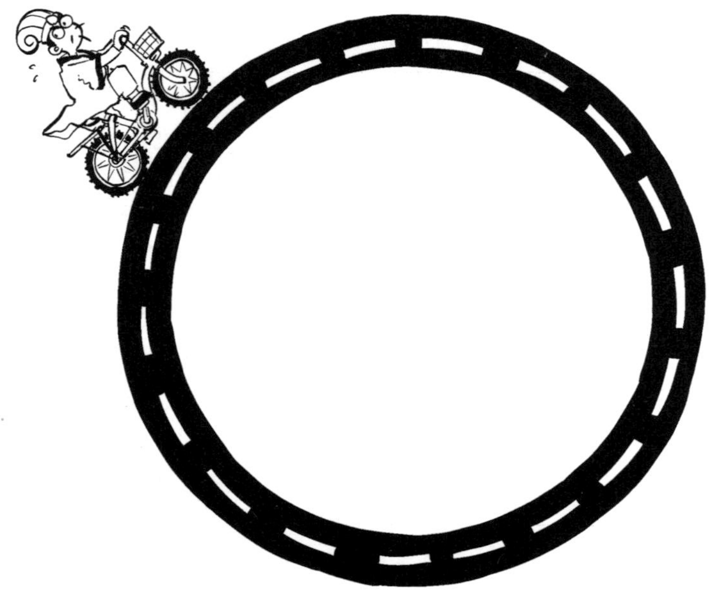

32
什么是圆

初中阶段平面几何的“集大成者”——圆，是最简单的曲线图形，也是性质最好的曲线图形。

我在给孩子们讲圆的时候，第一个问题往往就是：什么是圆？大部分孩子都开始抓耳挠腮。在生活中再常见不过的图，突然要求你给出一个准确的定义，看起来并不是一件容易的事。我会让孩子们畅所欲言，极尽腾挪跌宕之能事，然后引导他们慢慢修正自己给出的定义。

圆，是到定点的距离等于定长的点的轨迹。这可能是孩子们第一次使用“轨迹”这一概念。在平面几何的学习中，我们曾经在角的定义中引入“动态”的观点——一条射线绕其端点旋转，到达某一位置后停止所形成的图形就是角。但是，我们当时没有提到轨迹。事实上，轨迹也是一个动态观点，但动态观点不一定就是轨迹。轨迹的概念对于后面学习的圆锥曲线（包括椭圆、双曲线和抛物线）有着非常重要的意义。用静止的观点来描述圆，其实是一件很困难的事，用轨迹来描述它反而通俗易懂。而且，根据这个定义，我们可以在解析几何中轻松地写出圆的方程。

如今中学数学教学中的一大弊端就是“切割”太严重。初中阶段就只管初中部分内容，很少为后面的高中学习做准备——中考的时候不考，就不学了。有时候，观点的高低对于初中数学学习的影响并不那么大，因此，很多人就会直接无视这种联系。但是，这样对数学学习的连贯性其实是非常不利的。

在讲圆的相关内容时，首先一定要让孩子去思考圆的定义，孩子想个五分钟、十分钟都是值得的。几乎没有哪个孩子能一次性地把圆的定义讲明白，因为这确实不是一个容易回答的问题。像这种能够促使大家探索图形本质的好问题，一定要让孩子多思考。

当然，如果家长有足够的实力和耐心，建议带着孩子读一读欧几里得的《几何原本》和阿波罗尼奥斯的《圆锥曲线论》。你会发现，两千多年前的人竟然厉害到这种地步。我曾试图把《圆锥曲线论》中的每个定理完整地证明一遍，在做了几个证明以后就感慨：在符号体系已经如此完备的今天，想证明其中的很多定理，仍然是不容易的——计算量也很大。很难想象，在久远的古代，竟然有人能够推出这些结论，实在是不可思议的事情。

阿波罗尼奥斯几乎找齐了圆锥曲线的所有性质，而且，他完全依靠平面几何的推导法证明了这些性质——毕竟，直角坐标系是在他死后一千多年才发明的。平面几何也是一样。直到现在，甚至还有人怀疑《几何原本》是后人的伪作，因为书中的思想太超前了。当年，杨振宁先生赋诗一首盛赞陈省身先生，说自古以来最伟大的五位几何学家是“欧高黎嘉陈”。排名第一位的就是欧几里得，可见欧氏的功力之深。

在孩子学习圆的定义之后，不妨再玩个游戏，让他尝试给椭圆也下一个定义。看看有多少孩子会说出“把圆压扁一点儿就是椭圆”这样的话来。

圆是高度对称的图形。我们之前讲过，对称分为轴对称和中心对称两种形式。所以，假如圆不是轴对称或不是中心对称，那它简直对不起“高度”这两个字。

我们之前接触的正方形、长方形和菱形都是既中心对称又轴对称的图形，其对称中心都是对角线的交点（平行四边形的性质）；但就对称轴而言，正方形有 4 条，长方形和菱形各有 2 条。不过和圆一比，这些图形就“小巫见大巫”了：圆有无数条对称轴。

我们来回忆一下圆的定义：到定点的距离等于定长的点的轨迹。我们把这个定点称为圆心，圆心和圆上任意一点的连线称为圆的半径，圆的半径的长度恰好就是定长。我们把穿过圆心的直线被圆周所截得的线段称为圆的直径。在小学阶段求圆的面积和周长时，我们就知道该如何利用圆的半径和直径了。

圆有无数条直径，而且每条直径都是圆的对称轴；圆心就是圆的对称中心。怎么样，你现在是不是觉得圆的对称性确实对得起“高度”这两个字了？

这条性质有什么用呢？几乎所有数学老师都知道：所有周长相同的封闭图形中，圆的面积最大。但鲜有中学数学老师能对此给出一个严格的证明。这个命题称为“等周不等式”。人们在很早的时候就猜出应该是圆的面积最大，但找到严格的证明只是不到 200 年的事情。而且，这个证明分了两步走：第一步证明了，假如这样的曲线存在，那么它一定是圆；第二步才证明了，这样的曲线一定存在。第二步证明需要用到微积分的知识，因此，我们在此只给出第一步的证明，顺便再给出一些关于圆的性质。

我们从几何直观上考虑这个问题。首先可以肯定的是，这个图形一定是朝外凸的，而不能朝内凹陷。不然的话，我们总可以在凹、凸的两个转折点之间连一条线，然后把凹进去的部分作关于这条线的对称，那么图形的面积增大，周长却不变（图 32.1）。

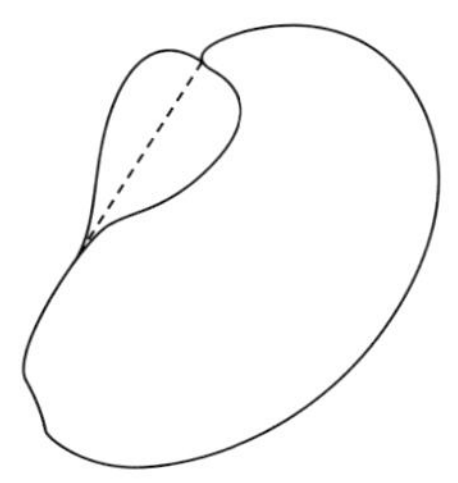

图 32.1

其次，在封闭曲线上找两个点，如果这两点把曲线分成不同的两段，且这两段曲线等长，那么这两点的连线一定是该图形的对称轴。如果图形不对称，那么不妨假设被连线分成的两部分中一块大、一块小，再把大的部分往小的部分那边一盖，那么图形就变成一个对称图形，其周长长度没变，但面积增大了（图 32.2）。

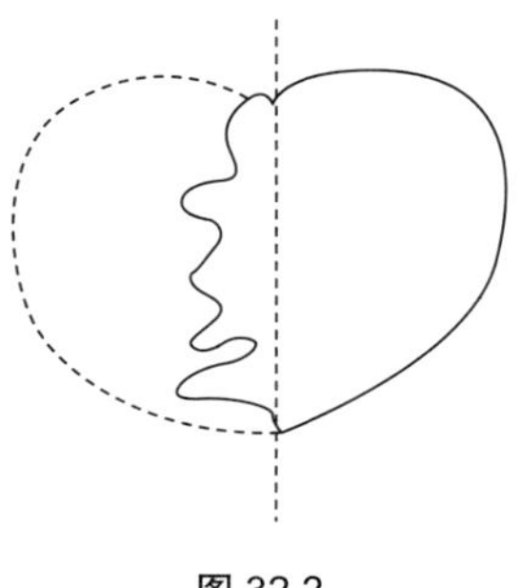

图 32.2

最后一条性质：在封闭曲线上取两点 A、B，恰好把曲线分成等长的两部分；此时，在曲线上随便挑一点 C，总有 $\angle ACB=90°$。这一条性质的验证需要用到一点儿三角知识：弓形 ACB 的面积可以看成弓形 AC 的面积加上弓形 BC 的面积，再加上 $\triangle ABC$ 的面积。根据三角形面积公式 $S=\frac{1}{2}\times ab\sin C$，若 a，b 不变，则 C 为 90° 时三角形面积最大。因此，如果原来 $\angle ACB$ 不等于 90°，那么当它趋于 90° 时，三角形面积就会越变越大；直到 $\angle ACB$ 变成 90°，弓形 ACB 的面积最大。现在无论怎么看，你是不是觉得这个封闭曲线图形就应该是一个圆了（图 32.3）？

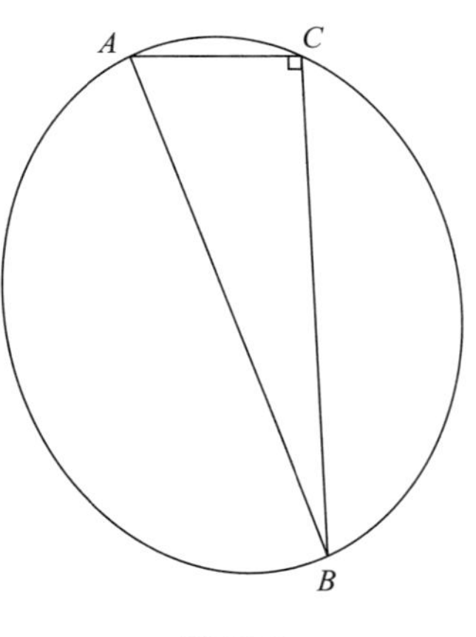

图 32.3

问题看着挺容易，但直到 1838 年，人们才给出了不严格的证明。而一直到 20 世纪初，数学家赫尔维茨才利用傅里叶级数和格林公式给出了一个严格证明。从以上证明过程可以看出：

- 圆在每个点上的弯曲程度相同；
- 圆有无数条对称轴；
- 圆上任意一点和不包含该点的直径的两个端点相连，所得夹角为直角。

你看，线一旦不直了，问题难度陡然而增。不难预见，我们在初中阶段研究圆，更多的是研究与圆相关的直线段问题；针对圆本身的研究，其实是非常少的，因为我们现有的工具实在太弱了。

33 圆与角

既然主要目标是研究圆中的直线段图形，那我们就从最简单的情况入手。在上一章，我们讲了圆的直径的定义，这是圆中最特殊的直线段。圆中性质稍差一点的直线段有哪些呢？

圆上任意两点之间用直线段相连，该直线段称为弦。很显然，直径是非常特殊的弦。那么一般的弦有什么特点呢？

由全等三角形可以很容易地证明，任意一条弦的中垂线必过圆心；垂直一条弦的直径必然平分该弦，反之亦然。从对称的角度来看，这是很显然的事情。

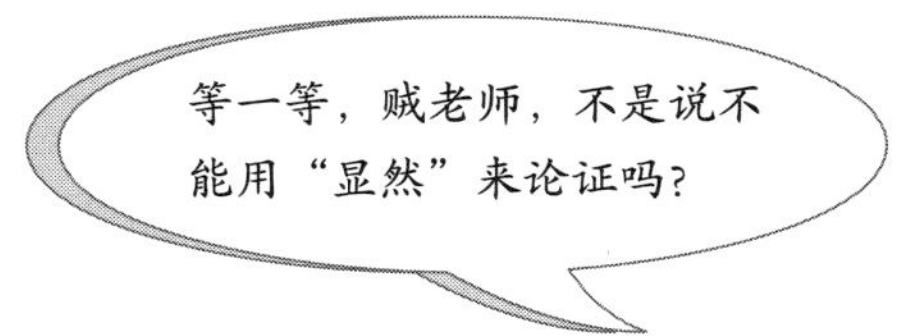

几何直观是一种粗略的、不严格的东西，但这种感觉非常重要。能对命题有一个基本判断，往往会事半功倍。之前，我一直强调徒手作图要准确，就是因为我们通过准确作图，能培养起对几何图形的“感觉”。几何直观无法替代严格的证明，但严格的证明可以在几何直观的帮助下变得简单。对于某些中间结论，我们甚至可以通过观察图来得到——这其实就是一种提示。几何直观和严格证明并不矛盾，它们有相互促进的作用。

如果圆中的两条弦有公共的顶点，那么这两条弦的夹角称为圆周角——这是两条弦组成的图形。同理，如果 3 条弦之间两两有共同端点，那么这 3 条弦就构成了圆内接三角形。如果一个四边形的 4 个顶点都在圆上，就称为圆内接四边形。

你看，关于圆的学习脉络是不是很清楚了？我们会依次按照圆与角、三角形和四边形的关系的顺序进行学习。当然，圆和直线图形的内容肯定有一些差别，所以，除了上述内容以外，圆肯定还有一些独特的内容。这样一来，学习的逻辑顺序就显得很通透了。

与圆周角对应的是圆心角。圆心角是指圆上两点分别和圆心相连后，在圆心处形成的夹角。我们注意到，如果在圆心角同侧的圆弧上任意取一点和这两点相连，就会得到一个圆周角。由于这一对圆周角和圆心角两边的交点恰好都落在圆周上，于是形成了一种“对应”关系：圆周角和其对应的圆心角。假如没有“对应”二字，很多性质就不复存在了。作为初学者，必须要注意重点在什么地方。由三角形的外角定理可知，圆心角的大小等于其对应的圆周角大小的 2 倍。但如果两个角不对应，那么这种关系就不存在。

圆心角和其对应的圆周角的倍数关系的证明，其实是一个很有意思的问题。当我们把问题抛出去以后，学生往往会作出图 33.1。

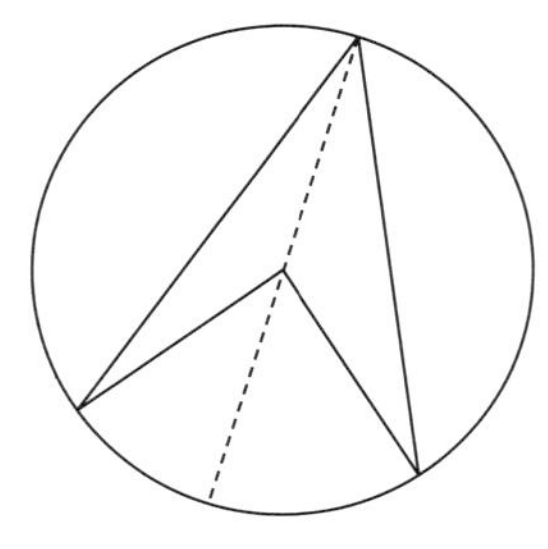
图 33.1

很少有学生能想到其实还有两种情况（图 33.2），更别提完整地证明了。如果这道题有 3 分，大部分孩子只能拿到 1 分。不要以为只有代数里才有分类讨论的情况，平面几何中也有。

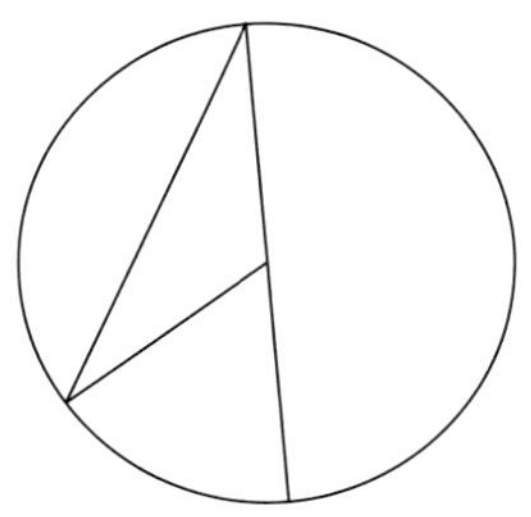

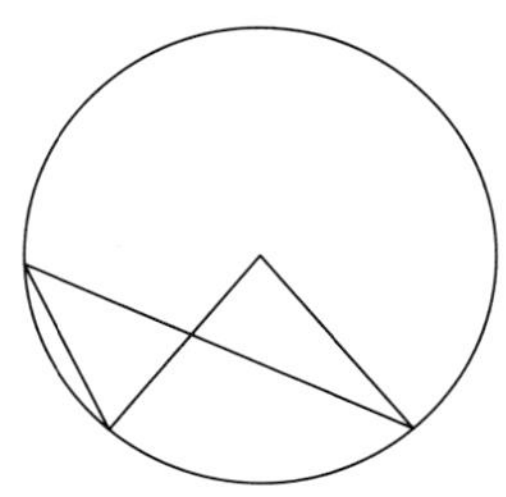

图 33.2

遇到这种需要分类讨论的情况，家长应该让孩子自己去摸索，哪怕孩子考虑不完全，再告诉他答案，也比直接讲给孩子听，印象要深刻。后面两种情况的证明工具都是利用等腰三角形，结合外角的性质。具体证明留作练习。

一个圆心角可以对应多少个圆周角呢？无数个。一个圆周角可以对应多少个圆心角呢？有且仅有一个。我们马上可以推出：同一段弧对应的圆周角都是相等的。

当然，如果我们取优角作为圆心角，那么上述结论仍然成立。我们还可以借此得到一个结论：圆内接四边形的对角和为 180°，即圆内接四边形一个内角的外角，等于该内角的对角。

看，这就是演绎的力量!

在圆上任意取三点可以构成一个三角形，那么任意给定一个三角形，能否确定一个圆呢？答案是：可以。你看，几乎每个几何命题的逆命题都很有意思，无论结论是肯定的，还是否定的。那么，为什么不共线的三点可以确定一个圆呢？

我们不妨设三点构成$\triangle ABC$，分别作 AB 和 BC 的中垂线，由于 AB 和 BC 不平行，因此它们的中垂线必然相交；我们不妨记交点为 O，那么 O 就是由$\triangle ABC$所确定的圆的圆心（图 33.3）。

证明非常容易，因为O在AB的中垂线上，所以$OA=OB$；而O也在BC的中垂线上，所以$OB=OC$，因此$OA=OC$，所以O在AC的中垂线上，且O到A、B、C三点距离相等。很显然，以O为圆心，OA、OB或OC中任意一条为半径作圆，$\triangle ABC$的三个顶点恰好都落在这个圆上。

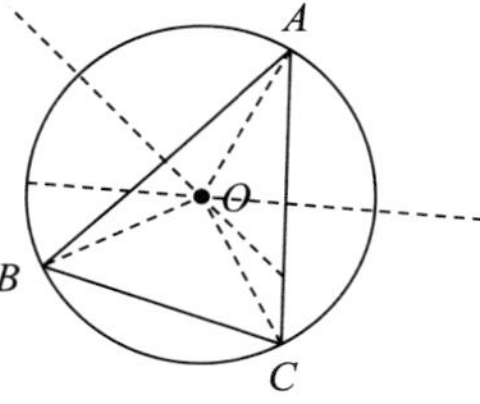

图 33.3

从上述证明可知，任意一个三角形的三边的中垂线一定交于一点，这点称为三角形的外心。有意思的是，三角形的形状不同，外心的位置也会不同。锐角三角形的外心在三角形内部，直角三角形的外心恰好是斜边上的中点，而钝角三角形的外心会跑到三角形外部。我们称这样得到的圆为三角形的外接圆。

与外心对应的名词应该是内心。什么是内心？三角形的三条角平分线的交点为内心。等一下，三角形的三条角平分线为什么一定交于一点呢？首先，三角形里的两条角平分线一定是有交点的，不妨记作O，即O是$\angle A$和$\angle B$的角平分线的交点。我们过O分别向三边作垂线，显然这三条垂线段长度相等，因此以O为圆心、三条垂线段为半径也可以作圆。我们把这个圆称为三角形的内切圆。

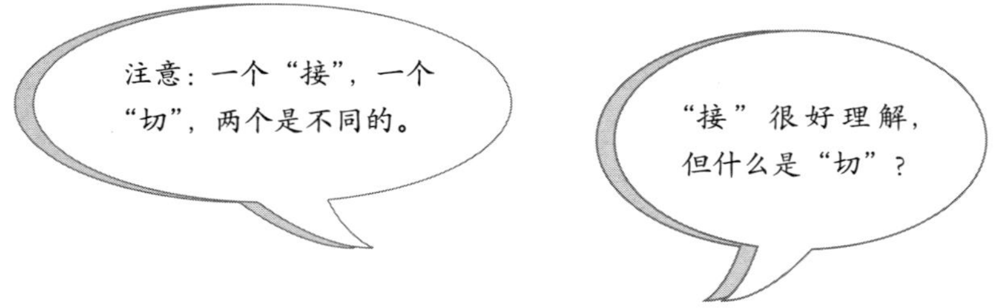

如果一条直线和一个圆有且仅有一个交点，就称该直线和圆相切。根据

这一定义马上可以得到一个结论：半径和切点的连线垂直于切线。

我们可以这样看待切点：一条直线和圆相交后，两个交点慢慢重合在了一起，而这两个交点原本所截取的弦（线段）的中点也重合在了同一个点上，即三点合一；圆心和弦的中点的连线必然垂直于该弦——只不过现在，这条弦的长度为 0 了。从这个性质可以看出，如果题目中有切线条件，且圆心和切点没有相连，那么把它们连接起来，应该是一个不错的加辅助线的选择。这是一个非常漂亮的极限思想的应用。这么好的方法不应该只用一次，我们来看看在同样的动态观点下，相切的另一种定义方法。

还是从动态的观点来看。一条直线和圆相交，那么它们有两个交点。我们称这种位置上的直线为圆的割线。然后，直线绕着圆外一点旋转，当旋转达到一定角度后，圆和直线就没有交点了。这一变化过程是连续的，直线从和圆有两个交点到没有交点，这中间有一个临界状态——此时直线和圆有且仅有一个交点，再动一下，直线就和圆分离了。事实上，这也是微积分中导数的几何意义：曲线上某一点的切线就是过该点的所有割线的极限位置。

相切的两种定义方法无非是静态和动态的观点，但结果是一样的，即按照直线和圆的交点个数，来确定位置关系。

其实还有一种定义的方法，即利用圆心到直线的距离来定义。若圆心到直线的距离小于半径，称为相交（相割）；圆心到直线的距离等于半径，称为相切；圆心到直线的距离大于半径，称为相离（图 33.4）。

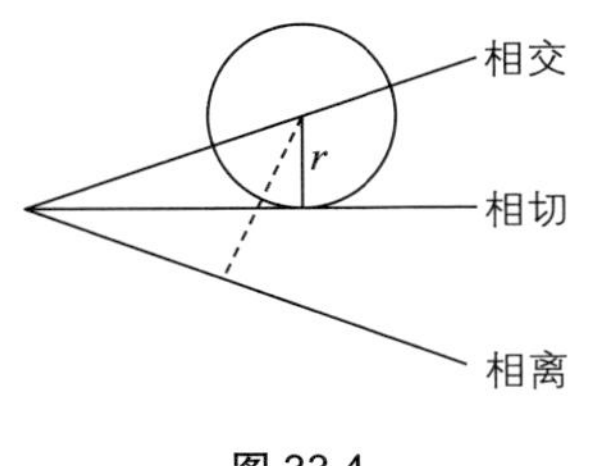

图 33.4

切线既然如此特殊，我们不妨来看看切线的的性质。

首先介绍切线的一条重要性质：过圆外一点向圆引两条切线，则该点到两个切点的距离相等（图 33.5）。我们可以通过连接圆心和该点以及过切点的两条半径，然后证明得到的两个直角三角形全等即可。该性质虽然简单，却非常管用。

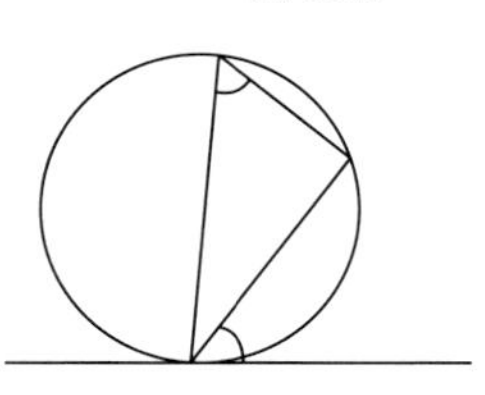

图 33.5

我们把圆周上一点（不同于切点）和切点相连，所得的弦和切线构成的角称为弦切角（图 33.6）。

弦切角有如下定理：弦切角的大小等于其所夹的圆弧对应的圆周角。如果弦切角是锐角，只要连接圆心和切点，并将这条半径延长为直径，显然，圆周角和弦切角有共同的余角，命题成立；如果弦切角是直角，那么这条弦恰好是直径，命题成立；如果弦切角是钝角，那么利用圆内接四边形的对角和为 180°，也可证明命题成立。

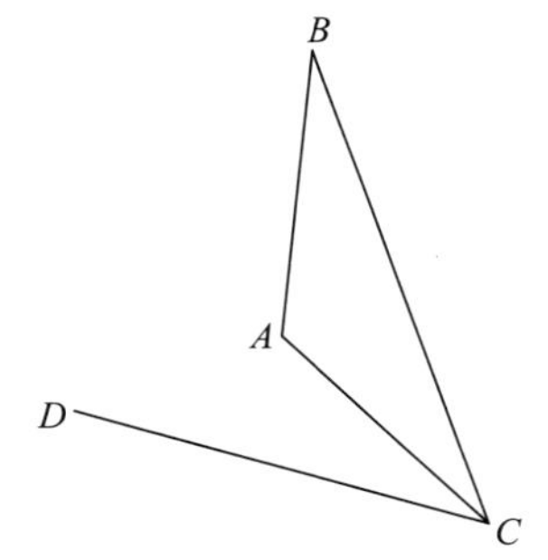
图 33.6

在平面几何的学习中，我反复强调一点：一定要试着判断逆命题是否成立，这是基本功训练的良方。在直线段图形的学习中，我们已经看到了这种方法的威力，而它对于圆来说同样适用。比如，我们来看弦切角的逆命题

如果 $\angle ACD=\angle B$，求证：CD 是 $\triangle ABC$ 外接圆的切线。

首先要确定圆心。既然 C 是切点，那么 C 和圆心 O 的连线垂直于 CD，这是我们最终的目标。所以，第一步设 $\triangle ABC$ 外接圆的圆心为 O，是很合理的。回忆一下，在证明弦切角等于对应的圆周角时，我们借助过圆周角，所以连接 OA 和 OC 也很合理。过 O 作 $OH\perp AC$（图 33.7），因为

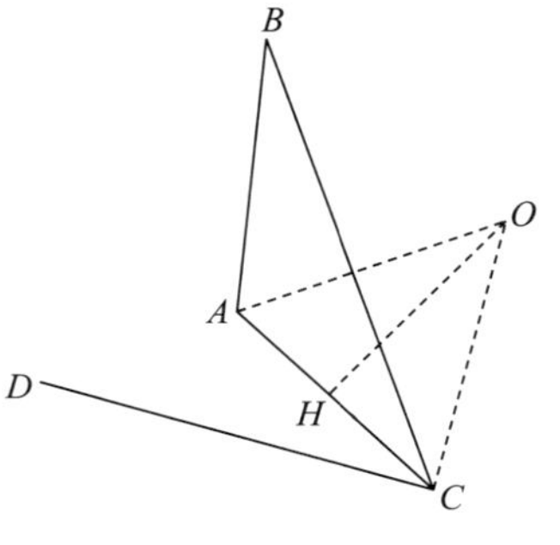

图 33.7

$\angle ACD=\angle B$，$\angle AOC=2\angle B$，且 $OA=OC$，所以$\angle HOC=\angle ACB$。而$\angle HOC+\angle OCH=90°$，于是得到 $OC\perp CD$，且 C 在圆上，所以 CD 是$\triangle ABC$ 外接圆的切线。

像这样的逆命题，建议孩子们都去推一遍，一方面可以熟悉一下和圆的基本概念的相关性质，另一方面可以培养逆向思维。

弦切角是关于切线的一个重要的延伸概念，然而，不知道弦切角得罪了谁，据说竟然被某些版本的初中教材直接踢了出去。所以，我们在这里做一个概念补充，万一孩子的教材中没有弦切角这块内容，那么在用得着它的时候，记得证明一下就可以了。

细心的读者可能发现了，目前为止，我们一直在讲圆的基本概念，关于圆的具体例题，还一道都没有讲过呢！因为这是练习化归的绝佳机会。相对于直线图形来说，圆的学习最关键一点在于学会“化圆为方”，即如何把过去学过的直线图形的结论，搬到曲线图形中来用。这种化归的难度其实非常大，但并不是无迹可寻。所以我们需要反复在圆的基本概念和直线形的性质之间来回切换，尽快找到它们之间的联系。

在直线图形中，如何证明两条线段相等？我们往往借助全等三角形。那么在圆上，两条圆弧相等会带来什么结论呢？又是在什么情况下，两条圆弧会相等呢？

我们有如下结论：等弧对等弦，反之亦然。你看，弧相等就意味着弦相等，这不就“化弯为直”了吗？那好，该怎么证明呢？

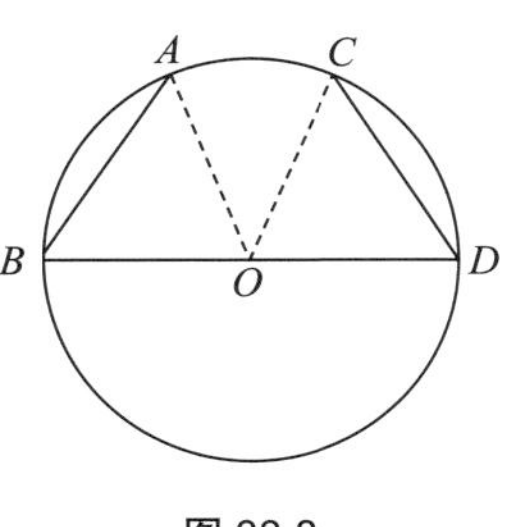

图 33.8

由于弧长相等，我们可以通过计算得知，这两条弧对应的圆心角也相等，所以图 33.8 中的两个等腰三角形显然全等，因此对应的弦相等；反之，如果两条弦长相等，则由 SSS 判别公理可知，这两个三角形全等，因此圆心角相等，弧长也就相等。

接着就有一个直接的推论：等弧（弦）对应的圆周角相等，反之亦然，即两个相等的圆周角对应的弧长相等。

这时候再回头看三角形中的三条线：高、中线和角平分线。你觉得它们中哪一条看起来特别重要？没错，就是角平分线。在讲三角形的时候，角平分线和其他两条线相比，并没有特别重要之处。但是在圆的内接三角形中，我们只要把某条角平分线延长，并和圆相交，交点恰好是该圆周角对应的弧的中点，从而，这两段弧所对应的线段长也是相等的（图 33.9）。

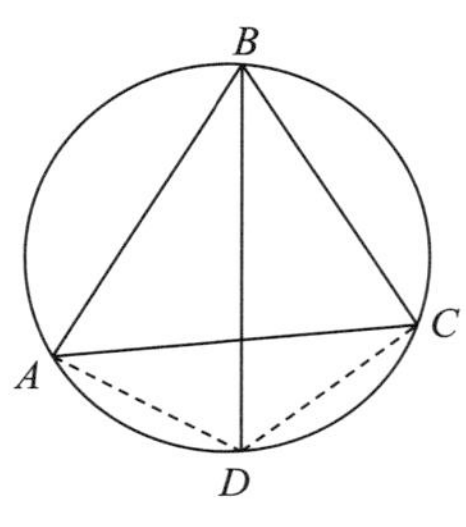

图 33.9

是不是很神奇？角平分线在线段问题中都是和比例挂钩的，除非是在等腰三角形中，它才会引出等量；但是在圆内，角平分线却意外地推出了线段相等的结论。

所以在不同的学习阶段，相同的内容可能有不同的内涵。在后面我们会看到，三角形的高和圆的关系也很紧密。唯独中线，相对来说没有比它在纯三角形问题中显得那么重要。

有了这些积累，我们可以正式看一些关于圆的例子了。

例 1 **如图 33.10，AD 是 $\triangle ABC$ 中 $\angle BAC$ 的角平分线，经过点 A 的圆 O 与 BC 相切于 D 点，与 AB、AC 相交于 E、F，求证：$EF//BC$。**

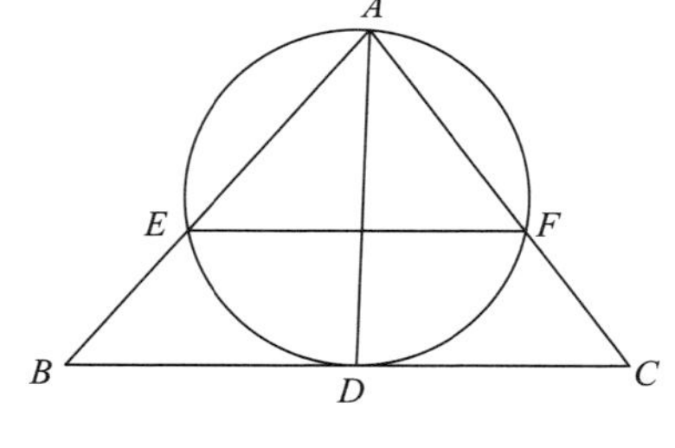

图 33.10

如何证明平行？利用同位角、内错角

或同旁内角；或者利用对应线段成比例。

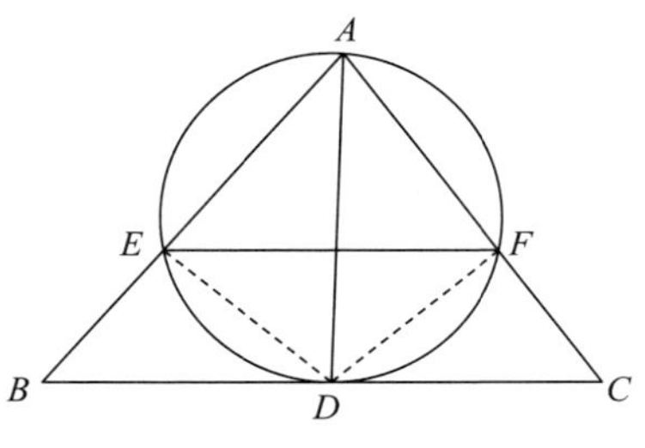

图 33.11

由于 AD 是角平分线，所以从角的角度考虑，我们有 $\angle BAD=\angle DAC$；而由于 BC 是切线，因此图中很明显有弦切角 $\angle FDC$ 和 $\angle EDB$（图 33.11）。我们不妨先考虑一侧，即 $\angle FDC=\angle DAF=\angle EAD$；由于目标是证明 EF 和 BC 平行，因此我们希望证明 $\angle FDC=\angle EFD$，由于 $\angle EFD$ 和 $\angle EAD$ 对应的是同一条弧，所以 $\angle EFD=\angle EAD=\angle DAF=\angle FDC$，因此 $EF//BC$。

你看，这个辅助线是不是加得非常的自然？我们从这道题中看出，有切线作为条件的时候，就要看看是否存在弦切角；如果没有，且结论又和角度相关，不妨作弦切角。

小结一下：圆和直线图形之间最简单的桥梁是什么？思考时间够长了，我们揭晓答案：角。

从线的角度来说，直线和曲线之间比较难找到共同点，但是，由于圆弧对应的圆周角和圆心角都由直线段构成，所以角是非常好的转化条件的工具。我们接下来就看看，在圆中能得到哪些和角相关的结论。

如果圆上有任意四点，构成了一个圆的内接四边形，那么这种四边形有什么特点呢？（图 33.12）

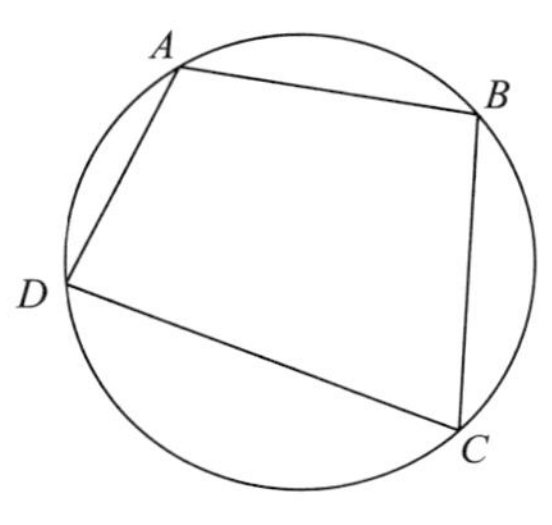

图 33.12

之前我们利用圆周角和圆心角的关系证明过，圆的内接四边形的对角和为 180°。除此以外，还能推出什么结论呢？

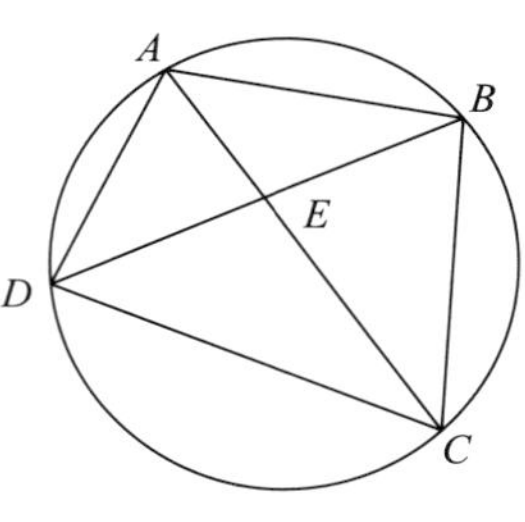

图 33.13

弧 CD 对应的角为 $\angle DAC$ 和 $\angle DBC$，这两个角必然相等。类似的角可以找出 4 对。这种四边形的性质在之前讲述四边形的章节中没有被提到过。如果设对角线交点为 E，根据上述角度相等的关系以及对顶角相等，不难看出有 $\triangle ABE$ 相似于 $\triangle DCE$，$\triangle AED$ 相似于 $\triangle BEC$（图 33.13）。这性质看起来也是“杠杠”的啊！

我们把四边形有外接圆这种情形称为“四点共圆”。这是非常重要的性质。三点只要不共线，那它们必然共圆，这个结论是无条件成立的；而四点共圆显然需要在一定条件下才能成立。并且，在四点共圆的情况中，至少有四对角相等，这就能产生两组相似三角形——是不是很强的条件？

显然，满足四点共圆条件的四边形拥有和之前学过的特殊四边形不重合的内容。放在之前，像这种一组平行都没有的四边形，我们是连正眼都不看的，但是，我们现在却发现它的性质好得惊人，那还不是因为有圆“罩着”它……

我一直强调，要注意比较前后知识点的异同。比如，四点共圆这条性质既然是从圆内接四边形中推出来的，我们就可以把它和特殊的四边形联系起来，看看之前有哪些四边形满足圆内接四边形的条件。显然，平行四边形和菱形不一定满足这条性质，而等腰梯形、长方形和正方形则一定满足。事实上，长方形和正方形的对角线交点就是其外接圆的圆心，而等腰梯形的圆心可以通过类似找三角形外心的办法（即作各边中垂线的交点）来求得。

上述四边形都是特殊四边形，然而对于一般的四边形而言，如果

$\angle DAC=\angle DBC$，那么 A、B、C、D 四点是否共圆？答案自然是肯定的。怎么证明呢？这时我们会突然发现自己很“无助”：我们没有四点共圆的证明工具。

别说证明了，连一个相关定理都没有！

这时候该如何化归呢？不会证明四点共圆是吧？那你会不会证明三点共圆？

咦？任意不共线的三点不是一定共圆吗？所以，只要证明第四个点落在同一个圆上，不就能证明四点共圆了？

不妨过 B、C、D 三点作圆，如果 A 不在圆 O 上，那么 A 必然在圆内或圆外。如果 A 在圆内，我们可以延长 DA 交圆于 A'，则 $\angle DA'C=\angle DBC=\angle DAC$，但是 $\angle DAC$ 是 $\triangle AA'C$ 的外角，且和 $\angle DA'C$ 不相邻，因此 $\angle DAC>\angle DA'C$，矛盾！（图 33.14）

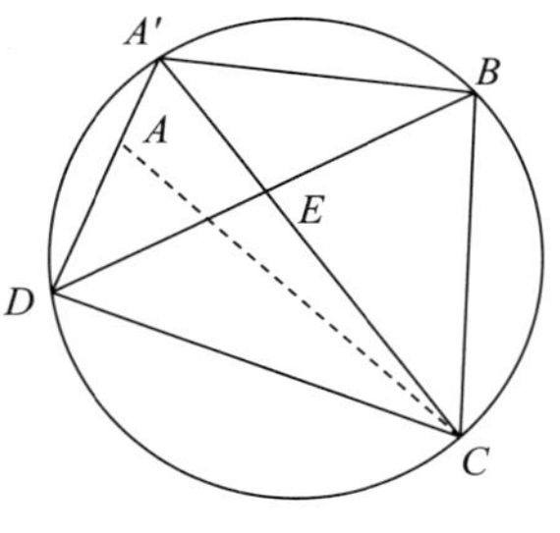

图 33.14

同理可证 A 也不能在圆外，因此 A 只能在圆上，即四点共圆。

四点共圆的另一个判别办法是，如果四边形对角两两互补，则这四个顶点共圆。我们可以用类似上述的方法来证明，细节留给大家补充。还有一个直接推论就是：如果四边形某个内角的外角等于该角的对角，则四点共圆。

四点共圆是一个内涵极其丰富的知识点，我们可以围绕这个点做很多文章，甚至可以说，四点共圆是圆的精华所在。

34 圆与线

切割线定理和相交弦定理是与圆相关的两个重要定理。最棒的是，它们的证明非常容易。证明容易有什么好处呢？由于当下各地教材版本可能不一样，有些教材未收录这两个定理，因此它们在当地的考试中就属于“禁手”，不允许被直接使用。但是，如果其证明过程很短、很简单，那我们只要在解题过程中稍加证明，就可以将其“解禁”，完美规避。

闲言少叙，我们首先来看切割线定理。

设 PA 是圆的切线，切点为 A，任意一条割线 PC 和圆的另一个交点为 B，则 $PA^2 = PB \cdot PC$。（图 34.1）

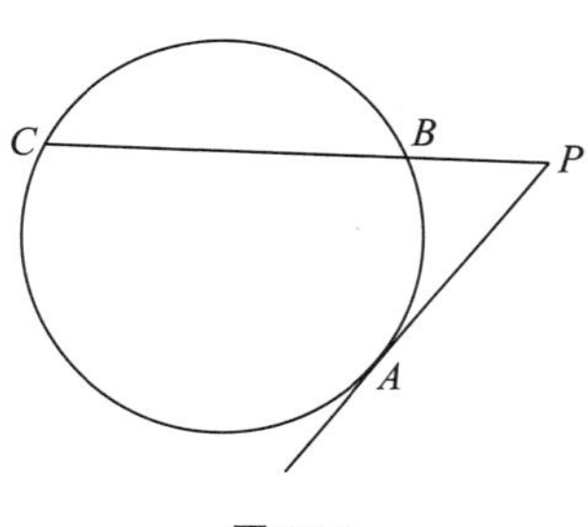

图 34.1

我们把结论改写为 $\frac{PA}{PB}=\frac{PC}{PA}$，可以看出目标是证明 $\triangle PBA$ 和 $\triangle PAC$ 相似（图 34.2）。由于 P 是公共点，于是再找一个角相等即可。由于有切线的条件，和切线有关的角度一是直角，二是弦切角。图 34.2 中的弦切角简直就差开口说话，告诉我们该怎么办了。我们有 $\angle PAB = \angle C$，于是 $\triangle PBA$ 和 $\triangle PAC$ 相似，命题得证。

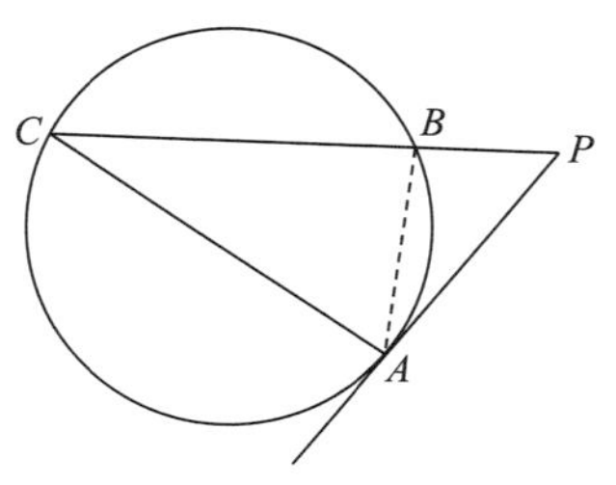

图 34.2

从切割线定理可以直接推出割线定理。

若 PC、PD 是圆的割线，求证：$\dfrac{PC}{PD}=\dfrac{PE}{PB}$。

我们当然可以如法炮制，找到相似三角形，然后证明结论（细节留给读者）。但是，如果注意到切割线定理中割线的任意性，我们只要找到过 P 点的圆的切线 PA，则切线长的平方既等于 $PB \cdot PC$，又等于 $PE \cdot PD$，所以命题成立（图 34.3）。

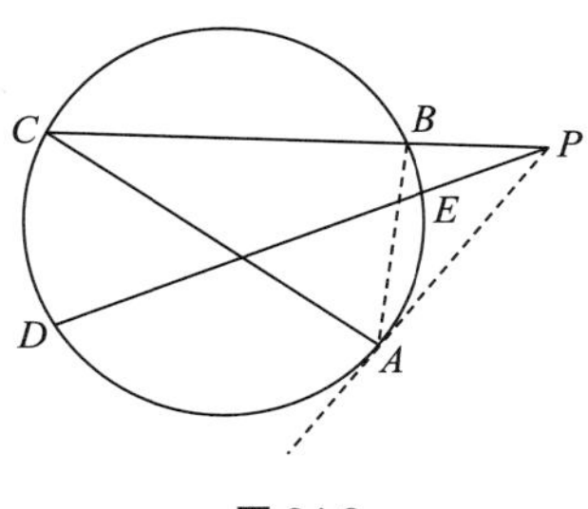

图 34.3

接下来要做什么？对咯，问问自己：反之亦然吗？

和圆相关的定理，“反之”几乎都“亦然”，切割线定理也不例外：

- 若 $PA^2 = PB \cdot PC$，则 PA 是 $\triangle ABC$ 外接圆的切线；
- 若 $\dfrac{PC}{PD}=\dfrac{PE}{PB}$，则 B、C、D、E 四点共圆。

有精力一定要做这样的训练！这不光是为了提升解题技能，更重要的是能培养逆向思考的意识：比如在代数中，加、减法互逆，乘、除法互逆，乘方、开方互逆，等等；在平面几何中，条件和结论也可能是互逆的。而且，逆命题会不会成立，也是一个很有意思的话题。

于是，我们有了一个切线的新判别方法，以及一个四点共圆的新判别方法。

接下来再看相交弦定理。

设 AC、BD 是圆内两条相交的弦，交点为 E。求证：$\dfrac{AE}{BE}=\dfrac{DE}{CE}$。（图 34.4）

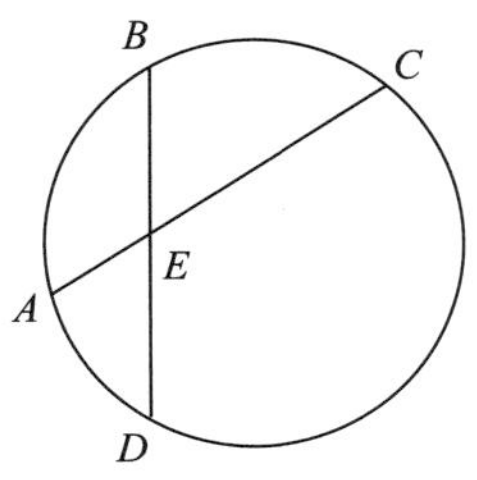

图 34.4

根据之前讲的找相似三角形的小技巧可知，原命题即证明 $\triangle ABE$ 和 $\triangle DCE$ 相似，由四点共圆的性质，很容易得到对应的角度相等。

别忘了，反之亦然！如果四边形 $ABCD$ 满足以上关系，则 A、B、C、D 四点共圆。因为若 $\frac{AE}{BE}=\frac{DE}{CE}$ 成立，则 $\triangle ABE$ 和 $\triangle DCE$ 相似，于是 $\angle EAB=\angle EDC$，所以四点共圆。

我在讲圆的内容时，首先集中火力在圆的基本性质和定理上，而不是像之前讲三角形和四边形时那样，一边阐述基本知识，一边讲解例子，这正是因为与圆相关的例题普遍综合程度较高，所以要先扫平基本知识。平面几何的“集大成者”，岂是浪得虚名？

当然，这些定理的逆定理的证明，有些还是颇具难度的。比如，利用角度关系来证明四点共圆，需要运用反证法——这是典型的“给你看，你能看明白；让你自己想，却很难想出来”的例子。但从逻辑上来说，这种办法完全有可能想出来。与某些角格点问题中要使用充满技巧的辅助线添加法不同，证明四点共圆的思路在逻辑上始终是通畅的，不需要很强的想象力，特别是，先固定三点的想法是对化归的非常漂亮的应用，值得细细品味。作为初学者，掌握这些基本性质和定理只是第一步，关键是灵活运用。接下来，我们将通过一些例子帮助大家进一步学习圆的相关知识。

讲到这里，如果说圆的内容还需要扩展一个定理，那么我首推“托勒密定理”。这玩意儿真的太好用了，关键是，其证明过程也很有意思。托勒密定理之所以好用，是因为它把圆内接四边形的边和对角线联系到了一起。像这样略微“超纲”但又没有“超纲”太过分的定理，如果你能知道那么两三个，对于应对各种考试只有好处没有坏处。我们先来看一下托勒密定理的内容。

若四边形 A、B、C、D 四点共圆，则 $AC\cdot BD=AB\cdot CD+AD\cdot BC$。（图 34.5）

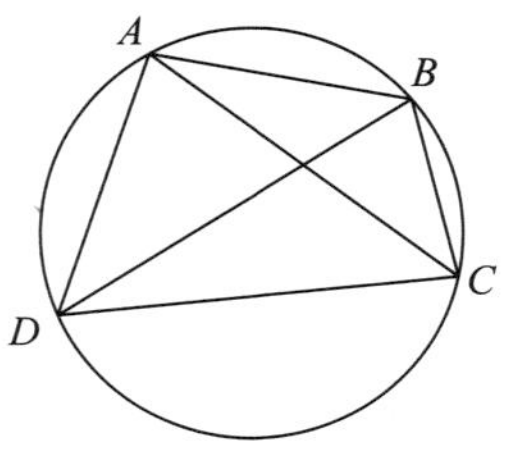

图 34.5

该定理的证明属于有逻辑可循的构造性证明，并不是那种横空出世的“NO WHY”[①]构造。事实上，因为等式右边是两项之和，所以考虑可否把左边也拆成两项之和，然后每项分别相等；且因为又涉及比例，所以我们还是能够联想到，能否构造相似三角形进行求解的。

根据圆内接四边形的性质，我们知道$\angle ADB=\angle ACB$，所以，只要在AC上找一点E，使得$\angle EBC=\angle ABD$（图 34.6），则$\triangle ABD$相似于$\triangle EBC$，从而$\dfrac{AD}{EC}=\dfrac{BD}{BC}$，因此$AD\cdot BC=EC\cdot BD$，所以我们只要再证明$AE\cdot BC=AB\cdot CD$，即证明$\triangle ABE$相似于$\triangle DBC$即可。此时由于$\angle BAC=\angle BDC$，$\angle ABE=\angle CBD$，所以$\triangle ABE$相似于$\triangle DBC$，因此定理成立。

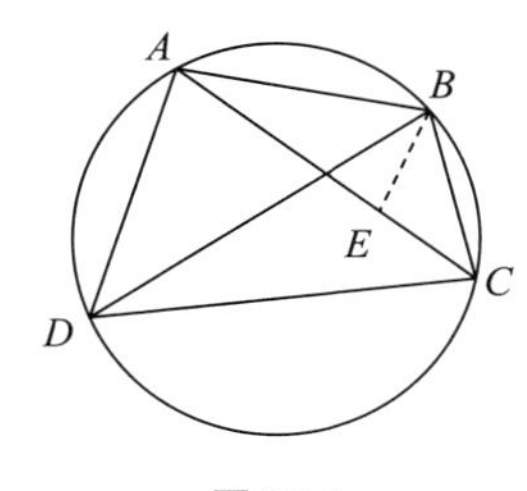

图 34.6

因为除了两组对顶角以外，我们无法从已知条件中推出任何一组相等的角，所以很难找到相似了。不过对于对角线的乘积，我们还是希望能将之拆成两部分，使得其每部分和等式另一边的一部分相等，这样就能完成证明了。既然不能取一个角就找到三角形相似，我们就……取两个呗。如图 34.7，在四边形内作$\angle BAE=\angle CAD$，$\angle ABE=\angle ACD$，于是得到$\triangle ABE$和

① 即没什么可解释的。

$\triangle ACD$ 相似，从而 $BE \cdot AC = AB \cdot CD$ 。

因为 $\angle BAE = \angle CAD$，所以而在 $\triangle ABC$ 和 $\triangle AED$ 中，$\angle BAC = \angle EAD$；同样由 $\triangle ABE$ 和 $\triangle ACD$ 相似可知，$\frac{AE}{AD} = \frac{AB}{AC}$，所以 $\triangle ABC$ 和 $\triangle AED$ 也相似，得到 $DE \cdot AC = AD \cdot CB$ 。

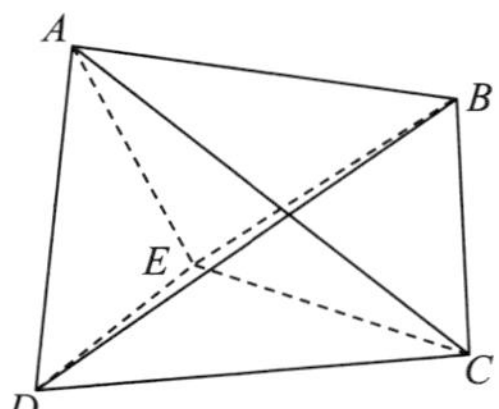

图 34.7

于是 $BE \cdot AC + DE \cdot AC = AB \cdot CD + AD \cdot CB$ ，然而 $AC \cdot BD = AB \cdot CD + AD \cdot BC$ ，对比两式，我们可以得到 $BE + DE = BD$，因此 E 必然落在 BD 上，所以逆定理成立。

当然，如果在考试的大题中，虽然不能直接使用托勒密定理，但如果你能发现用托勒密定理非常方便的话，不妨就简单证明一下，然后再使用；如果是在选择题和填空题中，那就不用客气，直接上手用就是了。我们看一个例子。

例 1 **如图 34.8，已知在四边形 $ABCD$ 中，$AB = BD$，$\angle BAD = 60°$，$\angle BCD = 120°$。证明：$BC + DC = AC$。**

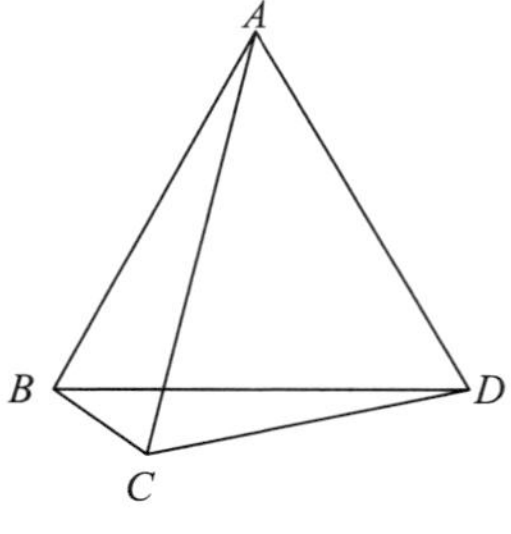

图 34.8

你可以先试试直接加辅助线的方法证明，再和以下利用托勒密定理的方法做个对比。

证明：因为 $\angle BAD + \angle BCD = 180°$，所以 A、B、C、D 四点共圆；于是 $AC \cdot BD = AB \cdot CD + AD \cdot BC$ ，易知 $AB = BD = AD$，所以 $BC + DC = AC$。

是不是一句话就搞定了？比起直接加辅助线的方法，确实简化了许多。

（证明提示：延长 DC 到 E，使得 $CE = BC$）

能用托勒密定理的前提条件是四点共圆。如果在圆内接四边形中包含了等边三角形或等腰三角形的条件，且结论与和式有关；或者，存在任意圆内接四边形的条件，且结论与倒数之和的形式有关，那么这些情况下都可以考虑可否使用托勒密定理。

我们再看一个例子。

例 2 正五边形的一条对角线长为 4，求其边长。

如果不用托勒密定理，你就要想办法构造相似，然后找比例关系；如果用托勒密定理，那简直就是轻松加愉快。

设正五边形的边长为 x，作其外接圆；根据托勒密定理可知 $x^2+4x=16$，解得 $x=-2+2\sqrt{5}$，（图 34.9）。真正实现了秒杀。

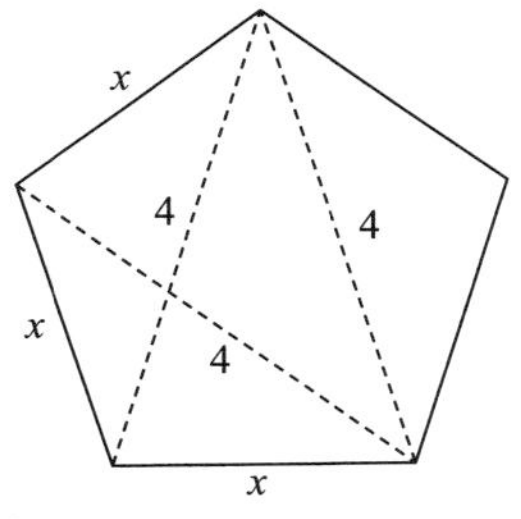

图 34.9

注意托勒密定理的使用环境和范围，以及定理结论的一些变形，它们针对圆内接四边形的计算类的填空题和选择题，尤其有奇效！

35
圆与圆

我们之前一直在研究圆和直线图形之间的关系，那么圆和圆之间的关系是怎样的呢？不妨让孩子们做一些尝试，看看他们能画出几种关系来。画图这种比较直观的操作，完全可以让孩子们先行探索。孩子们通过努力，应该可以看到两个圆之间一共有 5 种可能的关系：相离、外切、相交、内切、内含。

接下来就该问一问：在分别满足什么条件的情况下，两个圆呈现以上 5 种关系呢？总不能靠肉眼来分辨吧？这就是“做学问”的思路了。如何一点点地把问题研究得更深入，比如之前说的，想一想逆命题是否成立，这就是很好的思路。如今像这样“从现象找本质”也是一种很好的思路。想要回答这个问题，必然要从圆的定义开始说起——把这一点吃透，对于以后高中学习解析几何，特别是求距离极值，有极大帮助。

所以，我们在考虑与圆相关的位置关系时，只要抓住了圆心和半径这两个关键点，基本就抓住了题眼。比如，圆外一点和圆上一点距离的最大值和最小值，一旦抓住圆心，问题就转化成圆外一点到圆心的连线和任意一条半径所构成的三角形的第三边的取值范围，然后利用三角形两边之和与两边之差的结论（该点到圆心的距离，加上或减去半径长度），就可以解决问题了。

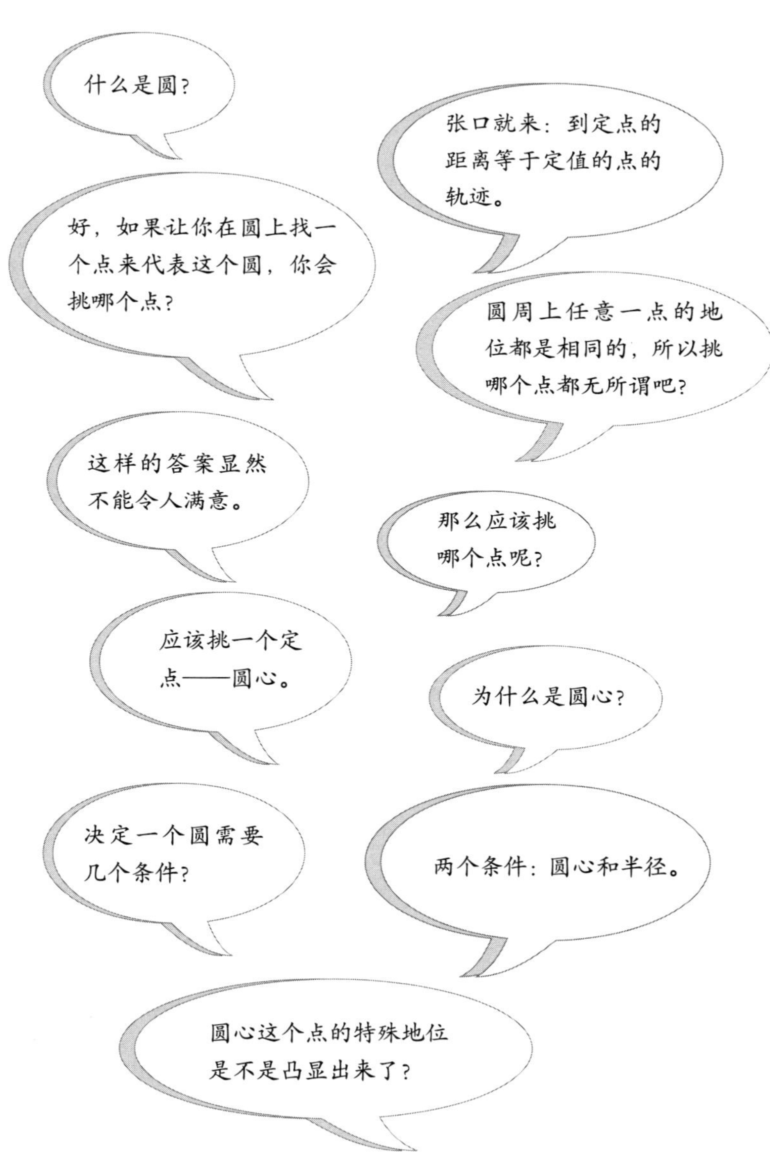

其实，直线和圆的位置关系也是通过圆心和直线之间的距离来界定的：该距离小于半径为相交，等于半径为相切，大于半径则为相离。沿着这条思路，我们来看两圆之间的位置关系。既然圆和其他图形之间的距离都可以用圆心来替代表示，那么很自然，圆和圆之间的位置关系也可以用两个圆心之间的距离来衡量。

用 R 表示大圆的半径，r 表示小圆的半径，d 表示两个圆的圆心之间的距离。希望大家这时自己动手作图看一看，从图上可知，当 $d>R+r$ 时，两圆相离；当 $d=R+r$ 时，两圆外切；当 $R-r<d<R+r$ 时，两圆相交；当 $d=R-r$ 时，两圆内切；当 $0 \leqslant d< R-r$ 时，为内含，特别地，当 $d=0$ 时，我们称这两个圆为同心圆。

下一个问题应该是什么？没错，如果两个圆的半径相等，那又如何？这是不是一个很自然的问题？此时，内切和内含都不存在，两个圆重合成一个圆了。

当不只有一个圆的时候，相切就变成了一件很有意思的事情。我们分别考虑当两圆相离、外切、相交、内切和内含时的切线，你能分别作几条切线，使得它们同时和两个圆相切？答案分别是 4、3、2、1、0。

我们把相离时的两种切线分别称为外公切线和内公切线。外切的时候，有且仅有一条内公切线；内切的时候，有且仅有一条外公切线。毫无疑问的是，公切线在解决两圆乃至多圆问题时一定会有非常重要的作用，也给多圆问题加辅助线提供了极为重要的思路。

你还能想到其他什么重要的线段？如果你能想到两圆相交时的那条公共弦，那我必须给你点一个大大的赞（具体的细节我们会在后面详细展开）。

接下来要做什么工作？对，根据切线来推导公切线的性质。所谓“填鸭式”教育，其实是每一个概念都是你在讲，孩子被动接收；而“启发式”教育，就是你开个头，然后一点一滴引导孩子往下走，直到孩子自己能独立地根据基本概念推出一些有意思的结论。平面几何是能采用“启发式”教育的最好的内容。现在你明白，为什么可以用平面几何课来代替逻辑课了吧？

36 集大成的圆

圆的相关内容综合程度很高，所以，我在编排这部分内容时决定采用先集中讲基础知识，再讲例题的方式，以便更好地给读者模拟考试的“实战环境”——很多时候，由于圆的题目综合性很强，而且可用的工具变多了，因此思路就不那么明显了。

例 1 **如图 36.1，AB 是半圆 O 的直径，作弦 AC、BD，分别过 C、D 作切线交于 P，求证：$PE\perp AB$。**

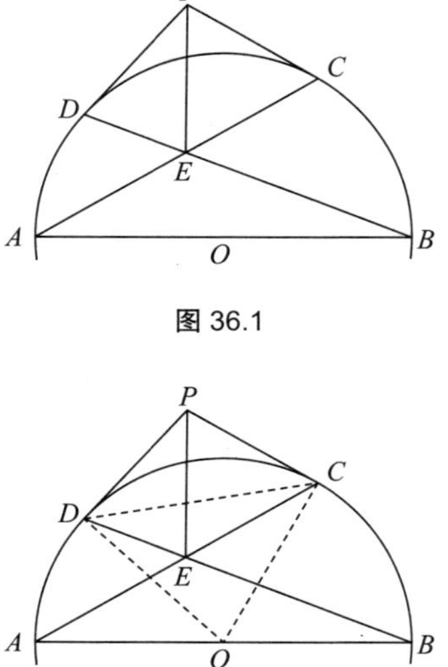

图 36.2

像这种悬空的垂直，就能直接吓退一批孩子。还是那句话：面对再诡异的题目，也不要怕。由于最后证明的是垂直关系，等价于证明某个角度为 90°，所以首先连接 CO 和 OD（图 36.2），理由是……其实也没有什么了不起的理由：切点和圆心就放在那里，并且最后证明的结果和角度相关，所以不妨先搞两个直角出来再说。

当然，你要顺势把 AD 和 BC 连上，也没有问题，毕竟直径所对的圆周角若是直角，这个条件也可能会用得上。

接下来就是看能不能找到 PE 和 AB 之间的联系。如果你能够使用“把结论当条件”这个技巧，就能很容易推出$\angle DPE=\angle DOA$（一个角的两边同时垂直于另一个角的两边，则这两个角相等或互补）。

而我们连接AD后发现，$\angle ODA$和$\angle PDE$都是$\angle ODB$的余角，所以这两个角相等，因此$\triangle OAD$和$\triangle PDE$相似，从而命题转化为：证明$\triangle PDE$是等腰三角形。同时，由于PD和PC都是圆的切线，因此$PD=PC=PE$，我们把命题又转化成证明P是$\triangle DEC$的外心。

很自然，我们首先从外心的定义考虑，在本题中即要证明P是DE、CE、DC的中垂线的公共交点……如果你到现在还没有对这种“不靠谱”的想法幡然醒悟，那么不妨作图，然后一脑袋撞上去看看。你会马上发现，这方法确实不靠谱。这时再改弦更张，也来得及。真的，这没什么好羞愧的，起码我们排除掉一种错误的思路，这也是有意义的。我们觉出这种方法不对，是因为它完全没有办法把其他条件给串起来——这几乎是衡量辅助线添加方法正确与否的唯一标准。有没有可能是辅助线没有加够？考虑到我们已经添加了三条辅助线，而一般来说，这基本是初中生添加辅助线条数的极限了。当然，辅助线更多的情况不是没有，可确实很罕见。而且，关键在于上述方法完全不能发挥其他条件的作用，所以我们基本判定，这条路不对。

接下来该怎么办呢？老办法，想想我们有什么工具。我们无法证明P是某些线段中垂线的交点，那还有什么办法能证明它是$\triangle DEC$的外心呢？似乎只剩下“两条直线相交，有且只有一个交点”。换句话说，我们只要证明PD和PC恰好是$\triangle DEC$的外接圆的半径……

等等，这不就是我们要证明的结论吗？

不，不，不，你那是从线段相等的角度来考虑，我这个考虑的角度有点不一样。

注意到$\angle ODB=\angle OBD=\angle ACD$，于是得到$OD$是$\triangle DEC$外接圆的切线，而$PD\perp OD$，所以$PD$经过$\triangle DEC$外接圆的圆心；同理可知$PC$也经过$\triangle DEC$外接圆的圆心，而两条直线相交，有且仅有一个交点，所以P就是$\triangle DEC$外接圆的圆心，于是$PD=PE=PC$，从而命题得证。

本题可以分成两部分：将命题转化为证明两个等腰三角形，这应该是孩子能完成的部分；而利用切线反推半径，确实需要一定技巧，颇有难度，孩子如果想不到也是情有可原。

圆的问题之所以困难，往往是因为有时需要在“直”和“曲”之间转换，另一方面原因是可用的工具持续增加，加大了选择难度。所以，判断力的重要性越来越显现出来了。

例2 **如图36.3，AB是圆O的弦，点G、H都在AB上，且$AG=BH$，分别过G、H作弦CD、EF，若$\angle DGB=\angle FHA$，求证：$CD=EF$。**

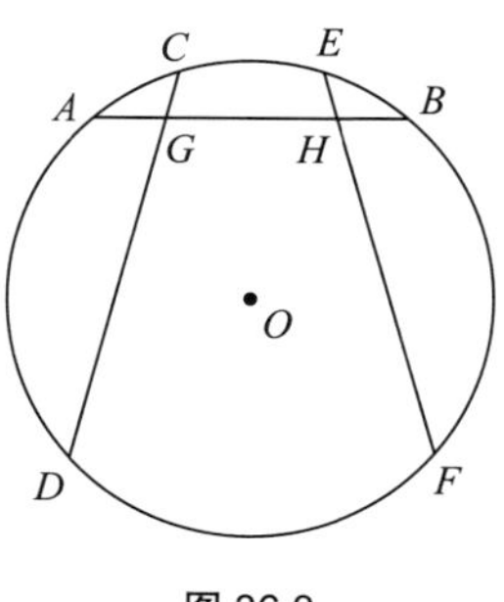

图 36.3

这时候有多少种证明方法？我们可以考虑证明弧CD等于弧EF，即证明$\angle COD=\angle EOF$，也可以考虑证明三角形全等——尽管现在一个三角形都没有，但并不妨碍我们构造全等三角形。

如果要证明第一个结论，即证明$\triangle COD$全等于$\triangle EOF$，我们似乎无法把$\angle DGB=\angle FHA$以及$AG=BH$这两个条件给用起来，所以不如先放一放。

由于$AG=BH$，且$\angle DGB=\angle FHA$，所以整个图形（包括3条弦）是一个轴对称图形，而轴对称图形中的对称轴却不见踪影，这不合适吧？于是过O作$OP\perp AB$于P是一个很合理的选择，此时OP平分AB；因为$AG=BH$，所以$PG=PH$；由三线合一的逆定理知，$OG=OH$。这时候$\angle DGB=\angle FHA$可就能派上用场了。因为$\angle OGH=\angle OHG$，所以$\angle OGD=\angle OHF$，此时过O分别向CD和EF作垂线段OM和ON，则$\triangle GOM$全等于$\triangle HON$，因此$OM=ON$；由勾股定理可知，$CM=EN$，又因为CM和EN分别为CD和EF的一半，因此$CD=EF$（图 36.4）。

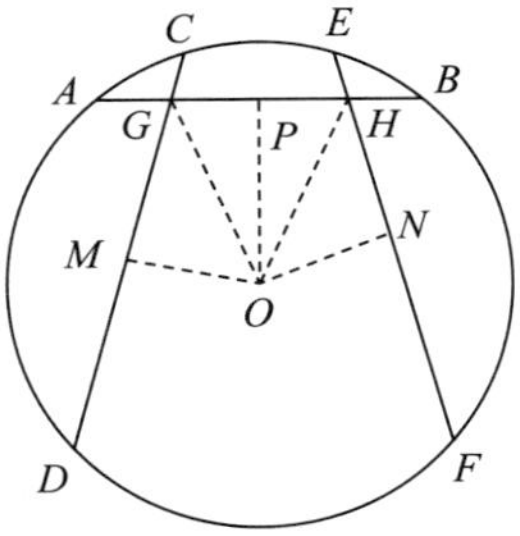

圆心到弦的距离被称为弦心距。事实上，由上面的证明可知，若两条弦的弦心距相等，则这两条弦长相等，反之亦然。可选的工具太多了，也是一种烦恼啊！

图 36.4

例3 **如图 36.5，圆O上有两点A、C，B在圆内。$AB=6$，$BC=2$，$AB\perp BC$，且圆的半径为$5\sqrt{2}$，求OB。**

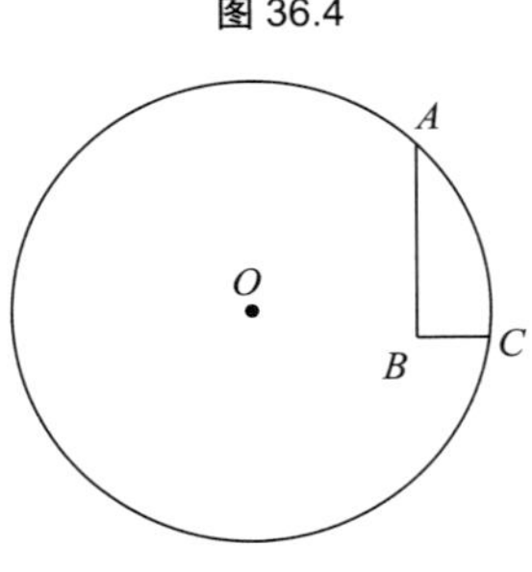

图 36.5

这张图看着就让人不舒服。但是，你一定要克服这种情绪。

那么该怎么处理呢？从垂直容易想到勾股定理，但除了能直接得到AC的长度，垂直这个条件貌似和OB没什么联系。而且AB是悬在半空的，也不是圆上的弦，否则先过O作条垂线，弄出个三线合一也是正经。真的太不舒服了！

既然这样，干脆把AB补成一条弦看看：延长AB交圆于D，这时CB又变成“看着就让人不舒服”的那条线了……干脆也延长CB交圆于E，使得AD和CE是圆中的两条弦（图 36.6）。既然出现了圆中的两条相交弦，由相交弦定理可知$AB\cdot BD=CB\cdot BE$；设$BD=x$，那么$BE=3x$，此时只要解出x就能得到AD的弦长，从而求出OB。

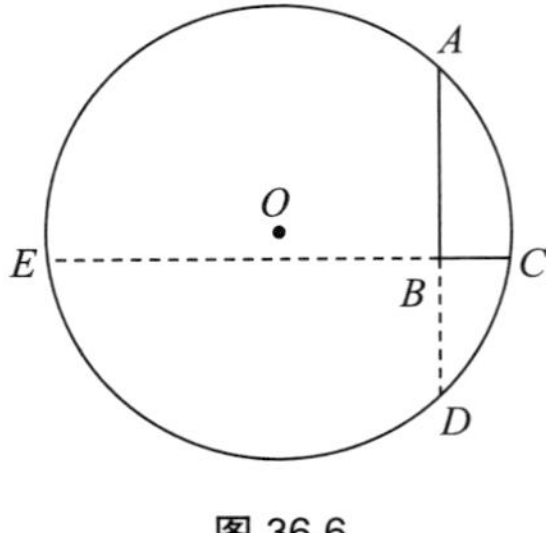

图 36.6

题目变成了：已知圆的半径为 $5\sqrt{2}$，两条弦互相垂直，且被分成 6, x 和 2, $3x$ 四段，求 x 的值。

如果孩子能想到利用托勒密定理，那么他值得被“狠狠”鼓励一下。因为垂直，AC、CD、DE、EA 都很容易被求出来，并且四边形 $ACDE$ 的对角线长度也很容易求。但我们注意到，不管 x 取什么值，都能使 A、C、D、E 四点共圆。因此，如果你把这些线段的长度代入到托勒密定理的等式中，就会得出一个恒等式，并不能求出 x 的值。然而，即便犯了这样的错误，孩子也是值得表扬的。他学到这一步能够有这种意识，说明他确实是学进去了。谁还能保证自己不出错呢？错了大不了换条思路，不就完了吗？

两条相交弦是垂直关系，而我们还没有过圆心向任何一条弦作垂线，因此，我们过 O 作 $OH \perp AB$ 于 H（图 36.7），于是 $OH=\dfrac{3x+2}{2}-2$，$AH=\dfrac{6+x}{2}$，且因 $OA=5\sqrt{2}$，由勾股定理解得 $x=4$，因此得到 $OB=\sqrt{26}$。计算细节留给大家补充。

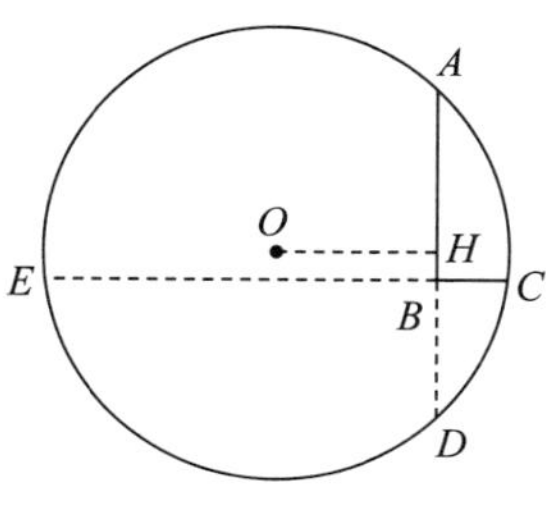

图 36.7

圆中的辅助线添加方法看上去要灵活许多，但过圆心向某条弦作垂线，却是屡试不爽的方法，因为这与圆的高度对称性息息相关，大家一定要好好体会其中的奥妙。

例 4 **如图 36.8，已知四边形 $ABCD$ 内接于圆 O，对角线交于 F，延长 BA、CD 交于 P，PK 平分 $\angle BPC$，过 F 作 $EF \perp PK$ 于 E，分别交 PB、PC 于 M、N，求证 $\angle AFM=\angle BFM$。**

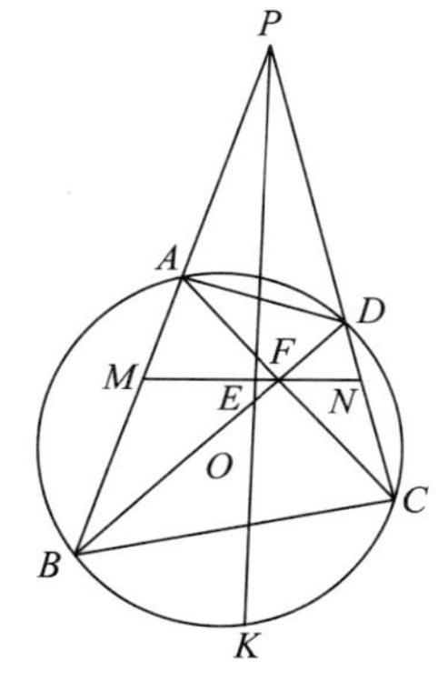

图 36.8

首先映入眼帘的条件：PK 又平分角又垂直于边，所以马上得出 $\triangle PMN$ 是等腰三角形，我们要把这一结论先标记出来；注意到最后的结论是证明角相等，所以考虑把“等腰”的条件转化为“等角”，即$\angle AMN=\angle DNM$。而目标是$\angle AFM=\angle BFM$，注意到对顶角$\angle MFB=\angle DFN$，这时只要证明$\triangle AMF$相似于$\triangle DNF$即可。显然$\angle BAC=\angle BDC$，所以命题成立。

在很多时候，和圆相关的题目的图看着都不大友好，所以克服恐惧心理是第一步；其次需要我们具备抽丝剥茧的能力。

例5 **如图 36.9，四边形 $ABCD$ 内接于圆 O，且对角线 AC 和 BD 垂直，过 O 作 $OH\perp AD$ 于 H。求证 $OH=\dfrac{BC}{2}$。**

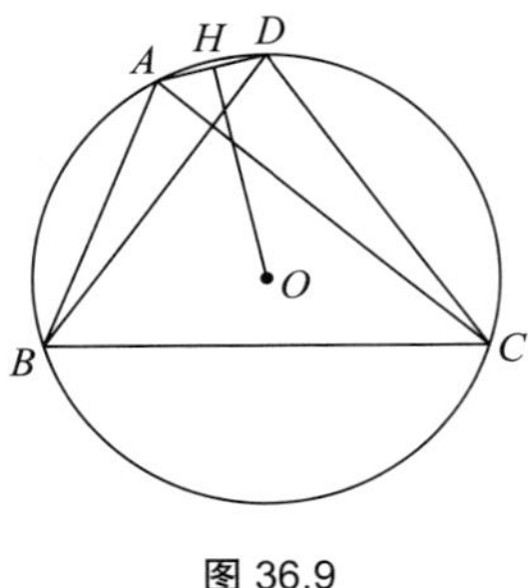

图 36.9

和“线段一半”相关的定理或定义有哪些呢？中点、中位线、斜边上的中线，以及 3 个角度数为 30°、60° 和 90° 的直角三角形（称为 369 型直角三角形）的最短直角边和斜边的比例关系。

这就是日常积累和发散性思维的结合。孩子在拿到题目的瞬间，能否做出这样的判断？如果孩子可以，那他的基本功就算过关了；否则，要么是熟练度不够，要么是基本功不扎实。

其实，孩子看到题目后一时反应不过来，这只是表象，深层次原因就是熟练度或基本功的问题。有时候，判断一个孩子有没有学好数学的潜力，或者潜力大不大，可以结合观察孩子的熟练度和成功率：有的孩子做题熟练度很高，但经常做不出“新鲜”的题目，那么这种孩子的潜力或许相对较小；有的孩子做题熟练度较差，但无论碰到什么题，只要给他足够的时间，他都能解出来，“深挖”一下这种孩子的潜力，或许他会有不小的进步空间。前一种情况说明，孩子的学习态度端正，或许只是能力有限，对数学的理解也不深；后一种情况说明，孩子或许有点懒，家长打得不够——哦，不，是负面激励不够。

我多次强调“解题速度”的问题。其实从我个人角度来说，孩子做得快点或慢点有什么关系？只要最后能把问题解决就好。但是，我们不能回避的现实是考试是限时的！你必须要在规定时间内解决问题，所以熟练度也非常重要，不要忽视它。而且，会做的题目却总因为时间紧张来不及做，这给考生造成的打击远远大于因为看不懂题目而做不出。

注意到 $OH \perp AD$，因此 OH 是 AD 的中垂线，即 H 是 AD 中点，而 O 也是任意一条直径的中点，所以连 DO 并延长交圆于 E 是非常自然的思路（图 36.10）；因为 HO 是 $\triangle DAE$ 的中位线，因此 $HO=\dfrac{AE}{2}$，此时只要证明 $AE=BC$ 即可。

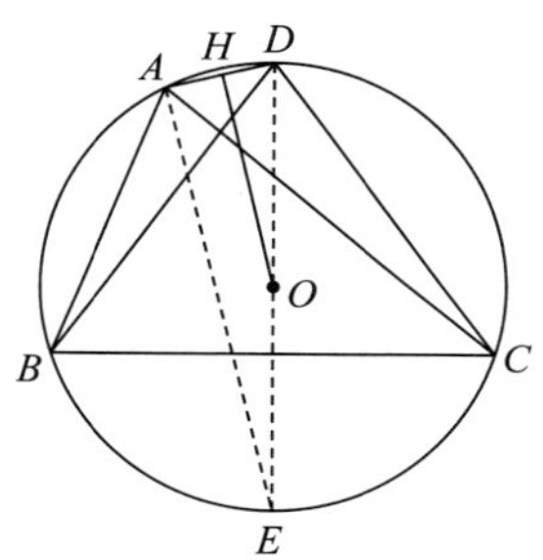

图 36.10

注意题设背景：这是在圆内证明线段相等；一般而言，非竞赛类的题目，加三条辅助线基本是极限了；肉眼可见似乎没有三角形是全等的。因此我们需要考虑借助弧相等，即对应的圆周角相等来证明弦相等，所以，不妨证明 $\angle ADE$ 和 $\angle BDC$ 是否相等。

由于 DE 是直径，所以其所对的圆周角是直角，于是有 $\angle ADE+\angle DEA=90°$；而 $DB\perp AC$，所以 $\angle BDC+\angle DCA=90°$，又由于 $\angle DCA=\angle DEA$，因此得到 $\angle ADE=\angle BDC$，证毕。

在直线图形中，边是边、角是角（除了一些特殊的直角三角形、等腰三角形以外），一般来说，边和角之间的转化是比较困难的；但在圆中，借助弧和圆周角的工具，线段和角的转化就显得非常自如。

工具越多，选择就越多，发散性思维要“散”得出去，记得也要收得回来哟。

例 6 如图 36.11，两圆内切于 P，大圆的弦 AB 切小圆于 Q，连接 PA、PB 分别交小圆于 C、D，连接 PQ 与 CD 交于 H。求证：$\frac{CH}{AQ}=\frac{HD}{QB}$，且 $\angle APQ=\angle QPB$。

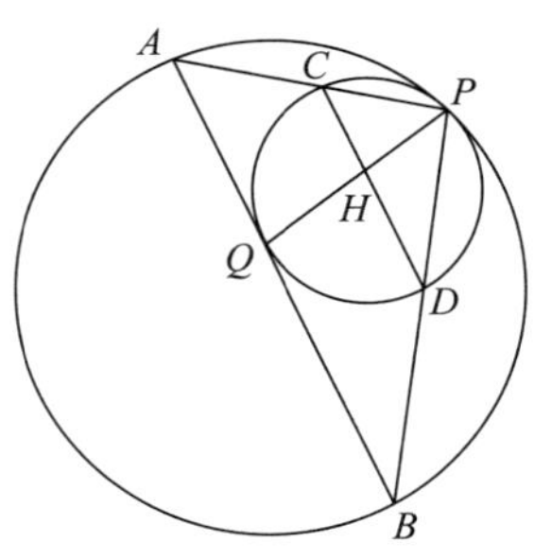

图 36.11

在圆的位置关系中，两圆相切分为内切和外切两种情况。但无论是哪种情况，经过两圆切点的这条切线——公切线一定是所有切线中最特殊的一条。

利用公切线很容易证明：两圆的圆心和切点三点共线。因为在作公切线以后，两个圆的圆心和切点分别相连，连线都垂直于公切线；而过一点有且仅有一条直线和已知直线垂直，所以这条直线既过小圆的圆心，又过大圆的圆心。从这一点上来看，如果有两圆相切的条件，无论是外切还是内切，公切线一定是非常重要的辅助线。而且，如果两圆外切，内公切线有且仅有一条，此时，这条内公切线平分外公切线段（外公切线段是位于两个圆的外公切线两个切点之间的线段）。大家可自行证明。

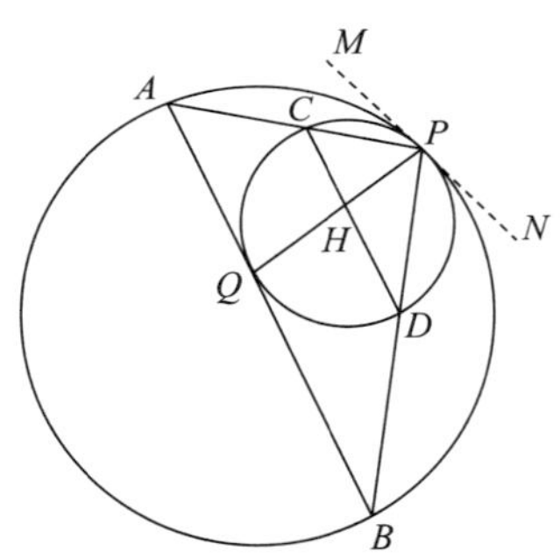

图 36.12

过 P 点作两圆的公切线 MN（图 36.12），于是 $\angle MPA=\angle CDP=\angle ABP$，于是 $CD/\!/AB$，第一个结论成立。

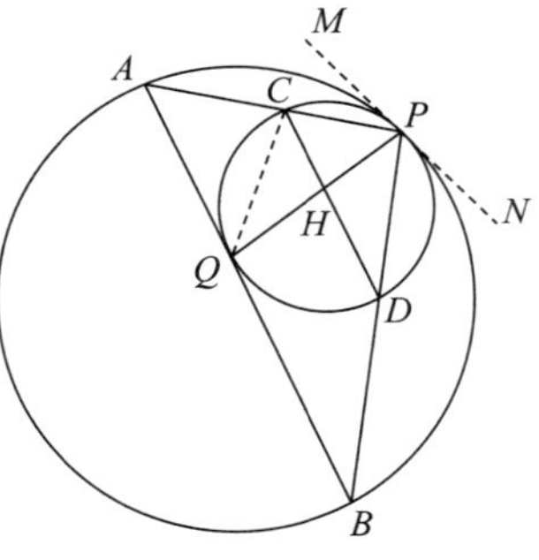

图 36.13

第二个结论等价于证明 PQ 是 $\angle CPD$ 的角平分线，然而此时 AB 是小圆的切线，这个条件还没有用过。既然前面用过一次弦切角，那么 AB 这条切线会不会也有弦切角呢？连接 CQ，得到弦切角 $\angle AQC=\angle CPQ$（图 36.13）；而因为

连接 CQ，得到弦切角 $\angle AQC=\angle CPQ$（图 36.13）；而因为 $AB//CD$，所以 $\angle AQC=\angle QCD=\angle QPD$，所以 PQ 确实是 $\angle APB$ 的角平分线。

本题虽然简单，却是一道十足的好题，充分告诉我们在两圆相切时，最重要的辅助线是什么。我们再看一个简单而有趣的例子吧。

例 7 如图 36.14，已知点 D、E 在 $\triangle ABC$ 的边 BC 上，F 在 BA 的延长线上，若 $\angle DAE=\angle CAF$。求证：$\triangle ABD$ 和 $\triangle AEC$ 的外接圆相切。

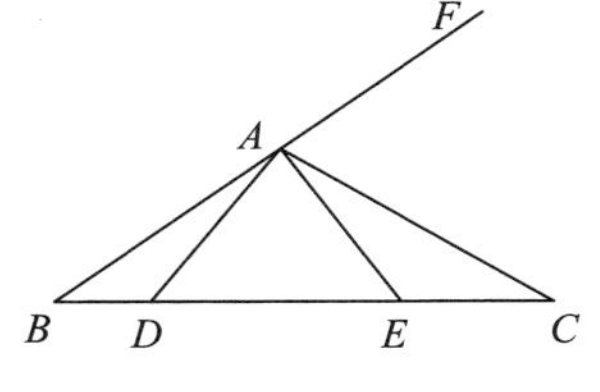

图 36.14

除了等边三角形和直角三角形，一般的三角形，哪怕是等腰三角形的外接圆的半径，都是很难计算的。何况本题涉及的两个三角形是普通得不能再普通了——没有任何特殊性质，一条边的长度都没给出，全都要用参数来代替，且只知道一个角度……你告诉我，你打算这样硬算？就连我这种懒到极致、一言不合就硬算的人都觉得不靠谱啊！这时候，就要展现出我们的演绎能力了。

要证明的结论是两圆外切，而此时又无从下手，我们不妨再一次从结论出发：假设两圆确实外切，你会先作什么辅助线？公切线啊（图 36.15）！

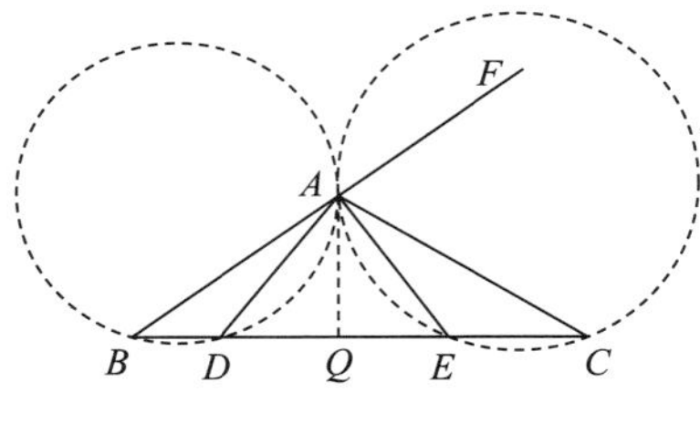

图 36.15

我们不妨假设两圆已经外切了，过 A 作公切线 AQ，于是 $\angle QAE=\angle ACE$，$\angle QAD=\angle ABD$，唯一的已知条件是 $\angle DAE=\angle FAC$，而 $\angle FAC$ 是 $\triangle ABC$ 的外角，$\angle FAC=\angle B+\angle C$。

然而，这一切的前提是结论成立，我们似乎陷入了循环论证的怪圈。其实，破局就在一瞬间。

由于 $\angle DAE=\angle FAC$，我们只要作 $\angle QAE=\angle C$，那么 $\angle QAD$ 自然就等于 $\angle B$ 了，根据之前的结论，AQ 是 $\triangle EAC$ 外接圆的切线，也是 $\triangle ABD$ 外接圆的切线，并且 A 是两个圆的交点，而 QA 就是这两个圆的公切线。你说，这两个圆的位置关系是怎么样的？

像这些简单却能直击本质的题目，大家应该多注意积累。这类题目有以下几个特点：一，证明过程三言两语就能说清；二，构思巧妙；三，与基本概念结合得特别紧密。

例 8 如图 36.16，PA、PB 是圆 O 的两条切线，PEC 是一条割线，D 是 AB 和 PC 的交点。

1. 当 PEC 通过圆心时，求证：$PE\cdot DC=PC\cdot DE$；
2. 当 PEC 不过圆心时，上述结论是否仍然成立?

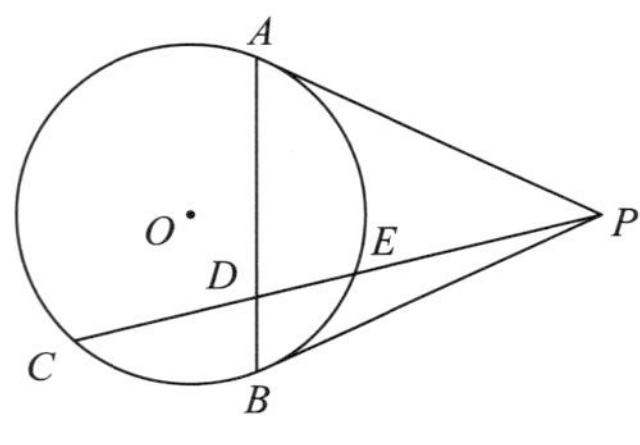

图 36.16

当 PC 过圆心时，P、E、D、C 四点共线，构不成三角形，所以必须转化。PA 和 PB 都是切线，所以很自然想到要用切割线定理。又因为$\triangle OAP$ 是直角三角形，且 $AB \perp OP$，所以很自然想到射影定理。

从切割线定理这条思路可知 $PA^2 = PE \cdot PC$，从射影定理这条思路可知 $PA^2 = PD \cdot PO$，$DA^2 = PD \cdot DO$，$DA^2 = ED \cdot DC$。接下来就看怎么把这几个结论联系起来。

射影定理中的这三条思路，你会优先挑哪条路走呢？这时候再比较一下结论，我们觉得，走最后一条路可能比较容易一些，因为它包含结论中需要证明的一条线段 DE。

由于 $PE \cdot PC$ 的积比目标结论要大，而 $ED \cdot DC$ 的积比目标结论要小，因此不如用一下减法，看看它们的差是多少。做差还有一个什么好处呢？就是能用勾股定理。

$$\begin{aligned}PA^2 - DA^2 &= PE \cdot PC - ED \cdot DC \\ &= PE \cdot (PD + DC) - ED(PC - PD) \\ &= PE \cdot DC - PC \cdot ED + PE \cdot PD + PD \cdot ED \\ &= PE \cdot DC - PC \cdot DE + PD^2\end{aligned}$$

假设结论成立，那么此时的目标就变成证明

$$PA^2 - DA^2 = PD^2$$

由勾股定理可知，这是显然成立的，所以第一问得证。

一般而言，就看第二问的这种问法，结论大概率是成立的。

面对这类题目，我们往往先假设比较容易验证的那个方向。比如在本题中，如果假设结论是对的，那么结论可以被当作一个隐含条件而被用起来（不是真的当条件用，主要是在分析过程起到辅助作用！）。如果最后能推出矛盾，那就说明一开始的假设错误；如果没有矛盾，那就说明假设是对的。如果你假设结论是错的，那么在分析过程中就很难把这个假设发挥出作用——当然，这只是在本题中的情况，在其他情况中，或许假设是错的用处更大。所以就要具体问题具体分析，方法不能一成不变。

当 PC 不过圆心时，切割线定理仍然成立，所以 $PA^2=PE\cdot PC$ 还是得用起来。但此时，勾股定理不能直接使用，所以能从上一题中平移过来的直接结论只有 $PA^2=PE\cdot PC$。

此时 AB 和 PC 不垂直，我们看看能不能通过垂直的情况来转化（图 36.17）？在第一问中，关键的等式其实是由勾股定理得到的 $PA^2-DA^2=PD^2$；不妨取 AB 的中点 H，则 PH 垂直于 AB，且 $PA^2-HA^2=PH^2$。

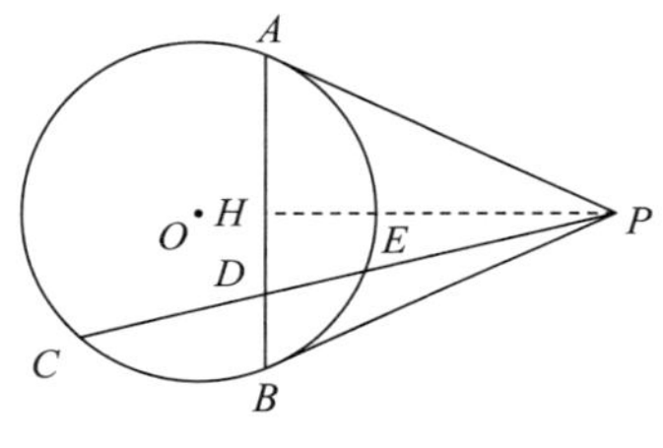

图 36.17

再比较第一问中 $PA^2-DA^2=PD^2=PE\cdot PC-ED\cdot DC$。我们发现在第二问中，$AD\cdot BD$ 取代了第一问中的 DA^2，但它可以用 AH 和 DH 表示出来，即 $AD\cdot BD=(AH+DH)(AH-DH)=CD\cdot DE$。是不是基本就回到第一问的感觉了？我们仍然做减法：

$$PE\cdot PC-ED\cdot DC=PA^2-(AH+DH)(AH-DH)=PA^2-HA^2+DH^2=PD^2$$

此时，只要把结论中的等式凑出来即可：

$$PE\cdot PC-ED\cdot DC=PE(DC+PD)-ED(PC-PD)=PE\cdot DC-ED\cdot PC+PD^2$$

对比 $PE\cdot PC-ED\cdot DC=PD^2$，可知结论成立。

像这类递进式的题目，往往上一问可以为下一问提供线索，甚至在很多情况下，只需要对第一问的证明过程进行一些微调即可证明第二问的结论。

当然，这类题在初中阶段相对比较小众，因为它考察的是学生在短时间内平移知识的能力。但对于高中生来说，如果想往上突破分数，比如高考数学想考到 130 分以上，这种平移知识点能力就不可或缺了，因为这种能力就是拉开考生差距的利器。

例 9 如图 36.18，$\triangle ABC$ 是锐角三角形，以 BC 为直径作圆 O，AD 切圆于 D，E 是 AB 上一点，作 $EF\perp AB$ 交 AC 延长线于 F，若 $\dfrac{AB}{AF}=\dfrac{AE}{AC}$，求证：$AD=AE$。

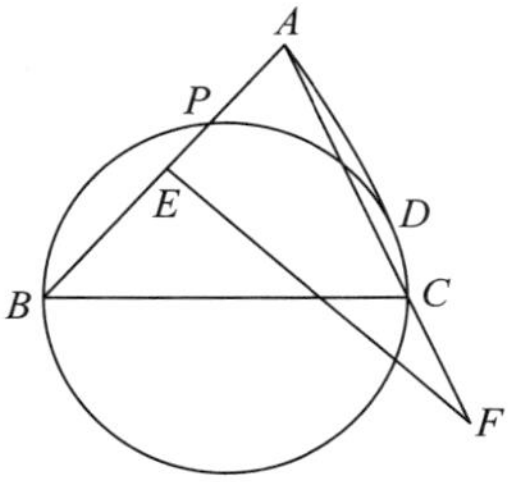

图 36.18

怎么添加辅助线？第一反应是可以从 $\dfrac{AB}{AF}=\dfrac{AE}{AC}$ 直接推出 $EC//BF$，所以不妨先连上 EC 和 BF 看看。最终目标是证明 $AD=AE$，所以自然想到：$\triangle ADE$ 是否是等腰三角形？注意到 AD 是切线，又和角度相关，这时就要想想：有没有弦切角？然而，DE 并不是弦！如果把 DE 延长和圆相交，那么下一个问题就是：找哪个圆周角来等于这个弦切角呢？这时候，你会发现图已经被画得乱七八糟了：虽然 EC 和 BF 平行，但对证明最后结论的贡献度为零；EF 不过圆心，角度相等这一条件也是平平无奇；而关键问题是：怎么利用 $EF\perp AB$ 这一条件呢？

辅助线加对了，你就会看到，它能把所有条件都串起来；辅助线加得不对，原来就没头绪，现在只会更乱。所以，题设中的比例条件可能不是这么用的。

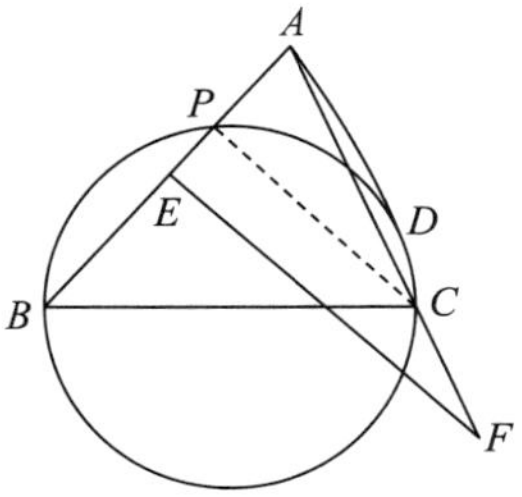

图 36.19

于是我们打算换一条路（图 36.19）。这次从 $EF\perp AB$ 出发，因为 BC 是直径，所以设 AB 和圆交于 P 点，则 $\angle BPC=90°$，于是 $PC//EF$。这时我们有 $\dfrac{AP}{AE}=\dfrac{AC}{AF}=\dfrac{AE}{AB}$，即

$AE^2 = AP \cdot AB$，而由切割线定理可知$AD^2 = AP \cdot AB$，于是$AD=AE$。

在圆中加辅助线的方法具有极大的迷惑性，当你在第一时间发现，添加辅助线后没能把其他条件联系起来，就不妨换条路试试。而且在有直径的情况下，多试试利用直角，也是非常常见的思路。

例 10 **如图 36.20，$\triangle ABC$ 的内切圆分别切 BC、CA、AB 于 D、E、F，$DG \perp EF$ 于 G，求证：DG 平分 $\angle BGC$。**

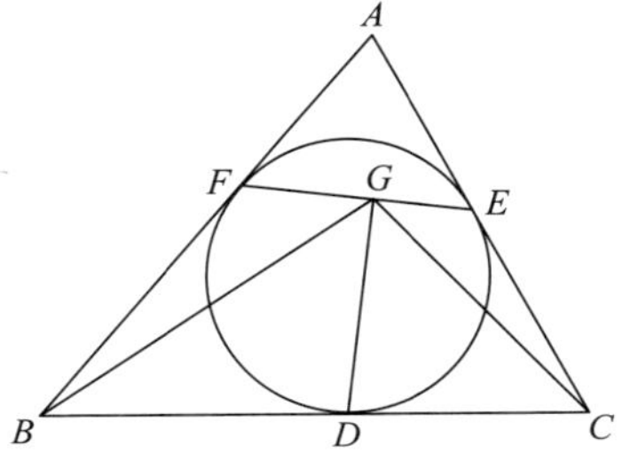

图 36.20

又是一道讨厌的题目。G 不在圆周上，却在弦上，因此弧弦角的转换就不灵了。DG 也不过圆心，因此垂直平分 EF 也就别想了。现在只有内切圆，所以有 $AF=AE$，$CE=CD$，$BD=BF$，但 3 个切点只有 EF 被连起来了，而且最后的结论和角度有关，因此，我们先记下 $\angle AEF=\angle AFE$……尴尬的是，图中一个弦切角都没有。

所以，会不会是用比例呢？我们能否通过证明 $\dfrac{BG}{CG}=\dfrac{BD}{CD}$ 来推出 DG 是角平分线呢？注意到切线 $\dfrac{BD}{CD}=\dfrac{BF}{CE}$，并且 $\angle BFG=\angle CEG$，那么有没有可能证明 $\triangle FBG$ 相似于 $\triangle ECG$ 呢？且不说已知条件不符合相似三角形的判别条件，事实上，证明 $\angle FBG=\angle ECG$ 貌似并不容易，毕竟连倒角的空间都没有。

这也不行，那也不行，怎么办？放弃一时爽，但不可能每次都放弃。

$\triangle FBG$ 相似于 $\triangle ECG$ 是铁板钉钉的事，但很难证明，那么有没有好证明一点的相似呢？在所有的相似三角形里，直角三角形的相似相对来说是最容易证明的。题设中有 $DG \perp EF$，只要过 C 作 $CN \perp EF$ 于 N，$BM \perp EF$ 于 M（图 36.21），由于 $\angle AEF=\angle AFE$，因此 $\angle BFM=\angle CEN$，所以 $\triangle FMB$ 相似

于$\triangle ENC$，于是有$\dfrac{FB}{EC}=\dfrac{BM}{CN}$，因此$\dfrac{BD}{CD}=\dfrac{BM}{CN}$；又因为$BM//GD//CN$，又有$\dfrac{BD}{CD}=\dfrac{MG}{GN}$。综合上述比例式，即$\dfrac{BM}{CN}=\dfrac{MG}{GN}$，且$\angle BMG=\angle CNG$，因此$\triangle BMG$相似于$\triangle CNG$，推出$\angle MGB=\angle CGN$，而$\angle BGD$和$\angle CGD$分别是$\angle MGB$和$\angle CGN$的余角，因此$\angle BGD=\angle CGD$，命题得证。

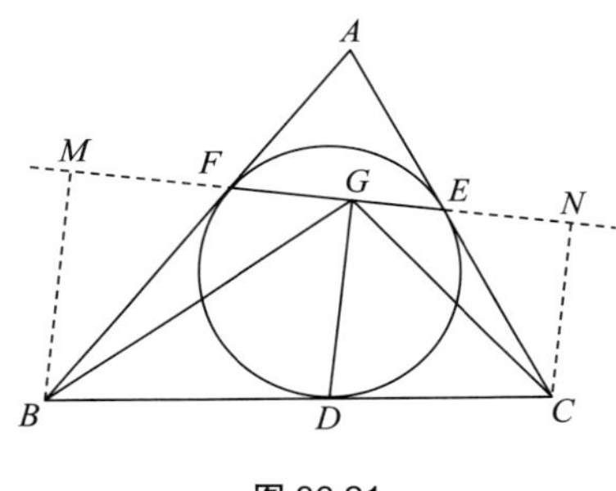

图 36.21

没人能保证你的第一思路一定是对的，甚至，题目有时具有很强的迷惑性，很容易把你带上歧途。家长在指导孩子的时候，如果发现孩子有沉溺于第一思路无法自拔的倾向，就一定要及时纠正，引导孩子大胆做出多种尝试。既不能浅尝辄止，又不能一意孤行……这个度确实比较难把握，但这差不多就是数学学习和教学中最大的难点了。

两圆相交也是圆中一大类问题。

在这类问题中，你首先要考虑什么？从集合的角度来看，两个集合的交集往往是问题的核心，因此碰到两圆相交，优先考虑的就是交点。两圆相交有且仅有两个交点，我们把两个交点连起来，得到了一条特殊的弦，这条公共弦毫无疑问是重要的。关于公共弦，我们能得到如下结论：

- 利用全等三角形可以证明，两个圆的圆心连线垂直平分公共弦；
- 利用四点共圆可以证明，所有以相交两圆的一个交点为顶点，且以过另一交点的割线段为对边的三角形都是相似的；
- 利用切割线定理可以证明，公共弦平分外公切线线段；
- 利用圆的外角定理可以证明，过相交圆的两个交点分别作两条割线，交两圆于 4 个点，则分别由同一圆上的两点构成的两条弦互相平行。

所以，在两圆相交的问题中，假如公共弦没有被构造出来，那它当仁不让就是首选的辅助线。我们来看一些例子。

例 11 如图 36.22，证明：若在凸五边形 $ABCDE$ 中，$\angle ABC=\angle ADE$，$\angle AEC=\angle ADB$，则 $\angle BAC=\angle DAE$。

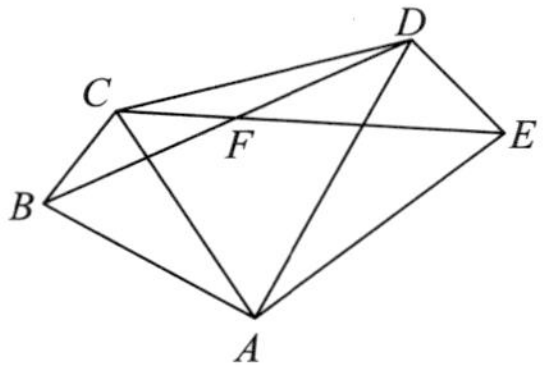

图 36.22

这道题也就是放在圆的内容里讲，假如不给任何提示背景，直接把它一扔出来，恐怕大家还是需要思考一番的。但是，现在告知你本题和圆相关，尤其还和相交圆相关，这提示已经非常明显了。这道题就属于“在单元测试中会做，在期末考试中未必会做”的题型。学到哪一章，考哪一章，这本身就是一种提示。题目出得再怪，但思路的大致方向很明确。有的孩子能很好地利用这一点，在单元测试中取得不错的成绩，然而一到期末，所有知识点混在一起，他们就有点抓瞎了。因此，还是要学会抓住题目的本质，而不是单单依靠小聪明。

连接 AF，因为 $\angle AEC=\angle ADB$，故 A、F、D、E 四点共圆；而 $\angle ABC=\angle ADE=\angle AFE$，所以 A、F、C、B 也四点共圆了。其实，AF 就是两个圆的公共弦。于是有 $\angle BAC=\angle BFC=\angle DFE=\angle DAE$，命题得证（图 36.23）。

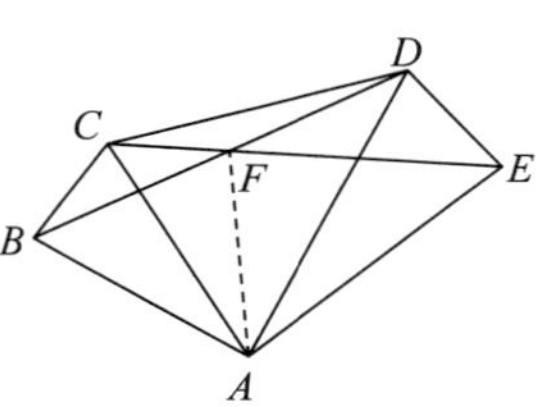

图 36.23

例 12 如图 36.24，已知圆 P 和圆 Q 相交于 A、B，直线 $MN\perp AB$，C 为 MN 中点，E、F 分别是圆 P 和圆 Q 上的点，且 $\angle APE=\angle AQF$，求证：$CE=CF$。

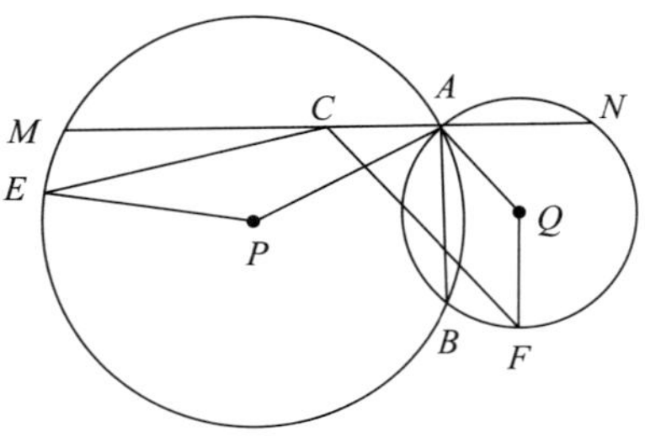

图 36.24

秉承“有枣没枣打一杆子”的“优良传统”，我们先把 PQ 连起来，起码得出一个 PQ 垂直平分 AB 的结论。最后要求证明 $CE=CF$，像这样证明“悬在空中”的线段相等，很可能要利用全等三角形，而不是用弧角转换。于是，我们不妨先考虑该如何构造全等三角形，毕竟原图中可是一个三角形都没有啊。C 点是 MN 的中点，而圆心是所有直径的中点——你能想到什么？

中位线！而且，由于半径恰好是直径的一半，所以我们构造的全等三角形很有可能要以大圆半径和小圆半径为两边，然后夹角相等。能想到中位线的孩子，就算水平比较好的学生了；能想到全等三角形的形状的孩子，那是优秀的学生；扫一眼题目就丢掉不理的，那是顶尖的学生……也未必，不真动手做一做的话，是不是“学霸”还是挺难分辨的。

由 $\angle APE=\angle AQF$，可得到 $\triangle APE$ 和 $\triangle AQF$ 相似的结论，但肯定还需要转化。

目前为止，我们还没有看见中位线——它躲哪儿去了？C 点都没用上，哪儿来的中位线？既然圆心是天然的中点，我们就把 CP、CQ 都连起来看看（图 36.25）。它们分别是哪两个三角形的中位线？结果我们发现，CP、CQ 居然都是 $\triangle MBN$ 的中位线！

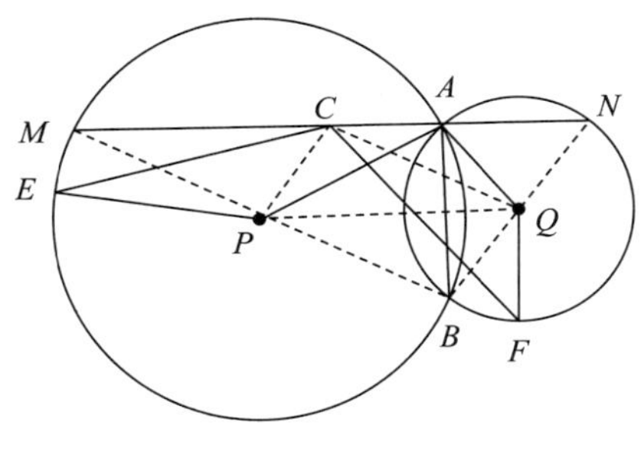

图 36.25

问题来了：MB 和 NB 为什么一定过圆心呢？因为 $\angle MAB$ 是直角，所以 MB 是直径，因此它必过圆心 P；同理 NB 也过 Q。完美。

于是 $PC=\dfrac{NB}{2}=QF$，$CQ=\dfrac{MB}{2}=PE$，下一个目标自然就是证明 $\angle CPE=\angle CQF$ 了。注意到 $CP=AQ$，所以四边形 $ACPQ$ 是等腰梯形，于是有 $\angle APC=\angle CQA$，而 $\angle APE=\angle AQF$，相减后得到 $\angle CPE=\angle CQF$，证得 $\triangle CPE$ 全等于

$\triangle CQF$，命题成立。

抓住了公共弦，就抓住了两圆相交。

两圆相交看公共弦，那么两圆相切的情况呢？当然是要找经过两圆切点的那条公切线啦！只不过，我们有一个比较有趣的观点来看这个事情。

假设两圆相交，那么最重要的线应该就是它们的公共弦。当这两个圆逐渐分离或者逐渐靠拢，直到将分未分的那一刹那，只要它们再多运动一点就变成相离或者内含了，这时候它们是不是就相切了？而那条公共弦是不是就退化成切点了？（图 36.26）你说，这条切线重不重要？

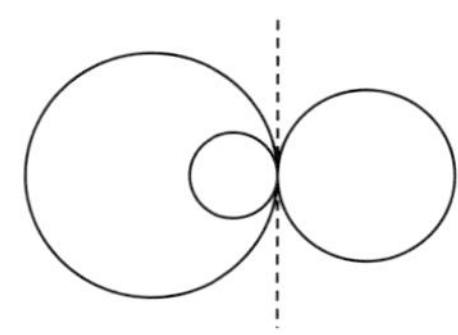

图 36.26

面对两圆相交的问题时，如果条件中没有公共弦，那就先把它连起来；同样，对于两圆相切的情况，如果条件中没有公切线，那就先作一条过切点的公切线，一般来说，这条线都是有用的。我们用一个简单的例子来说明。

例 13 **如图 36.27，已知两圆内切于 T，过 T 作大圆的两条弦 TA、TB，分别交小圆于 C、D，求证：$CD//AB$。**

我们过 T 作圆的公切线 TS（图 36.28），于是 $\angle B=\angle STD=\angle TDC$，所以 $CD//AB$，证毕。

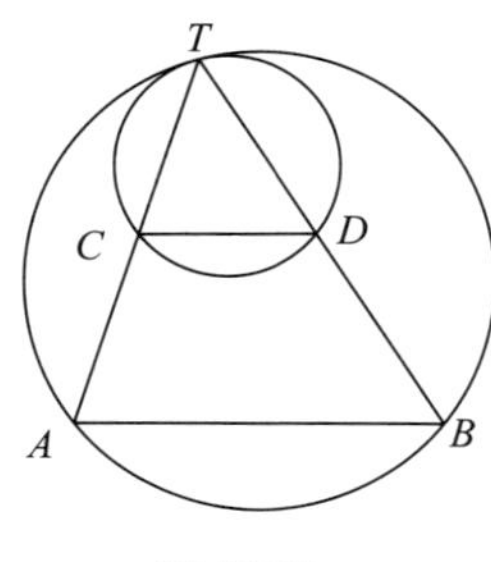

图 36.27

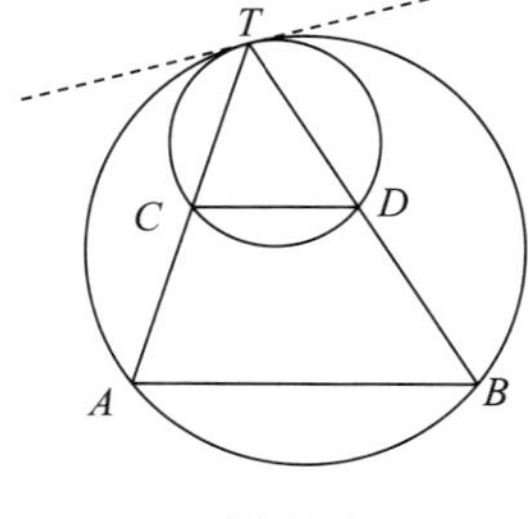

图 36.28

所以，对于两个圆有交集的情况，其公共部分一定是性质最好的、能得到最多结论的地方。在某种程度上，你能把公共弦和公切线运用到什么地步，决定了你能在多圆的问题上走多远。

例 14 如图 36.29，如图△ABC 中，AL 是角平分线，AC=6，AB=13，BC=12。过点 B、C 分别作△ABC 外接圆的切线 BD、CE，且 BD=CE=BC，直线 DE 与 AB、AC 的延长线交于点 F、G，连接 CF 交 BD 于点 M，连接 BG 交 CE 于点 N。

1. 求线段 FD 的长；
2. 求证∠ALM=∠ALN。

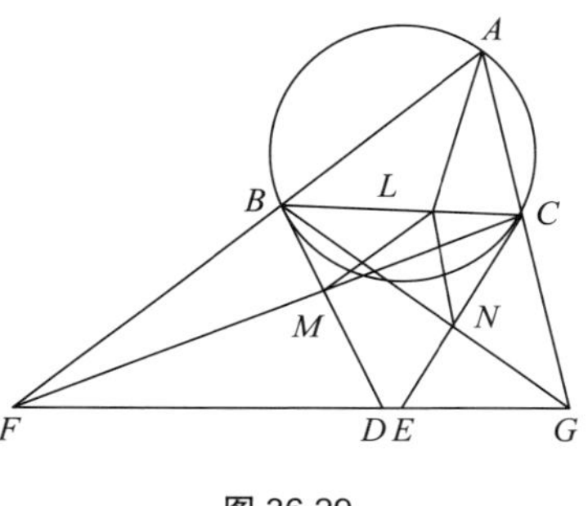

图 36.29

题中给出的数很讨厌，假如是 5, 12, 13，那看起来就顺眼多了。谁不喜欢勾股数呢？可偏偏有一个 6。

不要和题目“犯拧”，这是大忌啊！毕竟赌气、畏难，损失的可是你自己。

老规矩，先看看有什么能直接推出来的结论，然后再尝试把这些结论按照逻辑顺序排列好。

参考答案永远把逻辑顺序写得滴水不漏，但是，这有时和孩子们的实际思考方式是两回事。很多人在拿到陌生题目的时候，永远从零星的结论开始，然后……就没有然后了。老调重弹：为什么孩子总是看得懂答案，却不会独立做题目？因为有些孩子一旦不会做题，就想着翻看参考答案，而且真的只是“看”答案哦！并不会对照自己的做题过程去思考。有些难题想要完整地做对了，其实是很困难的。但再难的题，对于中等水平甚至能力稍差的学生来说，只要能根据条件得到一些有用的结论，真实做起来并不难。难的是如何理清逻辑顺序。因为题目给出条件的顺序并不一定是根据你的解题顺序来安排的。所以，即便查看参考答案，也一定要带着疑问去看：我自己当时推出了哪些结论？为什么我没能把这些结论串起来？……这样一来，看答案才会有帮助。

BD 和 CE 虽然都是切线，但并不是从同一个点发出的，而且，显然没有切割线定理可用；而 AL 是角平分线，却没有延长和圆相交，所以没有等弦。束手无策了？

再想想。一般情况下，引两条切线都是从一个点出发，从一个点出发的好处是，两条切线长相等，但现在分别从 D 和 E 两点出发，不过，此时两条切线 BD、CE 也是等长的。那么不妨延长 BD、CE 使其相交于 K，这样 $KB=KC$，所以 $\frac{KB}{BD}=\frac{KC}{CE}$，由平行线分线段成比例定理的逆定理可知 $DE//BC$。

这不就有突破了？虽然我们还没看到应该如何把 FD 和 AB、BC、CA 联系上，但是，一旦出现平行就有了 $\triangle ABC$ 和 $\triangle AFG$ 相似，而 FD 恰好包含在 $\triangle FBD$ 中，那么，能否把 $\triangle FBD$ 和这两个三角形联系起来呢？

从图 36.29 上看，BD 也不像和 AG 平行，所以很可能是 $\triangle FBD$ 相似于 $\triangle FGA$（注意字母排列顺序），即 B、D、G、A 四点共圆。我们要的是比例，所以应该通过角转化。此时发现，由于 $FG//BC$ 而有 $\angle BDF=\angle DBC$，而 $\angle DBC=\angle BAG$，所以 $\triangle FBD$ 确实相似于 $\triangle FGA$，而 $\triangle FBD$ 也就相似于 $\triangle BCA$；注意到 $BD=BC$，所以 $\frac{FD}{BD}=\frac{BA}{CA}$，可以得到 $FD=26$。

再来看第二问。很显然，我们无法通过证明 $\angle ALB=\angle ALC$ 或 $\angle MLB=\angle NLC$，然后求和来得到结论，肉眼可见这两组等式不成立。关键问题是，这还不是三角形内求证角平分线的问题——看来有些难度。

然而，我们还有一个条件没有用过：AL 是角平分线。有没有可能通过 $\triangle ALM$ 和 $\triangle ALN$ 全等找到出路呢？然而，除了 AL 为两个三角形的公共边，缺的条件太多了……无论是利用 SSS 还是 SAS，其他两个条件看起来都不太容易证明。这就作为备选项先放着。

有没有其他路径呢？不如反推一下，若 $\angle ALM=\angle ALN$，那么 $\angle ALM=\angle ALB+\angle BLM=\angle ALC+\angle NLC=\angle ALN$；而 $\angle BAL=\angle CAL$ 是已知条件，它能不能和前面这个我们希望成立的等式产生一些关联呢？

不难看出，从 $\angle BAL=\angle CAL$ 可推出 $\angle ALB+\angle ABL=\angle ALC+\angle ACL$，所以只要证明 $\angle ABL=\angle BLM$ 以及 $\angle NLC=\angle ACL$，即证明 $LM//AF$ 以及 $LN // AG$ 即可。

此时应该通过角，还是通过比例来证明呢？看跳板。有没有其他等角能联系起 $\angle LMC$ 和 $\angle BFC$ 呢？一个都没有。假如通过比例 $\dfrac{BL}{LC}$ 和 $\dfrac{FM}{MC}$ 呢？上一问的解题过程已经证明 $\dfrac{BL}{LC}=\dfrac{AB}{AC}=\dfrac{FD}{BD}=\dfrac{FC}{BC}=\dfrac{FM}{MC}$，于是 $LM//BF$；同理可证 $LN//CG$，所以命题得证。

勤动笔，多思考，缺一不可。光想不动笔，你啥都推不出来；光动笔不想，孩子没准正在画小人儿呢……

例 15 **PA、PB 分别是圆的切线，M、N 分别是 PA、AB 的中点，直线 MN 与圆相交于 C、E，PC 与圆交于 D 点，连接 ND 并延长与 PB 交于 Q 点。求证：四边形 $MNQP$ 是菱形。**

本题是一道经典题，你可以自己动手把图画一画。当我拿到这道题的时候，最先选择了最“暴力”的三角函数做法，算了满满两页纸。但这种方法恐怕不适合初中生。

纯几何的做法应该是怎样的呢？首先肯定要从结论出发，我们希望证明四边形 $MNQP$ 是平行四边形，且其邻边长度相等，或对角线互相垂直平分。至于具体尝试哪条路，我们不妨先放放，做决定前先看看其他的条件。

由于 PA、PB 都是圆的切线，所以得到 $PA=PB$，而 N 是 AB 的中点，这时候就要想到，连接 PN 大概率是有用的。为什么？等腰三角形的三线合一。学习可不能一边学一边忘啊！我之前反复强调，能构造三线合一就直接连上。

碰上等腰三角形，连上 PN 之后，我们发现 $\triangle APN$ 是直角三角形，且 MN 是斜边上的中线，于是 $MN=MP$。如此看来，这应该是证明四边形 $MNQP$ 是平行四边形的优先路线了。事实上，由于 N 是 AB 的中点，则 MN 是 $\triangle ABP$ 中的中位线，于是有 $MN//PQ$。此时，我们更加坚定了通过边而非对角线的证明路线，剩下的就是证明 $NQ=MP$。

目前为止，能直接用的条件我们都用了，接下来就是挖地三尺的时候了。

既然有切线、有圆心，为什么不连一下切点和圆心呢？这应该是很自然的操作吧？因为这会有直角出来啊。所以，我们连接 OA、OB，得到 $OA\perp PA$，$OB\perp PB$，于是出现了两个直角三角形 $\triangle OAP$ 和 $\triangle OBP$。接着，连接 OP 看起来也是很自然的选择了。

此时发现，OP 必然过 N 点——其实，圆心和圆外一点的连线平分过该点的两条切线的切点的连线，这个结论甚至可以作为定理使用（证明留给读者）。所以 O、N、P 三点共线。

我们马上得到 $AN\perp OP$ 的结论——当然，BN 也垂直于 OP，但我们应该把重点放在图的上半部分，因为我们虽然知道 Q 点一定是 PB 的中点，但毕竟还未证明这一点。在推理的过程中，尽量从已知条件和结论入手是一条基本规则，哪里条件集中，思路就往哪里靠。

在 Rt$\triangle APO$ 中，AN 是斜边上的高。这就告诉我们，很可能要用射影定理了。由于 $PA^2 = PN \cdot PO$（射影定理）$= PD \cdot PC$（切割线定理），所以 N、D、C、O 四点共圆。

可这有什么用呢？不知道。姑且先放着，谁也没规定推出来的结论一定有用不是？然而这四点共圆可以推出一些什么结论呢？由于 N、D、C、O 四点共圆是通过比例线段推出来的，所以很可能要用与角有关的结论；反之，如果是通过角得到的四点共圆，那么接下来很可能要利用比例线段的结论。

我们注意到，$\angle DNP = \angle OCP$，$\angle NDP = \angle NOC$，这两组等式中有一个角显得非常的重要：$\angle DNP$。如果能证明 $\angle DNP = \angle MPN$，即 $MP//NQ$，那么四边形 $MNQP$ 就是菱形了，所以这两个角必然相等，因此 $\angle MPN$ 也一定等于 $\angle OCP$。

有没有可能证明 $\triangle PMN$ 相似于 $\triangle COP$ 呢？绝对不可能，$\triangle PMN$ 是等腰三角形，而 $\triangle COP$ 肉眼可见不是等腰三角形。似乎陷入绝境了。对于水平还不错的学生来说，能走到这一步，应该没有太大问题。但接下来的这一步并不是十分自然，因此，有时候做题也需要一点点的运气。

既然这两个三角形不可能相似，而 $\angle OCP = \angle OCN + \angle MCP$，那有没有可能把 $\angle MPN$ 也拆分了呢？此时，MN 和圆的交点 E 是最天然的选择。我们连接 EP（图 36.30）。

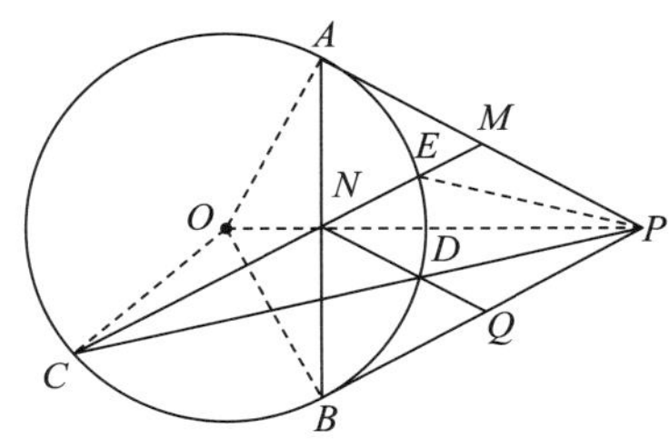

图 36.30

首先有两种可能：$\angle EPN = \angle OCN$ 或 $\angle EPN = \angle ECP$，前者成立的条件是 O、E、P、C 四点共圆，后者成立的条件是 $\triangle EPN$ 相似于 $\triangle ECP$。如果 O、E、P、C

四点共圆，那么应该有 $NE \cdot NC = NO \cdot NP$，而由射影定理可知 $NO \cdot NP = NA^2$，且由相交弦定理可知 $NA^2 = NA \cdot NB = NE \cdot NC$，所以 $NE \cdot NC = NO \cdot NP$ 确实成立，即 O、E、P、C 四点共圆。

毫无疑问，接下来是要证明 $\angle EPM = \angle MCP$，即证明 $\triangle MPE$ 和 $\triangle MCP$ 相似。由于要利用相似得到角相等，所以一定要通过边的关系先来证明相似。而 $MP^2 = MA^2 = ME \cdot MC$，所以 $\triangle MPE$ 和 $\triangle MCP$ 相似，于是 $\angle EPM = \angle MCP$。从而 $NQ//MP$，命题得证。

像这样的难题，你吃透一道，什么是四点共圆，通过什么途径找相似，如何找角相等，如何利用切线、公共弦和切割线……各种知识点简直一网打尽。而且，家长可以借此摸一摸孩子大致处于何种水平：如果孩子能完全独立地做出此题来，那他绝对是顶尖高手；如果孩子靠本事和一点儿运气走到"水平分割线"的步骤，那也算很优秀了；假如他都没有意识去连接圆心和切点，那就好好面壁思过吧。

例 16 如图 36.31，AB 是圆 O 的直径，过点 B 作圆 O 的切线 BM，点 C 为 BM 上一点，连接 AC 与圆 O 交于点 D，E 为圆 O 上一点，且满足 $\angle EAC = \angle ACB$，连接 BD，BE。

1. 求证：$\angle ABE = 2\angle CBD$；
2. 过点 D 作 AB 的垂线，垂足为 F，若 $AE=6$，$BF=\dfrac{3}{2}$，求圆 O 的半径长。

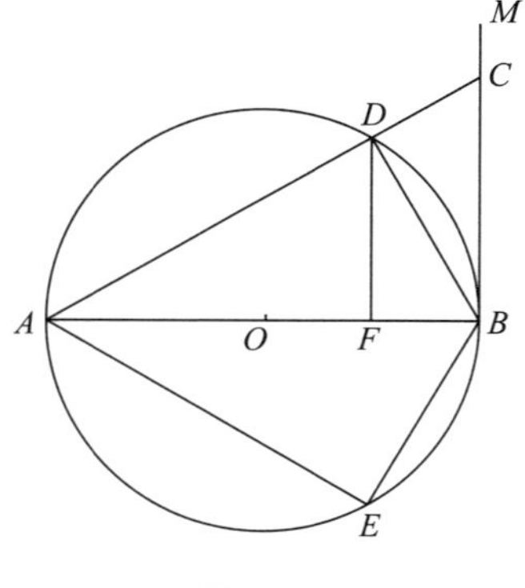

图 36.31

第一问是求证 2 倍角关系，该怎么证明呢？我先说我最开始是怎么考虑的，然后再给你们看高手的思路。

我先从结论入手，假设$\angle ABE=2\angle CBD$成立，不妨作$\angle ABE$的角平分线BP交圆于P，然后连接AP、PE和BP，则有$\angle ABP=\angle EBP=\angle CBD=\angle CAB$，得到$AD//BP$（图 36.32）。而此时$\angle ADB=90°$，所以这意味着四边形$ADBP$是长方形，即$\angle DAP=90°$。注意到$\angle EAC=\angle ACB$，马上得到$\angle CBD=\angle PAE$，而$\angle PAE=\angle PBE$。

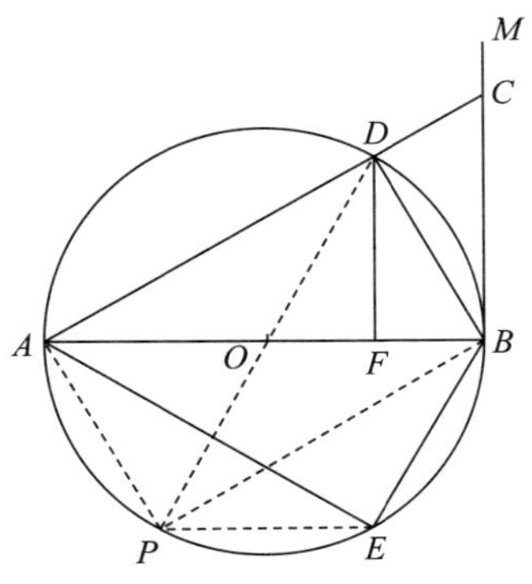

图 36.32

这时，思路就很明确了：只要构造出长方形$ADBP$，那么以上这些角度相等的关系就都成立了。但如何构造长方形呢？我连接DO并延长交圆于P，剩下的倒推回去即可。大家可以自己补全细节。

高手的思路如下：$\angle ABE=90°-\angle BAE$，而$\angle BAE=\angle CAE-\angle CAB$，$\angle CAB=\angle CBD=90°-\angle ACB$，把这些关系式代入，即证得结论。

很显然，高手的思路比我的思路要简洁得多，但对我而言，我的思路就是“最自然”的办法，也就是说，在我看来，它具有最强的实战意义。高手的做法确实漂亮，但我想不到啊！那对我来说，它的实战意义反而不如我自己的方法强了。当然接下来，我要做的就是反思和总结：为什么别人能想到通过倒角的办法来证明结论？通过反复地对比我和别人的差距和不同，就能帮助自己提高。这就是我说的：做一道题目，要有一道题目的效果。

我们再来看第二问：如何求圆的半径？

由于题设条件中有大量的直角三角形，所以我的第一反应就是：能否使用射影定理？但是，题设给出的AE和BF不在同一个直角三角形中，并不满足使用射影定理的条件。于是，我考虑换个思路，最直接的想法就是利用相似三角形，而且最好能让BF和AE构成对应关系。我注意到，包含BF的三角形只有一个——$\triangle DFB$，包含AE的三角形为$\triangle ABE$，但很显然，这两个直角三角形并不相似，即除了直角以外，其他两个角都不相等。然而，从 $DF \perp AB$ 可以推出 $DF//BC$，于是 $\angle DBF=\angle ACB=\angle CAE$；而 $\angle BEA=90°$，所以延长 AC 和 EB 交于 Q（图 36.33），很显然 $\triangle QAE$ 和 $\triangle DBF$ 相似，并且 AE 和 BF 恰好是对应边，于是有 $\dfrac{AQ}{BD}=\dfrac{AE}{BF}=4$。注意到 $\angle BDQ=90°$，于是 $\angle DBQ=\angle CAE=\angle ACB=\angle DBA$，所以 BD 是 $\angle ABQ$ 的角平分线，由三线合一的逆定理可知 D 是 AQ 的中点，有 $AD=2BD$；根据直角三角形斜边上的高的模型，可知 $DF=2BF=3$，$AF=2DF=6$，所以半径为 $\dfrac{15}{4}$。

我们同样来对比一下高手的思路。高手直接连接 OD，可以证明 $\triangle ODF$ 和 $\triangle ABE$ 相似，并且对应边之比为 1：2；然后再设圆的半径为 r，通过勾股定理列出方程，就可以解得 r 了。

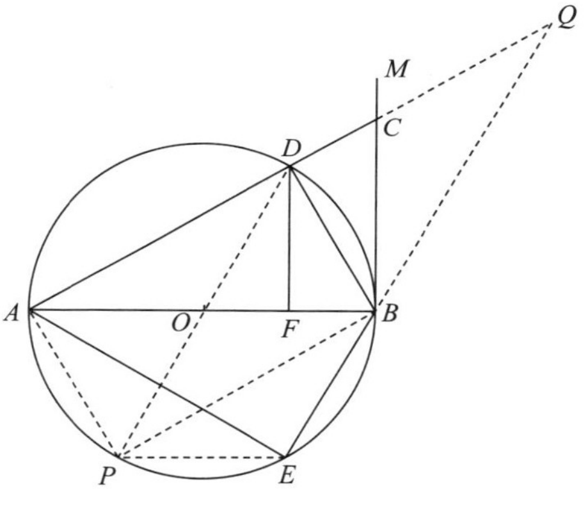

图 36.33

孰优孰劣，高下立判。当高手把他的思路给我看时，我是叹服的。我觉得他的方法对我来说很有训练价值。但从另一方面来说，我可能更习惯于自己的方法和思路——虽然麻烦了一点儿，总归能解决问题。关键在于，我摸索出的这套思路很适合我的思维方式，我几乎不用什么思考时间就能找到思路。也许给我多一点儿时间，我也能找到高手的思路，但在探索“高手思路”所花费的时间里，我恐怕早就用自己的办法做完了。

所以说，漂亮的方法不等于自己的方法，只有当我能把漂亮的方法融入到自己的解题体系中时，那么漂亮的方法才对我有意义，否则，赞美一下高手就完了。

我们最后来看一个圆中求极值的问题。

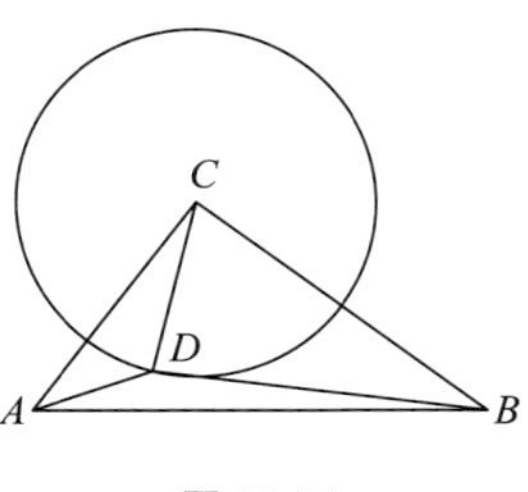

图 36.34

例 17 **如图 36.34，在△ABC 中，∠ACB=90°，BC=12，AC=9，以点 C 为圆心，6 为半径的圆上有一个动点 D。连接 AD、BD、CD，则 $2AD+3BD$ 的最小值是 ______。**

和每次面对比较难的求极值问题一样，我一开始就先用解析几何的办法构造了一个函数，然后试图求出这个函数的最小值。但在求导之后，方程变成同时带正弦和余弦立方的方程了，非常难解。我一直以来都喜欢先把答案给“捣鼓”出来，然后再逆推出纯几何解法，可这次算是“栽”了。我列的方程在理论上当然有解，但实际操作起来却很困难，所以，我转头就开始直接寻求纯几何解法了。

最后要求的极值很有意思：为什么不是 $AD+BD$，而是 $2AD+3BD$？所以，比较容易想的思路是倍长 AD，然后 3 倍长 BD，这样就能得到一个很大的三角形。然而，既没有出现相似也没有出现全等，所以这条路看起来不对。

那么该如何去考虑呢？求线段之和的最小值，一定要把线段拼成折线段，然后计算共同端点的线段长度来得到结果。但是，以往的对称或旋转的手段在这里用不上，因为那些办法都是用来处理线段的系数为 1 的情况的。因为对称和旋转本质上都是全等变换，只能保持原来线段的长度，并不具备“拉伸”的功效。

所以，会不会是找相似？这是一个很合理的推测。但我们刚才已做过尝试，把两条线段延长到相应的倍数，却发现没有出现相似三角形，貌似仍然是死路一条。

我们注意到式子中是 $2AD$ 和 $3BD$，而条件给出 $CD=6$ 且 $AC=9$，于是

$CD:AC=2:3$，这会不会是巧合呢？

然而，关键问题仍没有解决：如何把 $2AD+3BD$ 变成一条折线？既然延长没法解决问题，那么截短呢？首先考虑把 $2AD+3BD$ 改写成 $AD+\frac{3BD}{2}$，延长 DB 到 K，使得 $DK=\frac{3BD}{2}$，但是$\triangle CDK$ 不与图中其他任何三角形全等或相似，且 $AD+DK$ 这条折线对应的线段 AK 的长度非常难计算，也看不出有什么垂直的地方——“最短”“最小值”往往也是和垂线段联系在一起的。

那么把 $2AD+3BD$ 改写成 $3\times(\frac{2AD}{3}+BD)$ 呢？在 AD 上截取 $DK=\frac{2AD}{3}$，然后连接 BK。这不是和上面的方法殊途同归了吗？不过，与前面一种截短方法相比，从 AD 这边来考虑，我们还能用上一个条件：$CD:AC=2:3$。只要在 AC 上截取 $CF=4$，则$\triangle CFD$ 和$\triangle CDA$ 就相似了。此时我们把 $\frac{2AD}{3}$ 用 DF 来替代，因此求 $\frac{2AD}{3}+BD$ 的最小值就变成求 $DF+BD$ 的最小值。我们成功地把题目改为：已知 F 是$\triangle ACB$ 的直角边 AC 上一点，$CF=4$，求 BF 的最小值。

我们很容易看出，$\frac{2AD}{3}+BD$ 有最小值 $4\sqrt{10}$，因此 $2AD+3BD$ 的最小值是 $12\sqrt{10}$。

做这种题的时候一定要注意几点。首先是观察题目。题目是出不完的，总能有一些新的变化，而当面对这些变化的时候，你要学会找出与原有模型，或者自己掌握的技能之间的异同。其次是确保方向正确。每一类题目最后的方向是什么，你必须心中有数。你可能限于当下的能力做不出题，但是你的思路方向要对。最后就是强化化归的能力：怎样一步步地把目标“伸缩”？如何判断“伸缩”是对的？中间结论与已知条件的联系是否紧密？像这些问题，都是在思考或辅导过程中必须想到或指出的关键点。

后记

《不焦虑的数学》问世后，得到了众多读者的支持，在此我由衷地表示感谢。但是，我也发现有些读者可能对我有些误会。

其实，我写这些文章的主要目的是讲数学教学，而不是讲纯粹的数学，所以书中选取的例题一般不会太难。除了抽屉原理和一些基础的数论内容，其他内容基本都是校内课堂的难度，或者略有加深。

我自己的专业方向是微分几何，并不是学数学教育出身的，因此和专门搞教育出身的老师比，我在教育理论的知识储备上肯定有欠缺。至于我的教学方法，也是在长期实践中自己不断总结得来的，算是“野路子”。所以在教育理论方面，和“学院派”的老师们比，我实在不能做到那么头头是道。不过，我毕竟当了这么多年的老师，而且还当过教务处长，我个人感觉，教学这件事还是实践重于理论。你的理论讲得再头头是道，最终还是得上讲台遛一遛。只有把学生教好了，那才是老师的真本事。

我认为，要想当好数学老师，其实就两条要求：一是题会做，二是讲得出。只能做到其中一条，都不算是好的数学老师。

现在的大部分家长都是“茶壶煮饺子，有货倒不出”。题目也许会做，但是不会教给自己的孩子。所以我就想，不如利用自己的专业技能，帮一帮这些有意愿辅导孩子的家长。

越来越多的朋友开始在我的公众号后台留言，我很感谢大家的关注。有很多朋友对我给出的例题提供了不一样的解法，然后说，这个方法更好、更简单，等等。当然，我给出的解题方法中，有些确实不是最好的方法。读者朋友所用的方法有时确实比我的方法要好，当然，也有一些方法是他们自己觉得不错，其实未必真好。那么，是老贼力有不逮，想不到这些办法吗？一般来说，大家提供的这些方法，我基本都能想到，偶尔也有想不到的，不过这种情况很少。

可能有人要质问我了："那老贼你为什么不写出最好的方法呢？"

事实上，我在前面也谈过这个问题了。我写这些文章的目的不是培养数学天才，而数学天才真的是不用"培养"的，他们那些才华几乎都是从娘胎里带出来的。比如，我在前面提到的孙斌勇院士。事实上，很多人对数学的兴趣、热爱和专注都是天生的，并不存在"培养兴趣"的过程。这就好比有人想买私人飞机，但前提是他要有钱——这个前提条件对很多人来说，就已经不成立了。

那我写这些文章的意义何在？因为各种升学考试要考数学。对大部分人来说，数学考试成绩才是他们学习数学最大的意义——至少在中、小学阶段是如此。

很多人其实并没有意识到一点：数学和考试是两门不同的学问。我讲数学的路子属于"山间老农派"。窃以为，对大部分学生来说，数学思想难以消化。我学了三十多年数学，也不敢说自己对数学思想的领悟有多深，何况是中、小学生？对于极少数人来说，可以通过一点点例子就能领悟数学思想；多数人则要依靠大量计算和反复练习，其中相对聪明的学生或许能悟出一些，其余大部分学生根本就悟不到。

还有人说，要培养孩子学习数学的兴趣。但谁都不能否认，有些孩子再怎么培养，正面激励也罢，负面激励也罢，他就是生不出对数学的兴趣来：

“你要我干啥都行，但我就是不喜欢学数学。”我什么极端情况都碰到过，有些学生真是油盐不进。而更多的孩子对数学的感情就是“温吞水”。所以，客观上提高孩子的数学成绩，或许才是具有广泛意义的事情。

既然说到成绩，就不能不说考试。

考试其实是一个关于运筹学、心理学的综合游戏。你要根据题目的难度不断调整自己的答题策略。我们知道，很多题目确实有简便的解法，但问题是，你在考试的时候如何保证自己一定能最快地找到最简便的解法？而那些看起来“普通”的思路无非是烦琐一点，但思路来得比较容易。如果计算能力过关的话，没准解出题目所用的时间比你苦苦寻找巧妙解法的时间还要短一些。

所以从实战角度来说，我一直推崇学生使用常规的思路，配合良好的计算能力，就算不能完美地解答全部题目，但也可以解决大部分问题，不至于空手而归。然而，如果你一定要强求自己找到所谓的好办法或简便方法，那完全有可能颗粒无收。因为找到这样的方法不光要靠平时训练的积累，考试时的心态甚至运气成分，对你能否找到简便方法都是有很大影响的。试问，假如平时缺乏寻找巧妙方法的训练，你怎么可能在心情紧张、时间紧迫的情况下成功呢？就算你平时训练有素，可那天就是有些“点儿背”，死活想不到，这也是很常见的现象。巧妙解法之所以“巧妙”，就是有一定的偶然性，但常规思路基本能保证你做出个七七八八。况且，如果你要练会这些巧妙解法，平时要搭进去多少训练时间呢？毕竟考试科目不止数学一科，而巧妙解法需要大量时间训练，对于大部分的学生来说，现实意义大吗？

假如你是一个研究人员或旁观者，能以平和的心态来“玩”一道题，完全没有时间限制，也没有紧张情绪，那你和那些在考场上战战兢兢、汗出如浆的考生相比，不具备任何可比性。换句话说，有时候“最优解”可供赏玩，但不太适合考试实战。

作为一位普通的数学老师，面向广大的普通家长和学生，我尽量采用普通的方法。那些过于炫技的解法，说实话，不实用。于是，我反复在做一件事情：用常规的办法来训练学生，并告诉他们在考试的时候可能会犯什么错。很多老师只会告诉学生什么是对的，却不告诉他们怎么会出错。我个人觉得，学会在考试中判断一条路是否会出错，或许比立刻解出正确答案更重要——当你觉得自己可能错了，并且最终发现真的错了，其实你距离正确道路也就不远了。

作为一个曾在中考和高考数学考试中都几乎拿到满分的普通人，我觉得自己讲的这些数学教学内容比较贴近考试需求。虽然有的方法看起来笨拙，有的甚至走了点儿远路，但这些都是在真实还原学生可能碰到的种种问题。

总而言之，我的教学理念就是：不求完美，但求进步。